刑法研究(Ⅲ)

허 일 태 저

진 원 사

序 文

1984년 가을학기부터 동아대학교 법과대학생과 대학원생을 대상으로 형법강의를 하여 오면서 틈틈이 논문의 형식으로 학회지 등에 발표했던 형사실체법에 관련된 글들을 모아 1997년에 "형법연구 I"을 출간하였다. 그 후 4년 뒤인 2001년에 인간의 존엄에 관련된 형사실체법과 형사소송법 논문을 정리하여 "형벌과 인간의 존엄"이라는 이름의 단행본을 발간한 바 있고, 2004년에는 형사실체법에 관련된 연구논문집인 "형법연구 II"가 동아대학교 출판부에서 발행되었다. 그리고 2007년 6월에 출간예정인 "형법연구 III"은 '형사정책의 지도원리에 대한 기본구상', '헌법에 비추어 본 형사실체법의 문제점과 개선방안', '민사사건의 형사화에 대한 억제방안', '형법해석과 그 한계', '국가보안법 폐지의 당위성', '오상과잉방위', '가장납입과 형사책임', '배임죄에서 행위주체와 손해의 개념' 등 17개의 형사사법에 관련된 논문들을 단행본으로 엮은 것이다.

이들 논문들은 인간이 존엄하다는 전제 아래서 출발하고, 이를 보장하고 현실화시키기 위해 우리는 형사입법과 형사법의 해석 · 적용을 어떻게 할 것인가를 담아보려고 하였다. 즉 인간사회에서 인간은 왜 존엄하며, 국가는 인간존엄을 보장해야 할 책무를 진다는 것을 밝히고자 하였다. 이와 함께 인간의 존엄을 보장하려는 목적은 정당하고 합리적인 수단 없이는 불가능 하다는 점에서 "형법연구 III"에서는 인류의 보편적 가치인 인간의 존엄을 실현하려는 목적을 위해 정당하고 합리적인 방안이 무엇인가를 고민한 글들의 모음이다.

법학 교과서야말로 법과대학생뿐만 아니라, 법률전문가에게도 많은 영향을 끼치고 있는 바, 한국에서도 적지 않은 교수님들이 많은 논문을 쓴 후에서야 비로소 정성을 들여 형사법관련 교과서를 저술하고 있음은 반가운 일이다. 그런 교과서만이 외국이론이나 외국 판례의 입장을 단순히 모자이크 하지 않고 우리의 형사법을 우리 실정에 걸맞은 독자적인 관점에서 체계적으로 서술하고 있기 때문이다. 그러나 아직도 일부 교과서는 교과서에 기술된 저술자 입장만을 주요학설로 다룰 뿐만 아니라 주요 참고문헌으로 인용하다보니 심층적으로 분석 · 평가하면서 핵심쟁점의 해결을 위해 전력투구하고 있는 논문에서의 입장을 무시하고 있는 경우를 종종 볼 수 있다. 이는 바람직하지 못한 것이다. 교과서는 어디까지나 교과서일 뿐이고, 그 교과서에서 주장한 입장은 자신의 진정한 노력에 의해 발전시킨 학설이라고 보기 어려운 경우가 많기 때문이다. 그래서인지 필자가 번역한 '독일형법총론'(Johannes Wessels 지음)을 읽어 본 한국의 법과대학생이나 대학원생들의 한결같은 말은 "어쩌면 한국의 형법총론 교과서와 왜 그렇게 유사합니까?"

그렇다고 필자가 저술한 형사법관련 논문들이 탁월하다는 것이 아니다. 필자는 형사법 관련 논문들을 쓸 때 한국의 헌법정신을 기초로 한국의 법문화와 법률, 입법현실, 형사판례 및 실무가들의 법률해석과 그 적용 등을 망라한 총체적 관점을 고려하였다. 특히 형사실무자들이 묻고, 그들과 함께 답을 찾아보려고 노력하였다.그렇게 하여야만 우리의 현실과 장래에도 살아있고 실익이 있는 논문을 작성할 수 있다고 생각하며, 필자는 이러한 노력의 성과물인 "형법연구 Ⅲ"이 독자들에게 다소라도 의미를 가진다면 그것으로 만족하며, 부족한 부분에 대해 끊임없는 질타를 바란다.

끝으로 독자가 한정적인 이유로 본서와 같은 전문서적 출판에 인색한 출판업계의 최근 세태에도 불구하고, "형법연구 Ⅲ"을 자청하여 출판해 주신 진원사 양진수 사장님께 진심으로 감사드리며, 또한 편집과 교정으로 고생한 한홍신 선생님과 강수연 선생님께 고마움을 표한다.

2007년 5월 27일

동아대학교 법과대학 부민동 연구실에서

허 일 태

차 례

제1장 형사정책의 지도원리에 관한 기본구상

제2장 헌법에 비추어 본 형사실체법의 문제점과 개선방안

제3장 형사실체법 정비를 위한 근본적 고찰

제4장 민사사건(民事事件)의 형사화(刑事化)에 대한 억제방안

제6장 형법상 해석원칙과 그 한계

제7장 국가보안법 폐지의 당위성

제8장 사형의 대안으로서 절대적 종신형 도입방안

제9장 국제형사사법공조의 국내법과 국제법상 근거와 현황

제10장 형법 제16조【법률의 착오】

제11장 오상과잉방위와 형법 제21조 제3항

제12장 가장납입과 형사책임

제13장 배임죄에서의 행위주체와 손해 개념

제14장 濫告訴의 解消를 위한 對應方案

제15장 수사와 인권에 관하여

제16장 독일 · 프랑스의 수사구조를 통해서 본 경찰 수사권의 합리적 배분과 수사권내용

제17장 형사소송법 2004년 개정안에 대한 비판적 고찰

제 1 장

형사정책의 지도원리에 관한 기본구상
-형사실체법을 중심으로-

차 례

Ⅰ. 형벌의 본질과 인간의 존엄

1. 형벌의 본질

형벌을 수단으로 하는 형법은 범죄행위에 대한 응보나 예방 그 자체가 1차적 목적으로 출발하고 있지만, 넓게 보면 형벌이라는 수단을 통해서 법익보호와 사회평화에 기여하여 인간의 인간적 삶, 즉 인간의 존엄을 확보하려는 데에 두고 있다. 이러한 목적을 가진 형벌은 따라서 법익과 사회평화의 달성과 그 유지에 필요한 한도에서 사용되어져야 한다. 왜냐하면 수단은 목적에 정당하게 봉사할 때에서야 의미를 가지기 때문이다. 그러므로 형벌 자체가 다시금 사회평화를 침해해서는 안 된다는 이념이 형벌의 내재적 한계이고, 이를 철저히 한다면 형벌의 궁극적 목적은 단순히 응보나 예방에 있는 것이 아니라, 사회평화를 달성하여 각 개인 모두가 그들의 인격을 최대한 꽃피우게 하는데 있다는 생각은 무리가 아닐 것이다. 즉 형벌은 사회평화의 달성에 효과적이어야 하며, 이런 점에서 사회평화의 실현 내지 유지라는 내재적 한계를 가져야 한다. 이는 사회 평화의 목적달성과 관련성이 없는 형벌은 어떠한 경우에도 범죄인에게 가해서는 아니 됨을 의미한다.

형벌이 사회평화를 달성하기 위한 효과적인 수단이 되려면, 사회적으로 용납할 수 없는 행위를 한 자에 대해서만, 그리고 그가 책임진 만큼에 상응하는 적정한 제재를 가함으로써 행위자 본인에게 반규범적 행위에 대한 정당한 대가(代價)를 느끼게 하고, 사회일반에게도 준법정신의 불가피성을 일깨워줄 수 있어야 할 것이다. 그런데 손해배상의무나 행정벌(行政罰)에 의해서는 충분히 법익 보호를 할 수 없음은 경험적 사실이다. 예컨대 돈이 너무 많은 부자뿐만 아니라 너무 가난해도 손해배상이나 행정벌을 두렵게 여기지 않기 때문이다. 따라서 법익을 충분히 보호할 수 있는 제재수단으로서 성질을 가지려면 형벌의 본질적 성격은금지규범을 침해할 수 없을 정도로 가해지는, 따라서 인간이 참기 어려운 고통이어야 할 것이다.

형벌의 성격이 이처럼 참기 어려운 고통을 수반한다면, 형벌은 원칙적으로 장차 일어날 막연한 위험을 대처하기 위해 사용될 수 있는 것이 아니라, 언제나 지난날의 용납할 수 없는 잘못된 행위를 출발 기준으로 삼아야 한다. 이런 점에서 형벌은 과거에 범한 범행에 대한 응보적 수단임을 결코 부인할 수 없다. 그러나 형벌의 근본목적은 평화롭고 인간다운 삶을 영위하는 데 있으므로, 과거의 잘못된 범행에 대해 그에 상응한 비난이나 고통을 가하는 식의 응보로 끝나지 않고 현재뿐만 아니라 장래의 범죄예방에도 기여하게 함으로써 평화로운 사회를 달성할 수 있는 수단으로 거듭나야 한다. 그러므로 형벌을 가해도 범죄에 대하여 예방목적을 달성할 수 없는 형벌부과는 정의로운 형벌이라고 말하기 곤란하다. 범죄예방이라는 것도 대부분 지난날의 잘못된 행위에 대한 상응한 비난 없이는 효과를 기대할 수 없으므로, 예방목적을 달성할 수 있는 한도에서만 과거의 잘못에 대한 형벌부과만이 정당성을 가진다고 할 것이다.

이처럼 형벌은 개인의 인간다운 삶을 초토화시키는 인간이 참기 어려운 고통이며 불명예를 수반하는 인간존엄성의 본질적인 부분을 침해한다는 점에서, 형사실체법의 입법 시에는 개인적 내지 국가적 법익침해 행위 중에서 사회적으로 용납할 수 없는 행위유형만을 선별하고, 그러한 행위유형에 대해서만 형벌을 가할 수 있도록 해야 할 것이다. 여기서 사회적으로 용납할 수 없는 법익침해행위라는 것은 개개인의 생명이나 신체와 같은 개인적 법익뿐만 아니라 국가기밀의 유지, 사법(司法)의 공정성유지, 공무원의 청렴성 같은 일반적 법익을 침해함으로써 평화로운 사회생활을 파괴할 수 있는 바로 그런 행위를 말한다. 그러므로 그 법익보호가 인간의 사회생활상 근본적으로 중요한 것이 아니라면, 형벌에 의한 보호가 불필요한 것이며, 사회적으로 아주 중요한 법익이라 해도 그 법익보호가 형벌 이외의 다른 수단에 의해서도 충분히 가능하다면, 형벌을 수단으로 사용해서는 안 된다고 할 것이다. 이런 점에서 형벌은 기능상의 차이로 나타나는 행정벌과의 혼동을 피할 필요가 있고, 형벌의 최후수단적인 성격을 위해서라도 형벌이라고 칭하는 일체의 제재 중에서도 행정벌적 성격이 강하거나 유사한 경우에는 행정벌적 제재에로의 과감한 이전이 필요한 것이다(비범죄화).

2. 인간존엄성의 근거

한국 헌법은 인간의 존엄을 선언한다.[1] 이에 따라 헌법재판소도 헌법상의 인간상은 자기결정권을 지닌 창의적이고 성숙한 개체로서의 국민을 전제로 한다.[2]

1) 인간의 존엄성에 관한 한국에서의 박사학위논문으로서는 김병곤, "인간의 존엄" -헌법이론적 연구-, 교육과학사 (1996).

2) 헌재 1998. 5. 28. 96헌가5.

우리 모두도 경험칙에 비추어 인간의 존엄함을 당연시 여길 수 있다. 그러나 헌법이 인간을 존엄하다고 천명했기에 우리가 인간을 규범적으로 존엄한 것으로 간주할 수 있지만, 그렇다고 인간이 현실적으로 왜 존엄해야 하는지의 이유가 된다는 것은 지나친 형식 논리이다. 우리 인간은 왜 존엄해야 할 수밖에 없는지에 대한 이유를 충분히 규명할 수 있을 때, 비로소 인간의 존엄성은 규범적이자 현실적 의미를 가지게 되며, 인간존엄의 확보를 위해 있어야 할 형사정책의 지도원리가 제대로 규명될 수 있을 것이다.

필자는 인간이 스스로를 존엄하다고 인정할 수 있는 근거를 다음과 같은 사유에서 찾을 수 있다고 본다. 첫째로 인간은 무엇보다 종족보존본능과 생존본능에 근거하여 인간 자신을 존엄한 것으로 간주하기 때문이다. 이러한 생각은 극히 인간본위적(人間本位的)이긴 하지만, 인간은 그 자신의 능력을 최대한 꽃피워 행복한 삶을 영위하기 위해서 그와 같은 생각을 불가피한 것으로 전제한다. 이러한 맥락에서 인간이 다른 생물들에 대한 가치적 우위를 확고히 하고 그와 같은 생각이 객관적인 설득력을 갖도록 하기 위하여, 우리는 "인간에게 다른 생명체와는 근본적으로 구별되는 우월적 능력을 인정하고, 이에 따라 인간을 존경받을 만한 가치가 있는 주체"로 인정할 수밖에 구조화 하여 왔다.

둘째로 인간은 사회평화와 발전을 위한 능력과 책무를 지녔기 때문이다. 이와 같은 가치는 "인간은 합목적적으로 행동할 수 있는 자기결정권(自己決定權)에 따른 행동능력을 가졌다"는 데에서 그 근거를 찾을 수 있기 때문이다. 즉 인간이 동물에 비해 근본적으로 다른 점은 소극적으로는 본능적인 행동양식으로부터 광범위하게 자유롭다는 데에 있고, 적극적으로는 그의 행위의 올바른 지침을 자신의 통찰력을 통해 발견하고, 또한 설정하여 현실화 시키는 능력을 가지고 있다는 데에 주목한다. 따라서 인간은 자신에게 주어진 객관적 사정에 그대로 따르지 아니하고, 자신의 행위를 조종해 나가면서 자신의 목표를 적극적으로 형성할 수 있는 능력을 구비하고 있기 때문에 인간의 사회적 공존을 위해서 그 자신의 능력에 어울리는 행동을 해야 할 사회적 책무를 지게 된다.

셋째로 인간 모두는 그 자신의 본분에 걸맞은 활동을 통하여 오늘날과 같은 국가를 건설하고 문화를 발전시킨 업적을 이룩했으며, 국가는 국민에게 이에 상응한 보상을 해 주어야 할 책무(責務)를 부담한다고 보기 때문이다. 즉 인간 자신의 사회적 책무를 통해서 국가의 핵심적 구성요소인 인간사회는 오늘날의 문화국가를 이룩할 수 있었지, 인간이 아닌 다른 동물이나 생명체에 의해 이와 같은 사회가 건설된 것은 아니다. 따라서 국가구성원인 국민으로부터 혜택을 받는 국가는 그 혜택을 준 구성원 개개인의 기본권을 보장해 주어야 할 책무를 진다는 것은 너무나도 당연한 것이다. 이는 중세시대의 귀족이 농노에 대한 귀족의 책무(noblesse oblige)를 완수하려했던 것처럼, 국가를 위해 헌신한 인간만이 국가로부터 그 본질적 기본권의 보장을 받는 것과 같은 이치이다. 따라서 국가는 사회적 책무를 부담하는 인간을 위해 그의 인간적 존엄을 보장해야 할 책무를 지게 된 것이다.

그러므로 인간으로서의 존엄성이란 것은 사회적 책무를 지닌 주체적 인간을 전제로 하는 것이며, 국가와 사회의 형성과 발전에 기여하여 왔던 인간에게 부여된 것이고, 인간은 정신적으로 자율권을 행사할 수 있는 행위의사를 갖고 권리행사를 누릴 수 있는 주체라는 점에서 찾을 수 있는 것이다. 이처럼 인간에게 존엄성의 주체로 주어진 인격성은 이 때문에 양도되거나 포기할 수 없는 불가침적 권리이며, 이러한 인격성은 그러나 인간의 생명과 육체의 존재를 전제로 할 때만 존재하게 된다. 생명이 깃든 육체가 존재하지 않으면, 인격권도 존재할 수 없기 때문이다. 따라서 인간의 생명권과 신체에 대한 불가침권 역시 인간존엄의 핵심임은 물론이다. 이에 따라 인간의 자율적 의사에 대한 본질적 침해행위 뿐만 아니라, 인간의 생명이나 육체에 대한 침해도 역시 인간의 존엄을 해치는 행위인 것이다. 그러므로 이들 인간존엄을 위한 보편적 가치들에 대한 침해행위가 형벌을 수단으로 하는 형사실체법의 개입을 불가피하게 한다는 점은 누구도 부인하지 못할 것이다.

3. 인간존엄의 실천적 내용으로서 자유와 평등

인간존엄의 실현을 위한 핵심적 역할을 하는 자율권은 자기결정권이 가능한 곳에서 비로소 실현될 수 있으며, 특히 자유와 평등이 담보될 수 있는 환경, 즉 정의사회에서 더욱 철저히 구현될 수 있다. 그런데 자유와 평등은 국가가 보호해야 할 기본적 인권의 핵심이자 인류의 보편적 가치이지만 이들 가치는 제각각 분리해서 생각할 수 없다. 형식적 평등만이 강조되면 될수록 개인의 창조적 능력은 무시되고, 생산력의 저하를 야기하며, 이로 인해 평등은 빈곤의 평등으로 악순환되는 구조를 갖게 된다. 역으로 형식적 자유만 강조되어도 사회적 약자는 사회적 강자에 대해 한없이 약해져서 약자의 자유는 말살되는 결과를 빚게 되며, 실질적 평등의 실현 역시 불가능해진다.

따라서 자유와 평등이 조화롭게 조정되어 각 개인의 기본권이 제대로 보장될 수 있기 위해서는 사회적 정의를 비롯한 보편적 가치가 실질적으로 관철될 수 있도록 해야 한다. 개개인의 자유가 실질적으로 보장될 때에서야 평등은 진정성을 가지게 되며, 그러나 실질적 평등을 이룩할 수 있기 위해서는 생산성을 고려한 적정한 배분이 보장 되어야 한다. 왜냐하면 평등하게 배분하기 위한 배분의 총체는 생산의 원동력인 자유의 발현에 의해 촉진된다는 것이 역사적으로 입증되었고, 또한 생산이 없는 곳에서 분배의 문제는 결코 생각할 수 없기 때문이다. 즉 생산력을 촉진할 수 있는 자유가 박탈된 곳에서는 분배할 것이 감소할 수 있다는 점에서 실질적인 평등을 실현하기 위해 평등은 반드시 자유를 전제로 해야 하는 것이다.

Ⅱ. 법치국가원리

이와 같이 인간존엄의 핵심적 역할을 하는 자유와 평등의 실현이 실질적으로 담보하려면 무엇보다 실질적 법치국가의 원칙[3]이 준수되어야 한다. 독일의 경우 형식적 법치국가원리가 활보하였던 과거 나치정권 아래에서 경험했던 뼈아픈 기억을 통해 제2차 세계대전 이후, 법치국가원리는 실질적 의미로 이해되고, 실현되어야 한다는 사상이 보편화 되었다. 한국의 근현대사에 있어서도 일본제국주의의 식민지시대와 해방 후 군사독재 치하에서는 형식적 법치국가원리가 춤을 출 때가 있었다.

1. 법치국가원리와 그 실질적 내용

다양하고 비인간적인 사회관계에 의해 특징지어지는 사회일수록 법의 형식적 통제에 관한 필요성과 사법부를 포함하여 사회를 보장하는 사회행정에 대한 필요성이 점차로 증가하는 것은 이미 경험적으로 알려진 사실이다. 특히 사회적 이탈행위에 대한 통제 내지 그런 행위에 대한 국가의 개입여부는 각 개인의 기본권 침해와 직결된다. 국민의 기본권보장을 위해 존재근거를 갖는 국가는 사회적 이탈행위에 대한 형벌권의 개입가능성을 한계 짓는 형사실체법의 입법과 적용시에 무엇보다 법치국가원리를 철저히 준수하여야 함은 물론이다.

여기서 법치국가원리[4]의 의미는 인간존엄의 핵심적 내용인 자유 · 평등을 실현시키기 위해 국가생활에서 지켜야 할 행동지침을 법으로 마련하고, 국가권력을 이에 입각하여 형성 · 집행하려는 인간사회의 기본원리를 말한다.[5] 이러한 법치국가원리의 이념적 기초는 한편으로 생활환경의 정의로운 조정과 형성을 통하여, 다른 한편으로 국가생활에서 불가피하게 야기되는 권력현상을 권력분립과 함께 합법성과 정당성에 기초한 법률로 순화시켜 인간의 존엄성을 확보하려는 데에 있다. 즉 국민의 기본권은 국가에 대한 국민의 방어권을 뜻할 뿐만 아니라, 국가가 생명권 등 보편적 가치질서를 구현하고, 이를 보장하기 위한 국가

---

3) 법치국가원리에 관해 읽어 볼만한 문헌으로는 김효전 편역, "법치국가의 원리"(헤르만 헬러 외), 法元社(2001).

4) 법치국가원리는 국가작용을 합법성과 정당성을 갖춘 일정한 절차와 방식의 충족을 통하여 형성 · 조정함으로써 국민의 자유 · 평등 · 정의를 실현시키려는 원리라는 점은 이미 제1장에서 자세히 설명한 바 있다. 독자는 이를 참고하길 바란다.

5) 허영, 헌법이론과 헌법(제5판), 박영사(2000), 266쪽 참조.

의 적극적 형성 내지 조정의무를 의미하는 것이다.[6]

특히 법치국가원리는 기본권에 대한 본질적 한계를 갖고 있음을 전제로 한다. 즉 기본권의 제한은 법률에 국한하여야 하고, 기본권의 본질적 침해를 허용할 수 없다는 한국 헌법 제37조 제1항과 제2항[7]은 이 점을 분명하고 천명하고 있기 때문이다. 한국에서는 사형제도의 존폐문제와 관련하여 기본권의 본질적 한계에 관하여 아직도 논란이 계속되고 있다. 그러나 사형제도는 헌법 제37조 제2항에 따른 본질적 침해금지라는 헌법정신에 반한 것이다. 혹자는 미국의 상당수 주에서 사형제도가 존치하고 있고, 미국 연방헌법재판소도 다시금 사형제도의 합헌론(合憲論)의 입장을 취하고 있다는 점에 근거하여 한국에서 사형제도의 존치를 주장하는 일부 학자나 실무가들이 있으나, 이것은 잘못된 착상에서 출발한 것이다. 왜냐하면 미국연방헌법은 한국과 달리 기본권의 본질적 침해가 불가능하다는 헌법조항이 없으며, 사형제도의 존치를 허용하고 있는 미국의 대부분 주에서도 반인륜적 범죄에 대한 사형제도의 위하력에 대해 확신이 없음은 공지의 사실이고, 독일은 헌법에서 기본권의 본질적 침해금지를 규정함과 동시에 사형제도를 폐지했으며, 게다가 사형제도의 범죄억제 효과가 의심스러울 때에는 사형제도의 존치보다는 폐지 쪽으로 가는 것이 정의로운 형사사법의 방향이라고 생각하기 때문이다.

2. 법치국가원리에 근거한 형사실체법(刑事實體法)의 기본사상

헌법에서 보장하려는 인간의 존엄성은 형법 등 형사실체법에 의해서 무시될 수 없으며, 헌법정신은 이들 실체법에 의해서도 철저하게 준수되어야 한다. 이를 위해 헌법은 다수의 인권보장적 규정과 형사사법에 관련된 규범을 헌법상

6) 민주주의 이념이나 법치국가의 이념 모두 인간의 존엄을 실현시키는 데에 있지만, 민주주의는 이것을 국민의 정치참여형태에 의해 실현시키려고 하는 데 반해, 법치주의는 국가의 기능적 활동에 대한 법의 통제를 통해서 인간의 존엄을 형성하거나 확보하려는 점에서 차이가 있다.

7) 국민의 모든 자유와 권리는 국가안전보장 · 질서유지 또는 공공복리를 위하여 필요한 경우에 한하여 법률로써 제한할 수 있으며, 제한하는 경우에도 자유와 권리의 본질적인 내용을 침해할 수 없다.

의 규범으로 격상시켜 놓고 있으며, 형법은 헌법의 이러한 규정과 정신을 구현하는 데에 그 본연의 임무가 있다.

헌법은 국민의 인권보장을 위한 국민적 합의문의 성격을 가지며 국가는 헌법의 이러한 정신을 구현하는 도구에 불과하기 때문에, 헌법에 근거한 국가란 국민의 인권보장을 위한 도구일 뿐이다. 그러므로 모든 국가작용은 국민의 인권보장을 위해서 존재해야 하므로 국가 형벌권의 실현목적도 역시 인권을 유린하는 데에 있는 것이 아니라, 사회평화를 달성하고 유지하여 궁극적으로 국민의 인권을 보호하는 데에 있는 것이다. 이러한 이유로 형벌의 목적도 행위자에 대한 과거의 잘못된 비행을 응보하는 데에 그치지 않고, 이와 함께 그 잘못에 대한 적정한 벌을 통하여 행위자가 장래에 개과천선하게끔 하여 사회의 평화스런 생활관계를 유지 · 형성할 수 있게 하는 데에 있다. 따라서 형사실체법은 다음과 같은 내용을 갖고 헌법정신의 법치국가 이념을 구현해야 한다.

① 형사실체법은 인간존엄성 확보를 위해 인류의 보편적 가치를 보호하는 사명을 가져야 한다.

② 형사실체법은 형벌을 수단으로 할 수밖에 없고 형벌이란 고통을 본질로 하지만, 형벌의 성격은 인간존엄의 본질을 침해할 수 있는 정도에까지 이르러서는 아니 된다.

③ 형벌의 이런 성격 때문에 형사실체법은 사회적 이탈행위라고 해서 이들 행위유형 모두에 개입되어서는 아니 되며, 인간사회가 결코 용납할 수 없을 정도로 법익침해적인 행위에 대해서만 최후수단으로 투입되어야 한다. 따라서 형벌은 행정벌이나 그 밖의 민사적 제재와 차별화되는 독자성을 가져야 하며, 이들 행정벌이나 민사적 제재수단에 의하더라도 효과를 발휘할 수 없는 경우에만 사용되는 것을 원칙으로 해야 한다.

④ 형사실체법이 개입될 수 있는 범죄행위유형에 대해서는 일반인에게 사전에 충분히 인지될 수 있어야 한다. 소급효가 인정되거나, 소급입법을 통하여 예전의 일을 범죄로 만드는 일은 일반인의 예측가능성을 무너뜨리고 국민의 활

동자유를 본질적으로 위축시킨다. 뿐만 아니라 가벌적인 행위는 사전(事前)에 명확하게 명시되어야 한다. 일반인도 형사실체법에서 무엇을 법으로 금지하고 있거나 허용하고 있는 지를 명확히 파악할 수 있도록 하여야 한다. 만일 그렇지 못하게 된다면 국가는 형벌권을 자의적으로 행사할 수 있는 원인을 제공하는 것이 되고, 국민은 국가형벌권으로부터 불안하게 된다.

⑤ 형벌은 책임에 상응해야 하며, 보안처분도 행위자의 위험성과 불법성에 비례되어야 한다. 책임에 어울리지 않은 과잉 또는 과소의 형벌은 인간존엄에 대한 도발이자, 범죄방지의 효과를 근본적으로 떨어뜨린다.

⑥ 범죄의 성립에 관련된 문제에서 철저하게 준수되고 있는 죄형법정주의는 양형을 하는 데에 있어서도 역시 양형책정요건의 법정화로 구현되어야 한다. 범죄에 대한 법률효과로서 광범위한 선택의 여지를 주고 있는 법정형의 규정만으로는 형벌의 죄형법정주의가 필요 · 충분하게 보장된 것이 아니기 때문이다.

⑦ 형벌의 잔혹성은 사회가 진화될수록 약화된다는 점과 중형주의의 형벌주의는 형벌감응효과를 떨어뜨린다는 점 때문에, 장래의 형벌은 형벌의 감응성을 높이고, 또한 형벌의 인도주의적 관점과 어울리는 방향에서 그 법정형을 근본적으로 하향 조정할 것이 요구된다.

⑧ 국가가 자의적인 법적용으로 국민의 기본권을 침해하면, 국가의 이름으로 권한을 행사한 사법관련 공무원은 법왜곡죄(法歪曲罪)로 처벌되어야 한다.[8] 국가는 국민의 기본권을 소극적으로 뿐만 아니라 적극적으로 보장해야 하는데, 오히려 국가가 국민의 기본권을 적극적으로 침해하였다면, 그 공무원의 불법성은 일반인의 그것보다 훨씬 심각한 것이며, 결코 용납될 수 없기 때문이다.

---

8) 여기서 말하는 法歪曲罪란 枉法罪와 같은 의미로 예컨대 법관이나 검사 등이 사실관계를 왜곡하거나 법규정의 해석과 적용 그리고 양형을 왜곡하여 특정한 당사자를 유리하게 하거나 또는 불리하게 하는 사법행위를 의미한다.

Ⅳ. 형벌 규정의 정비

1. 사형제도의 폐지와 절대적 종신형[27]의 도입[28]

1) 인간의 존엄성에 근거한 사형제도의 위헌성과 우리의 상황

인권을 보장해야 할 국가가 핵심인권인 국민의 생명을 계획적으로 침해함은 헌법정신에 위배되는 일이다. 사형제도는 헌법상 보장된 인권의 핵심을 침해하기 때문이다. 즉 국가는 국민의 생명과 신체 그리고 재산 등을 보호하기 위해 성립된 수단이기 때문에, 국가존립의 기초는 국민의 기본권보호에서 출발해야 한다(헌법 제10조: 인간의 존엄과 가치의 보장). 이런 점에서 사형제도의 존치가 무조건적으로 인권보호를 위한 불가결한 헌법상의 원리라는 견해는 설득력이 없으며, 헌법상 명시된 국민의 기본권보장을 위해 사형제도가 불가피하다고 주장하는 것은 인간의 존엄을 천명한 우리의 헌법정신과 조화될 수 있다고 강변하는 것 자체가 모순이다. 더구나 헌법은 제37조 제2항에서 과잉금지원리[29]를 천명하고 있다. 즉 국가안전보장 · 질서유지 또는 공공복리를 위해서는 기본권을 일부 제한할 수 있지만 그럼에도 기본권의 본질적 내용은 침해할 수 없고, 인간의 생명은 인간의 본질적 권리에 해당하므로 생명의 침해는 국가안전보장이나 공공복리 등 그 밖의 어떠한 이유에 의해서도 허용될 수 없음은 자명한 것이다. 따라서 사형제도는 인간의 존엄성보장이라는 차원에서도 인정될 수 없다.[30]

27) 여기서 말하는 절대적 종신형이란 가석방 없는 무기형 내지 종신형을 의미한다. 현행법상 무기형의 경우, 가석방되려면 징역 또는 금고의 집행 중에 있는 무기수가 그 행상이 양호하여 개전의 정이 현저하고 10년이 경과되어야 한다(형법 제72조 참조).

28) 이에 관해 자세한 문헌으로는 허일태, "사형의 대체형벌로서 절대적 종신형의 검토", 『형벌과 인간의 존엄』, 49쪽 이하 참조.

29) 헌법상의 과잉금지원리에 관한 자세한 문헌으로는 허영, 헌법이론과 헌법(상), 1991, 282~283쪽 ; Haberle, Die Wesensgehaltsgarantie des Art. 19 Abs.2 GG, 1972.

30) 인간의 존엄은 인간이 인간다운 생활을 가능하게 하기 위한 최후의 보루로써 인정한 가치이며 이에 상충하는 헌법규정, 예를 들면 헌법 제110조가 전제한 헌법상의 사형허용은 인간의 근본가치를 보장하려는 정신에 반하는 규정이라 할 것이다. 왜냐하면 우리의 헌법질서에서 인간의 존엄과 가치가 지니는 위상을 볼 때, 헌법 제110조 제4항 단서가 헌법적 지위를 갖는 법규범이라 하더라도, 이 규정이 사형제도를 합법으로 본다면, 이 규정의 상위규정이자 헌법상의 근본가치 보호규정인 헌법 제10조와 헌법 제37조 제2항에 반하기 때문이다. 백보 양보해서 헌법 제110조가 사회방위체계상 불가피하게 인정되는 규정이

바로 이런 이유로 사형제도의 폐지경향은 세계적 추세이며, 우리나라도 생명 존중 사상, 사형제도 폐지 주장 등에 따라 법원에서 사형선고에 신중을 기하는 경향이 있고, 실제 사형이 선고되어도 사형의 집행이 8년 이상 장기간 보류되고 있다. 즉 1998년 1월부터 사형이 집행되고 있지 않고 있으며, 그 이후 해마다 사형수의 수는 누적되어 현재 63명에 이르고 있다. 국회에서는 2004년 8월 유인태 의원을 비롯한 175명의 국회의원 찬성으로 사형제도폐지 법안을 발의하여 국회에 계류 중에 있으며, 국회 법제사법위원회의 통과를 앞두고 있는 실정이다. 또한 국가인권위원회도 2005년 3월 28일 사형폐지 권고 결정을 하였으며, 특히 2006년 2월 법무부는 종래의 사형존치 입장에서 선회하여 사형제도의 존폐문제와 함께 사형의 대안으로서 절대적 종신형을 원점에서 검토하고 있다고 한다. 반가운 일이다.

2) 절대적 종신형의 도입과 그 요건

현행법상 사형과 무기형 사이의 괴리는 너무 크다고 할 수 있다. 즉 사형은 집행되면 그것으로 인생이 끝장나는데, 무기형의 경우 법률상으로 모범 수형자는 약 18년 복역으로 가석방이 가능하여 사실상 유기형으로 활용되고 있기 때문이다. 오늘날 수형성적이 좋지 않은 피고인도 대개의 경우 약 23년을 경과하면 출소되고 있는 실정이다. 이러한 현실은 수형자의 생명을 박탈하는 사형과 20년 전후의 복역 기간만 마치면 출소되는 무기징역형의 격차가 단순한 양적 차이를 넘어 지나칠 정도의 질적 차이를 보이고 있음을 말해준다. 예컨대 20대 초반에 무기징역형을 선고 받은 자는 거의 대부분 40대 중반이면 사회복귀가 가능한데, 사형선고를 받고 집행된 사형수는 영원히 이세상 사람이 아니며, 특히 오판인 경우 돌이킬 수 없으며, 사회복귀가 영원히 불가능하게 된다. 실무상 무기형과 사

라 하더라도 그것은 전시와 같은 예외적 상황에서 인정된 것이지, 평시의 범죄자들에 대한 사형제도 허용규정이라고 할 수는 없다. 더욱이 헌법규범에는 같은 헌법규정이라고 하더라도 헌법정신의 원천이 되는 근본적인 규범이 있는가 하면, 헌법의 근본정신 아래에서 규율되어진 지엽적인 헌법규범도 있음은 공지의 사실이다. 헌법에서 근본적인 것은 인간존엄과 가치의 확보에 있으며, 헌법정신에 어울리지 않은 헌법의 지엽적 조문은 극복하는 것이 마땅하다.

형의 선고의 차이는 질적으로나 양적으로도 환산할 수 없는 차이지만, 무기수의 범행과 사형수의 범행 차이는 질적으로나 양적으로 환산할 수 없는 차이가 언제나 상존한다고 누가 장담할 수 있을까?

따라서 사형을 대체하고, 사형과 무기징역간의 격차를 메워 줄 중간 단계의 처벌로서 감형 또는 가석방의 여지가 없는 '절대적 종신형' 을 도입할 필요가 있다(이와 관련하여 유인태 의원 등에 의한 사형제도 폐지와 그 대안으로서 절대적 종신형의 법안이 국회에 계류 중이다).

현재 실무에서 사형을 매우 신중하게 선고하고 있음을 고려할 때, 가석방 없는 절대적 종신형을 선고하기 위해서는 실무계에서 사형선고에 준할 만한 범행과 양형사유를 가져야 할 것이다. 즉 ① 범행의 객관적 위험이 매우 크고(특히 조직범죄나 공동범죄), ② 범행동기에 참작할 만한 사유가 없으며, ③ 범행수법이 잔인하고 피해자가 2인 이상이거나 피해정도가 중대하고, ④ 범행 후 범행을 은폐하거나 사체를 유기 또는 손괴하고 범행을 부인하는 등 반성과 뉘우침이 없으며, ⑤ 피해자 측과 합의가 이루어지지 않는 경우뿐만 아니라, ⑥ 재범의 위험성이 전혀 없다는 확신을 가질 수 없을 때이어야 할 것이다.

2. 자유형의 문제

1) 징역과 금고 및 구류의 단일화: 금고형과 구류형의 폐지

우리 형법에서는 금고형과 징역형을 구분하고, 실무상으로 후자를 파렴치범으로 파악한다. 외국의 경우, 독일은 종래의 중징역, 경징역, 금고, 구류라는 4단계의 상이한 자유형을 두고 있었으나 1975년부터 시행된 새로운 형법개정에 의하여 징역이나 금고 그리고 구류가 더 이상 존재하지 않게 되었고 구류형을 제외하고 나머지를 통일시킨 '자유형' 만이 존재한다. 독일형법 제38조에 의하면 유기자유형은 1월 이상 15년 이하로 부과된다. 오스트리아도 징역이나 금고제도를 폐지하고 1일 이상 20년 이하의 유기자유형을 두고 있다. 이탈리아는 15일에서 24년까지의 자유형과 위증죄에 있어서는 5일에서부터 3년까지의 자유형을 두고 있다. 네덜란드는 징역과 구류를 두고 있으나 실질적으로 구류는 의미가 없기 때문에 자유형의 단일화를 이룩하고 있는 셈이다. 이에 반하여 일본은 현행 형법 뿐만 아니라 개정형법초안에서도 징역과 금고를 구분하고 있다.

(1) 존치입장

현행 형법이 구별을 인정하고 있는 징역과 금고는 1985년도에 구성된 '형법개정 소심의 위원회' 에서 그와 같은 구별의 실익이 있다고 보고 있다. 즉 "수형자의 개선에 따른 과학적 분류에 의하여 합리적인 처우가 가능하고 양자의 구별은 노동의 천시에서 본다고 비판하나, 정치범이나 과실범에 대하여는 징역이 의무적이 아닌 금고가 의미 있다." 징역과 금고의 구별의 존치를 주장하는 학계 일부견해의 근거는 일반적으로 다음과 같이 요약될 수 있다: "범죄를 범한 범인에 대하여 일률적인 추상적 획일주의에 빠질 것이 아니라 사상범이나 과실범같이 파렴치하지 아니한 동기에서 범해지는 그런 범죄에 대해서는 파렴치범보다 우대하여 처우하는 것이 국민의 도의감정에 들어맞는다는 점, 사상범이나 확신범에 대하여 범인의 명예감정을 고려하는 사고가 국민감정에 뿌리 깊게 내리고 있다는 점, 국제노동기구 제105조의 강제노동의 폐지에 관한 조약에서도 작업을 강제하는 것을 금하므로 이를 위해서도 작업강제 없는 형이 요구된다는 것, 사상범이나 과실범은 파렴치범과 다른 성격적 특색을 지니므로 비파렴치범에 대해 특별한 배려가 요구되기 때문에, 이러한 점을 행형의 담당자의 재량에 둘 것이 아니라 입법과 재판의 단계에서 징역과 금고를 구별하여 인권의 보장에 기여할 뿐만 아니라 행형상 수형자의 분류가 아직도 충분히 이루어지지 않는 현상에서 아직도 징역과 금고의 구별의 실익이 있다."

(2) 단일화입장[31)]과 사견

자유형의 목적이 수형자를 교정시설에 구금하여 한편으로 사회불안을 해소하고, 다른 한편으로 수형자를 교육하여 재사회화하는 것에 두고 있기 때문에 수행자가 파렴치범이냐의 여부에 따라 정역의 의무가 있는 징역형과 그런 의무가 없는 금고가 구분하고 있는 현행 법제도는 자유형의 목적으로 볼 때 구분해야 할 하등의 필연성을 갖지 않는다. 징역이냐 금고이냐의 구별기준인 파렴치성의 판단기준이 논리적인 일관성이 없다. 왜냐하면 파렴치성의 여부의 판단은 국민의 가치판단과 밀접한 관련을 갖고 있어서 시대와 더불어 변화하는 개념이고 따라서 그것의 객관적 기준을 정하기 어렵고, 어느 정도 자의적인 기준이 될 수밖에 없기 때문이다.

현행 형법전이 진정한 국민의 객관적 가치판단의 기초 위에서 파렴치범과 그렇지 아니한 범죄를 구별하고 있느냐 하면 꼭 그러한 것만은 아니다. 즉 사상범, 확신범이라고 볼 수 있는 내란, 외환, 간첩, 국가보안법위반 범죄 등에 징역을 규정하고 있으며, 무면허로 운전한 자는 징역형이 부과되나(도로교통법 제109조) 그런 자가 사람을 치사한 때는 금고(형법 제267조와 제268조)라고 하는 형이 부과되어 사리에 맞지 않는 결과에 이르게 된다.

또한 파렴치성 여부에 따라 징역과 금고를 구별할 때, 정역의 의무 있는 징역수형자에게는 파렴치범이라는 낙인이 찍혀, 이러한 굴욕을 당한 수형자의 마음에 적개심과 반항심을 불러일으켜 결과적으로 사회복귀의 가능성을 약화시킬 수 있다. 징역형을 선고받은 전과자의 낙인이 찍힌 파렴치범이라고 생각하면 누가 그런 전과자를 고용하며, 또 그런 전과자는 어떻게 사회에서 올바르게 적응하며 인간다운 삶을 살아갈 수 있을까?

그밖에도 최근 형사실체법의 정비를 위해 가동 중인 형사실체법정비전문위원회의 의견에 따르면, 사상범에 대한 명예존중이라는 금고형의 취지가 양형실무에서 많이 퇴색되었고, 선고사례가 징역형의 0.3%에 불과할 정도로 드물며, 세계적으로 징역형으로 단일화하는 추세라는 점을 들어 단일화 입장을 지지하고 있다.[32)]

이러한 점으로 미루어 볼 때 개정형법에서 징역과 금고의 구별을 둘 것이 아

31) 금고형의 폐지를 통하여 자유형의 단일화에 관한 자세한 문헌으로는 김기춘, 형법개정시론, 247쪽 이하 참조.

32) 제4차 형사실체법정비전문위원회 회의결과 참조.

니라 자유형으로 단일화하여야 할 것이다. 그리고 자유형의 단일화는 여기서 그칠 것이 아니라, 초단기자유형의 하나인 구류를 폐지함으로써 자유형의 완전한 단일화를 도모하여야 한다.[33] 또한 일정한 조건 아래서 수형자에게 노동할 권리와 의무를 부여하여 수형자도 사회일반인과 같은 수준의 노동활동을 할 수 있도록 해야 한다.

앞으로의 행형에 있어서 수형자의 개성에 따른 과학적 분류가 합리적으로 이루어지리라고 예상되고, 그러한 분류에 따른 처우를 하도록 개선하여 자유형의 기본목적인 범인의 개선과 재사회화를 실질적으로 실현할 수 있는 교육훈련이나 의료적 처우방법을 비롯한 개방처우나 주말구금 등의 구금방식이 도입되는 것이 우리의 행형의 이상이라 하겠다. 이러한 이상을 실현하기 위해서는 무조건 작업을 강제하는 것도 문제가 아닐 수 없다. 자유형의 목적은 근본적으로 신체의 자유를 제한하여 수형자의 개선과 사회복귀에 있지, 강제노역을 통해서 고통을 가중하고 파렴치범이라는 전과자로 낙인을 찍는 응보에 있는 것은 아니기 때문이다.[34]

2) 무기형과 유기징역형의 법정형 조정

(1) 법정형 조정의 배경

유기형의 법정형 조정이 불가피한 배경에는 첫째로 무기형과의 괴리문제와 둘째로 평균수명의 연장에 따른 괴리라는 두 가지 사유가 있다. 즉 유기형의 경우 비록 상한선은 15년이지만 가중 사유가 존재하면 25년까지 가능한 반면에, 무기형을 감경할 경우 7년 이상의 유기형에 불과하여 무기형을 범한 자일지라도

33) 이재상, 형법총론 제5판, 557쪽 참조.

34) 역으로 수형자에 대해 무조건적으로 작업의무를 면제하는 것도 바람직하지 못하다. 왜냐하면 작업을 통하여 수형자의 노동중시사상과 장래의 직업을 위한 예비훈련이 가능하기 때문이다. 이런 점을 고려해 본다면 무조건적 작업강제의무가 있는 징역이나 작업 면제를 받는 금고도 적절한 수단이 될 수 없다. 이보다는 수형자의 성격에 비추어 보아 작업에 의한 수형자의 개선효과가 있다고 판단되는 업무를 수형자의 육체적 · 정신적 능력에 적절한 정도로 부과하고, 수형자의 교도소숙식비를 수형자 스스로가 임금을 받는 노동을 통해서 조달하도록 의무로 부여하며, 노약자나 병약자처럼 노동을 할 수 없는 자에 대해서만 국가가 그 비용을 부담하는 방식을 고려해 볼만하다.

법정최고형인 15년 이상으로 벌할 수 없는 경우가 발생한다. 그 결과 무기형을 받는 자에게 대해서는 형벌의 가중사유가 있을 때에도 더 이상 형벌을 가중하지 못하는 결함이 생기는데 반해서, 감경사유가 존재하여 감경하게 될 때에는 최저 7년에서부터 15년까지이며, 그 이상의 유기형을 선고할 수 없게 된다. 이에 반해 유기형의 경우 법정최고형이 15년이지만, 가중 사유가 존재하면 25년까지의 법정형이 가능하여, 25년의 유기형을 범한 범죄자에 대해서는 감경사유가 존재하더라도 결과적으로 12.5년까지 형벌을 선고할 수 있게 된다. 그 결과 무기형과 유기형은 원칙적으로 건널 수 없는 강처럼 그 사이에 분명한 한계가 있어야 하는데, 실질적으로 별다른 차이가 없게 되는 경우가 발생하게 되는 것이다.

둘째 배경으로는 평균수명의 연장에 따라 야기되는 문제이다. 현재 무기수를 가석방할 경우, 수형자의 범죄적 책임에 관계없이 일률적으로 무조건 10년 이상의 수형생활을 하게 하고, 개전(改悛)의 정(情)이 있어야 가능하다는 점이다. 그러나 무기형의 가석방요건이 10년 이상의 형집행을 요구하고 있으나, 오늘날의 평균연령 수준에 비추어 볼 때, 최소복역기간 10년은 매우 짧아 보인다. 형법이 제정된 반세기 전인 1953년 당시 10년은 그 때의 한국인 평균수명으로 보아 결코 짧지 않은 세월이었지만, 오늘날 한국인의 평균수명이 당시보다 20년 이상이 늘어났고 현재 25세의 청년이 앞으로 살 수 있는 평균기간은 50년 정도가 되며, 30세의 경우에도 45여년의 기대수명을 갖고 있다. 따라서 오늘날에 와서 10년이라는 기간은 입법제정 당시에 비해 상대적으로 짧을 뿐만 아니라, 젊은 나이에 반인륜적 범죄를 범하더라도 30-40대에 가석방이 될 수 있어 그 범죄의 피해자 측에서 보면 용납하기 힘든 점이 생길 수 있다.

(2) 적절한 법정형의 한계

누범의 경우를 포함하면 유기형의 최장인 15년을 가중할 때 25년까지 가능하고, 누범을 제외해도 22.5년까지 가능하다. 누범에 대한 형의 2배 가중은 책임형법에 어긋나고, 누범보다 무서울 수 있는 상습범은 형의 2분의 1만 가중한다는 점, 높은 법정형에 비해 법원의 선고형은 지나치게 낮은 실무계의 잘못된 관행을 바로잡고 양형 실무상 이용될 수 있는 법정형의 도입 필요성 그리고 무기수도 현실적으로 20여년 정도의 기간이 지나면 가석방 된다는 점을 감안하면 유기형에 대한 가중은 20년을 초과할 수 없도록 하는 것이 바람직하다. 무기형에 대한 형의 감경하한은 현재 7년 이상에서 10년 이상으로 연장할 필요성이 있다. 이렇게 하지 아니하면 앞에서 본 바와 같이 유기형과 무기형 사이에 본질적 차이가 없게 되기 때문이다.[35]

3) 자유형의 최소기간

자유형의 최소기간은 현재의 징역형이나 금고형에서처럼 1월 이상이어야 되는지, 아니면 1일 이상이면 족할까. 이러한 물음에는 두 가지 점이 검토되어야 한다. 첫째는 형벌목적으로서 자유형의 목적문제이고, 다른 하나는 형사정책적 효과문제이다. 자유형의 목적이 범죄의 책임에 상응하게 수형자의 자유를 박탈함으로써 사회는 범죄로부터 불안을 해소하고 일반인에게 준법정신을 일깨워주며 수형자 자신에게는 충격과 교육을 통해 재사회화한다는 이념의 실현에 둔다면, 1일이나 1주일간의 자유형을 통해서 어떠한 효력을 얻을 수 있을까? 지극히 짧은 기간의 자유형에 처하게 될 때, 단기자유형의 극심한 폐해와 아울러 오직 몇 일간의 자유형 때문에 범죄자란 낙인이 찍혀 사회생활에 있어 삶의 터전이 초토화되도록 하는 것은 형사정책적으로도 바람직한 일이 아닐 것이다. 그리고 몇 일 정도의 아주 짧은 수형기간만을 선고하는 실형의 남발도 국가 재정적으로도 적지 않은 문제를 낳을 것이다.

---

35) 실형과 집행유예간의 불이익 간격 축소문제: 실형을 선고받은 피고인은 실형의 기간과 상관없이 실형의 집행을 종료한 때로부터 5년 동안 집행유예의 결격이 되지만, 집행유예를 선고받은 피고인은 집행유예기간(통상 1—3년) 동안만 집행유예 결격이 된다. 그러다 보니 징역 2년에 집행유예 3년 형의 선고보다 오히려 징역 2월을 선고받은 피고인에게 더 불리한 상황이 발생하게 된다. 이러한 불이익의 격차로 인하여 법관은 실형보다는 집행유예를 선고하는 경향이 많고 지나치게 온정주의적 양형이라는 비판을 받고 있다. 따라서 실형과 집행유예의 불이익 격차를 해소하는 방향으로 법률을 개정함으로써 적정한 양형을 도모할 필요가 있다.

2003년도 형사실무의 경우, 약식명령사건과 즉결심판사건을 제외한 공판사건 피고인 201,681명 중 3개월 이내의 실형을 받은 자가 전체의 63% 이상이다. 3개월 이상 6개월 이내의 실형을 받은 자도 전체의 24% 내외로 높게 나타나고 있다는 점을 감안할 때 6월 미만의 형벌도 실무상 존치할 필요성이 매우 크다는 점에서 볼 때 6월 이상을 자유형의 단기로 보기에는 지나치다고 할 것이다.

형벌은 인간이 참기 어려운 최후의 수단으로서 강력한 성격을 가져야 하고, 국민의 법감정도 100일이면 아주 긴 시간이란 점을 감안한다면, 100일에 가까운 3월을 자유형의 최단기로 보는 것이 타당할 수 있다. 그렇게 함으로써 단기 자유형의 폐해를 어느 정도 줄일 수 있고, 또한 형벌이 최후수단으로서의 기능도 제 역할을 수행할 수 있기 때문이다. 그러나 구공판사건의 피고인에 대한 실형선고를 받는 자 중에서 3월 이내의 경우가 63%이상인 점과 구류형을 폐지하면서도 자유형을 1일 이상으로 한다면, 구류형의 폐지는 사실상 의미가 없다는 점을 감안하여 볼 때, 자유형의 최소기간은 종래 유기징역과 유기금고의 경우처럼 1월로 함이 타당하다고 판단된다.

3. 그 밖의 형벌에 대한 문제

1) 총액벌금형의 개선

현재 우리나라는 총액벌금제도를 취하고 있다. 이는 경제적 약자에게는 큰 부담을 주게 되어 배분적 정의차원에서 볼 때 부당할 수 있다. 더구나 벌금형의 선고유예를 인정하면서도 벌금형의 집행유예와 벌금분납제도를 인정하지 않음은 합리적이지 못하다. 이런 이유로 학자들은 일수벌금제도를 선호하고 있다. 일수벌금제도란 범죄에 대한 행위자의 책임에 따라 일수(日數)를 정하고, 행위자의 재산 상태와 수입능력에 따라 일수에 대한 벌금의 정액을 산정하여 납부해야 할 벌금총액을 산정하자는 것이다.

다수의 학자들과는 반대로 법조실무자들은 이의 도입에 신중함을 보이고 있다. 그 이유로 일수벌금제도의 도입에 필요조건인 피고인의 경제사정에 대한 조사여건이 우리의 현실에서 아직까지 충분히 마련되지 못하고 있고, 피고인에 따라 벌금액이 달라진다는 것은 형벌의 평등성에 대한 위배를 야기하며, 벌금일수와 1일의 벌금정액에 불만을 가진 피고인이 이의신청을 하게 되면 법원의 업무폭주가 예상되고, 약식사건의 경우 서면에 의해 처리되는 벌금사건에서 피고인의 경제적 능력을 조사한다는 것은 사실상 어렵다는 점을 지적하고 있다.

그러나 일수벌금제의 도입은 불가피한 것으로 보인다. 왜냐하면 형벌의 목적은 응보가 주된 것이 아니고 처벌을 통한 예방에도 있다는 점을 고려할 때 벌금형은 배분적 정의의 차원에서 접근해야 비로소 효과를 가질 수 있으며, 벌금형 선고 시 미납의 경우를 예상해서 노역장 유치를 선고하게 되는데 이를 위한 전단계 조치로서 벌금일수를 정할 필요성이 있고, 피고인의 경제적 사정에 관한 것은 오늘날 세금납부관계의 전산화가 전국적으로 이루어져 있으며, 게다가 판결전 조사제도를 활용함으로써 경제사정을 어느 정도 파악할 수 있기 때문이다. 더구나 피고인의 경제사정에 관한 조사는 수학적 엄밀성을 요하지 않고, 그의 직업과 과세증명자료 등을 이용하여 파악하는 것으로 만족할 수 있다는 점에서 일수벌금제도의 도입반대논거는 설득력이 결여되어 있다고 할 것이다.

2) 과료형의 폐지

우리나라는 범죄를 중죄, 경죄, 위경죄 등 중한 정도에 따라 구분하지 않으면서도 과료라는 형벌을 두고 있다(형법 제41조). 현행 형법상 과료의 법정형을 두고 있는 범죄도 몇개 있는데, 이를테면 과실치상, 폭행, 협박, 자동차 등 부정사용죄의 경우가 그것이다. 그런데 과료는 2천원 이상 5만원 미만에 불과하다(형법 제47조). 과료는 이처럼 형법상 형벌의 지위를 인정받고 있지만, 형벌의 본질적 성격과 이에 따른 최후수단성으로서 개입해야 할 정도의 효과를 갖는지는 의문이다.

한편으로 과료형을 받은 자는 비록 전과자가 되는 것은 아니지만, 과료가 형벌이라는 점에서 범법자로 인식되는 것은 틀림없는 사실이고, 다른 한편으로 형벌의 최후수단성으로서 기능이 없으면서 존치시킨다는 것은 시민사회에 형벌의 개입가능성을 그만큼 확장시킬 수 있는 여지를 제공하게 된다. 향후 과료에 해당되는 범죄는 위경죄로 전환하고, 위경죄는 비범죄화하여 시민의 자유로운 활동영역확보에 기여하는 것이 실질적 법치국가의 관점에서 타당한 일이라 여겨진다. 최근 과료를 폐지하라는 사개위의 건의문에 따라 사개추는 이를 폐지하는 것을 긍정적으로 검토하고 있고, 형사실체법정비전문위원회 회의에서도 이 문제는 폐지하는 방향으로 가닥을 잡아가고 있다.

3) 명예형의 폐지

형법 제41조에는 형의 종류로서 자격상실과 자격정지가 명시되어 있다. 그런데 형벌의 본질은 국민의 이름으로 범법자의 잘못에 대한 비난이자 고통을 속성으로 한다는 점에서 형법상의 자격상실이나 자격정지는 형벌이라고 보기 어렵다. 왜냐하면 형벌이란 행위자 개인의 신체나 재산 또는 자유에 대해 가해지는 고통이지, 이와 무관한 행위자의 지위나 자격을 직접적 대상으로 삼아서는 아니되기 때문이다. 만일 행위자의 명예에 대한 제한을 형벌의 고유한 종류로 파악한다면, 집행유예나 사회수강명령 등 각종의 사회내처분을 형벌로 이해할 수 있는 계기가 되어 형벌체계의 혼란을 가져오고, 이에 따라 형사실체법이 규율해야 할 분야의 지나친 영역확대를 야기할 수 있다. 그렇다고 형법 제43조를 폐지하는 것은 바람직하지 않다. 예컨대 뇌물수수 전력자가 다시 공직에 나갈 수 없도록 하려면 형법 제43조의 규정을 둘 필요가 있기 때문이다.

따라서 명예형을 폐지하고, 오직 형벌의 부수적 효과로서 부과할 수 있도록 함으로써 한편으로 형벌의 고유한 성격훼손을 방지할 수 있고, 다른 한편으로 형벌에 부수적으로 부과될 수 있는 사회적 처우를 다양화하는 데에 순기능을 하도록 해야 한다. 이에 따라 형법 제41조에서 명시한 형벌의 종류로서 명예형은 폐지되어야 하지만, 형법 제43조에서 규정한 '형의 선고와 자격상실, 자격정지' 에 관한 규정은 그대로 존치시켜야 할 필요성이 있다고 본다.

4. 집행유예제도의 개선, 특히 결격사유규정에 관하여

집행유예는 형벌이 아니고, 단지 형벌의 집행을 유예하는 제도이다. 따라서 집행유예는 형벌로서의 본질적 성격을 갖지 아니하며, 가질 필요성도 없다. 집행유예의 문제에서는 오직 형벌을 어떤 요건과 형식으로 유보하는 것이 사법비용을 줄이면서 범죄예방을 효율적으로 할 수 있는지에 대한 고민이 요구될 뿐이고, 이런 고민 속에서 창안된 집행유예제도가 한국에서 더욱 효율적으로 기능할 수 있으려면 집행유예의 결격사유를 규정한 형법 제62조 제1항 단서를 삭제해야 한다는 주장이 만만치 않게 제기되고 있다.[36]

이에 대해 집행유예의 결격규정이 가지는 범죄억지력을 과소평가할 수 없다[37]는 점과 죄질이 악성인 범죄자와 화이트칼라 범죄자에 대한 법원의 형평성을 상실한 선고경향을 시정할 필요성이 존재한다는 점에서 결격규정의 삭제보다는 완화하려는 의견도 적지 않다. 즉 이러한 입장에서는 현행법상 집행유예의 결격규정을 폐지하는 것보다 완화하는 방식을 취하는 것이 바람직하고, 완화한다면 고의범에 국한하자는 입장이다. 그밖에 종래 주장된 "금고 이상의 형이 확정된 때부터 집행종료와 면제 후 5년 이내에 범한 범죄를 3년 이내로 단축"함은 2005년 7월의 개정형법으로 현실화되었기 때문에 의미가 없어졌다.

생각건대 집행유예의 결격규정인 형법 제62조 제1항 단서를 고의범으로 완화하는 것보다 폐지하는 것이 타당하다고 본다. 그 이유는 이 결격사유의 규정으로 양형을 사실상 왜곡시키고 있기 때문이다. 예컨대 실수로 야기한 교통사고 때문에 몇 달간 실형 복역을 마친 자가 3년 안에 타인을 야간에 사소한 시비 끝에 때려 가벼운 찰과상을 입혔다면, 그는 집행유예의 결격사유에 해당되어 오직 실형을 선고받게 된다. 결격사유가 없었다면 집행유예에 불과하거나 소액 벌금으로

---

36) 형법 제62조 단서 조항은 2005년 7월 29일 개정된 바 있는데, 그 내용은 다음과 같다: "금고 이상의 형을 선고한 판결이 확정된 때부터 그 집행을 종료하거나 면제된 후 3년까지의 기간에 범한 죄에 대하여 형을 선고하는 경우에는 그러하지 아니하다" 〈개정 2005.7.29〉

37) 실무에서 "누구는 집행유예 결격이므로 이번 범행에서는 빠져라"라는 식으로 범행모의 과정에서 제외되는 자가 종종 있다는 점에서 집행유예결격사유의 존치는 범죄억지력을 무시할 수 없고 한다. 이에 관해서는 곽규홍 외, 형사실체법전문위원회 회의경과보고(미발표 보고서), 15쪽 이하.

족할 수 있었는데도.

그리고 바로 이 결격규정 때문에 판사는 피고인에게 단기실형을 가함이 타당함에도, 실형을 선고하면 무조건 3년간 집행유예결격자가 됨을 감안할 때 그 단기실형이 가혹하다는 인식에서 무리하게 벌금형을 선고하는 결과를 야기한다. 또한 이와 같이 단기실형선고를 어렵게 하는 이와 같은 결격사유규정은 구속적부심과 보석에 의한 피고인의 석방을 가로막는 장애사유로 작용하여 우리나라에서 불구속재판제도의 걸림돌로 작용하고 있다. 왜냐하면 구속적부심이나 보석제도는 형사소송법상 범인의 증거인멸, 도주 우려가 없으면 죄의 경중에 관계없이 석방되는 것이 원칙임에도 아직도 구속수사와 구속재판의 관행은 사실상의 자유형을 수사와 재판과정에서 먼저 집행해 버리는 잘못된 관행 탓이기 때문이다.[38)]

5. 누범규정의 존폐

형법 제35조 제1항과 제2항에 따르면, "금고 이상의 형을 받아 그 집행을 종료하거나 면제를 받은 후 3년 내에 금고 이상에 해당하는 죄를 범한 자는 누범으로 처벌한다. 누범의 형은 그 죄에 정한 형의 장기의 2배까지 가중한다"로 명시되어 있다. 즉 형법에 의하면 누범자에 대해는 행위 시의 행위책임을 훨씬 초과해서 형벌을 가해도 된다는 것이다.

형법의 이 규정이 바람직하지 않다는 점에는 누구나 공감하지만, 이것을 완화해서 존치할 것이냐, 아니면 전면 폐지할 것이냐에 대해서는 의견이 갈린다. 존치입장에 따르면, 첫째로 이미 형을 받은 자가 이전판결에 의해 부과된 재범의 경고를 무시하고 오히려 강화된 에너지로 재범을 실행하였다는 점에서 더욱 비난받아야 하기 때문에 책임이 가중되는 양형상의 가중사유로 정당성을 가지고, 둘째로 형법상 가중은 저마다 각각의 이유가 있는데, 누범의 경우 상습범과 경합범 가중과 다른 형태의 재범에 대한 평가라는 점에서 존치필요성이 있으며, 셋째

38) 박종연, "형법 제62조 '집행유예 결격규정' 폐지해야", 법률신문 제3432호 15쪽 참조.

로 비교입법상의 관점에서 볼 때 프랑스나 오스트리아 그리고 스위스 등 법치국가원리가 발달한 상당수의 나라도 아직도 누범에 대한 가중규정을 존치하고 있고, 넷째로 형법 총칙 규정은 형벌정책과 법철학의 문제인데 이것을 어떻게 활용할 것인가의 문제로 남겨야지 실무상 거의 적용을 하지 않고 있다고 해서 누범규정을 굳이 폐지해야 할 필요성이 없다는 것이다. 다만 현행의 누범규정은 2배까지 가중한다고 되어 있다는 점에서, 이는 책임주의를 과도하게 침해할 우려가 있으니, 존치는 하되 고의범에 국한해야 되고, 법정형도 2배가 아니라 2분의 1까지만 가중할 수 있도록 하여야 한다는 입장을 취하고 있다.

그러나 완화형식으로도 존치할 필요성은 없다고 본다. 누범규정은 무엇보다 형법상 책임원칙에 반한다. 형법상 책임주의는 어떠한 경우에도 침해될 수 없는 대원칙이기 때문이다. 혹자는 재범의 경고를 무시한 누범자에 대해서는 비난가능성이 더욱 크기 때문에 그에 대한 형벌의 가중부과는 책임원칙에 반하지 않고 오히려 소박한 국민의 법감정에 어울린다고 판단하고 있지만, 책임원칙은 행위책임을 원칙으로 삼는다는 점에서 행상책임을 전제로 하는 존치론자의 입론은 비논리적일 뿐 아니라 정당하지도 않다. 누범규정은 이처럼 형법상의 근본원칙에 반하는 이론을 근거로 하고 있을 뿐만 아니라, 실무에서도 거의 적용되지 않은 규정이다. 이를 굳이 존치해야 한다는 주장은 형사실체법 운용자의 재량만을 더욱 넓게 부여하는 기능을 한다는 점에서, 재량의 여지를 줄여나가야 하는 형사 사법운용의 근본취지에도 반한다.

6. 양형과 죄형법정주의

법관은 유죄의 확신이 드는 피고인에 대하여 적정한 양형을 해야 할 의무를 진다. 그러나 이는 법관이 법정형의 범위 내에서 양형을 하는 것으로 충분하다는 의미가 아니다. 그럼에도 헌법재판소나 법원은 법관에게 양형권 내지 양형재량권을 주어져 있는 것으로 전제한다.[39] 그러나 우리 법률의 어디에도 법관에게 양형을 법정형의 범위 내에서 자유재량으로 행사할 수 있는 권리로 인정한 명문의

39) 헌재 2004. 4. 29, 2003헌바118; 헌재 2004. 6. 24, 2003헌바53 참조.

규정은 없다. 오히려 형사재판에서 법관의 양형결정은 헌법과 법률에 따라 심판하여야 한다는 헌법 제103조의 규정이 존재할 뿐이다. 그리고 이 헌법규정이 법관에게 양형의 재량권을 폭넓게 행사할 수 있는 권리를 부여한 것으로 새길 수도 없다. 형사사건일수록 법관이 헌법과 법률에 기속되어 심판해야 하는 것은 법치국가원리의 당연한 귀결이며, 양형에 대한 죄형법정주의의 예외는 있을 수 없기 때문이다.[40] 따라서 법관에게는 법률에 근거한 양형의 책정요건을 충족하는 범위 내에서 적정한 양형을 행사해야 할 의무가 존재할 뿐이다. 즉 법관에게 자유재량으로서의 양형권이 주어진 것이 아니며, 설사 그것을 법관의 양형권이라고 하더라도 그 양형권은 단순히 적정한 양형을 행사해야 하는 책무를 의미할 뿐이지, 권리 일반의 그것과 전혀 같을 수 없는 것이다.

그 결과 형벌은 책임에 상응해야 하기 때문에, 법관은 행위자의 불법성과 책임성을 주된 것으로 하고, 그밖에도 각종의 양형인자를 충분히 고려하는 적정한 양형을 하지 않으면, 부당한 양형을 범하는 셈이다. 역사적으로도 우리는 이미 조선시대의 형사실체법에서 법률을 왜곡 적용한 경우 왕법(枉法)이라고 부르기도 했던 법왜곡죄(法歪曲罪)로 처벌하였다. 오늘날 독일이나 중국, 대만에서도 역시 법률의 왜곡이나 사실관계의 왜곡 혹은 형벌에 대한 양형의 지나친 재량권 행사에 대해서도 처벌할 수 있는 법규정을 두고 있다. 이는 형벌에 대한 양정의 경우에도 적정한 양정책정요건이 있으며, 법관은 그 양정책정요건의 충족여부에 대해 엄격한 심사를 통하여 적정성의 여부를 검토하고, 이를 토대로 적정한 양형을 하여야 한다는 것을 전제로 한 것이다. 따라서 법관의 양형권은 결코 자유재량일 수 없으며, 행위자의 불법성과 책임에 상응한 양형이 구현되도록 의무가 부과된 기속재량일 뿐이다.[41]

이런 점에서 장래의 개정형법에서는 양형의 책정요건에 대한 보다 치밀하고 적정한 기준을 제시하고, 법관이 이를 위반할 경우 형사처벌이 될 수 있는 제도적 장치를 마련할 필요가 있다.

40) 헌재 2005. 3. 31, 2004헌가27 참조.
41) 임무영, "재량권의 한계", 법률신문 2006년 1월 9일자.

[Abstract]

A Thorough Examination For Improvement of Criminal Substantive Laws

Prof. Dr. Hoh, Il-Tae

A modern state pursues enactment and application of the criminal substantive laws that limits the scope of intervention of punishment against socially deviating conducts by means of thoroughly complying with the principles of constitutional state. The principles of constitutional state means the fundamentals of society which ensure that, for the purpose of preserving the human dignity, the guidelines of conduct to be abided by a citizen in his/her life are established in the form of law and the state authorities are formed and exercised on the basis thereof. The philosophical foundation of the principles of constitutional state may be found in the efforts, on the one hand, to create such living environment that preserve justice and, on the other hand, to secure the human dignity through purifying power phenomena that may arise inevitably in the course of state activity by virtue of separation of powers and legislations based upon lawfulness and legitimacy. From the criminal judicature perspective, the principles of constitutional state may be construed to realize the dignity of citizen as those principles give rise to definiteness, predictability and legal safety with respect to the enforcement of criminal judicature by way of appropriate control over the criminal law. If the state authority fails to suggest the requirements for preservation of the principles of constitutional state or, even if is suggests such requirements, the proper fulfillment of the requirements is impossible, it is nothing but uncontrolled self-indulgence, develops to uncontrolled exercise of punishment rights, and finally results in interference with fundamental rights of citizens, which must be avoided.

As a punishment is by nature a symbol of price for a committed crime and carries in essence irresistible pains for the purpose of preventing crimes, the state that is supposed to protect human rights has obligation to use the punishment as the last resort only for preserving social orders to the extent that the offender' s liability reaches because those pains always concur with chance of serious violation of human rights. Because of this distinctive point of punishment, the nature of crime that is the prerequisite to the execution of punishment shall be limited to those evils never accepted by society and those socially material interferences of benefit and protection of the law against which any other remedies than punishment has no effect.

In many provisions under the criminal substantive laws, capital punishment and life imprisonment are provided for as the law-providing punishment, and further, the law-providing punishment has a broad scope of applicability when it comes to freedom punishment. Excessive attachment to severe sentence may be fatal to the preservation of prisoner' s fundamental rights and leave some room for recognizing overbroad extent to which the judiciary' s authority to select sentence. Especially, there' s a trend to impose excessively severe punishment upon the infringement of state-related benefit and protection of the law, which is not desirable. Thus, the idea of severe sentence must be overruled on the ground there' s no doubt that a state is merely an apparatus to be used for protecting fundamental rights of individual peoples and each people shall never be belongs to be used for ensuring existence of the state.

As a punishment has significant effect, there must be efforts to seek such steps that extremely control the imposition of excessive punishment. In order to do that, the ideas to increase the punishment sympathy must be taken into account in the revised criminal law. The reason is that people who are accustomed to violent life style would rarely be affected by violence as they have become immune to minor violence whereas people living in the society free from violence tend to show sensitive response to such minor violence, and this general principle applies to the punishment situation as well.

Taking a look at the statistical statement of laws and ordinances shown in the official website of the Ministry of Government Legislation, we may find that total number of the laws is 1,109 as of Feb. 17, 2006. Over 54% of these laws are related to criminal substantive law and criminal procedure law. This rush of criminal special laws means the area of a citizen' s private act where s/he may be free from punishment is being encroached. To put it another way, based on the principle that punishment is to be the last resort, the dragnet in the name of criminal special law that is put out throughout the Korean society bring about the chance that entire people may be subject to threat of being criminal. The organic law of criminal substantive law is the criminal law while the criminal special law is nothing but an exception to the organic law. Nevertheless, out of all the criminal cases occurred in 2004, number of the cases that were adjudicated under the criminal law is lower than a half of that of the cases adjudicated under the special criminal law. This proves that criminal law which shall be the origin of criminal substantive law is exceptionally applied, disgracing this constitutional state. The reason is that, even if any special law shall be treated as an exception to its organic law and this principle shall be thoroughly complied with especially in the context of criminal substantive law, in reality we are still unable to get out of this trouble of being deviated from the principle.

In order to prevent the overflow of criminal special law, it must be carried on first to decide whether what criminal special law deals with in a different manner from that of criminal law is consistent with the spirit of the constitution and the fundamental principles of criminal law and justified theoretically and systemically. From this point of view, I believe the work for improving criminal special law requires the following procedures and methods. First, the improvement must be sought on the basis of criminal law so that the ground of any criminal substantive law shall be controlled and governed by criminal law. Second, in principle, any and all criminal special law shall be abolished; provided that, as to those criminal special laws that shall continue to exist inevitably, it must be proved that there are enough grounds of such necessity to justify the existence. Third, the improvement work for the criminal special law to be maintained shall be carried on in the manner that keeps systematic legitimacy and theoretical legitimacy as well. The systematic legitimacy is to assure that the criminal special law in question accords with the fundamental principles of the constitution and criminal law (legitimacy in hierarchy), the criminal special law does not have conflict of its own (legitimacy in the system), and there's no error when compared with other criminal special law (legitimacy out of the system). Lastly, it must be thoroughly and carefully proved that, when a certain provision of criminal special law is absorbed into criminal law, the organic law, resulting from the abolishment of the criminal special law, it is necessary and justified and not inconsistent with the spirit of the constitution and the idea of supplement which is a fundamental principle of criminal law.

제 4 장

민사사건(民事事件)의 형사화(刑事化)에 대한 억제방안

차 례

Ⅰ. 문제의 제기

오늘날 한국사회에서 계약불이행과 같은 민사상의 분쟁이 일어나면, 계약 피해자는 이를 민사적으로만 해결하지 않고, 형사적 수단을 사용하여 처리하려는 관행이 일반화되고 있다.[1] 그 주된 이유로 민사사건의 한 축인 계약피해자가 민사재판의 증거확보를 위한 방편으로 수사기관의 이용과 민사재판의 지연과 재산은익으로 인한 문제점을 극복하고 집행의 실효성을 확보하기 위한 수단으로 사용하기 때문이다. 이처럼 민사에 불과한 사건임에도 불구하고, 일반인은 그런 사건에 대해 형사문제로 처리되길 바라고, 또한 사법경찰관을 비롯한 검찰, 심지어 법관까지도 이에 가세하여 민사법적 성격이 농후한 사건을 상당부분 형사절차에서 처리하고 있는 것이 작금의 우리 현실이다.

이와 같은 "민사사건의 형사화" 경향은 잘못된 것이다. 왜냐하면 민사사건의 경우 되도록이면 국가나 사회 간섭이 배제되고 사적자치(私的自治)가 지배되어야 하는 분야이며, 개인의 자율성을 전제로 해야 되는 영역인데, 이를 형사화하여 국가 형벌권의 개입을 유도하고 허용하는 것은 민사법의 근본원칙인 사적자치에 대한 모순이며, 거래관계에 있어서 개인간의 자기결정권에 대한 본질적 침해이고, 따라서 용납될 수 없기 때문이다. 즉 사법상(私法上)의 법률관계는 개인의 자유로운 의사에 따라 자기책임 아래에서 규율되어야 하는 영역인데, 사적자치가 지배되어야 할 사안에 대해서까지 국가형벌권의 개입을 촉진하여 의도적으로 형사화하는 것은 사적 자치를 원칙으로 하는 민사법상 기본원칙을 파괴하는 행위이기 때문이다. 따라서 사적자치가 허용되고, 보장되는 범위 내에서는 국가 형벌권의 개입은 기본적으로 자제되어야 한다.

물론 사적자치에 관한 근대사법의 원칙은 오늘날 무조건적이고 절대적인 것이 아니다. 이 원칙이 현대에 와서 상당부분 수정되어 신의성실의 원칙, 권리남용금지의 원칙, 공서양속의 원칙, 공정성의 원칙 등에 의한 제한을 받고 있다. 하지만 사적자치의 원칙은 여전히 사법관계에 있어서 중요하고, 유효한 기본원

1) 예컨대 대법원(2004. 12. 9. 선고 2004도 2212) 판결에 따르면, "피고인이 … 부산지방검찰청 민원실에서, … 부산 사하구에 소재한 당구장에서 최0남에게 위 장소에서 벌어지는 도박판에 나서서 도박에서 승할 경우 수익금을 반으로 나누는 조건으로 220만원을 지원해 주었음에도 최0남이 도박에서 패하여 위 금원을 탕진해 버리자 위 최0남으로 하여금 형사처분을 받게 할 목적으로 '피고소인 최0남은 변제할 의사 없이 고소인으로부터 차용금 명목의 250만원을 교부받아 이를 편취하였으니 처벌해 달라' 는 취지의 허위 사실을 기재한 고소장을 작성하여 이를 부산지방검찰청 검사장 앞으로 제출, 접수케 하여 최0남을 무고" 하였다.

칙으로 자리 잡고 있기 때문에, 국민의 사회생활에 있어서 개인 간의 사적자치는 특별히 제한되어야 할 합리적인 사유가 존재하지 않는 한, 그것은 충실히 보장되어야 한다는 사실은 기초적인 법률지식을 갖는 사람이라면 누구나 공감하여야 할 일이다.[2)]

그럼에도 불구하고 우리의 현실은 사적자치가 지배되어야 할 민사사건에 있어서까지 형사화하려는 경향을 지나칠 정도로 선호하고 있다. 이 문제를 더 이상 방치하여 두면, 사적자치를 전제로 하여 시장경제체제를 수호하려는 헌법이념에 반하는 통제국가의 위기에 직면할 수 있고, 또한 우리 스스로 모든 국민의 전과자화를 조성하는 꼴이 될 수 있다. 이제는 이러한 잘못된 경향에 대해 강력하고 적절한 대처방안을 마련해야 할 것이다. 이런 점에 착안하여 아래에서는 민사사건의 형사화에 관한 우리의 실상을 파악하고, 그 문제점이 무엇인지를 분명히 한 후, 이에 관한 유효하고 실효성 있는 대책을 모색해 보고자 한다.

Ⅱ. 민사사건의 형사화에 관한 우리의 실상

민사사건의 형사화 경향은 결코 바람직한 일이 아니며, 가능하면 억제되어야 함은 물론이다. 왜냐하면 사회가 성숙될수록 사적자치도 광범위하게 이루어지게 되고 국가의 형벌권의 개입은 그만큼 축소되는데, 개인간에 이루어지는 자기결정권의 산물인 사적자치에 관한 문제조차 국가의 형벌권을 개입시키는 것은 형법의 보충성 원칙에 반하며, 신용사회의 성숙을 방해하기 때문이다. 그럼에도 불구하고 우리 사회에서 민사사건의 형사화 실상은 지나치게 뿌리 깊게 박혀있다. 이 문제가 어느 정도인지 그 실상을 다소나마 이해하기 위해 민사사건의 형사화에 관한 현실을 간단하게 살펴보기로 한다.

2) 우리나라 헌법 제1조는 주권재민을 천명하고, 제10조는 이를 보장하기 위해 "국가는 개인이 가지는 불가침의 기본적 인권을 확인하고, 이를 보장할 의무를 진다"는 점을 명시하고 있다. 이는 국민이 국가의 주인인 것을 확인하고, 국가는 국민을 섬기는 수단으로서의 지위를 가질 뿐이며, 개인의 기본권을 침해할 수 있는 국가 공권력 개입은 합리적인 이유를 가지며, 달리할 수 없는 불가피한 경우에만 사용되어야 한다는 것을 의미한다.

1. 고소와 고발의 법규정상 문제점

고소란 범죄의 피해자 또는 그와 일정한 관계에 있는 고소권자가 수사기관에 범죄사실을 신고하여 범인에 대한 처벌을 희망하는 의사표시이며, 수사의 한 단서에 불과하다. 고소의 방식도 단순하여 서면 또는 구술로써 검사 또는 사법경찰관에게 범인처벌을 희망하는 의사표시를 하면 그만이며, 스페인처럼 고소의 엄격한 성립요건주의를 취하지 않고 있다.[3] 그럼에도 형사소송법에 따르면, 고소는 다음과 같은 효력을 지닌다. 즉 사법경찰관이 범죄로 인한 피해자 내지 고소권자로부터 고소를 받게 되면, 신속히 조사하여 관계서류와 증거물을 검사에게 송부하여야 하며(형사소송법 제238조), 사법경찰관이 고소에 의하여 범죄를 수사할 때에는 고소를 수리한 날로부터 2월 이내에 수사를 완료해야 하고(사법경찰관리직무규칙 제39조 제1항), 검사가 고소에 의하여 범죄를 수사할 때에는 고소를 수리한 날로부터 3월 이내에 수사를 완료하여 공소제기 여부를 결정하여야 한다(형사소송법 제257조).

여기서 언급한 고소의 효과에 관한 핵심내용을 살펴보면, 첫째로 고소를 수리하면 검사와 사법경찰관은 수사를 해야 하고, 둘째로 고소를 수리한 날로부터 일정기간 내에 수사가 완료될 것을 요구하고 있다. 물론 고소의 처리기간은 훈시규정이라고 이해할 수 있어 큰 의미는 없다. 그러나 고소가 있으면 피고소자는 피의자가 되는 것을 의미하고, 또한 수사기관은 고소를 각하할 만한 특별한 사유가 없으면 수사를 개시하여야 한다는 사실에 주목할 필요가 있다. 고소는 범죄로 인한 피해가 발생하여야 가능하다는 점에서 고소의 제한을 두고 있으나, 이러한 고소의 제한은 실무상 무고죄로 성립되지 아니한 이상 의미가 없다. 따라서 범죄로 인한 피해가 아니더라도 범죄로 인한 피해를 입었다고 생각하거나 사법상(私法上)의 행위에 의해 피해를 입은 자가 수사기관에 고소를 하게 되면, 피고소자는 거의 무제한으로 형사사건의 수사대상 피의자로 둔갑하게 될 수 있다.

---

3) 스페인은 고소요건의 법정주의를 채택하여 고소의 적법요건과 요식행위를 엄격히 요구하고 있다.

고소에 관한 우리 형사소송법상 규정이 품고 있는 이와 같은 문제점을 지니고 있기 때문에, 어느 누구라도 쉽게 고소를 통하여 의도적으로 민사사건의 형사화를 아주 용이하게 기도할 수 있다.

2. 고소 · 고발의 남용현황[4)]

형사소송법 제223조에 의하면, 범죄로 인한 피해자는 고소할 수 있다. 즉 고소할 수 있는 자는 범죄로 인해 피해를 입은 자이지, 범죄 아닌 사유로 발생한 피해를 입은 사람은 피해자가 아니다. 따라서 단순한 계약불이행이나 채무불이행으로 인해 야기된 피해자는 범죄로 인해 피해를 입은 것이 아니므로 고소할 수 없다.

우리나라는 고소 · 고발사건이 유달리 많다. 2004년 형사사건접수인원 265만명 가운데서 피고소인원이 24.8%인 66여만명임을 차지한데 반해, 일본은 피고소 인원이 10,807명으로 사건접수인원의 0.4%에 불과하다 점을 보더라도 그렇다. 이러한 수치는 한국이 일본에 비해 58배 이상이나 많으며, 4,800만명의 한국과 12,700만명의 일본 인구를 감안하면 한국은 일본에 비해 고소 · 고발이 약 155배나 많은 셈이다. 더구나 전체형사사건에서 고소가 차지하는 비율은 한국이 24%인데 반해 일본은 0.4%에 불과하여, 한국은 일본에 비해 600배나 많다. 게다가 한국에서 전체의 고소사건 중에서 사기죄에 대한 고소사건이 거의 60%를 차지할 정도로 비정상적으로 많으며, 그래서인지 고소사건이 검찰에 의해 공소 제기된 비율은 2004년의 경우 18.3%에 불과하다. 이는 고소사건 이외의 경우에 대한 공소제기가 63% 내외인 사실에 비추어보면 지나치게 적은 것이다.

이러한 수치는 개인 간의 갈등문제에 대해 한국에서는 사적자치로 해결하기 보다는 지나치게 형사사건화하고 있음을 강하게 반증한 것이다. 더욱이 이처럼 많은 고소 대상사건은 거의 재산상의 다툼문제에 기인하며, 특히 사기사건에

---

4) 고소남용의 심각성에 관한 참고할 만한 문헌으로는, 박상기, 고소제도에 관한 연구, 한국형사정책연구원 1998, 19쪽 이하 참조.

대한 고소가 대부분을 차지하고 있다는 사실은 한국에서 민사사건의 형사화가 지나치게 남용되고 있음을 보여준다. 주로 사적 거래관계에서 발생되는 사기사건에 대한 고소가 한국에서 비정상적으로 많다는 것은 한편으로 한국에는 사기행위자가 많다는 것을 의미하지만,[5] 다른 한편으로 사법(私法)의 영역에서 해결되어야 할 문제를 형사법의 영역으로 지나치게 많이 끌고 들어오기 때문이다.

한국 국민의 이러한 성향은 개인에게만 한정되는 것이 아니다. 한국의 대기업들도 역시 민사사건을 형사화 하려는 경향이 강함을 볼 수 있다. 예컨대 몇 년 전의 일이긴 하지만 신용카드사용이 기업에 큰 이익을 가져다준다는 왜곡된 경제적 가치관이 신용카드업체로 하여금 무자격자에게까지 경쟁적으로 신용카드를 발급해 주는 사회적 문제를 낳게 되었다. 그러나 변제능력이 없는 이들 무자격자들은 신용카드이용대금을 연체하게 되고 카드업체는 이로 인해 감당할 수 없을 정도의 손해를 입게 되었고, 급기야 이들 연체자들에 대해 무더기로 고소하는 촌극을 빚게 되었다. 채권추심 행위는 채권자의 몫인데도 불구하고, 신용카드업자들은 채무불이행자로부터 채권을 추심하기 위하여 고소의 방식으로 국가기관을 이용하였던 것이다.

3. 수사기관과 변호사 등 법조인의 의식문제

한국에서 민사사건의 형사화 경향은 일반인뿐만 아니라, 법률전문가, 특히 수사기관의 경우도 예외가 아니다. 예컨대 신용카드를 정상적으로 발급받아, 그 카드를 이용하여 물건을 구입하고 나서 사용금액을 제때에 입금시키지 않으면, 카드를 발급한 회사는 카드이용자를 사기죄로 고소를 하고, 사법경찰관은 그 고소사건에 대해 사기사건으로 조사를 신속히 감행하며, 관련서류와 증거물을 검찰에 보내고, 검찰은 결과적으로 카드회사의 의견을 좇아 그 카드이용자에 대해 공소를 제기하는 경우가 허다한 실정이다.[6] 신용카드의 문제만이 그런 것은 아

5) 일본에 비해 17배나 많음.

6) 신용카드범죄의 실태와 법적 문제점에 관한 자세한 문헌으로는, 오경식, "신용카드범죄의 실태와 법적 문제점", 한국형사정책연구원, 1995, 참조.

니다. 부동산이중매매 혹은 재산상의 거래관계에서 피해를 보았다고 생각한 자가 고소하면, 우리의 사법경찰관은 가해자로 지목된 사람을 피의자로 조사한다. 그 결과 사적자치가 지배되어야 할 부동산매매를 비롯하여 단순한 재산상의 거래에서조차 형사법상의 문제로 전환되는 일이 비일비재한 것이 현실이다. 게다가 검찰은 부동산이중매매자나 신용카드대금의 과다연체자 등 재산상의 거래관계에서 발생한 단순한 채무불이행 행위에 대해서까지 배임죄나 사기죄 등의 혐의를 주어 공소 제기까지 한다.

오늘날 사법경찰관은 1950년대와 1960년대와는 달리 법률지식이 매우 풍부하여졌고, 이미 검찰과 비등할 정도로 법적 사고력도 성숙해졌으며, 적지 않은 법률전문가들이 포진해 있다. 따라서 숙련된 사법경찰관은 고소인이 제기한 고소가 범죄로 인한 것인지, 아니면 사적자치가 지배되는 민사사건에서 발생한 것인지의 여부를 판단할 수 있을 정도가 되었다. 사정이 이렇다면 고소가 형식적 요건을 갖추었을지라도 해당 고소가 범죄로 인한 손해에 근거한 것이 아님이 분명하다면 그 고소의 수리를 보류한다든지 아니면, 단순한 진정사건으로 처리해야 할 것이다.

검찰은 사법경찰관보다 형사사법에 관해 더 조예 깊은 법률전문지식을 가졌다고 볼 수 있다. 그렇다면 고소사건이 사적자치가 지배되는 민사사건인지의 여부에 대해 사법경찰관보다 더 높은 판단능력을 가지고 있으며, 민사사건인지의 여부가 불확실할 때의 수사개시와 진행에 있어서는 경찰보다 더욱 더 신중함을 보여야 함은 물론이고, 그런 사건에 대해 공소제기를 하려면 민사사건이 아님을 확신한 경우로 그치지 아니하고, 형사사건에 해당한다는 확신을 가져야 된다. 왜냐하면 형법은 다른 법률에 의해서도 법익보호를 할 수 없는 예외적 상황에서 개입되어야 하는 최후의 수단이고, 따라서 민사사건에 대한 형사법의 개입은 극도로 자제되어야 하기 때문이다.[7] 더구나 한국은 자본주의사회임이 분명하고 또

7) 특히 검찰사건사무규칙 제69조 3항 5호에 근거하여 고소의 요건이 충족되지 아니하면 검사는 고소를 각하할 수 있음에 주목해야 할 것이다.

한 이를 부정할 수 없다면, 사적자치가 지배되는 재산상의 거래행위에 관한 각 개인의 결단에 대해 국가의 개입은 가능한 자제되어야 한다. 이런 점에서 예컨대 부동산을 이중으로 매매한 자에 대해 사법경찰관이 배임혐의자로 수사하고, 검찰에 의해 공소가 제기되는 것이 다반사인 모습은 민사사건의 형사화에 대한 문제의식이 없음을 극명하게 드러내는 것이다.

또한 변호사도 민사사건의 형사화에 크게 기여하고 있다. 민사사건의 일방 당사자가 타방 당사자에 대해 고소를 제기하면, 수사기관이 증거를 확보해 주기 때문에 상당수 변호사는 민사사건의뢰인에게 고소를 권유하고 있는 것이 현실이다. 민사사건을 형사화하여 악용하는 변호사들이 판을 칠 수 있도록 변호사윤리가 무너져 있는 상황에서 우리사회가 지나치게 민사사건을 형사화하는 경향은 어쩌면 당연한 것으로 보인다.

4. 민사사건의 형사화에 대한 법원의 방조

한국에서 민사사건의 형사화를 촉진하는 데에는 법원도 한몫하고 있다. 예컨대 적법하게 신용카드를 발급받은 카드회원[8]이 신용카드업자로부터 허용된 한도금액의 범위 내에서 카드신용으로 결제하여 물건을 구입한 경우일지라도, 대법원은 그 신용구입금액을 제때에 납부하지 않으면 사기죄에 해당될 수 있다는 것이다.[9] 어디 이 뿐인가. 부동산을 매도자가 이중으로 매매한 경우, 대법원은 제1매수자에게 중도금만을 받고 이중매매를 하였다면 배임죄로 처벌하는 것을 너무도 당연하게 여긴다.[10]

---

8) 카드회원이란 신용카드업자로부터 카드를 발급받은 사람을 칭함.

9) 대법원 2005.9.30. 판결: 카드회원인 피고인은 2000.8.25.경 피해자 삼성카드 주식회사로부터 삼성카드를 발급받아 사용하다가, 2002년 6월경에 이르러 일정한 수입과 특별한 재산이 없어 신용카드사용으로 인한 채무 및 사채를 변제할 능력이 없음에도 불구하고 2002년 6월 카드론을 이용하여 700만원을 대출받고도 4,947,000원을 결제하지 못한 것을 비롯하여 그때부터 2003년 1월까지 7회에 걸쳐 합계 2,376만원 상당의 대출을 받거나 현금서비스를 받은 후 그 중 20,266,250원을 결제하지 아니한 사건에 대해 사기죄를 인정하였다.

10) 2005. 10. 28. 선고 2005도5713 판결: 피고인이 자신의 처가 甲에 대하여 부담하는 채무의 대물변제명목으로 피고인 소유의 무허가건물을 甲에게 양도하고, 재차 자신의 처가 乙에 대하여 부담하는 채무의 대물변제명목으로 위 무허가건물을 乙에게 양도하고 무허가건물대장상의 소유자 명의를 乙로 변경하여

1) 부동산이중매매와 배임죄

(1) 배임죄의 본질과 배임죄의 주체

우리 민법은 사적자치를 그 본질적 기본원리로 삼고 있음에도 불구하고 배임죄의 본질을 모든 대내적 신임관계의 배신행위로 파악한다면, 특히 다음과 같은 문제에 봉착하게 된다. 첫째로 민사상의 사적자치를 파괴하게 되어 사적자치가 사실상 공허하게 되는 결과를 초래한다. 둘째로 형법은 사회생활상 용납할 수 없는 행위만을 최후의 수단인 형벌로 처벌한다는 의미에서 보충적 성격을 가져야 되는데, 사회생활상 다반사로 발생하는 사소한 배신행위에 대해서 형법의 개입을 자초하게 된다는 점에서 형법의 최후수단성에 반하게 된다. 이런 점에서 배임죄의 본질을 배신설에서 찾은 것은 잘못이고, 오히려 형법규정의 문언에 명시된 입법의 목적과 입법자의 의도 속에서 그 본질을 찾아야 할 것이다. 즉 배임죄에 관한 형법상의 법문은 "타인의 사무를 처리하는 자가 그 임무에 위배하는 행위로써 재산상의 이득을 취득하는 데"에 있기 때문에, 배임죄의 본질은 사무처리의무위반에 있다고 할 것이다. 형법이 '타인의 사무를 처리하는 자' 라고만 명시하고 있어, 배임행위는 다수설과 판례가 주장하는 '신뢰관계' 를 전혀 요구하지 않으며, '임무에 위배하는 행위' 를 배임행위라고 읽어야지 배신행위라고 새겨야 할 근거도 없는 것이다. 또한 '임무' 란 용어의 의미는 '맡은 사무' 라는 뜻일 뿐, 배임죄 요소가 가미된 것도 아니다.

준 사안에서, 그 명의변경 행위만으로는 아직 배임죄의 실행에 착수하였다고 볼 수 없다고 하여 무죄를 선고한 원심판결을 파기한 사례임. 그 이유로 대법원은 다음과 같은 논지를 내세웠다. "무허가건물대장은 무허가건물의 정비에 관한 행정상의 사무처리의 편의를 위하여 작성 비치되는 것으로써 그 대장에의 기재에 의하여 무허가건물에 관한 권리의 변동이 초래되거나 공시되는 효과가 생기는 것이 아니므로 무허가건물대장에 소유자로 등재되었다는 사정만으로는 그 무허가건물에 대한 소유권 기타의 권리를 취득하거나 권리자로 추정되는 효력은 없다 할 것이나, 무허가건물의 양도인은 특별한 사정이 없는 한 대금수령과 동시에 양수인에게 그 건물을 인도할 의무가 있다 할 것이고, 무허가건물의 양수인은 양도인으로부터 무허가건물을 인도받아 점유함으로써 소유권에 준하는 사용?수익 처분의 포괄적인 권능을 가지게 되므로, 이와 같이 양수인에게 무허가건물을 인도할 의무를 부담하는 양도인이 중도금 또는 잔금까지 수령한 상태에서 양수인의 의사에 반하여 제3자에게 그 무허가건물을 이중으로 양도하고 중도금까지 수령하였다면 이는 양수인에 대한 관계에서 임무위배행위로서 배임죄의 실행의 착수가 있었다고 할 것이고, 더 나아가 제3자로부터 잔금을 수령하고 무허가건물을 인도하였다면 이는 배임죄의 기수에 해당한다."

대법원판례는 배임죄의 주체를 '신임관계에 기초를 두고 타인의 재산관리를 대행하는 자'와 '상대방의 재산보전에 협력할 의무가 있는 자'로 구분한다. 배신설을 취하는 판례의 입장은 이와 같은 구별을 가능하다고 본다. 그러나 배임죄의 본질이 본인의 재산보호를 위해 특별한 신임관계를 전제하고 있다는 점에서, 배임죄의 주체인 '타인의 사무처리자'와 '타인의 재산보전협력의무자'를 동일시 할 수 있는지는 의문이다.

배임죄의 주체는 법문에 명시된 '타인의 사무를 처리하는 자'라야 한다. 타인의 사무는 타인을 위한 사무와 구별되며, 따라서 타인을 위한 사무라도 그 사무가 행위자 자신의 사무이면, 그 사무의 주체는 배임죄의 주체가 될 수 없다. 그럼에도 불구하고 배신설을 취하고 있는 대법원 판례는 '타인의 사무'의 의미를 법문에 명시된 의미보다 넓게 이해하여, '타인을 위한 사무'로까지 확대하고 있다. 이에 따라 대법원 판례는 부동산등기의 이전을 위한 협력의무를 매수인의 소유권 취득을 '위해' 부담하는 타인의 사무라고 본다. 타인의 사무를 이처럼 타인을 위한 사무라고 해석하게 되면, 타인의 사무라는 문맥은 타인을 위한 사무라는 뜻으로 확대되어 배임죄의 적용범위를 근본적으로 확대하게 된다. 이는 지나친 확대해석 내지 유추해석을 금하고 있는 대법원의 입장에 상충되며, 형법해석의 원칙은 유추해석을 용납할 수 없다는 점에도 반한다.

(2) 부동산이중매매사건을 형사사건으로 판단한 대법원판례의 문제점[11)]

배임죄의 성립주체가 타인의 사무를 처리하는 자에 국한되고, 타인을 위한 사무처리자까지 확대될 수 없음을 보았다. 따라서 부동산매매에서 매도인의 등기이전협력의무는 타인을 위한 사무처리의무는 될 수 있을지언정, 타인의 사무처리의무가 되는 것은 아니다. 더구나 부동산이중매매에서 매도인이 등기이전협력의무를 부담하는 것은 매도인이 매수인으로부터 잔금까지 전액 지급받았을 때에서야 가능하고, 중도금만을 받았다면 아직 매도인은 부동산등기이전협력의

11) 이에 관해 자세한 것은 허일태, "부동산이중매매와 배임죄", 『형법연구 Ⅱ』, 2004, 439쪽 이하 참조.

무가 발생하지 않는다.

게다가 매도인의 소유권이전등기와 매수인의 대금지급의무는 동시이행관계에 있으며, 쌍방이 각각 권리자인 동시에 의무자이다. 그런데 판례는 중도금을 지불했을 경우, 계약의 이행에 착수한 것으로 보고, 이를 함부로 해제할 수 없는 효과가 발생한다고 해서 매수인이 중도금을 지급하는 단계에서 이중매매를 하여 제3자에게 소유권이전등기를 경료하면 배임죄가 성립한다는 것이다.

그러나 이러한 논리는 부당하다. 왜냐하면 중도금이전으로 계약이 완결된다는 기대의 증가는 매수인뿐만 아니라 매도인에게도 해당되기 때문이다. 판례가 중도금 지급 이후에는 그러한 신뢰가 증대되었다는 이유로 매도인에게 배임죄를 인정한다면, 역시 똑같은 논리로 매수인도 배임죄를 범할 수 있다고 하는 것이 올바른 논리일 것이다. 예컨대 매수인이 매도인과 매매계약한 부동산 가격이 중도금 지불 이후, 폭등 또는 폭락한 상황에 따라 매수인이나 매도인이 사지 않거나 팔지 않으려고 하면, 이들 두 당사자는 상황에 따라 동일한 신뢰위반에 대한 책임이 발생하게 된다. 그런데 유독 매도인만이 등기이전협력의무 불이행의 가능성만으로 배임죄로 처벌될 수 있다는 것은 법의 형평성에도 맞지 않는다.

2) 신용카드사용금액의 장기과다연체와 사기죄

형법 제347조에 의하면, "사람을 기망하여 재물의 교부를 받거나 재산상의 이익을 취득한 자"는 사기죄로 처벌된다. 사기죄가 성립하려면, 사람을 기망하여야 하는 것인데, 적법하게 취득한 신용카드로 신용카드이용대금을 정상적으로 결제하다가 어느 시점에서 연체하게 되었다는 이유만으로 그 카드회원이 피해자에 대해 기망하였다고 볼 수 있는지는 의문이다. 왜냐하면 카드회원이 신용카드를 발급받을 때 카드회사를 상대로 어떠한 기망을 한 것도 아니고, 그렇다고 카드가맹점에 대해서 적극적 혹은 소극적으로 기망하였다는 징표 역시 발견하기 어렵기 때문이다.

또한 카드회원이 변제할 의사나 능력이 없는 상황에서 신용카드를 사용하여 연체하게 되었더라도 전체적인 관점에서 카드회원이 피해자인 카드회사에 대해 편취의사를 가지고 기망행위를 하였다고 곧바로 추론할 수 있는 것도 지나치다. 그럼에도 불구하고 대법원은 그런 경우라도 다음과 같은 이유로 기망행위와 편취의사가 있기 때문에 사기죄의 성립은 충분하다고 한다.

"신용카드의 거래는 카드회원이 신용카드를 사용하여 가맹점으로부터 물품을 구입하면 신용카드업자는 그 카드를 소지하여 사용한 사람이 신용카드업자로부터 신용카드를 발급받은 정당한 카드회원인 한 그 물품구입대금을 가맹점에 결제하는 한편, 카드회원에 대하여 물품구입대금을 대출해 준 금전채권을 가지는 것이고, 또 카드회원이 현금자동지급기를 통해서 현금서비스를 받아 가면 현금대출관계가 성립되어 신용카드업자는 카드회원에게 대출금채권을 가지는 것이므로, 궁극적으로는 카드회원이 신용카드업자에게 신용카드 거래에서 발생한 대출금채무를 변제할 의무를 부담하게 된다.[12] 그렇다면 이와 같이 신용카드사용으로 인한 신용카드업자의 금전채권을 발생케 하는 행위는 카드회원이 신용카드업자에 대하여 대금을 성실히 변제할 것을 전제로 하는 것이므로, 카드회원이 일시적인 자금궁색 등의 이유로 그 채무를 일시적으로 이행하지 못하게 되는 상황이 아니라 이미 과다한 부채의 누적 등으로 신용카드사용으로 인한 대출금채무를 변제할 의사나 능력이 없는 상황에 처하였음에도 불구하고 신용카드를 사용하였다면 사기죄에 있어서 기망행위 내지 편취의 범의를 인정할 수 있다 할 것이다."[13]

대법원의 이와 같은 논리가 정당한 것인지는 의문스럽다. 왜냐하면 사기라는 것은 사람에게 기망을 해야 가능함을 형법 제347조가 명시하고 있는데, 카드이용자가 피해자인 카드회사로부터 허용된 카드사용신용한도의 범위 내에서 대금결제 등의 목적으로 사용한 행위는 기망행위일 수 없으며, 또한 카드사용금액을 변제할 의사나 능력이 없음에도 카드를 사용한 것이 곧바로 기망행위로 이해

12) 대법원 1996,4,6, 선고 95도2466 참조

13) 대법원 2005. 8. 19. 선고 2004도6859 판결; 대법원 2005.9.30. 선고 2005도398.

될 수 있는 것도 아니기 때문이다. 이를 상론하면 다음과 같다.

신용카드는 그 속성상 최초 발급 시부터 카드발급회사가 카드발급신청인에 대하여 엄격한 신용평가를 한 후, 신청인에게 제공할 신용의 범위를 결정하게 되는데, 이때 신용평가의 대상이 되는 신청인의 신용은 그의 과거와 현재의 신용뿐만 아니라 장래의 신용도 포함된다고 볼 것이다. 이와 같은 신용카드의 속성상 현재는 당장 채무초과상태일지라도 장래의 신용을 담보로 신용카드를 사용할 수 있다.[14] 게다가 적법하게 신용공여를 받아 신용카드를 사용하는 자에게는 그 신용카드를 사용할 때마다 신용카드회사에 대하여 자신의 신용상태를 고지하여야 할 의무가 있지도 않다. 그러므로 채무초과상태에서 신용카드를 사용하여 채무의 증가와 연체를 야기하였더라도 카드발급회사에 대하여 기망행위를 했다고 보기는 어렵다. 왜냐하면 피해자인 신용카드업자가 카드회원에게 카드를 발급한 것은 일정한 한도의 신용을 공여한 것이므로 그 한도 내에서 신용카드사용은 기망행위이거나 편취의사로 볼 수 없으며, 채권자에 대한 신용의 배신행위가 사기죄의 기망행위로 전환되는 것은 아니기 때문이다. 만일 단순한 채무에 대한 배신행위가 있다고 하여 사기죄로 처벌된다면, 단순채무불이행에 대해서도 사기죄가 된다는 논리에 빠지게 된다.

더구나 비록 현재 상환이 어려운 카드회원이 신용카드로 가맹점에서 물건을 구입한 경우, 카드회원이 자신의 신용카드를 가맹점에 제시하는 행위 자체는 표시중립적 행위이자 또한 신용공여의 범위 내에서 자신의 신용카드를 사용한 것에 불과하므로 가맹점과의 관계에 있어서도 그 지급능력의 유무에 대해서는 아무런 관계가 없기 때문에 가맹점에 대한 기망행위가 존재한다고 할 수 없을 것이다.[15]

---

14) 광주지방법원 2004.12.22. 선고 2004노2370 판결 참조.
15) 대전지방법원 2004.9.24. 선고 2003노2624판결 참조.

Ⅲ. 민사사건의 형사화의 원인

1. 국민의 잘못된 법의식

우리 사회는 올바른 계약문화가 정착되지 아니한 관계로 각종 민사상 분쟁에 쉽게 휘말릴 가능성이 많음은 익히 알려진 사실이다. 금전을 빌리는 때에도 차용증을 쓰지 않는 경우가 많고 심지어 전세계약이나 월세계약의 경우에도 계약서를 완벽하게 작성하지 않은 때도 있다. 특히 아는 사람들 사이의 계약일수록 그런 경향은 더욱 강하다. 계약이 원만하게 이행되면 별 문제가 발생하지 않지만, 계약이 이행되지 않거나 지체되면, 계약서의 작성이 애초부터 없거나 계약서의 부실한 작성 때문에 당사자 사이의 주장이 상충된 경우가 빈번해지고, 상호간의 감정싸움으로 법률상의 다툼사건으로 번지기 일쑤다.

더구나 우리 사회에서는 허위문화 내지 체면문화가 활개치고 있다. 허위문화는 당사자 사이의 합의를 무색케 하고, 계약문화를 망치며 상호간의 신뢰를 파괴한다. 이러한 문화적 요인은 재판과정에서 법정을 위증의 각축장으로 변하게 하는 원동력으로 작용하며, 피고소인에 대한 무고행위(誣告行爲)를 촉진시킨다.[16] 수사기관에 피고소인을 수사해 달라는 무고[17]는 결국 고소로 이어지기 때문에 무고의 남용은 고소의 남용으로 나타난다.

우리 사회는 유교적 전통 중에서도 형식주의가 성행하는 이유 때문인지, 체면을 유지하려는 문화가 중요한 역할을 한다. 집안의 가장인 남편은 자식 앞에서 무조건 훌륭해야 하며, 교육자는 완벽한 도덕군자로 남아야 하고, 대인(大人)은 소인(小人)과 달라야 되고 언제나 근본에 충실해야 된다는 의식이 한국 사회에서는 광범위하게 확산되어 있다. 가난해도 가난하지 않은 체해야 되며, 배우지 못

16) 타인으로 하여금 형사처분 또는 징계처분을 받게 할 목적으로 공무소 또는 공무원에 대하여 허위사실을 신고함으로 성립되는 범죄인 무고죄는 2004년의 경우 총 6,444건을 기록하고 있다.

17) 대법원 판례와 무고죄의 성립에 관한 문헌으로는 김민정, 도박자금 대여자의 차용금 사기고소에 다른 무고죄의 성부(2005.1.9. 제65회 우리형사판례연구회에서 발표된 미발간논문)와 윤종행, 피무고자의 승낙과 무죄조의 성부(2005.1.9. 제65회 우리형사판례연구회에서 발표된 미발간논문) 참조.

제 7 장

국가보안법 폐지의 당위성

차 례

Ⅰ. 문제의 제기

오늘날 국가 간의 경계가 정보사회의 발달로 점차 모호해져가고, 정치와 경제 그리고 예술 등에 결정적 영향을 끼친 온갖 정보도 전 세계인 누구나 접속할 수 있는 '사이버세계' 에서 유통되는 세상인 무한경쟁시대에 살고 있다. 이런 정보화 시대에 국민의 안전과 자유를 확보하기 위해서는 우리는 무엇을 어떻게 해야 하는가를 고민하고, 현명하게 대체하는 실용주의적 방안을 찾아야 할 것이다. 이런 때일수록 특정 이데올로기에 집착하여 국민과 국가의 경쟁력을 감소시킬 필요성은 없는 것이다. 그래서인지 공산주의의 이데올로기에 집착한 구소련을 비롯한 수많은 공산국가들이 이미 멸망하고, 세계질서는 자유민주주의를 축으로 재편되어 가고 있음을 우리는 보아왔다.

특정 이데올로기에 사로잡혀 체제의 안전망구축을 강화하면 할수록 이에 비례하여 국민의 기본적 인권이 침해된다는 것을 조지 오웰의 작품 "동물농장"

을 통해서 이미 1945년에 알려진 바 있으며, 우리는 체제안정망구축에 혈안이 되어 있는 국가들의 인권이 얼마나 비참하게 유린되었는가를 지난 반세기를 통해서 익히 봐왔다. 그럼에도 불구하고 이른바 자유민주주의의 헌법체제 아래서 기본적 인권을 무엇보다 중시해야 하는 우리 대한민국이 아직도 반공 이데올로기에 집착하여 반공 이데올로기의 전사인 국가보안법의 존치를 통해 자유민주주의를 꽃피워야 한다고 하는 주장을 적지 않게 들을 수 있다.

국가보안법은 1953년에 제정된 형법의 제정 이전인 1948년 12월 1일에 제정되었다.[1] 제정형법의 기초요강을 작성했던 형법기초위원회는 형법의 기초요강에서 "단행법으로 규정된 자연범(형사범)적 성질을 가지는 것은 형법에 통괄"하기로 방침을 세웠다.[2] 물론 제정형법은 1948년에 제정된 국가보안법의 폐지를 전제로 규정되었지만 6 · 25전쟁 중인 1953년도에 국회의 논의과정에서 국가보안법을 형법전에 편입시킬 수 없는 심리적 · 환경적 사정에 처해 있었다.[3] 왜냐하면 국가보안법의 탄생배경은 여순사건을 비롯한 좌우익간의 극도의 갈등으로 인한 총체적 사회불안을 극복하기 위한 극단적 조치였지만, 그러나 6 · 25전쟁은 국민의 생존을 위협하는 참화를 야기하였고, 결과적으로 공산주의와의 이념에 관한 전쟁으로 의식되면서 공산주의를 극복하기 위해서는 국가보안법의 불가피성을 무의식적으로 전제하게 되었기 때문이다. 이러한 이유로 한 동안 이 법을 문제 삼는 것이 터부시되었다.

물론 국가보안법의 내용이 법익침해를 문제 삼는 행위형법이라기보다는 행위자의 사상을 문제삼는 사상형법의 성격을 가졌다는 점에서 이 법의 제정 시에도 사상적 자유를 비롯한 기본적 인권을 본질적으로 침해하는 법률임을 파악하고, 이를 저지하기 위한 노력이 적지 아니하였다.[4] 비록 무위로 그치긴 하였지만,

1) 국가보안법의 제정경위에 관해 자세한 문헌으로는 박원순, 『국가보안법 1』1992, 72쪽 이하 참조.
2) 형법의 기초요강에 관한 글은 엄상섭, "조선법제편찬위원회 기초요강"이라는 제목으로 『법정』, 제3권 제7호, 통권 21호(1948년 7월), 45, 46, 49쪽에 실려 있다.
3) 이에 관해서는 신동운 편, 『형사법령제정자료집(1), 형법』, 516쪽 이하 참조.
4) 국가보안법의 제정반대론자들의 논거는 첫째로 정치적 악용가능성을 문제삼았고, 둘째로 반민주악법이라는 것이었다. 이에 관한 자료로는, 박원순, 『국가보안법 1』, 88쪽 이하 참조.

국가보안법이 제정 · 시행된 후 이 법을 반대했던 분들이 주장했던 것처럼, 이 법이 반자유적, 반인권적, 반인륜적 법률이었음을 수시로 보여주었다는 사실은 국가보안법에 내재된 성격에서 기인함을 부인하기 어려울 것이다.

국가의 안전은 어느 나라의 형법이든 보호해야 할 중요한 법익임에는 틀림없다. 그러기에 우리나라도 내란의 죄와 외환의 죄에 관한 장을 두어 국가안전을 위한 형법상의 대책을 마련하고 있으며, 국가안전을 위태롭게 할 수 있는 제반 행위에 대해 필요 불가결한 구성요건을 두고 있다. 내란죄의 경우 폭동의 방법이 아닌 것으로 국헌을 문란하게 하려는 행위에 대해서는 예비 · 음모를 처벌할 수 있도록 하고, 간첩의 경우 미수(형법 제100조)뿐만 아니라 예비 · 음모 · 선전 · 선동도 처벌하고 있으며(형법 제101조), 게다가 범죄단체를 조직하거나 가입한 행위에 대해서도 형법 제114조에 의해 처벌하고 있다.

이처럼 제정형법은 국가의 안전보호에 필수적이고 충분한 장치를 제도적으로 마련하였다. 더구나 형법제정을 위해 국회에서의 논의가 한창이던 시절은 전시 중이었기 때문에, 형법에서 국가의 안전을 위한 보장 장치는 더욱 중시되었다. 특히 변진갑 국회의원을 중심으로 내란죄의 구성요건에 대한 명확성을 더욱 담보할 수 있는 조문으로 보완하는 수정안이 국회에 제출되었으며, 국회의 제2독회 시에도 이에 관한 논의가 변진갑 위원과 엄상섭 위원 사이에 활발하게 진행되었다.[5] 국가보안법의 형법편입과 관련하여 국가보안법의 개폐문제가 대두되었을 때, 국가보안법의 폐지를 전제로 제정형법을 입안하였던 형법입안자들의 기본적 입장은 국가보안법의 폐지를 찬성하였다.[6] 다만 당장의 폐지에 따르는 절차상의 문제

5) 이에 관한 문헌으로서는 신동운 편저, 『형사법령제정자료집(1), 형법』, 262쪽 이하 참조.

6) 윤길중 의원은 모든 형사특별법의 형법에의 단일화관철을 위해 특별형법인 국가보안법의 폐지를 취지로 국회 본회의에서 다음과 같은 주장하였다. "… 법제사법위원회의 신설안 가운데에 「十五」로 법률 제10호 국가보안법과 개정법률 그것을 폐지하자는 것입니다. … 여기에 한 가지 문제는 「十五」에 법제사법위원회에서 수정안을 내게 되었습니다마는 국가보안법과 그 개정법률안을 그것을 도 형법상의 내란죄 그리고 공안을 해하는 죄, 이것을 가지고 충분하게 벌할 수가 있다. 그렇기 때문에 이것을 폐지하자는 것입니다. 이것은 대법원장이라든지 연석회의를 해 가지고 논의해 본 결과, 이것을 폐지한다고 할지라도 지장이 없다 이렇게 이야기가 되었습니다. 그러나 문제는 이것을 폐지하게 된 경우에 부수적으로 여러 가지로 일어나는 수속적(手續的)인 문제가 미비된 것이 남아있는 것도 있어서 이 점은 일부의 유력한 의견으로서는 이 국가보안법은, 국가보안법을 따로 단독히 폐지하고 거기에 대한 경과규정을 집어넣는 것

점과 6 · 25전쟁 당시의 치안상태를 고려해서 존치가 불가피하다는 입장이 대세를 이루었기 때문에 존치하게 되었다는 사실은 국회의사록에 남아있다.[7]

이하에서는 첫째로 현행국가보안법의 문제점과 그 특징을 규명한다. 둘째로 이 법률이 형법의 근본원칙에 부합되는 성격을 갖는지를 따지고, 셋째로 국가보안법이 헌법상의 명시규정이나 근본원칙에 저촉되는가의 여부를 밝혀본다. 넷째로 모든 법률은 변화하고 있는 사회 및 국가현실과 괴리되어서는 아니 되므로 오늘날 남북관계의 진전을 비롯한 국내외의 현실에 비추어 볼 때 과연 국가보안법이 한국사회에서 시대에 걸맞은 불가피한 법률인가를 규명하고자 한다. 그리고 끝으로 이러한 규명을 토대로 현행 국가보안법의 폐지필요성에 관한 당위성을 논하고자 한다.

이 더욱 적절한 것이다. 그러니까 이 형법에서 일괄해서 다 폐지하는 것은 좀 수속상 곤란이 있을 것입니다. 이런 논의를 하는 유력한 의견이 있었습니다. 그래서 이 점을 밝히어서 제15호 법제사법위원회에서 수정안 낸 것을 한번 표결해 주셨으면 좋을 것같이 생각합니다."

7) 조주영 의원은 국가보안법의 존치를 위해 다음과 같은 주장을 폈다. "지금 삭제하자고 하는 법률 중에 보안법을 삭제하자고 되어 있는데 법제사법위원회의 한 사람으로서 이것을 반대하는 것은 대단히 미안합니다마는 지금 우리가 형법을 심의하는 도중에 있어서 특히 보안법에 관련되는 형법 126조라든지 이런 것은 삭제가 되었고 공안에 관한 죄라든지 내란에 관한 죄라든지 외환에 관한 죄라든 지는 보안법에 규정한 범죄하고 성질이 다른 것은 일일이 설명하지 않아도 잘 짐작하실 줄 압니다. 그런데 현재 우리가 생각해 볼 때에 국제적으로 봐서도 소위 용공이니 친공이니 이런 것으로 말미아마서 우리가 중대한 고통을 느끼고 있는 것입니다. 현단계에 있어서 국내적으로도 소위 용공이니 친공이니 하는 여기에 대해서 엄숙하고 준열한 태도를 취하지 않으면 안 될 이런 단계에 우리 실정을 본다고 할 것 같으면 보안법을 차기 회에 삭제한다고 하는 것이 백해(百害)는 무도(無盜)한 것이 아닌가. 보안법이 더구나 삭제된다면 과거에 보안법에 해당하는 범죄는 다 죄가 되지 않는다고 하는 정신을 국민에게 준다고 하는 것은 대단히 정책적으로 봐서 졸열한 것입니다. 그런 점으로 봐서 보안법을 현단계에 있어서 우리 형법을 완성시키도록 한다고 하드라도 보안법이라고 하는 특특한 법률을 그대로 존치하는 것이 현단계에 있어서는 기장 긴요하다고 느끼기 때문에 보안법을 삭제하자고 하는 것은 절대로 반대하는 의견을 여러분께 참고로 말씀드리는 것입니다"(이에 관해서는 신동운, 앞의 책, 528쪽). 이와 같은 토론이 있고 나서 같은 날 국회본회의에서 국가보안법의 폐지에 관한 투표가 있었다. 법제사법위원장인 윤길중 의원이 제안한 국가보안법의 폐지 건에 대해 국회의장 대리인 조봉암 의원의 사회로 거수표결에 붙여졌고, 재석의원 128명 중 폐지에 찬성하는 의원이 11명이고 반대표는 없었다. 이렇게 되면 국회법상 과반수가 못되어 미결상태가 되므로 다시금 거수표결을 하였던 바, 재석의원 128명에 찬성 10표, 부는 한 표도 없어, 두 번의 표결과정에서 미결인 까닭에 국가보안법이 존속하게 되었다.

Ⅱ. 국가보안법에 대한 형법적 · 헌법적 · 사회적 관점에서 문제점

1. 국가보안법의 형사실체법상의 문제점과 특징

1) 형사실체법상의 문제점

1948년 12월 29일에 제정되었던 국가보안법은 지금껏 수차례 전면 개정되었고, 현행법도 1980년 12월 31일 법률 제3318호로 재전면 개정되었으며, 1997년 12월에 대폭적인 부분개정이 있기까지 그 사이에도 몇 번의 부분 개정이 있었다.

현행 국가보안법은 4장 25개의 조문과 부칙으로 구성되어 있다. 즉 제1장인 총칙에는 국가보안법의 목적을 밝히고(제1조), 이 법에서 말하는 '반국가단체'의 개념을 정의하고 있다(제2조). 제2장은 죄와 벌에 관한 것으로서 제3조부터 제17조까지이며, 이 중에서 제3조부터 제10조는 이 법의 핵심적 내용을 이루는 부분이다. 제3장은 국가보안법적용법률에 관한 형사소송의 특칙을 규정하고(제18조부터 제20조까지), 제4장은 보상과 원호에 관한 것으로 제21조 이하에서 규정하고 있다.

여기서는 국가보안법의 폐지필요성에 대한 법리적 문제점을 지적하는 데 있으므로 국가보안법의 목적과 함께 폐지 필요성과 관련된 중요한 몇 가지 조문만을 검토하는 데 그친다.

(1) 국가보안법의 목적과 반국가단체개념의 문제점

국가보안법 제1조(목적). "① 이 법은 국가의 안전을 위태롭게 하는 반국가활동을 규제함으로써 국가의 안전과 국민의 생존 및 자유를 확보함을 목적으로 한다. ② 이 법을 해석 적용함에 있어서는 제1항의 목적달성을 위하여 필요한 최소한도에 그쳐야 하며, 이를 확대하거나 헌법상 보장되는 국민의 기본적 인권을 부당하게 제한하는 일이 있어서는 아니 된다."

국가보안법 제1조 제1항에 따르면, 반국가활동을 규제함으로써 국가의 안보와 동시에 국민의 자유권을 보장할 수 있음을 명시하고 있는데, 그렇다면 반국가

활동의 규제는 국가의 안전은 물론 국민의 자유권도 더욱 보장될 수 있다고 보는 것이다. 그러나 이는 비논리적이다. 국가의 안전강화를 목적으로 반국가단체의 활동의 규제는 개인의 자유를 축소시키는 것이 상식임을 우리는 공산주의국가나 권위주의적 정권에서 수없이 목격했다. 국가의 안보강화는 결코 국민의 인권보장에 비례하지 않는다. 이 점은 국가보안법 제1조 제2항을 통해서도 입증될 수 있는데, 국가보안법이 국가안전뿐만 아니라, 인권보장의 법이라면 무엇 때문에 이 법의 목적달성을 위해 헌법상 보장되는 인권을 필요한 최소한도에 그쳐야 하는가를 설명할 수 없기 때문이다. 그럼에도 불구하고 국가의 안전 이외에 국민의 자유를 동격의 보호법익으로 삼는 것은 반국가활동의 규제가 개인의 자유를 심각하게 침해할 수 있고, 또한 실무에서 오·남용되었던 법이라는 오명을 피하고자 하는 고육책으로 보여 진다.

더구나 자유민주의의를 추구하는 한국에서 국가의 핵심목적은 국민의 기본적 인권보장에 있는 것이고, 국가의 안전확보장치를 비롯하여 삼권분립에 의한 권력의 견제와 남용방지 그리고 실질적 법치주의는 국민의 기본권보장을 위한 불가피한 수단으로서 성격을 가질 뿐이다. 따라서 국가의 안전보장은 국민의 생존권보장을 위한 수단에 불과할 뿐이지, 결코 국민의 인권보장에 우선하거나 동등할 수 없고, 또한 이 때문에 제아무리 국가의 안보를 위한 것이라도 국민의 기본권을 본질적으로 침해할 수 없는 것이다(헌법 제37조 제2항 단서). 그럼에도 불구하고 국가안보를 빙자하여 생명의 박탈이나 사상통제 등 국민의 자유를 본질적으로 침해할 수 있는 법률이라면, 이는 진정한 법률이라고 말할 수 없는 것이다.

국가보안법 제2조는 반국가단체에 대한 정의를 내리고 있다. 이에 의하면 "이 법에서 '반국가단체'라 함은 정부를 참칭하거나 국가를 변란할 목적으로 하는 국내외의 결사 또는 집단으로서 지휘통솔체제를 갖춘 단체를 말한다."고 한다.

그런데 국어사전에서 참칭이라는 개념은 "멋대로 신분에 넘치는 칭호를 지칭"하므로, 정부의 참칭은 일정한 조직을 갖춘 단체가 정부의 자격을 갖고 있지 아니하면서도 부당하게 정부명칭을 사용하는 것으로 이해된다. 이렇게 되면 어린애들 여럿이 놀면서 정부를 칭해도 참칭이 될 수 있으며, 사이비종교단체가 신국을 칭했다고 하여도 역시 참칭이라고 할 수 있게 된다. 이 점은 대법원 판례에서도 확인할 수 있다. 물론 대법원은 상제교라는 사이비종교단체가 성화신국을 칭했다는 사안에 대해 무죄를 선고했으나,[8] 검찰은 사이비종교단체가 일컫는 천국조차 정부를 참칭했다는 이유로 국가보안법상 반국가단체로 이해하여 기소하였던 것이다. 또 다른 대법원 판례는 "아직 정부를 칭하지 않은 경우에도 정부참칭에 해당한다."고 판시한 경우도 있다.[9] 이처럼 참칭의 개념은 사법기관조차 적용범위에서 볼 때 고무줄이기 때문에 대법원은 이 개념의 축소를 의도적으로 지향하고 있다.

즉 행위자가 단순히 정부를 칭한다는 것만으로 반국가성을 인정할 수 없고, 이에 더하여 다른 무엇을 부가적으로 실행해야 반국가성을 인정할 수 있음을 의미하는 것으로 대법원 1982. 7. 13. 선고, 82도1219에서 찾아 볼 수 있다. 다시말해 이 판례는 "정부를 참칭하고 국가를 변란한다는 것은 정부를 전복하기 위하여 집단을 구성하는 것으로 정부전복을 기도하고 정부전복 후의 새로운 정부의 수립을 구체적으로 구성함을 요"함을 천명한 것이다. 이러한 입장에 따르면 단순한 정부참칭은 그 자체로는 어떤 죄도 구성될 수 없고, 그것이 정부의 전복을 기도하는 경우로 나아가야 비로소 반국가단체성이 인정된다는 결과가 된다. 정부참칭에 대한 개념이 이처럼 보충적 요건이 필요한 애매모호한 용어이기 때문에 대법원은 입법자도 아니면서 정부참칭의 개념을 자의적으로 축소하고 있다. 이렇게 축소하는 이유는 정부참칭에 대한 개념의 불명확성이 어린애들 전쟁놀이에 대해서조차 가벌성의 근거로 해석될 수 있다는 우려에서 나온 것이다.

국가의 변란이란 개념도 모호하기는 마찬가지이다. 형법상 내란죄를 명시하고 있는 형법 제87조에 '폭동한 자'라는 아주 명확한 개념이 명시되어 있음에도 불구하고 형법 제91조에서 국헌문란의 정의규정을 별도로 자세히 두고 있다.

---

8) 대법원 1956. 6. 29 선고, 4289형상60 판결
9) 대법원 1966. 7. 12 선고, 66도617.

그런데 이보다 형벌이 근본적으로 가중된 국가보안법은 '국가변란' 이라고만 정의하고 있기 때문에, 그것의 의미와 내용은 한정되어 있지 아니하고 법운용자의 자의에 내맡겨져 있는 셈이다.

(2) 제3조: 반국가단체의 구성 등

국가보안법 제3조 제1항은 "반국가단체를 구성하거나 가입"한 자는 처벌됨을 명시하고 있다. 그러나 이 규정을 둔 불가피한 필요성이 있을까? 그럴 필요성이 없다. 왜냐하면 반국가단체구성이 형법상 내란죄의 규정된 행위를 충족할 경우, 현행형법에 의하여도 처벌이 가능하기 때문이다. 즉 형법 제90조에 의한 내란죄의 예비 · 음모죄와 형법 제114조에 의한 범죄단체조직죄에 해당될 수 있는 것이다.

내란죄를 범할 목적으로 반국가단체를 구성하지 않은 경우, 반국가단체구성죄에 해당되기 위해서는 정부참칭이나 국헌변란을 폭동이 아닌 다른 행위방법으로 실행해야 한다. 그런데 국가는 막강한 권력을 바탕으로 폭동을 제어할 수 있는 힘까지 보유하고 있으므로 국가변란이란 폭력의 행사 이외에는 생각하기 어려울 것이다. 국가변란을 비폭력적으로 실현하려고 한다면, 이 경우 그에 상응하는 정치적 조치 등으로 대응할 수 있기 때문에 굳이 최후의 수단인 형벌을 이용하는 것은 국가형벌권행사의 본질에 어긋날 수 있는 것이다.

게다가 국가보안법 제3조가 규정하는 '구성, 가입, 권유' 등은 내란죄의 예비 · 음모에 해당된다. 그런데 국가보안법 제3조 제4항과 제5항에 의하면, 내란죄의 예비 · 음모죄에 해당하는 행위에 대해 이를 예비 · 음모하면 처벌하고 있다. 그렇다면 예비 · 음모에 대한 예비 · 음모를 처벌하자는 것이 된다.

우리 형법은 행위형법이고, 세계적으로 보편적 추세이며, 이는 우리 헌법과 형법이 명시적으로 천명하고 있기도 하다. 한국 국민의 정서에서도 죄를 미워하되, 사람을 미워해서는 안된다는 원칙을 쉽게 찾아 볼 수 있다. 더구나 범죄는 기수범 처벌을 원칙으로 삼고 미수범은 예외적으로만 처벌될 수 있도록 하고 있을 뿐이다. 더구나 예비 · 음모의 경우는 아주 특별한 경우에 극히 예외적으로 처벌하고 있다. 그렇다면 예비 · 음모에 대한 예비 · 음모를 처벌하는 것은 예외의 예외인 셈이다. 그럼에도 불구하고 국가보안법은 이런 예외의 예외에 대한 예외를 범죄로 인정하고 있다. 즉 국가보안법상 반국가단체구성죄는 내란죄의 예비 · 음모에 불과하다는 점에서, 반국가단체구성죄의 예비 · 음모의 처벌은 내란죄의 예비 · 음모를 위한 예비 · 음모까지 처벌하자는 것이다.

(3) 제4조: 목적수행

제4조 제1항 제1호에 의하면, "형법 각 조에 정한 형에 처한다"고 규정하고 있다. 이는 국가보안법의 본 규정이 무의미한 규정임을 스스로 자인하는 것이다. 왜냐하면 모든 처벌규정은 독립된 개개의 행위를 그 대상으로 삼고 있어, 어느 행위의 처벌조건을 다른 법률의 특정조항의 구성요건과 법정형에 위임하는 것은 그 행위에 대한 처벌규정을 독자적으로 둘 필요가 없음을 스스로 자인하는 것이기 때문이다.

동조 제1항 제2호는 간첩행위 이외에 국가기밀탐지 등의 행위를 규정하고 있다. 그런데 대법원은 형법 제98조의 '군사상의 기밀' 을 국가기밀과 동일하게 해석하여 왔기 때문에 동조 제1항 제2호를 존치할 필요성이 없게 된다.[10] 이 점은 국가보안법의 존치를 전제로 쓰여 진 이외수 · 정경식의 "신국가보안법"에서도 인정하고 있다.[11] 게다가 국가기밀에 대한 대법원판례의 태도는 형법의 해석원칙을 철저히 저버리고 언어의 통상적 의미를 지나치게 확대하였다. 그 결과 대법원은 국가기밀을 이미 보도된 사실을 비롯하여, 국내외의 상식에 속한 사실과 경제질서의 기본원칙에 관한 사실까지도 확대하여 형벌권을 남용하는 누를 범하였다.

동조 제1항 제3호는 형법상 모두 규정되어 있다. 동조 제1항 제4호도 형법상 처벌의 대상이 되는 행위를 대부분 명시하고 있으며, 명시되지 않은 처벌대상에 관해 '기타 중요시설', '기타 물건' 이라고 규정함으로써 중요시설의 한계를 해석

10) 대법원 1958.12.16 선고, 4291형상496 판결; 1978.9.13 선고, 78도756 판결 참조.
11) 정경식 · 이외수, 공저, 『신국가보안법』, 118쪽 참조.

을 통하여 명확히 할 객관적 기준을 정하지 아니하였고, 또한 '기타 물건' 에 대해서도 동일한 문제점을 안고 있기 때문에, 이는 죄형법정주의에 반하는 규정이다.

동조 제1항 제5호도 형법이나 그 밖의 특별형법에 의해 처벌이 가능함은 물론이다. 동조 제1항 제6호는 "사회적 혼란을 조성할 우려가 있는 사항"이라고 명시함으로써, 이는 "사회적 질서에 반하는 행위는 처벌한다."는 정도의 추상적인 범죄구성요건을 의미한다는 점에서 자유민주주의 사회에서는 찾아보기 어려운 명확성의 원칙을 저버린 반죄형법정주의의 상징으로 보여 진다.

(4) 제6조: 잠입 · 탈출

이 조문에서 "반국가단체의 지배하에 있는 지역"의 범위는 어디까지일까? 대법원판례에 따르면, 동베를린의 안전가옥[12]도 그런 지역이라고 한다. 그렇다면 외국주재의 북한의 모든 공관을 비롯하여 국내의 반국가단체 핵심적 구성원의 가택까지 포함된다고 보게 된다. 즉 반국가단체의 지배 하의 개념은 매우 불명확하게 된다.

이 때문에 동법 제6조에서 말하는 잠입이나 탈출도 다음과 같은 비약을 야기할 수 있다. 즉 대법원판례는 잠입의 경우 "우리나라 여권을 소지하고 합법적인 절차에 의하여 일본으로 출국하였다가 귀국한 경우도 잠입에 해당한다."[13]고 판시하고, "합법적으로 외국으로 나갔다가 거기서 탈출하는 경우"[14]까지도 국가보안법상의 탈출로 인정하고 있다.

잠입의 본래적 의미는 몰래 숨어들어 옴을 의미하며, 탈출은 갇혀 있던 곳에서 빠져 달아나는 것을 말한다. 그럼에도 불구하고 방북인사들과 같이 공개적으로 북한을 방문하고 돌아온 행위에 대해 잠입 · 탈출의 규정을 적용한다는 것은 용어의 본래 의미와는 달리 이것의 의미를 특정한 지리적 이동으로 보고 있는 것이다.[15] 더구나 잠입과 탈출은 그 동기나 목적 · 방법에 제한이 없고, 반드시 불법적인 행위를

12) 대법원 1969.3.31 선고, 68도1870 판결.
13) 대법원 1983.6.14 선고, 8도863 판결.
14) 대법원 1967.11..14 선고, 67도1190 판결.

할 목적을 가져야 하는 것도 아니라는 것이다.[16] 이는 문언의 통상적 의와는 전혀 다른 의미로 사용하고 있다는 점에서 유추해석에 해당된다 할 것이다.

국가보안법 제6조 제1항을 이런 식으로 이해하게 되면, 외국여행뿐만 아니라 국내여행도 심각한 제한을 받을 수 있다. 특히 반국가단체의 국내 지배공간 지역에 대한 출입조차도 잠입과 탈출죄에 해당될 수 있다는 것을 의미할 수 있기 때문이다.

동법 제6조 제2항 역시 문제이다. 이 조항은 반국가단체의 지배 하에 있는 지역으로부터 잠입이나 탈출을 요건으로 하고 있지 아니하므로, 잠입죄에 있어서는 잠입죄의 출발장소에, 탈출죄에 있어서는 탈출목적에 아무런 제한이 없다. 따라서 이 조항을 문리대로만 해석하는 경우에는 '정부참칭' 이나 '국가변란' 과 실질적으로 관련성이 매우 희박하게 되며, 그 중요성에 있어서도 매우 사소한 것으로 인정되는 행위가 될 뿐이다. 그럼에도 불구하고 그런 행위가 국가의 존립 · 안전이나 자유민주적 기본질서에 해악을 끼칠 위험성이 거의 없는 경우에도 적용될 소지가 있는 것이다.

게다가 동조 제2항은 지령과 협의에 따른 구체적 행동으로 나아가지 않은 잠입과 탈출행위 그 자체를 독자적으로 처벌하겠다는 것인데, 어떠한 경우에 이에 해당될 수 있는지가 거의 예상할 수 없고, 또한 그런 행위가 살인행위와 같은 중형의 법정형에 해당될 수 있는지도 의심스럽다.

형법상의 근본원칙은 처벌규정이 명확해야 하기 때문에 누구의 어떠한 행위가 무엇 때문에 처벌되는가를 일반인이라면 쉽게 예상할 수 있어야 하며, 또한 형벌도 불법성의 정도와 책임의 범위를 넘어설 수는 없는 것이다. 따라서 국가보안법 제6조 제2항은 이와 같은 형법상의 근본원칙에 철저하게 반하는 내용과 형벌을 규정한 반책임주의적 법률의 전형인 셈이다.

2000년 6 · 15 선언 이후 남북관계가 급속하게 진전되고, 인적 · 물적 교류도

15) 박원순, 『국가보안법 3』, 80쪽 참조.
16) 이외수 · 정경식, 앞의 책, 192쪽.

상상을 초월할 정도로 확대되어 이미 수많은 사람들이 북한지역을 둘러보았다. 이들 모두가 국가보안법상 잠입 · 탈출죄에 해당될 수 있음에도 불구하고, 이들에 대한 처벌은 사실상 물거품이 되고 있다. 그리고 이러한 경향은 시간이 지나갈수록 더욱 가속도가 붙게 되고, 이에 따라 법과 현실의 괴리는 더욱 깊어져 갈 것이다. 이처럼 법적 구속력이 없게 되는 조항을 존치해서 국민들의 혼란과 함께 정권의 구미에 따라서 선별적으로 처벌하게 된다면, 법의 공평한 적용을 원칙으로 하는 법치국가원리는 뿌리 채 흔들릴 수밖에 없을 것이다.

(5) 제7조: 찬양 · 고무

국가보안법 제7조는 형법전에는 없는 조항이다. 국가안보를 형법의 3대 법익의 하나로 삼고 있음에도 현행 형법이 국가보안법 제7조의 찬양 · 고무죄를 두지 않은 이유는 이 법의 악법성이 형사처벌할 만큼 위험스러운 것으로 평가하지 않은 징표인 것이다. 독재국가나 전체주의국가가 아닌 자유민주주의를 지향하는 모든 선진국가는 다양한 의견을 존중하고 소수자의 입장까지도 무시하지 않은 것이 상식으로 되어 있다. 다만 일당독재나 전체주의를 찬양하고, 이런 행위에서 더 나아가 국가의 존립 · 안전을 명백히 위태롭게 하거나[17] 자유민주적 기본질서[18]에 위해를 줄 명백한 위험이 있는 행태로 나아갈 때에 국한하여 형벌의 제재를 가할 수 있으며, 이는 우리 헌법재판소의 공식입장이기도 하다.

이러한 관점에서 제7조 제1항을 살펴보면, '찬양 · 고무', '동조', '구성원', '활동', '기타의 방법', '이롭게 한' 등의 용어가 지나치게 다의적이고, 그 적용범위가 광범위하다고 할 것이다. 찬양과 고무 그리고 동조라고 할 때 동일내용의 주장이나 긍정적 평가도 포함되는 것인지, 그 외에 적극적인 평가와 가세의 의사

17) 헌재 1990.4.2, 89헌가113결정에 따르면, "국가의 존립 · 안전을 위태롭게 한다함은 대한민국의 독립을 위협 · 침해하고 영토를 침략하며 헌법과 법률의 기능 및 헌법기관을 파괴 · 마비시키는 것으로 외형적인 적화공작 등을 일컫는다."

18) 헌법재판소도 이러한 관점에서 "자유민주적 기본질서에 위해를 준다함은 모든 폭퍽적 지배와 자의적 지배, 즉 반국가단체의 일인 독재 내지 일당독재를 배제하고, 다수의 의사에 의한 국민의 자치, 자유?평등의 기본원칙에 의한 법치주의적 통치질서의 유지를 어렵게 만드는 것"이라고 본다. 헌재 1990.4.2 선고, 89헌가113결정 참조.

를 요구하는 것인지, 이런 행위의 상대는 누구여야 하며, 어떠한 방법으로 어느 범위까지 표현되어야 하는지에 대해 구체적 기준이 없다.[19] 그 결과 국가보안법 제7조 제1항의 규정은 수사기관이나 재판기관에게 자의적인 해석과 판단을 가능하도록 방치하고 있는 셈이다.

더구나 '기타의 방법으로' 라는 문언은 찬양이나 동조의 불명확한 개념보다 더한 불명확성을 보여주는 것이다. 찬양 · 고무와 동조 외의 기타의 방법이라고 할 때, 그 무엇이 찬양 · 고무나 동조와 실질적으로 동일한 행위가치를 지녔다고 해석을 통하여 객관적으로 확정할 수 있을까. 그럴 수 없다면, 이는 수사기관 등의 자의성을 도모하는 역할만을 할 뿐이다.

또한 '이롭게 한 자' 의 내용을 제한할 수 있는 요소가 객관적으로 구비되었다고 할 수 있을까? 예를 들어 한국에 이익이 되는 행위가 북한에도 이익이 된다면 어떻게 할 것인가. 그리고 이익이라고 할 때 무슨 이익일까? 경제적 이익에 국한되지는 않을 것이고 사회적, 정치적, 문화적 이익 모두를 말한다면, 이에 관한 종합적인 판단을 법원은 객관적이고 또한 합리적으로 판단할 수 있을까?

'구성원' 의 개념은 어떤가. 반국가단체의 핵심요원은 구성원이 됨에 부족함이 없겠지만, 그 범위는 어디까지가 전혀 정해지지 않고 있다. 예컨대 북한주민도 모두 반국가단체의 구성원이라고 할 수 있을까? '활동' 의 개념도 역시 부가적인 제한을 두고 있지 않은 규정의 생리상 처벌의 범위가 무한정 확대될 가능성을 담고 있다.

동법 제3항은 이른바 '이적단체구성죄' 는 제1항을 요건으로 하고 있으므로, 제1항이 갖고 있는 독소들을 고스란히 그대로 품고 있는 것이다.[20] 게다가 동조 제3항의 행위에 대해서는 그 자체로서 처벌이 가능함을 국가보안법이 인정하는 마당에, 제1항에 독립하여 제3항에 의한 이적단체구성행위는 형법 제114조에 의해서도 처벌이 가능하다.[21] 따라서 굳이 동조 제3항을 국가보안법에 존치할 이유

19) 박원순, 앞의 책, 83쪽 참조.
20) 헌재 1990. 4. 2선고, 89헌가113결정; 박원순, 앞의 책, 87쪽.
21) 박원순, 앞의 책, 87쪽; 한국법제연구원, 앞의 글, 43쪽.

가 없는 것이다. 그럼에도 불구하고 이와 같은 규정을 두는 이유는 이적단체구성의 미수뿐만 아니라, 예비 · 음모까지도 처벌하자는 데에 있음이 실질적 사유일 것이다.

이와 같은 불명확한 구성요건에 다시금 아주 제한적인 해석이 요구되는 "국가의 존립 · 안전이나 자유민주적 기본질서를 위태롭게 한다."는 모호한 용어를 보태는 것이 헌법상의 표현의 자유를 보장하는데 어느 정도 효과가 있을지는 지극히 의문이다. 따라서 국가보안법 제7조 제1항의 내용은 형법상 명확성의 원칙을 무시한 불명확한 규정이고, 이런 모호한 규정의 내용을 목적으로 하는 단체의 성격에 대해서도 수사기관이나 재판기관의 자의적인 기준에 의해 판단될 수밖에 없을 때, 이런 단체구성이나 가입의 예비 · 음모에 대한 기준의 객관성은 더욱 담보될 수 없게 된다. 이러한 문제점은 국가보안법 제7조 제3항이 결과적으로 사상의 자유를 굳건히 확보하고자 하는 수많은 진보적 단체들을 이적단체로 양산하는 데에 기여하는 일등공신으로 만들었음은 이미 수많은 판례가 이를 입증하여 왔었다.

국가보안법 제7조 제5항은 인간의 내심의 의사를 처벌하는 사상형법의 전형이다. 동법 제7조 제5항에 따르면, "제1항 · 제3항 또는 제4항의 행위를 할 목적으로 … 표현물을 제작 · 복사 · 소지 · 운반 · 반포 · 판매 · 취득한 행위는 … 형에 처한다"고 명시하고 있는데, 본 조항의 핵심은 "제1항 · 제3항 또는 제4항의 행위를 할 목적"이라는 주관적 요소에 있다. 그런데 제1항 · 제3항 또는 제4항의 행위는 의사표현행위에 불과하므로, 이런 의사표현행위를 할 '목적'은 결국 행위자의 내심의 의사에 불과한 것이다. 동일한 서적을 학문목적으로 가지고 있으면 국가보안법 제7조 제5항에 의해 처벌되지 않지만, 그렇지 않으면 처벌된다는 것은 내심의 의사를 기준으로 판단해서 가벌성을 심사하는 결과이다.[22)]

22) 박원순, 앞의 책, 38쪽; 장명봉, "통일문제와 관계법의 괴리 -통일정책과 헌법문제를 중심으로", 『사상과 정책』1989년 가을 호, 경향신문사 56쪽 참조.

2) 국가보안법의 실체형법으로서의 특성

(1) 형법의 기본원칙에 반함

형벌의 본질이 인간이 참을 수 없는 국가작용에 근거한 고통이며, 단 한 번의 형벌수형자도 자유민주사회에서 돌이킬 수 없는 전과자란 낙인이 찍히고, 범법자의 삶은 초토화되어 그의 인간다운 삶은 누릴 수 없게 되어버린다. 형벌의 성격이 이러하므로 형벌의 전제가 되는 범죄행위는 개인적, 사회적 또는 국가적으로 중대한 법익침해에 대해 다른 방법으로 막을 방법이 없는 예외적인 경우로 국한되어야 한다. 이 때문에 형법의 근본원칙은 최후수단성, 용납할 수 없는 법익침해성, 죄형법정주의 그리고 책임주의를 그 핵심기둥으로 삼고 있다.

첫째로 국가보안법은 형법상의 최후의 수단성을 상실하였다. 예컨대 자유민주주의를 이념적 핵심가치로 삼고 있는 우리의 헌정질서에서 무엇보다 중요한 것은 언론 · 출판과 학문 · 예술의 자유의 확보인데, 이것이 보장될 때에서야 진리의 탐구가 가능해지고, 자기가치의 실현을 통하여 인간의 인간다움을 능력껏 꽃피울 수 있게 된다. 이러한 표현의 자유에서 '표현'이란 사실의 적시뿐만 아니라 평가까지도 포함해야 함은 상식에 속한다. 우리가 이와 같은 헌법상의 표현의 자유에 대한 기본권을 제대로 인식한다면, 이러한 표현의 자유가 일당독재나 전체주의의 풍조를 본질적으로 확산시키는 데 기여하지 않은 한, 이 기본권의 몫은 개인적 자유의 공간에 남겨두어야 할 것이다. 그렇게 한다고 해도 잘못된 표현의 자유는 다른 입장의 표현의 자유에 의해서 거부나 비난의 방식으로 대응하거나 아니면 정치적으로 해결이 가능할 것이고, 굳이 형벌로 대응할 불가피성은 자유민주주의를 부정하고 나치스나 스탈린시대의 반인륜적 일당독재를 찬양하는 예외적인 경우를 제외하고는 거의 없기 때문이다.

둘째로 국가보안법은 형벌의 성질에 비추어 볼 때 용납할 수 없는 법익침해나 위태화행위에 국한되어야 하는 처벌범위를 위반하였다. 왜냐하면 국가적으로나 사회적으로 법익침해의 위험성이 없는 행위에 대해 가벌성을 갖는다는 것은 형법의 보충성과 형벌의 폐해성에 비추어 도저히 허용될 수 없는데, 국가보안법은 법익침해나 법익위태화가 거의 없는 예비 · 음모에 대한 예비 · 음모행위까지 처벌하고 있는 법률이기 때문이다.

셋째로 국가보안법은 실질적 죄형법정주의에 본질적으로 반한 법률이다. 왜냐하면 국가보안법의 개별규정의 검토에서 보듯이 대부분의 조문에서 모호성과 애매성으로 인하여 수사기관과 재판기관의 자의적 판단을 가능하게 하는 용어사용을 남용하여 왔고 또한 앞으로 그러한 남용가능성을 내재적으로 품고 있기 때문이다.

넷째로 국가보안법은 형벌은 책임에 비례해야 한다는 책임형법에 반한다. 즉 국가보안법상의 법정형은 중형주의에 입각한 현행 형법의 규정보다 더욱더 중형주의에 입각하고 있다. 국가보안법보다 한정적이고 명확하며, 보호의 필요성이 더욱 확실한 형법상의 국가적 안보범죄에 대해서보다 국가보안법의 법정형이 굳이 높아야 할 정당한 이유가 어디에 있는지를 찾기 어렵다. 그런데도 적용규정이 애매하고 처벌해야 할 행위태양을 비롯하여 보호법익과 침해객체도 모호한 국가보안법이 형법상의 그것보다 법정형이 전반적으로 높다는 것은 모순이다.

(2) 사상통제형법

형법은 행위형법을 원칙으로 하기 때문에 실행에 착수한 미수범조차도 예외적으로 처벌한다. 그리고 예비 · 음모죄는 극히 위험한 중범죄에 한정해서 처벌규정을 두고 있을 뿐이다. 그런데 국가보안법은 불고지죄와 특수직무유기죄 및 무고날조죄를 제외하고는 이 예외적인 예비 · 음모를 확장하여 모두 처벌하고 있다. 이처럼 예비 · 음모의 처벌확장은 국가보안법의 특색으로서 행위자의 구체적 행위위험성을 중시하는 것이 아니라, 행위자의 사상통제에 더 깊은 관심을 갖고 있음을 징표하는 것이다.

더구나 국가보안법의 기수범 대부분은 형법상의 내란이나 외환의 예비 · 음모에 불과한 경우가 적지 않은데, 국가보안법에서 예비 · 음모를 처벌한다는 것은 다시금 형법상의 예비 · 음모행위에 대한 예비 · 음모를 처벌하는 것을 의미한다. 예비 · 음모는 통상 실행의 착수 이전의 범죄준비단계에 불과한 것인데, 이런 준비단계를 위한 준비행위를 처벌하자는 것은 지나친 위험형법이자, 형벌의 본질에 근본적으로 상치되는 사상형법을 만들고 있는 것이다. 이미 지금부터 대략 2000년 전에 만들어졌던 로마형법조차도 사상형법만은 피했던 점을 기억할 필요가 있다. "누구나 생각만으로 처벌될 수 없다."고 했다. 그런데도 21세기 인권을 중시하는 자유대한민국의 국가보안법은 아직도 사상통제형법이란 만행을 저지르고 있는 것이다.

더욱이 헌법상 보장된 기본권 중에서 사상과 양심의 자유는 그 자체가 자유의 본질적 내용을 이루고 있기 때문에 어떠한 법률로서도 제한할 수 없음은 상식에 속한다. 이것은 죄형법정주의 이전의 문제이다. 그럼에도 우리는 인간의 사상 내지 내심을 처벌하고 있는 사례의 전형적인 경우를 국가보안법 제7조 제5항에서 확인할 수 있다.

게다가 국가보안법이 적용되고 있는 사건 중, 상당수의 사건들이 학문과 예술, 문학, 심지어 종교에 관련하여 행위자의 사상을 문제 삼고 있다는 점[23]에서 국가보안법은 사상자유의 통제기능을 주로 하는 법률임을 추정케 하고 있다.

(3) 형법의 중복성

국가보안법 개별규정의 검토에서도 볼 수 있듯이 국가보안법에서 보호하고자 하는 법익을 비롯한 규제행위대상은 원칙적으로 형법의 내란죄와 외환죄의 장 그리고 공안을 해하는 죄의 장과 겹치고 있다. 다만 국가보안법 제7조가 예외에 속하지만, 제7조 제3항의 규정위반은 형법 제114조에 의해서도 처벌될 수 있다.

그렇기 때문에 국가보안법의 처벌규정은 형법의 처벌규정을 중복하고 있는 셈이다. 모든 형사범은 형법에 의해 다스려져야 하는 것이 원칙이다. 그렇지 않고 형법 이외의 법률에 규정되기 위해서는 그 자체의 독자적인 구성요건을 필수

23) 이 점에 관해서는 박원순, 『국가보안법 2』 1997, 181쪽 이하 참조.

적으로 품고 있어야 한다. 만일 그렇지 않고 국가보안법처럼 단순히 형법의 규정을 반복하는 법률이라면, 그것은 독자적인 형법의 특별법이라고 할 수 없는 것이므로, 존치시켜야 할 하등의 가치가 없는 것이다.

그럼에도 불구하고 국가보안법을 존치시키려는 진정한 이유는 다음에 있다고 보여 진다. 박원순 변호사는 다음과 같은 타당한 근거를 제시하고 있는데 필자도 이에 동의하고 싶다.

> "… 반공이데올로기는 국가보안법의 위하력에 의하여 제도적으로 보장되어왔고, 역으로 국가보안법은 반공이데올로기의 이름 아래 그 탈법적 자의적 운영이 용인되 온 것이다. 독재 이데올로기를 권력의 강화와 생존의 명분으로 삼아온 역대 정치권력이 이 법을 폐지하지 않고 어떤 형태로든 존치하려는 이유 중의 하나가 바로 이러한 국가보안법의 역할에 있다."[24]

(4) 남용가능성

국가보안법은 해석적용에 있어서 남용의 가능성이 많음을 그 자신이 입증하고 있다. 즉 국가보안법 제1조 제2항은 "이 법을 해석 적용함에 있어서는 제1항의 목적달성을 위하여 필요한 최소한도에 그쳐야 하며, 이를 확대해석하거나 헌법상 보장된 국민의 기본적 인권을 부당하게 제한하는 일이 있어서는 아니 된다."고 명시함으로써 자기 스스로 남용가능성을 자인하고 있는 셈이다.

형법상의 해석은 확대나 유추해석을 삼가야 하는 것은 당연하기 때문에 법문에 명시할 필요가 없다. 더구나 해석의 원칙상 예외는 더욱 엄격하게 해석되어야 한다. 이런 점에서 국가보안법은 일반형법의 예외적 규정이기 때문에, 이 예외적 규정을 해석할 때에는 일반 형법보다 더욱 엄격하게 해석할 필요성을 가져야 한다. 그럼에도 불구하고 국가보안법의 해석에 대해 지금까지 법원의 판례를 살펴보면 엄격해석이 아니라, 확장 내지 유추해석을 적지 않게 하여왔다는 점이

24) 박원순, 『국가보안법 3』, 51쪽.

다. 이런 점은 국가보안법의 모호성 등 내재적 문제로 인권침해적 확대해석의 가능성이 상존하기 때문임을 부인하기 힘들 것이다. 그리고 이러한 법해석의 관행은 국가보안법이 존속하는 한, 극복하기 어려울 것이다.

2. 헌법정신에 어울릴 수 없는 법률

우리 헌법은 인간의 존엄성을 담보하기 위해 기본적 인권을 존중하고 그 본질적 권리를 침해할 수 없음을 최고의 가치로 삼고 있다. 따라서 헌법의 하위법인 국가보안법은 헌법의 명시규정과 헌법정신에 위배되어서는 아니 된다고 할 것이다..

1) 국가보안법의 입법목적과 헌법정신

국가보안법 존치론자는 "국가보안법의 입법목적은 국가의 안전보장을 확보함으로써 국가의 안전이익과 국민의 생존 · 자유를 지키는 것이다. 따라서 이것은 국가최고가치의 실현을 목적으로 한다."[25]고 주장한다. 이러한 주장은 국가의 안전보장확보가 국가의 최고가치인 국민의 생존과 자유의 보장을 가져다준다는 것을 의미한다. 따라서 국가의 안전보장을 확보하면 할수록 국가의 안전과 더불어 국민의 생존 · 자유는 더욱 확보된다는 전제를 깔고 있다. 국가보안법의 이러한 의도는 최근 출판된 이진우씨의 글에서도 명확하게 볼 수 있는데, 그에 의하면 "국가보안법의 안중에 있는 것은 대한민국의 안전과 국민의 생존 그리고 자유의 확보이다. 그런데 대한민국의 안전과 국민의 생존 · 자유는 자유민주주의를 통해서만 보존되는 것이다. 대한민국이 자유민주주의를 최고의 가치로 유지 · 보존하는 한 국가보안법은 철저히 지켜져야 한다."고 주장하고 있다.[26] 즉 대한민국에서 최고의 가치인 자유민주주의를 꽃피우기 위해서는 국가보안법의

25) 정경식 외, 신국가보안법 1987, 6쪽 이하.
26) 이진우, 국가보안법개폐론의 허와 실 2001, 21쪽.

철저한 존치가 불가피하다는 것이다.

그러나 이러한 논리는 매우 어색하게 보인다. 우리 헌법이 추구하고 있는 자유민주주의는 국민의 기본적 인권을 보장하기 위한 헌법상의 원리로서 작용한다. 자유민주주의의 원리는 국가권력의 창설과 모든 국가권력의 최후적 정당성의 근거가 국민의 정치적 합의에 두고 있음을 의미하며, 이 국민적 합의의 바탕은 인간의 존엄성확보를 위한 자유와 평등의 실현과 같은 실질적인 가치에 두고 있다. 이러한 가치를 보호하고 유지하기 위해 우리 헌법은 기본권보장을 중심으로 적법절차의 원칙, 입법작용의 헌법기속, 과잉금지의 원칙 등 법치국가원리를 천명하고 있다.

따라서 자유민주주의는 인간의 존엄성확보를 위해 인간의 자기결정권행사를 비롯한 자유와 평등이 보장되는 정치제도 하에서 꽃피울 수 있고, 법치국가원리는 이러한 자유민주적 정신을 침해할 수 있는 국가의 권력작용을 법에 의해 순화시킴으로써 인간의 존엄과 자유, 평등을 실현하고자 하는 것이다. 그러므로 법치국가원리는 이러한 가치의 실현을 위한 조건이며, 처음부터 인간의 존엄과 그 가치가 실현될 수 있도록 하려는 국가의 정치질서를 의미하는 것이다.

더욱이 우리 헌법상 법치국가원리는 적법절차와 형식적 요건도 갖추어야 함을 요구한다. 즉 모든 국가작용은 명확성, 특정성, 가측성, 예견가능성, 객관성, 안정성 등의 절차적 · 형식적 요건을 갖출 것을 요구한다. 게다가 우리 헌법은 모든 국가작용의 한계원리로서 과잉금지원리를 채택하고 있다. 즉 기본권제한의 한계조항인 헌법 제37조 제2항에서 그 점을 명시하고 있다. 이러한 관점에서 기본권제한은 법률의 근거가 있어야 하고, 목적의 합당성, 방법의 적당성, 국민에게 기대할 수 있는 필요한 최소한도의 제한에 그쳐야 하는 것이다.[27]

이러한 헌법정신에 비추어 볼 때, 헌법상의 자유민주주의와 그것의 담보를 위한 법치국가원리의 정신은 기본적으로 국민의 인권보장에 최우선을 두고 국가안보는 이를 위한 수단에 불과할 뿐이라는 점에 기초하고 있는 것이다. 그리고

27) 허영, 『한국헌법론』 1997, 145쪽.

이러한 수단은 헌법정신과 조화를 이루어야 하고, 이런 관점에서 이미 형법에 의해서 충분히 담보될 수 있는 장치가 마련되어 있음은 위에서 살펴본 바다. 그럼에도 불구하고 헌법정신을 유린할 소지가 있는 국가보안법에 의해 반정부활동을 규제함으로써 자유민주주의를 꽃피우게 한다는 발상은 그 자체 모순이며, 상식적인 인간이라면, 그것을 모를 수 없을 것이다.

2) 국가보안법상 '반국가단체' 개념과 헌법상 영토조항

국가보안법상으로 북한은 주권국가가 아니고, 대화나 협상의 상대방도 아니며, 그곳에 대해 어떤 호의적 행동을 해서도 아니 된다. 이에 대한 근거를 헌법 제3조의 영토조항에서 찾고 있다: "대한민국의 영토는 한반도와 부속도서로 한다." 이 조문에 의하면 북한은 우리 헌법과 법률이 적용되고 집행되어야 하는 지역인데, 반국가단체인 북한이 우리 정부를 참칭하여 불법적으로 지배하고 있다고 보게 된다. 그리고 이런 불법적인 지배는 북한에 대해 주권을 행사해야 할 한국의 입장에서 볼 때, 도저히 용납될 수 없는 행위이기 때문에 국가보안법이라는 특별형법을 통해서 그런 반국가단체를 구성하거나 또는 그런 단체에 대해 찬양 · 고무 · 동조를 비롯하여 이적단체구성, 이적표현물 제작 · 반포 등에 대해서는 엄격하게 형사처벌해야 한다는 논리를 갖게 된다. 따라서 헌법상 영토조항은 국가보안법의 존립근거인 반국가단체라는 개념을 제공한 단초인 것이다.[28]

그러나 첫째로 한국은 1991년 9월 18일 북한과 동시에 유엔에 가입하였다. 유엔헌장 제4조에 따르면, 유엔가맹국의 자격조건은 국제법상 주권국가로서 유엔헌장의 의무를 수락하고, 이러한 의무를 이행할 능력과 의사가 있어야 함을 명시하고 있다. 그렇다면 남북한의 유엔가입은 유엔이라는 국제기구에 의하여 남북한이 모두 주권국가로 승인됨을 뜻하는 것이다. 이런 점에서 한반도는 2개의 주권국가가 엄연히 존재한다는 국제법상의 현실을 외면할 수 없는 것이다.

둘째로 우리 헌법은 선언적 규정이 많고, 또한 현실세계에서도 북한지역은

28) 조국, 『양심과 사상의 자유를 찾아서』 2001, 108쪽 이하 참조.

남한의 통치권이 직접적으로 미치고 있지 아니한 사정을 감안한다면, 헌법의 영토조항만은 선언적 규정이 아니고, 현실적 효력을 가진다는 사고방식은 지극히 교과서적이라고 보여 진다.[29] 북한은 유엔에 가입하기 이전에도 적지 않은 국가들과 통상적인 외교관계를 맺어왔으며, 북한 영토 내에 북한 당국이 사실상 통치권을 행사하여 왔으며, 남한 당국이 북한을 방문할 경우에 북한 당국의 소정 입국절차를 밟아야 하는 현실을 부인할 수 없을 것이다.

이런 점에서 헌법상 영토조항은 선언적 규정에 불과하며, 북한은 '반국가단체'가 아니고, '주권국가', 적어도 '사실상의 국가'[30]이기 때문에, 헌법상의 선언적 규정을 근거로 한 국가보안법상 반국가단체의 개념은 오늘날 그 지지 기반을 상실하였다고 볼 것이다.

3) 국가보안법과 평등권위반

1972년 이후 정부가 추진한 통일정책은 국가보안법에 저촉됨에 틀림없다. 그럼에도 그것은 통치행위라는 방패막이로 둔갑하여 국가보안법에 저촉될 수 없다는 교묘한 논리를 펴왔다. 본래 통치행위라는 것은 중세의 제왕의 정치행위에 대한 적법성의 근거를 마련하기 위한 것으로, 그것의 내용은 고도의 정치적 성격을 띠어 사법적 판단을 함이 부적당한 행위에 대해 사법부가 판단을 회피한다는 것이다. 그러나 통치행위론은 행정의 법률에의 구속이라는 근대법치국가 원리를 부정하는 것이어서 많은 국가에서 인정하지 않거나 축소하고 있는 실정이다.

다만 우리 헌법은 제66조 제3항에서 "대통령은 조국의 평화적 통일을 위한 성실한 의무를 진다."고 천명하고 있고, 대통령의 이런 책무는 대통령 자신이나 그의 대리인에 의한 통일정책 추진에 국한하여 예외적으로 사법적 심사의 대상에서 제외될 수도 있을 것이다. 그러나 정부의 각종 대북 정책추진은 일단 현행

29) 김일수, 『법 · 인간 · 인권』1996, 105쪽 참조.
30) 조국, 앞의 책, 109쪽.

국가보안법에 저촉되는 것이고, 어디까지 사법적 심사에서 제외될 것인가의 문제는 사법부가 판단할 문제이다.

더욱이 재벌그룹 회장 등 적지 않은 인사들의 방북은 통치행위에도 속하지 않았지만, 국가는 국가보안법의 적용대상을 선별적으로 판단하여 누구는 되고, 누구는 안 된다는 식으로 불평등한 처우를 하여왔다. 이것은 명백히 헌법 제11조 제1항에 의한 헌법상 평등권조항에 반하는 것이다.

정부는 이러한 문제점을 인식하여 한편으로 남북한 간의 인적, 물적 교류가 급증하게 되는 현실을 인정하고, 다른 한편 통일정책의 추진과정에서 야기되는 국가보안법과의 충돌문제를 해결하고 통일정책의 추진에 법적 근거를 마련하기 위해 1990년 '남북교류협력에 관한 법률'을 제정하여 같은 해 8월 1일 시행하였다.

그런데 문제는 국가보안법을 시대정신에 걸맞게 폐지하거나 개정하지 않고, 그대로 두면서 다만 국가보안법의 예외규정을 신설하는 특별법을 만들었다는 데에 있다. 이것이 의미하는 바는 반정부인사의 발목을 잡은 동시에 정부와 친정부적 인사들의 남북교류와 교역에는 면죄부를 주겠다는 이중정책에 있는 것이다.[31]

4) 국가보안법의 반기본권적 특성

국가보안법은 헌법상 보장된 사상의 자유뿐만 아니라 표현의 자유와 결사의 자유를 극도로 억압하고 있다. 이중에서 재판과정에 나타난 국가보안법에 의해 단죄된 사상의 자유에 관한 수사기관 실무진의 입장을 살펴보면, 국가보안법은 우리 사회의 비판세력이라면 누구나 공감할 수 있는 표현조차도 단죄의 대상으로 평가하는 데에 악용되어 왔음을 볼 수 있다. 이런 이용의 사례로서 국가보안법위반으로 공소가 제기된 어느 학생의 공소장 내용의 일부를 살펴보자.

31) 박원순, 『국가보안법 3』, 53쪽.

> "피고인은 … 소위 의식화학습을 거쳐 우리나라 현실에 대하여 정치적으로는 현재 미제국주의의 조종을 받아 군정을 연장시키려고 기도하고 있으며, 국민의 뜻에 어긋나는 정통성이 부정되는 매판군부독재로서 노동자, 농민, 도시빈민, 중소자본가 등 민중이 단합하여 군부독재정권을 종식시켜야 한다. 경제적으로는 민중의 이익을 수탈하는 소수 독점재벌체제이다. 사회적으로는 …. 문화적으로는 미국과 일본의 저질문화를 수입하여 국민의식을 소비적이고 향락적으로 풍토화시켜 민족문화전통을 왜곡하고 있으므로 섹스, 폭력물 … 등은 수입을 억제 내지 폐지하고 진정한 민족문화를 창달해야 한다. … 는 등의 인식 아래 전민중이 단결하여 미제국주의와 매판독점자본, 매판군부세력을 추방하고 민중이 주인이 되는 나라를 건설하여야 한다고 망상하여 온 자인 바 …".[32]

이처럼 자유민주국가라면, 허용되고 용납될 수 있는 사상도 우리 검찰은 국가보안법 때문에 위와 같은 피고인의 사상을 '망상'이라고 하여 위험시하고 있다.

이 뿐만이 아니다. 국가보안법 제7조 제5항에서 볼 수 있는 것처럼 국가보안법은 인간의 내심적 의사까지 형벌로 다스리고 있음은 우리 형사실체법의 수치이다. 우리 헌법은 제19조에서 양심의 자유를 천명하고 있으며, 인간의 내심은 어떠한 경우에도 처벌될 수 없음에도 국가보안법은 그것조차 처벌할 수 있는 사상통제형법임을 이미 위에서 확인한 바 있다.

국가보안법은 이처럼 인간의 내심적 의사까지 조종함으로써 획일적인 반공이데올로기를 낳게 하였고, 이러한 사고는 독재정치와 전제정치를 탄생시킨 배경이 되었다. 즉 국가보안법상의 반공이데올로기는 이 법의 입법목적인 국민의 자유를 보장하는 방향이 아니라 이와는 반대로 자유민주주의에 역행되는 독재정치와 권위주의적 정치의 상징인 이승만, 박정희 그리고 전두환 정권의 유지에 기여하였던 역사적 사실도 무시하기 힘들 것이다. 따라서 자유민주주의의 체제수호를 목적으로 제정된 국가보안법이 독재정권창출과 그런 정권수호를 위한

32) 이에 관해서는 한기해, 『국가보안법』189, 44쪽 이하 참조.

통치수단으로 전락하는 것을 막기 위해서도 획일적 반공이데올로기에 집착한 국가보안법은 폐지되는 것이 마땅하다.

자유민주주의를 기치로 삼고 있는 우리 헌법은 사상의 자유뿐만 아니라, 언론 · 출판 · 집회 · 결사의 자유와 학문 · 예술의 자유를 보장하고 있다. 이러한 자유는 일정한 요건 아래서 제한될 수 있지만(헌법 제37조 제2항), 그러나 그 본질적 권리는 침해될 수 없는 것이다(헌법 제37조 제2항 후단). 형법은 헌법상 기본권의 이런 성질을 감안하여 내란죄와 외환죄의 처벌요건을 매우 엄격하게 규정하여 헌법상의 제원칙과 균형을 이루고자 하였던 것이다. 따라서 만일 어느 특정 사상, 예컨대 공산주의 사상이 우리의 국헌을 현존하고도 명백하게 침해하는 정도로 이르게 될 경우에는 비록 사상의 자유가 헌법상 보장된다고 할지라도 우리 헌법은 그런 사상을 가진 정당을 해산시킬 근거를 제공하고 있고, 형법도 자유민주주의를 위태롭게 하는 국헌유린사태를 방치하고 있지 않다. 따라서 공산주의에 대한 맹종이 국헌을 문란하게 할 정도에 이르게 되면, 우리 헌법과 형법은 이에 대한 대응을 충분히 예정하고 있기 때문에, 국가보안법이 없다고 해서 국헌문란의 사태를 수습할 수 있는 장치가 미비 되었다고 할 수 없는 것이다.

헌법재판소에 의해 국가보안법의 위헌성을 적극적으로 결정하지 아니하였다고 해서, 국가보안법이 헌법정신에 충실하다고 말할 수는 없는 것이다. 위에서 살펴본 바와 같이 국가보안법은 표현의 자유와 학문의 자유 및 결사의 자유를 극도로 제한하고 있다[33]는 점에서 우리의 자유민주주의 헌법정신에 충실한 것인가는 매우 의문이 간다.

5) 국가보안법의 반법치국가적 성격

국가보안법이 진정한 법률로서 성격을 가지려면, 반국가단체를 규제하면서도 국민의 기본권이 충분히 보장되고, 불기피한 경우 제한하더라도 본질적 기본권의 침해가 허용되지 않은 헌법정신에 합치되는 정당성과 합법성을 구비해야

33) 이에 관해서 자세한 것은 박원순, 『국가보안법연구 2』, 53쪽 이하 참조.

하는 것이다. 그러므로 어느 법률이더라도 이런 정당성과 합법성을 핵심으로 하는 법치국가원리에 반하는 법률이라면, 그것은 우리 헌법질서상 허용될 수 없는 반법치국가적 성격의 법률에 해당되고, 따라서 법으로서 자격이 없는 것이다. 우리 헌법은 법치국가원리의 실현을 위해 죄형법정주의[34]와 적법절차의 원리 그리고 비례성의 원칙을 천명하고 있다.

국가보안법의 여러 규정들은 헌법상의 이러한 원칙이나 명시적 규정에 위반되어 그간 적지 않게 위헌판결을 받았다. 이런 위헌규정들은 그때마다 수정·보완된 것도 있지만, 아직도 수정·보완되지 않은 것도 있으며, 수정·보완된 경우라도 여전히 위헌성의 문제를 품고 있는 규정도 적지 않는 실정이다.

이와 관련한 예를 들어보자. 위헌성 때문에 수정·보안된 규정 중에는 구국가보안법 제7조 제1항을 볼 수 있는데, 현행국가보안법은 위헌성을 피하기 위하여 구국가보안법상에서 명시한 "반국가단체나 그 구성원 또는 지령을 받은 자"에 "국가의 존립·안전이나 자유민주적 기본질서를 위태롭게 한다는 정을 알면서"를 추가하였다. 그러나 '자유민주적 기본질서를 위태롭게 한다.', '구성원', '지령' 의 명확한 의미내용은 무엇일까? 더욱이 이들 불명확한 용어가 중첩적으로 반복되어 사용되면 될수록 불명확성의 개념은 기하급수적으로 확대될 수 있음을 감안할 때, 동조 제1항의 요건은 불확정용어의 집합체이며, 이 때문에 형법상 금지되어야 할 확대해석이나 유추해석의 남용가능성을 항시 품고 있다. 그래서인지는 몰라도 우리 헌법재판소는 이 용어를 매우 한정해서 사용해야 한다고 못을 박고 있다. 이는 헌법재판소 스스로 이 용어의 불명확성을 인정하는 것이며, 따라서 위헌판결로 수정·보완된 조문조차 위헌성을 피할 수 없는 것이 국가보안법의 현실이다.

더욱 염려스러운 것은 법치국가원리가 법 앞의 평등을 핵심 축으로 삼아야 되는 데도 불구하고, 국가보안법의 대상범죄는 헌법상의 이와 같은 평등의 원칙을 침해하여 수사절차와 수사방식이 일반범죄에 비해 확연히 다르게 취급되고,

34) 죄형법정주의에 관한 헌법적 의의에 관해서는, 헌재, 1991.7.8, 91헌가4를 참조

또한 피의자에 대한 구속기간도 일반형사범죄와 달리 취급하는 하고 있다. 예를 들면 국가보안법 제19조에 의하면, 사법경찰관과 검사에 의한 피의자의 구속기간이 일반 형사범보다 최장 20일간 연장될 수 있다. 이 규정에 대해 헌법재판소는 위헌결정을 내린 바 있으나[35], 아직도 동 규정은 수정되지 않고 있다.

게다가 국가보안법상의 규제행위가 형법의 최후수단성의 관점에서 보았을 때 처음부터 처벌대상으로 될 만한 것인지가 의심스런 경우도 많다는 점은 개별 조문의 검토에서 이미 살펴본 바 있다.

6) 국가보안법의 입법형성권 이탈

국회는 입법형성권을 갖는다. 이러한 형성권은 국회가 자의적으로 행사할 수 있는 권리가 아니며, 그것은 헌법상 내재적인 한계를 갖고 있다. 입법형성권에 관한 헌법상의 한계로는 평등권과 과잉금지원칙을 들 수 있다. 그러나 이것은 입법 일반에 대한 한계에 관한 것이지, 형사실체법에 대한 입법권의 한계는 형사실체법 그 자체에 의해 제한될 수 있다. 왜냐하면 형벌을 전제로 하는 형사실체법은 그 성질상 최후 수단성에 제한되어야 하며, 또한 형벌을 정당화시킬 수 있는 정도의 용납될 수 없는 위험 내지 침해행위에 국한되어야 하기 때문이다. 따라서 형사실체법인 국가보안법상의 각 규정이 헌법 및 형사실체법 일반의 내재적 원리의 한계에 이탈한 행위를 처벌대상으로 삼아서는 아니 됨에도 불구하고, 적지 않은 규정들이 이러한 입법형성권의 한계를 이탈하고 있음은 위에서 이미 살펴보았다.

또한 법정형에 관한 입법자의 형성권 역시 그 내재적 한계를 갖고 있음은 물론이다. 헌법재판소도 이점에 관해 다음과 같은 내용을 천명한 바 있다.

---

35) 헌재 1992.4.14, 90헌마82: "국가보안법 제7조 및 제10조의 죄는 구성요건이 특별히 복잡한 것도 아니고 사건의 성질상 증거수집이 더욱 어려운 것도 아님에도 불구하고 국가보안법 제19조가 제7조 및 제10조의 범죄에 대하여서까지 형사소송법상의 수사기관에 의한 피의자구속기관을 30일보다 20일이나 많은 50일을 인정한 것은 국가형벌권과 국민의 기본권과의 상충관계 형량을 잘못하여 불필요한 장기구속을 허용하는 것이어서 결국 헌법 제37조 제2항의 기본권제한입법의 원리인 과잉금지원칙을 현저하게 위배하여 피의자의 신체의 자유, 무죄추정의 원칙 및 신속한 재판을 받을 권리를 침해한 것이다.

> "법정형의 종류와 범위를 정할 때는 헌법 제37조 제2항이 규정하고 있는 과잉금지의 정신에 따라 형벌개별화 원칙이 적용될 수 있는 범위의 법정형을 설정하여 실질적 법치국가의 원리를 구현하도록 하여야 하며, 형벌이 죄질과 책임에 상응하도록 적절한 비례성을 지켜야 한다. 그러므로 그 입법취지에서 보아 중벌주의로 대처할 필요성이 인정되는 경우라 하더라도 범죄의 실태와 죄질의 경중, 이에 대한 행위자의 책임, 처벌규정의 보호법익 및 형벌의 예방효과 등에 비추어 전체 형벌체계상 지나치게 가혹한 것이어서, 그러한 유형의 범죄에 대한 형벌 본래의 기능과 목적을 달성함에 있어 필요한 정도를 현저히 일탈함으로써 입법재량권이 헌법규정이나 헌법상의 제원리에 반하여 자의적으로 행사된 것으로 평가되는 경우에는 이와 같은 법정형을 규정한 법률조항은 헌법에 반한다고 보아야 한다."[36]

이러한 관점에서 국가보안법의 규정들을 살펴보면, 이들 규정 대부분이 내란죄나 외환죄의 예비나 음모 수준의 범행에 불과한 경우임에도 형법상의 동일한 죄에 비해 터무니없이 법정형이 높은 것을 쉽게 볼 수 있다. 입법의 내재적 한계를 실감하고 책임주의에 철저한 사람이라면, 국가보안법상의 법정형은 입법형성권의 한계를 이탈하였다고 평가하는데 주저하지 않을 것이다.

국가보안법상의 절차법적 규정에 대해서도 역시 입법자의 형성권의 한계를 넘었다고 보여진다. 국가보안법의 위반자에 대한 구속기간의 연장규정에 대해 헌법재판소는 이미 위헌결정을 내린 바 있으며, 이는 평등권의 침해이자, 국가보안법위반 범죄사건이라고 하더라도 이런 범죄에 대한 규명이 특수부 사건 등의 경우보다 특별히 어렵지 않음에도 불구하고 구속기간을 일반범죄에 대해 20일이나 연장할 수 있도록 하는 것은 과잉금지에 해당하기 때문이다. 그밖에 국가보안법 제18조와 제20조도 무엇 때문에 국가보안법에 대하여 특별히 일반사건과 달리 처리해야 할 합리성이 있음을 납득시키지 못한다는 점에서 헌법상의 평등권에 반할 수 있다고 생각된다.

---

36) 헌재, 2003.11.27, 2002헌바24 참조.

3. 국가보안법의 사회적 현실과의 유리

법은 어디까지나 사회현실의 소산이기 때문에, 광복 이후 미국이 진주한 남한에서 공산주의에 대한 미국의 입장과 당시 좌우익간의 충돌로 인한 극도의 사회적 혼란극복을 위해 국가보안법의 제정은 어느 정도 불가피한 필요성이 있었을 것임을 부인할 수 없을 것이다.

그러나 오늘날 남북 간은 1972년의 7 · 4 공동성명을 필두로 1991년에는 남북한 모두 유엔에 동시 가입되었으며, 같은 해 12월 12일 남북한 당국은 "남북화해와 불가침 및 교류협정에 관한 합의서"를 채택하였다. 그 내용에는 "남과 북은 서로 상대방의 체제를 인정하고 존중한다(제1조), 남과 북은 상대방의 내정문제에 간섭하지 아니 한다(제2조), 남과 북은 상대방을 파괴, 전복하려는 일체 행위를 하지 아니한다(제4조), 남과 북은 민족구성원의 자유로운 왕래와 접촉을 실현한다(제17조)" 라고 선언함으로써 국가보안법이 전제하고 있는 기본원리를 부정하고 있다.[37] 이와 같은 평화공존의 흐름은 2000년 김대중 대통령과 김정일 북한 국방위원장 간에 합의한 6 · 15 선언을 계기로 하여 쌍방 간의 인적, 물적 교류가 봇물처럼 격증하는 현실 속에 있다. 이제 우리는 비록 제한적이긴 하지만 금강산 여행이 가능해졌고, 그리고 올 연말에는 적지 않은 기업체가 개성공단에 들어설 전망이며, 사이버공간에서는 남북 간의 국경을 넘나들며 상호간의 정보교환이 현실화되고 있다.

특히 디지털 사회의 현실화는 국가 간의 경계를 허물어뜨리고, 온갖 정보가 사이버공간을 통해 세상을 활보하고 있다. 현실세계에서 사람의 손에 의한 정보의 누출보다도 인터넷을 통해 타인의 정보를 캐내는 수법이 중요시 되어가고 있는 현실에 발맞추어 정보유출의 방지를 위해 사이버상에서 방어벽을 쌓기 위한 인적 · 물적 노력이 더욱 중요성을 갖게 되었다.

어디 그뿐인가. 무한경쟁시대에서 살고 있는 우리는 이데올로기의 논쟁이

37) 조국, 앞의 책, 109쪽.

가져왔던 폐해를 적지 않게 보았으며, 이 때문에 다니엘 벨은 '이데올로기의 종언' 을 이미 1960년대에 예견하였다. 이제 지구촌을 상대로 국가경영을 해야 하는 현시점에서 무엇보다 중요한 것은 국민 개개인의 능력을 최고도로 꽃피워 세계 초일류 국민으로 거듭나는 데에 있다. 이를 위해서는 이데올로기에 얽매여 무익한 논쟁이나 갈등을 증폭시키는 공허한 일에 집착하기보다는 그것으로부터 탈출하여 자유민주주의의 토대를 더욱 공고히 하여 가능하면 국민 개개인에게 최대한의 자유를 충분히 보장하도록 해야 할 것이다.

그러기 위해서는 이제 자유민주주의의 보장이라는 허울 좋은 미명 아래 인간의 자유를 한없이 제한하여 왔던 국가보안법이 오늘날 우리의 헌법정신에 적합한 법률인가를 냉철히 반성해야 할 시점이 되었다. 북한이 공산주의 체제이고, 그쪽의 법률들이 반자유적 성격을 가졌다고 해서 자유민주주의를 핵심으로 하는 우리도 역시 북한과 동일한 성격의 법률을 가져야 된다는 응보적 사고방식은 종식되어야 한다.

이제 우리는 우리의 성숙된 시민의식을 믿어야 한다. 이승만과 박정희 그리고 전두환의 권위주의 체제도 성숙한 시민의식에 의해 무너뜨렸던 우리 국민이 아닌가.

4. 국가보안법에 대한 비교법적 고찰

한국의 국가보안법에 유사한 법률들이 선진외국에도 존치하고 있기 때문에, 우리나라도 국가보안법을 존치해야 한다는 입장도 적지 않다.[38] 이들이 유사하다고 주장한 미국과 독일 그리고 일본의 법률은 과연 어떤 내용을 지니고 있을까? 그것이 중요하다. 왜냐하면 우리가 중시해야 하는 것은 단순히 체제수호를 위한 법률의 존부가 아니라 체제수호를 위해 사용되는 법률적 수단이 그 목적에 비해 지나치고 국민의 기본권을 중대하기 침해하는가에 있기 때문이다.[39]

38) 예컨대 고영주, "국가보안법 개폐논의와 관련하여", 『저스티스』 제22권, 219쪽 이하; 박광작, "한 · 독 '국가보안장치' 비교", 『조선일보』2000년 8월 10일.

39) 조국, 앞의 책, 127쪽.

1) 미국

미국에도 체제수호를 위한 법률에는 공산주의규제법과 매케런법(McCarren Act) 등이 있다. 이 법률들의 주된 내용들은 공산주의단체의 거의 모든 활동을 통제 · 차별하고 불이익을 주는 것을 담고 있다. 이 법률들은 상원의원이었던 매카시(J. R. McCarthy)가 1950년 2월 미국무성에 57명 이상의 공산주의자가 있다는 연설로 시작된 현대판 마녀사냥으로 극우적 매카시즘이 광풍을 일으킨 시대에 제정된 것이었지만, 이 법률들의 반인권성 때문에 미연방대법원은 동 법률들을 비롯하여 매카시즘 아래 제정된 여러 반공법에 대해 이미 1957년의 '에이츠 판결'을 필두로 1967년의 '로벨 판결'에서 사문화하거나 위헌선언을 내렸다.[40]

2) 독일

독일 형법 제3절에 '민주적 법치국가에 대한 위해행위'라는 제목 아래 제84조에서부터 제86a조까지가 국가의 안전보장 내지 헌법수호를 위한 범죄구성요건을 두고 있다. 또한 1964년에는 결사법을 제정하여 엄격한 요건 아래서 결사조직을 금지하고(제3조), 유사한 대체조직까지도 금지하고 있다(제8조).

그러나 이들 규정들은 우리의 국가보안법과 본질적으로 다르다. 그 이유는 첫째로 이들 규정들은 나치체제를 경험한 독일의 법률제정자들이 새로운 독재체재의 출현에 대한 방어장치가 필요하다는 인식 하에 만들어졌기 때문이다. 둘째로 이 법률들이 적용되었던 것은 1950년대와 60년대 초기이고, 이미 1968년부터는 독일공산당의 대체조직이 수많은 정치에 참여할 수 있게 되었다. 그 결과 오늘날 독일에서 야당으로 활동하고 있는 민주사회당조차도 과거 동독의 집권당인 독일통일사회당의 후신이라는 점은 놀라울 일이 아니다. 이 정도로 사상의 자유와 결사의 자유가 허용되고 있다는 점에서 우리의 국가보안법과 독일의 그것은 본질적으로 다르다.

국가보안법이 판을 치고 있는 한국에서는 독일의 민주사회당의 활동보장이

40) 이에 관해 자세한 것은 조국, 앞의 책, 121쪽 이하; 박원순, 『국가보안법 3』, 226쪽 이하 참조.

허용될 수 있다면, 독일도 한국판 국가보안법이 존재한다고 큰 소리 칠 수 있지만, 그렇지 않다는 것은 눈 가리고 아웅 하는 식이다.

3) 일본

일본에는 '파괴활동방지법'이 있다. 이 법의 탄생배경은 미군정이 종료되면, 필연적으로 새로운 반체제적 공격행위를 불러옴과 동시에 치안기구의 약체현상을 가져오게 될 것이라는 우려 때문에 반체제적 단체의 불법적인 폭력주의적 파괴활동을 규제한다는 취지로 1952년 7월 21일 제정되었다.

이 법은 폭력주의적 파괴활동을 광범위하게 규정하고, 이런 활동을 하는 단체가 계속 또는 반복하여 폭력주의적 파괴활동을 할 염려가 분명하다고 인정하기에 충분한 이유가 있는 경우, 그 단체의 시위 · 행진 · 집회를 금지할 수 있다(제5조). 그리고 동법 제4조 제1항 제1호에 해당되려면, "정치상의 주의 또는 시책을 추진 · 지지하거나 이에 반대할 목적"을 요구하고 있는 데서 알 수 있듯이 이 법은 정치범죄를 목적으로 하고 있다.[41]

이처럼 이 법률은 정치범죄의 규제법으로서 성질을 가지고 있음에도 불구하고 고작 8건이 기소될 정도로 거의 적용되지 않았다. 게다가 법원이 파괴활동방지법의 적용에 대해 제동을 걸어왔고, 이 때문에 이 법은 사실상 사문화되었다고 할 수 있다.[42]

Ⅲ. 국가보안법의 존치론에 대한 반론

1. 지금까지의 입장

국가보안법의 존폐론에 관련하여 지금까지 적지 않은 문헌들이 쏟아져 나왔다. 찬성하는 입장에서 가장 대표적이라고 할 수 있는 것으로는 이진우씨의

41) 이에 관해서는 조국, 앞의 책, 126쪽.

42) 조국, 앞의 책, 126-127쪽 참조.

"국가보안법의 허와 실"을 비롯하여, 존치를 전제로 국가보안법을 해설한 이외수 · 정경식씨의 "신국가보안법"을 들 수 있다. 폐지론의 입장에서는 박원순 변호사의 저작인 국가보안법 1, 국가보안법 2, 국가보안법 3이 대표적인 문헌이라고 할 수 있을 것이다.

박원순 변호사가 국가보안법이 무엇 때문에 폐지되어야 하는 지를 충분한 자료와 근거를 가지고 자세히 설명하고 있음에도 불구하고, 존치론자인 이진우씨는 이를 논리비약이라든지 감정론으로 폄하하고, 오히려 국가보안법의 폐지를 하게 되면 한국사회에서 야기될 수 있는 혼란문제를 다루지 아니하였다고 반박하고 있다. 참 우스운 논리이다. 왜냐하면 국가보안법이 없어지면 야기될 수 있는 위험성을 주장해야 할 사람은 다름 아닌 국가보안법의 존치론자이어야 상식에 어울리기 때문이다.

이러한 비상식적 입장에 대해 일일이 대응할 필요는 없다고 생각한다. 또한 찬반 양쪽의 입장들은 이미 충분히 알려진 상태이고, 폐지론의 입장에서 존치론도 본 논문에서 대부분 검토되었기 때문에 필자는 여기서 전면적 존치론에 대한 비판을 생략하고, 제3의 입장인 부분개정론을 취하면서 국가보안법의 존치를 주장하는 입장에 대해서만 반론을 펴고자 한다. 특히 부분개정론의 입장에 대한 논의는 제성호교수의 입장을 대상으로 한다.

2. 제성호 교수의 입장[43]과 비판

제교수는 다음과 같이 주장한다.

"국가보안법의 개폐문제에 접근함에 있어서는 여러 측면의 고려가 다각도로 이루어져야 한다.

첫째, 국가보안법은 우리의 대북정책, 남북관계 운영과 직결되어 있는 문제로서 그 개폐문제는 남북관계 현실을 적절히 반영하는 것이어야 한다.

둘째, 최근 남북관계 진전에도 불구하고 북한의 대남 정치적 · 군사적 위협

43) 제성호, "국가보안법과 남남갈등", 『중앙법학』 제4집 제3호, 104쪽 이하 참조.

에 효과적으로 대처할 수 있는 장치가 존재하여야 한다. 특히 남한에서 공산화의 합법화를 용인하거나 또는 간첩이 암약하거나 공공연히 활개를 치는 데도 이를 방치하는 사태가 발생해서는 안 된다. 국가안보는 남북관계 개선에 못지않은-어떤 의미에서는 더욱 중요한- 국가이익이라는 점을 깊이 유념해야 한다.

셋째, 법이라는 것은 제정하기도 어려운 것이지만, 한번 개정하거나 폐지해버리면 쉽게 이를 되살릴 수 없는 것이기에 신중에 신중을 기하지 않으면 안 된다. 그것이 국가안보와 관련 있는 것이라면 더욱 더 그러하다.

넷째, 과거 국가보안법이 국가안보가 아니라 정권안보를 위해 악용되었고, 그 결과 민주화를 위해 노력한 인사들의 인권을 부당하게 침해하는 수단으로 이용되었다는 점도 부인할 수 없는 사실이다. 그러므로 인권침해 소지가 높은 독소조항은 최소화하거나 엄격히 적용되도록 해야 한다."

국가보안법의 개폐문제를 다룰 때, 여러 요소를 고려해야 한다는 제교수의 주장은 그리 틀린 이야기는 아니다. 그러나 국가보안법의 존폐문제에서 다루어야 할 쟁점은 모든 요소가 동일하게 중요한 것이 아니고, 이 법이 국민의 생존과 자유민주의적 기본권을 철저하게 보장할 수 있는 법률인가를 비롯하여 현행 국가보안법의 폐지를 전제로 제정되었던 형법이 존재하고 있음에도 불구하고 오늘날에도 국가보안법이 여전히 불가피하게 필요한 이유는 무엇인가를 탐구하는 데 역점을 두어야 할 것이다.

제교수가 주장한 첫째의 사유는 일견 타당해 보일 수 있다. 국가보안법이 남북관계의 진전여하에 따라서 어느 정도 영향을 받을 수 있기 때문이다. 그러나 국가보안법의 입법목적은 남북관계의 진전여하와는 직접적 관계가 없는 법률이며, 어디까지나 국내의 반국가단체의 활동을 규제하는 데에 일차적 목적을 갖는 법률임을 명심해야 한다. 남북관계가 제아무리 진전이 되더라도 남한 내에서 반국가활동이 심화되면 될수록 국가보안법 존치의 요구는 더욱 더 강력해 질 수도 있기 때문이다. 게다가 국가보안법이 남북관계의 개선에 기여할 수 있는 법률이라면 그나마 이를 존치시켜서 개선역할을 하도록 해야 하겠지만, 국가보안법은 남북관계의 개선에 오히려 걸림돌로 작용하여 왔다는 사실과 또한 앞으로도 그럴 것이라는 점을 고려한다면, 남북관계의 개선에 따라서 국가보안법의 개폐문제도 상응하게 이루어져야 한다는 주장은 설득력이 매우 미약하다 할 것이다.

둘째의 이유에 대해서는 그 내용이 형법상의 기본원리에 걸맞지 않은 주장이다. 북한의 대남 정치적인 · 군사적인 위협에 효과적으로 대처할 수 있는 장치로 국가보안법의 존속이 필요하다는 주장은 비형법적 사고로 보여 진다. 왜냐하면 형법은 필요하면 언제나 개입될 수 있는 것이 아니라, 목적의 타당성, 수단의 적절성, 개입의 최후수단성과 책임의 비례성 등의 원칙 아래서 개입을 따져야 하기 때문이다. 예컨대 상습절도범의 절도방지에 가장 효과적인 방법은 그의 손을 절단하는 것이겠지만, 형법은 그런 효과적인 수단을 무조건 사용할 수 없고 형법의 근본원리인 책임에 어울리는 자유형이나 벌금형만을 가할 수 있을 뿐이다. 북한의 대남정치나 군사적 위험이 남한에 위험을 준다면, 이는 일차적으로 정치적 내지 군사적으로 해결하는 방식이 우선 되어야 한다. 이러한 정치적 내지 군사적 위험차단수단과 관계없이 무조건 국가보안법에 의한 효과적인 대응만을 요구하는 것은 최후수단성에 입각한 실체형법의 개입한계를 무시하는 발상이다.

더구나 제교수가 둘째 이유로 든, 국가보안법이 없으면 남한에서 공산당 활동의 합법화를 용인하거나 또는 간첩의 암약하는 것을 방치할 수 있다는 논지는 형법의 내란죄와 외환죄 그리고 공안을 해치는 죄의 규정을 제대로 숙지하지 못했거나 충분히 연구하지 아니하였다는 것을 의미한다. 특히 국가안보는 남북관계의 개선보다 중요한 국가이익이라는 주장은 별 의미가 없을뿐더러 위험스런 생각일 수 있다. 국가보안법은 남북관계의 걸림돌이 될 수 있고, 국가이익을 중시하기 때문에 제정되고 존치되는 법률이라는 주장은 의미도 없을뿐더러 적어도 법학을 하는 분으로써 국가이익의 중시라는 용어를 무조건 사용하는 우를 범하고 있기 때문이다. 국가이익이라는 것은 결국 국민 개개인의 인권을 무시하지 않고 보장하는 방식으로 이루어지도록 하는 것이 헌법상 법치국가의 요청임을 감안한다면, 국가이익을 개인의 존엄보다 우월 시 하는 사고는 전체주의적 권위국가로 나아갈 위험성을 가짐을 우리는 역사에서 수없이 보았다.

셋째의 주장에 대해서도 받아들이기 어렵다. 국가보안법이 국민의 자유와 인권을 보장하는 법률이라면, 그런 주장이 가능하다고 할 수 있을 것이다. 그러나 국가보안법은 좌우익간의 극심한 갈등과 혼란이라는 특수한 사정 아래에서 제정되었고, 그 후에 제정된 형법은 국가보안법의 폐지를 위해 국가보안법상에서 문제된 중요한 행위유형에 대해 대처할 수 있도록 규정되었다는 점과 6 · 25 동란이라는 사정 때문에 즉시 폐지하지 못하였던 법률이라는 점을 알고 있다면, 그와 같은 주장을 하기가 어려울 것이다. 더구나 이 국가보안법이 그 운용의 차원에서 얼마나 반인권적 반자유적 법률로서 둔갑하였다는 것을 인정하면서도 굳이 제정이 어렵기 때문에 폐지할 수 없다는 주장은 설득력이 없어 보인다.

넷째의 주장은 제교수 스스로 국가보안법의 문제점을 인정하고 있다는 점에서 특별히 지적하고 싶은 생각이 없으나, 다만 인권침해 소지가 높은 조항은 최소화하거나 엄격히 적용해야 한다는 것은 존폐론과 거리가 먼 사고방식이다. 그것은 국가보안법을 어떻게든 존치시키되 일부 조항만을 개선하고, 따라서 이들 범죄에 대해 특별한 형사소송절차를 따르게 하겠다는 발상을 극복하지 못한 견해이며, 국가보안법의 독소요소를 스스로 자인하면서도 엄격한 해석론으로 해결할 수 있다는 발상은 국가보안법의 존폐론과 관계가 없는 해석론에 불과할 뿐이다.

Ⅳ. 결론

국가보안법에 관한 깊은 고찰을 했던 남궁호경 교수가 결론적으로 언급했던 다음의 구절이 생각난다. “국가보안법은 반국가단체의 지배지역에는 가지 말며, 거기서 오지 말며, 반국가단체와 구성원 등과는 만나지 말며, 그에 대해 언급하지 말며, 서로 말하지 말며, 거래 · 교통하지 말며, 그에 반한 자를 알면 신고할 것을 정하고 있는 것이다. 이것은 20세기의 타부이다."[44]

옳은 말이다. 오늘이 2004년 5월 20일이고, 21세기를 맞는지 벌써 4년이 지나고 있다. 이러한 21세기인 오늘날 자유민주주의를 헌법상의 핵심질서로 이해하고 있는 한국에서 위와 같은 타부가 인정되고 있는 것이 꿈같은 현실이다. 국가보안법은 좌우익간의 극도의 혼란 속에서 태어났기 때문에 태생적으로 한시적 성격의 법률이었고, 또한 국가보안법의 폐지를 전제로 제정되었던 형법이 공포 · 시행된 지도 이미 50년의 세월이 흘렀다. 오늘날 한국의 현실이 국가보안법의 제정 시와는 본질적으로 달라져 좌우익간의 극심한 충돌로 사회적 혼란의 조짐이 거의 없으며, 국민의 시민의식 또한 자유민주주의를 실현할 수 있을 정도로 충분히 성숙되었기 때문에 국민의 인권침해에 최대한 걸림돌로 작용하고 있는 국가보안법이라는 특별법은 이제 전면적으로 폐지되어야 마땅하다고 본다. 국가보안법 폐지로 한국에서 그럴 리는 없겠지만 반자유민주적 사회의 위험성이 현실화될 경우에 형법을 보완하여 국가안보 면을 강화해도 늦지 않을 것이다.

---

44) 남궁효경, 앞의 글, 23쪽.

제 8 장

사형의 대안으로서 절대적 종신형 도입방안

차 례

Ⅰ. 문제의 제기

2006년 4월 현재 전세계 196국 중에서 사형제도를 법률상 또는 사실상 폐지한 국가는 123개국이며[1)], 존치하고 있는 국가는 73개국[160)]에 불과하다. 국제엠네

1) 1. Abolitionist for all crimes: ANDORRA, ANGOLA, ARMENIA, AUSTRALIA, AUSTRIA, AZERBAIJAN, BELGIUM, BHUTAN, BOSNIA-HERZEGOVINA, BULGARIA, CAMBODIA, CANADA, CAPE VERDE, COLOMBIA, COSTA RICA, COTE D' IVOIRE, CROATIA, CYPRUS, CZECH REPUBLIC, DENMARK, DJIBOUTI, DOMINICAN REPUBLIC,ECUADOR, ESTONIA, FINLAND, FRANCE, GEORGIA, GERMANY,GREECE, GUINEA-BISSAU, HAITI, HONDURAS, HUNGARY, ICELAND, IRELAND, ITALY, KIRIBATI, LIBERIA, LIECHTENSTEIN, LITHUANIA, LUXEMBOURG, MACEDONIA (former Yugoslav Republic), MALTA, MARSHALL ISLANDS, MAURITIUS, MEXICO,

스티는 2006년을 한국의 사형제도폐지 집중캠페인의 해로 결정하였다.[2] 또한 사형폐지에 관한 특별법안이 지난 15대 국회와 제16대 국회 국회의원들에 의해 발의되었고,[3] 제17대 국회에서는 2004년 12월에 재적국회의원 과반수가 넘는 175명의 발의로 국회에 다시금 사형폐지에관한특별법안이 제출된 상태이다.[4] 그리고 이 법안에 관해 2006년 4월에는 국회 법사위에서 공청회가 개최된 바 있다.[5] 국가인권위원회도 2005년 4월 6일 전원회의를 개최하여 사형제도 폐지와 그 대안으

MICRONESIA (Federated States), MOLDOVA, MONACO, MOZAMBIQUE, NAMIBIA, NEPAL, NETHERLANDS, NEW ZEALAND, NICARAGUA, NIUE, NORWAY, PALAU, PANAMA, PARAGUAY, POLAND, PORTUGAL, ROMANIA, SAMOA, SAN MARINO, SAO TOME AND PRINCIPE, SENEGAL, SERBIA AND MONTENEGRO, SEYCHELLES, SLOVAK REPUBLIC, SLOVENIA, SOLOMON ISLANDS, SOUTH AFRICA, SPAIN, SWEDEN, SWITZERLAND, TIMOR-LESTE, TURKEY, TURKMENISTAN, TUVALU, UKRAINE, UNITED KINGDOM, URUGUAY, VANUATU, VATICAN CITY STATE, VENEZUELA.

2. Abolitionist for ordinary crimes only: ALBANIA, ARGENTINA, BOLIVIA, BRAZIL, CHILE, COOK ISLANDS, EL SALVADOR, FIJI, ISRAEL, LATVIA, PERU.

3. Abolitionist in practice: ALGERIA, BAHRAIN, BENIN, BRUNEI DARUSSALAM, BURKINA FASO, CENTRAL AFRICAN REPUBLIC, CONGO (Republic), GAMBIA, GRENADA, KENYA, MADAGASCAR, MALAWI, MALDIVES, MALI, MAURITANIA, MOROCCO, MYANMAR, NAURU, NIGER, PAPUA NEW GUINEA, RUSSIAN FEDERATION, SRI LANKA, SURINAME, TOGO, TONGA, TUNISIA.

160) Retentionist: AFGHANISTAN, ANTIGUA AND BARBUDA, BAHAMAS, BANGLADESH, BARBADOS, BELARUS, BELIZE, BOTSWANA, BURUNDI, CAMEROON, CHAD, CHINA, COMOROS, CONGO (Democratic Republic), CUBA, DOMINICA, EGYPT, EQUATORIAL GUINEA, ERITREA, ETHIOPIA, GABON, GHANA, GUATEMALA, GUINEA, GUYANA, INDIA, INDONESIA, IRAN, IRAQ, JAMAICA, JAPAN, JORDAN, KAZAKSTAN, KOREA (North), KOREA (South), KUWAIT, KYRGYZSTAN, LAOS, LEBANON, LESOTHO, LIBYA, MALAYSIA, MONGOLIA, NIGERIA, OMAN, PAKISTAN, PALESTINIAN AUTHORITY, PHILIPPINES, QATAR, RWANDA, SAINT CHRISTOPHER & NEVIS, SAINT LUCIA, SAINT VINCENT & GRENADINES, SAUDI ARABIA, SIERRA LEONE, SINGAPORE, SOMALIA, SUDAN, SWAZILAND, SYRIA, TAIWAN, TAJIKISTAN, TANZANIA, THAILAND, TRINIDAD AND TOBAGO, UGANDA, UNITED ARAB EMIRATES, UNITED STATES OF AMERICA, UZBEKISTAN, VIET NAM, YEMEN, ZAMBIA, ZIMBABWE.

2) 국제엠네스티가 그렇게 한 이유는 2006년인 올해가 한국에서 사형집행이 없는 9년째가 되고 2007년 12월까지 집행이 없으면 10년간 사형집행을 하지 않게 됨으로써 한국은 사실상 사형폐지국의 반열에 올려지게 되며, 사형폐지국들을 중심으로 하는 국제적인 감시 때문에 사형의 집행을 사실상 어렵게 만들기 때문이다.

3) 제15대 국회에서 1999년 12월 7일 유재건 의원 대표발의(90인 발의); 제16대 국회에서 2001년 10월 30일 정대철 의원 대표발의(63인).

4) 유인태의원이 대표발의한 법안의 이름과 내용은 다음과 같다(부칙 제외). 사형폐지에관한특별법안: 제1조(목적) 이 법은 국가 형벌 중에서 사형을 폐지함으로써 인간으로서의 존엄과 가치를 존중하고 범죄자의 인권보호 및 교화 · 개선을 지향하는 국가형벌체계를 수립함을 목적으로 한다. 제2조(사형의 종신형 대체) 형법 및 그 밖의 법률에서 규정하고 있는 형벌 중 사형을 폐지하고 이를 종신형으로 대체한다. 제3조(종신형의 정의와 종류) ①종신형이라 함은 사망 때까지 형무소 내에 구치하며 형법에 의한 가석방을 할 수 없는 형을 말한다. ②종신형은 종신징역과 종신금고로 나눈다.

5) 2006년 4월 4일 이헌규 대구지방검찰청 부장검사(법무부추천), 유해용 사법연수원교수(대법원 추천), 민경식 대한변호사협회 법제이사(대한변호사협회 추천) 허일태 동아대 교수(한국법학교수회 추천), 김형태 천주교인권위원회 위원장(천주교인권위원회 추천), 김상겸 동국대 교수(한국법학교수회 추천), 이

로서 절대적 종신형 등의 검토를 권고하였다.[6] 또한 사형제도의 존치 입장을 꾸준히 고수하여왔던 법무부도 2006년에 들어와서 종래의 견해를 백지화하고, 사형제도의 폐지 및 절대적 종신형 도입여부를 원점에서부터 재검토하겠다는 입장을 공표한 바 있다.[7]

이러한 분위기와는 달리 국민여론은 유영철 사건[8]을 계기로 사형제도의 존치 쪽으로 더욱 심화되고 있다.[9] 또한 형사정책연구원에서 작성된 최근의 보고서[10]에서도 국민여론의 이러한 입장에 크게 벗어나지 않는 수준이다. 특히 이 보고서는 사형제도의 존폐와 사형제도의 대안에 관한 실증적 검토를 심도 깊게 다루었다고 평가하기 어려우며, 국민여론에 부합하고 현행법의 준수라는 틀 속에서 법감정적 차원을 핵심적 근거로 하는 사형제도의 존치를 전제로 구성되어 있다. 사형제도의 존폐문제를 국책연구기관인 형사정책연구원이 다룰 때 조심해야 될 것은 무엇보다 제3자적 입장에서 객관적이고 냉정한 접근이 요구된다. 그럼에도 형사정책연구원의 개인적 입장이긴 하지만 사형제도의 존치라는 결론을 미리 내놓고, 이의 변론을 위한 방식을 합리적인 해결책으로 보는 것은 매우 잘못된 것이다: 즉 사형의 대상범죄 축소를 위한 합리적 기준을 세우고, 이에 맞추어 줄여나가는 방향으로 개선하자.

재교 변호사(자유주의연대 추천) 등이 진술인으로 국회법사위에서 공청회가 개최됨. 여기서 허일태 교수와 김형태 변호사는 사형제도폐지 쪽에서, 김상겸 교수와 이재교 변호사는 사형제도 존치 쪽에서 진술함.

6) 국가인권위원회는 2005년 4월 6일에 "2005년 제8차 전원위원회"를 개최하여, 사형제도은 생명권의 본질적 내용을 침해하는 것이므로 폐지되어야 하며, 다만 사형폐지 이후의 후속조치로서 감형 · 가석방 없는 종신형제도, 일정기간 감형、가석방 없는 무기형제도 및 전쟁 시 사형제도의 예외적 유지 등의 방안이 검토될 수 있다고 밝혔다.

7) 법무부, 희망을 여는 약속(, 119쪽 이하 참조. 이에 따르면, 추진내용으로 ① 사형제도가 보유한 범죄억지력 유무 및 사형제도 폐지 시 사회에 미치는 영향 연구, ② 절대적 종신형 도입의 타당성에 있음을 명백히 하였다.

8) 연쇄 살인사건으로 2004년 7월에 유영철이 검거되자, 국민여론은 격앙되어 사형제도의 존치론이 더욱 심화된 사건으로, 대법원 1부는 노인과 여성 21명을 연쇄 살인한 혐의 등으로 구속기소 된 그에 대해 2005년 6월 9일에 사형을 확정하였다.

9) 1. 한국사회여론연구소 여론조사(2004년 7월): 사형제도 유지 66.3%, 사형제도 폐지 33.7%; 2. 인터넷 여론조사업체 Pollever(2005년 10월): 사형제도 유지 68. 8%, 사형제도 폐지 33.7%. 3. 동아대 허일태 교수가 2006년 5월에 조사한 바에 의하면 사형제도 유지 64%, 사형제도 폐지 36%로 나타났다.

10) 강석구/김한균, 사형제도의 합리적 축소정비방안, 한국형사정책연구원(2005).

돈과 시간이 꾀나 들었을 이 연구보고서가 내린 이와 같은 결론을 보면서 허탈하기까지 하다. 사형제도의 존폐론은 결코 응보감정에 지나치게 집착하거나 법률말기적 사고(法律末技的 思考)를 가진 분들이 논해서는 아니 된다. 왜냐하면 이 문제는 국민과 국가 내지 시민과 사회, 헌법정신과 인권보장, 인간의 존엄성의 내용과 한계, 사형제도의 범죄억지력, 강력범죄와 그 피해자, 국가의 범죄예방과 범죄피해자에 대한 국가책무, 사형의 대안으로서 적절한 형벌의 존재유무와 도입방안 등을 충분한 숙고 끝에 내려진 결론이어야 하기 때문이다. 그럼에도 불구하고 사형제도의 존치여부를 남북간의 특수한 사정과 국민의 응보감정 내지 법감정에 주로 호소하는 사형제도 존치론자들이 득실대는 한국에서 사형제도의 폐지는 사실상 어렵게 보인다.

물론 사형제도가 폐지되면, 어떠한 문제가 발생할 것인지에 관한 충분한 검토 없이 법이론이나 법이념에 의해서만 사형제도의 존폐를 논하는 것은 국가의 형사정책으로 바람직한 것은 아니다. 법이란 법문화의 소산이자 그 나라의 상황과 현실의 문제로부터 완전히 초연할 수 없기 때문이다. 그러나 법을 상황논리에 따라서만 해석하여, 국가가 사형제도의 존폐문제에 대하여 인권보장의 최후보루인 헌법정신이나 이념을 무시할 수는 없기 때문이다.

또한 잘못된 질문과 정책방향의 전개는 사형제도의 존치를 유지하는 데에 기여할 뿐이다. 이런 잘못된 질문 중의 하나는 사형제도의 존치여부만을 묻는 것이다. 다수의 국민이 존치를 간절히 바라고, 이들 중의 상당수는 사형제도의 대안으로서 현행 형법상 무기형으로는 역부족일 수밖에 없음을 알고 있다. 반인륜적 범죄나 연쇄살인사건이 자주 발생하고 있는 우리 현실에서 사형제도를 무조건 폐지하는 것만으로는 불안할 수밖에 없기 때문이다. 이런 점에서 범죄자를 사회로부터 영원히 격리하여 국민의 불안을 어느 정도 해소할 수 있는 절대적 종신형을 사형의 대안으로서 적극적으로 고려할 필요가 있다. 절대적 종신형을 사형의 대안으로 하여 사형제도의 존폐를 여론조사하면, 사형폐지 쪽이 압도적으로 많을 것이기 때문이다.

이하에서는 첫째로 절대적 종신형의 의미와 그것이 사형의 대안으로서 가능한 것인지, 둘째로 절대적 종신형의 도입으로 발생될 사형제도의 폐지가 미치는 영향이 무엇인지, 셋째로 절대적 종신형을 경험한 국가에서 강력범죄의 억제능력과 범죄방지의 효력이 사형제도의 존치 시와 대비하여 본질적 차이가 있는지, 넷째로 우리나라에서 절대적 종신형의 도입방안 가능성을 모색해 보고자 한다.

Ⅱ. 사형의 대안으로서 절대적 종신형

1. 절대적 종신형의 의미와 내용

여기서 절대적 종신형이라 함은 가석방의 가능성을 배제함으로써 사회로부터 영구히 격리하여 평생을 교도소에 가두어 두는 형벌을 의미한다. 사형은 사형수의 생명을 박탈하는 형벌을 의미한다. 이에 반해 현행법상 무기형은 용어상으로는 무기한의 자유박탈을 뜻하는 것으로 보이지만 법적으로는 10년 이상의 구금과 행형성적이 좋으면 사회로 복귀할 수 있게 하는 가석방제도를 수반하고 있다. 게다가 무기형의 선고가 확정된 무기수의 대부분은 20여년 정도의 옥살이 후 사회에 복귀되고 있다.[11] 즉 무기형은 사형에 대해 건널 수 없을 정도의 간극을 갖고 있는 셈이다. 절대적 종신형은 사형보다는 가볍지만 무기형보다는 훨씬 무거운 형벌이라는 점에서 사형과 무기형 사이의 간극을 매워줄 수 있는 형벌로 이해할 수 있다.

2. 절대적 종신형의 사형의 대안가능성

사형제도를 폐지하게 될 때 야기되는 강력범죄에 대한 국민적 불안감과 응보감정을 현행법상 무기형만으로 어느 정도 해소할 수 없기 때문에 국민의 대다

11) 그러나 무기형에 대해서도 적지 않은 위헌성의 문제가 없는 것이 아니다. 이에 관해 자세한 것은 허일태, 『자유형제도의 문제와 개선방안』, 형법연구 I(1997), 231쪽 이하 참조.

수가 사형제도의 폐지에 반대하고 있다. 그러므로 사형제도를 폐지하기 위해서는 그 대안으로 사회로부터 영원히 격리시킬 수 있는 절대적 종신형을 고려할 필요성이 있다고 본다. 왜냐하면 절대적 종신형은 한편으로 사형제도로부터 야기되는 온갖 문제를 극복할 수 있으면서, 다른 한편으로 살인 등 강력범죄에 대한 국민의 불안감과 응보감정을 상당부분 잠재울 수 있기 때문이다.

이러한 인식에 기초하여 필자는 2000년 10월 10일에 사형존폐와 절대적 종신형의 도입여부를 묻는 설문조사를 한 바 있다. 사형제도를 존치해야 한다는 입장을 가진 사형제도존치론자들 1,004명을 대상으로 조사한 바에 의하면, 사형의 대안으로 가석방 없는 종신형을 우리나라에 도입할 경우에 사형제도의 폐지에 찬성하는 사람은 369명이나 되었다. 이는 사형존치론자들 중에서도 약 37%가 사형대신에 가석방 없는 종신형의 도입에 대한 찬성을 한 것이다. 그런데 1999년 10월에 국제엠네스티가 한국인 1500명을 대상으로 사형제도의 존폐를 묻는 설문조사에서 50%가 사형제도를 찬성하고, 43%는 반대했다. 이 수치를 유추적용하여 볼 때, 사형폐지 지지자 43%와 사형존치론자 중에서 가석방 없는 종신형이 도입되면 사형제도를 폐지하겠다는 입장을 합한 61.5%가 절대적 종신형의 도입 시에 사형제도의 폐지에 찬성할 것으로 추정되었다.

필자는 2006년 5월 11일과 12일에 걸쳐 다시 한 번 사형존폐와 절대적 종신형에 관한 종전과 같은 설문조사를 하였다. 사형제도의 찬반을 묻는 질문에 답한 총 1636명 중 1013명이 사형제도의 존치를 주장하고, 반대는 623명에 불과했다.[12] 즉 약 62%가 사형제도의 존치를 찬성하고 폐지입장은 38%에 지나지 않았다. 그러나 사형제도의 존치를 찬성한 1013명 중에서 절대적 종신형을 사형의 대안으로 삼을 때, 사형제도를 폐지하겠다는 의견은 637명이나 되어 이를 전체적으로 비교하여 환산하면 약 76.4%가 사형제도를 폐지해도 무방하다는 생각을 갖고 있었다. 이에 반해 존치입장은 고작 23.6%에 불과하였다. 이는 단순히 사형제도의

12) 부산광역시 시민 2,000명을 대상으로 실시하였으나, 응답을 하지 않았거나 하였더라도 서명과 살고 있는 지역 등을 명시하지 않아 신뢰도가 보장될 수 없는 설문조사지 364개를 빼고 계산하였다.

존치여부만을 묻는 질문으로는 사형제도 존폐의 근거로 삼아서는 아니 된다는 것을 보여주는 징표이기도 하다.

2000년의 조사와 2006년의 조사 사이에 물론 상당한 차이가 있는 것은 사실이지만, 확실한 것은 두 번의 조사에서 사형의 대안으로서 절대적 종신형을 도입하면 국민의 과반수를 훨씬 넘는 61.5%와 76.4%가 사형제도의 폐지에 찬성할 것이라는 점이다. 이와 같은 사정은 사형제도에 대한 정서가 우리와 비슷한 이웃 일본의 경우에서도 찾아볼 수 있다. 즉 "사형폐지포럼 90"이 1996년 10월, 일본 중의원 선거당선자를 대상으로 실시한 조사에서 "종신형 등의 대체형이나 피해자 원조의 충실 등의 조건을 갖추어 사형을 폐지해야 한다"고 회답한 의원이 무조건 폐지를 포함하여 85.2%를 차지하였다. 미국에서도 역시 이와 같은 경향을 뚜렷이 볼 수 있다. 사형제도의 존치를 주장하는 사형존치론자 1,000명을 대상으로 실시한 조사에서 가석방 없는 종신형으로의 처벌 및 손해배상의 충분한 부담을 지게 하면 어떤 입장을 취하겠느냐의 질문에서 41%가 사형제도의 존치를 지지하고, 종신형 지지자는 44%에 달했다고 한다.[13)]

그러므로 이제 더 이상 사형제도의 존폐문제로 싸우는데 귀중한 시간을 낭비할 필요가 없다. 그 보다는 오히려 절대적 종신형을 도입하면 어떠한 문제가 발생하며, 절대적 종신형을 채택했던 외국의 경험을 파악하는 것이 유의미할 것이다.

Ⅲ. 사형제도 폐지가 국가 · 사회에게 미치는 영향

1. 부정적인 면

1) 살인 등 강력범죄에 대한 국민의 불안감 가중

사형제도의 무조건적 폐지는 반인륜범 혹은 가정파괴범 같은 강력범죄에 대한 국민의 불안감을 가중시킬 것으로 보인다. 이는 객관적인 자료에 의해 입증

13) 菊田幸一, 사형의 대체형으로서 종신형에 관하여, 법학시보 제72권 10호, 57쪽에서 재인용.

될 수 있다. 즉 사형제도의 존치를 주장하는 입장에 있으면서도 존치의 필요성을 없게 하려면, 반인륜적 범죄나 재범의 우려가 깊은 살인범 등에 대해 사회로부터 영구히 격리할 수 있는 절대적 종신형의 도입을 요구하는 입장이 적지 않다는 사실이다. 즉 적게는 존치론 주장자의 37%, 많게는 존치론 주장자의 62%나 사형제도 폐지를 위해 절대적 종신형을 요구하고 있다는 데서 이러한 사실을 추정할 수 있다. 오직 응보감정에서 사형제도의 존치를 요구한다면 절대적 종신형을 도입한다고 해도 사형제도 존치희망을 거의 유지할 것이기 때문이다.

이런 점에서 사형제도의 폐지에 대해 큰 걸림돌의 하나는 사형을 폐지하게 되면, 야기되는 국민적 불안을 어떻게 불식시킬 수 있느냐에 달려 있음을 보여준다. 더구나 우리나라에서는 사형과 무기형의 간극이 지나치게 크다는 점에 주목할 필요가 있다. 무기형을 받는 자는 10년 이상의 형집행과 재범의 여지가 없으면 가석방이 가능하며,[14] 사면이 남용되고 있는 한국의 현실에서 무기수도 쉽게 가석방이나 형의 면제 등의 형식으로 자유의 몸이 된다는 것을 보와 왔던 국민들이다. 이런 국민이 현행 무기형제도를 그대로 두고 사형제도를 조건 없이 폐지하자는데 동의하기란 강력범죄에 대한 국민의 불안감을 비교할 때 결코 간단한 문제가 아니라는 것이다.

2) 국민과 피해자 측의 응보적 감정을 누그러뜨릴 수 있는 언덕 제거

아무리 극악한 연쇄살인범일지도 그에 대한 형벌로 기껏해야 가석방이 가능한 무기형으로만 처벌될 수 있다고 한다면, 현재 국민 일반의 법감정으로 판단할 때 받아드리기 어려울 것이다. 범법행위를 범한 자는 그것에 어울리는 합당한 형벌을 받아야 마땅하다는 것은 국민 일반의 보편적 정서이기 때문이다. 그렇다고 살인을 범했으면, 무조건 사형을 받아야 한다는 식의 주장은 정당화되기 어렵다. 절도를 다시금 못하게 하는 최선의 진리는 절도자의 손을 잘라버리는 일이겠지만, 그렇게 할 수 없는 것처럼 살인자에 대해서도 사형으로 응보할 수 없기 때

14) 형법 제72조 참조.

문이다. 다만 살인범에 대한 국민의 응보적 법감정을 정당한 방법으로 충족시킬 수 있는 형벌은 불가피한 것이다.

살인과 같은 강력범죄로 피해를 입은 피해자 측의 충격은 상상하기 어려울 정도로 대단한 것이다. 그렇기 때문에 피해자는 그에 대한 보복감정이 그만큼 크며, 따라서 쉽게 억누를 수 없게 된다. 그럼에도 불구하고 국가는 사적 보복을 금하면서 어마어마한 범행을 하였던 가해자에게 적절한 죄 값을 치루지 않게 한다는 사실은 피해자 측이 기대하고 있는 가해자의 상응한 죄 값이라는 그나마 기댈 수 있는 위안의 언덕을 제거해 버리는 셈이다.

게다가 살인 등과 같은 범행은 피해자 측의 가족 해체를 야기하는 일이 다반사이고 경제적으로도 피해자 측에 과도한 손해를 야기함으로써 인간다운 삶이 본질적 침해를 받게 되는 상황에서 피해자 측의 가해자에 대한 응보적 보상감의 박탈은 상상을 뛰어 넘을 수 있다.

3) 국가의 형사정책에 대한 전면적 재검토의 필요성

사형폐지로 말미암아 가중될 사회적 불안을 잠재울 대책이 국가차원에서 요구되며, 특히 범죄피해자 측의 보호와 함께 가해자에 대한 보상심리를 담보할 수 있는 조치가 불가피하다고 판단된다. 왜냐하면 국가는 모든 범죄, 특히 살인과 같은 피해자 측의 인권을 처참하게 침해하는 범죄를 예방하고, 그런 범죄의 범인에 대한 적절한 형벌을 부과하여야 할 책무를 지고 있는데, 이를 소홀히 한 결과 피해를 야기하여 피해자 측에 정신적 · 물질적으로 감내할 수 없는 피해를 발생케 하였다면, 국가는 당연히 이를 해결해야 할 책무를 지고있기 때문이다.

이를 위해서는 한편으로 사형폐지의 대안으로서 인간 존엄성의 본질을 침해하지 않는 범위 내에서 절대적 종신형과 같은 형벌의 모색이 요구되며, 다른 한편으로 피해자 측의 정신적 충격을 극복할 수 있는 대책을 포함하여 가족해체를 극복하고 재산적 손실에 대한 최소한의 대책이 있어야 할 것이다. 특히 후자의 대책으로서 범죄피해자에 대한 국가의 적절한 보상과 정신적 충격 등을 완화할 수 있는 프로그램을 마련하고 실천할 것이 절실히 요구된다.

2. 긍정적인 면

1) 오판과 사법살인 등에 의한 무고한 생명의 희생방지

한국에서는 아직도 실체법의 내용뿐만 아니라, 적법절차도 국민의 기본적 인권보장을 위해 선진국 수준으로 완전하게 정착되지 않고 있는 마당에 사형제도는 한편으로 정치적 반대자를 위해 악용되었거나, 오판에 의해 무고한 사람들을 형장의 이슬로 사라지게 했으며, 다른 한편으로 인권보장의 책무를 지닌 국가가 오히려 고의로 살인을 하는 반헌법적인 법질서를 강요하는 수단으로서 역할을 수행하였다. 즉 지난 반세기만 하더라도 이승만, 박정희 등 권위주의적 정권 아래서 사형제도의 존치로 대통령의 권력 강화를 주된 목적으로 사소한 사건을 정치적으로 대단한 것처럼 조작하여 사형을 선고케 하거나 민주적 인사나 정치적 반대자를 제거하여 지속적 정권장악의 한 방법으로 이용하려 했던 일도 적지 않았다.

사형제도가 존치하였기 때문에 한국 사법사(司法史)에 돌이킬 수 없는 큰 오점으로 남은 인혁당 사건,[15] 조봉암 사건, 김대중 사건 같은 사법살인이나 사법살인의 미수범을 낳았으며, 오판의 기회를 시정할 수 없는 경우도 발생하게 하였다. 이제 사형제도가 폐지되면 한국 땅에서 더 이상 사법살인이 없게 될 뿐만 아니라 오판에 의한 무고한 생명도 구할 수 있게 된다.

지금은 권위주의적 시대가 아니므로 사형제도가 존치한다고 해서 사형의 정치적 악용은 없을 것이라고 말하는 사형존치론자들이 많다. 그러나 4·19 의거에 의해 독재정권을 무너뜨리고 자유민주 국가의 건설이 한창일 때, 일부 군인정치인인 박정희 등에 의해 쿠데타로 정권을 장악하고서 불법적 정권을 유지하기 위해 무고한 사람들이 사형제도의 존치 때문에 형장의 이슬로 사라졌었다. 아직도 박정희의 정치유산을 일정 부분 상속한 정당이 거대정당으로 활동 중이고, 또한 박정희를 추모하고 추종하는 세력이 적지 않은 마당에 앞으로 이 땅에 권위주

---

15) 이에 관해 자세한 것은 천주교인권위원회 엮음, 사법살인 -1975년 4월의 학살- 참조.

의적 정권이 다시금 일어날 수 없다고 큰소리치는 사형존치론자의 생각은 소박하고 순진하게 보인다.

2) 인간의 존엄성과 헌법이념의 합치

형법이 최후수단으로서 역할을 해야 한다는 점은 누구나 부인할 수 없는 상식이다. 왜냐하면 형법의 수단인 형벌에 의해 전과자가 된 자가 사회에서 인간적인 삶이 초토화되는 것을 흔히 볼 수 있기 때문이다.. 사정이 이렇다면, 최후수단으로서의 작용하는 형벌이 인간적인 삶의 초토화를 넘어서 생명을 박탈하는 경우까지 우리의 헌법에 합치될 수 있을까. 헌법 제10조에 의하면, "모든 국민은 인간으로서의 존엄과 가치를 가지며, 행복을 추구할 권리를 가진다. 국가는 개인이 가지는 불가침의 기본적 인권을 확인하고 이를 보장할 의무를 진다"고 규정하고 있고, 동법 제37조 제2항 단서는 "… 공공복리를 위하여 … 제한하는 경우에도 자유와 권리의 본질적인 내용을 침해할 수 없다"고 명시하고 있다. 이를 종합하면 다음과 같은 결론이 도출된다: 인간의 가장 본질적 인권은 생명권이며, 이 생명권에 대하여 국가는 불가침적 기본권을 확인하고 보장해야 하기 때문에 그에 대한 본질적 침해는 공익을 위해서도 불가능하다.

그렇다면 국가는 개인의 생명과 신체 그리고 재산 등을 보호하기 위한 책무를 부담하며, 따라서 개인의 인권확보가 국가존립의 1차적인 목적이 되어야 하고(헌법 제10조: 인간의 존엄과 가치의 보장), 국가유지목적이란 이 1차적인 것을 달성하기 위한 2차적인 것에 불과하다고 생각된다. 바로 이런 점 때문에 형법이 보호하는 가장 중요한 법익도 국가적 법익이라기보다는 생명보호에 있는 것이다. 왜냐하면 첫째로 국가가 권력분립을 통한 권력 간의 견제와 균형을 유지하려는 것은 국가 자체의 존립을 위한 것이 아니라 국민의 기본권보장을 담보하기 위한 지혜에서 비롯된 것이고, 둘째로 형법에서 국가유지를 보호법익으로 하는 유형의 과실범은 불가벌로 하고 있지만, 생명이나 신체의 침해와 직접 관련된 과실범은 원칙적으로 처벌하고 있다는 점에서, 개인의 생명보호가 국가유지보다도 법률상에서 더 포괄적임을 보여주고 있기 때문이다.

이처럼 생명보호가 국가유지를 포함한 다른 어떤 법익보다도 더 포괄적이며 높은 가치를 가진다는 것이 형법상의 근본원리라면, 생명보호에 반하는 의식적 사형제도의 존치가 논리적으로 타당할 수 없고, 따라서 개인의 생명보호보다는 국가유지 목적을 위해 개인의 생명을 적극적으로 침해하는 사형제도가 헌법상의 원리라고 보는 것은 설득력이 없다. 이런 점에서 사형제도의 폐지는 우리의 헌법이념인 인간의 존엄성보장조항과 어울린다고 할 것이다.

3) 그 밖의 사형제도 폐해 극복

사형제도는 범죄 피해자 측에는 일시적 보상감을 줄 수 있을지는 모르지만, 사형을 당한 당사자에게는 비인간적이고, 야만스럽기 짝이 없는 잔인한 고통 바로 그 자체이며, 인간의 존엄성을 보장하기 위해서라는 이름으로 인간의 존엄성을 말살하는 참을 수 없는 궤변에 불과할 뿐이다. 그것만이 아니다. 사형집행 당사자의 직계존비속에게도 일생 동안 가슴에 못이 박히는 이중의 고통을 강요하는 것이다. 형벌은 죄를 범한 그 당사자에게만 미쳐야지 사형처럼 사형수의 부모 등에게까지 인간적으로 참을 수 없는 고통을 가져다주는 것은 또 다른 사형의 집행인 셈이며, 그 때문에 그 직계존비속의 삶의 질을 근본적으로 초토화시키는 것이 된다. 자식이 부모에게 범한 가장 큰 불효는 부모 앞에 먼저 죽는 일인데, 사형수들의 거의 대부분은 사회활동이 한창인 젊은 사람들이란 것을 감안해 볼 때, 하물며 이른바 법과 국민의 이름으로 젊은 사람을 고의로 살해케 하여 부모의 가슴에 못 박는 짓거리는 유교적 전통을 가진 우리 국민의식에도 반한다고 보인다. 이는 역시 형벌의 개별책임 사상에 반한 것이기도 하다. 게다가 사형선고를 하는 법관과 사형집행을 하는 교도관, 특히 교도관의 사형집행으로 인한 고통 또한 다른 하나의 인격침해방식이다.

사형제도를 폐지함으로써 이러한 문제들을 일거에 해소할 수 있게 된다.

Ⅳ. 사형폐지 이후의 강력범죄 추이

사형제도 폐지국가에서 사형제도 폐지 전과 후의 강력범죄발생 추이를 살펴보려고 하였으나, 필자의 현재 능력으로 정확한 파악이 힘들다. 다만 독일의 경우를 통하여 사형폐지 이후의 강력범죄 추이를 어느 정도 살펴볼 수 있지만, 이 경우에도 사형폐지전인 1949년 이전의 강력범의 추이를 정확하게 알 수 없고, 사형선고된 수치를 통해서 간접적으로 유추해 볼 수 있을 뿐이다.

그런데 전세계국가 중 68%에 해당하는 123개 국가가 이미 사형제도를 법률상 내제 사실상 폐지하고 있고, 게다가 폐지국가도 해마다 2-3개씩 늘어가는 추세에 있다. 물론 미국의 일부 주를 비롯한 극히 예외적으로 사형의 존치로 전환한 경우가 있긴 하지만, 이는 무시할 정도로 미미하다. 사정이 이렇다면 사형제도의 폐지가 강력사건을 급격히 증가시킬 정도의 문제를 야기한다고 보이지 아니하며, 독일의 경우를 살펴보아도 역시 그러한 결과를 추정할 수 있다.

1. 독일의 경우

독일은 1949년 이전까지 사형제도를 존속시켰으며, 1882년부터 1939년까지 해마다 평균 41명이 사형을 선고받았으나 전쟁 중의 경우는 급격히 많아지고, 평화시대에는 그 절반이 안 되는 때가 많았다. 사형의 집행은 평균 24명으로 사형확정판결 받은 자의 64%가량으로 나타났지만, 제2차 세계대전 와중에는 급격히 증가하였고, 심지어 선고판결을 받은 자보다 훨씬 많았다. 예컨대 1939년에는 그 이전보다 사형선고가 50% 이상 늘어난 139명인데, 사형이 집행된 자는 이보다 훨씬 많은 219명이나 되었다.

제2차 세계대전이 끝나고 독일은 연합국의 수중에 들어가면서 사형의 선고와 집행이 사실상 이루어지지 아니하였으며, 1949년의 기본법에 의해 사형제도가 헌법상 금지되었다. 그 결과 종신형이 독일에서 가장 높은 형벌이었으며, 1945년부터 1975년까지 총 1915명이 종신형을 선고받았으며, 이는 해마다 평균 64명에 이른다. 이는 그 이후에도 크게 변하지 않아 1980년에 54명, 1985년에 86명, 1990년에 56명, 1995년 100명 등이며, 현재 종신형으로 수형생활을 받고 있는 자는 2098명이다(2004년 3월 31일 현재). 1995년에 갑자기 100명이 된 것은 독일이 통일되면서 동서독의 통합으로 급격히 증가하게 되었다.

독일은 1949년도에 사형제도를 폐지하면서 절대적 종신형제도를 도입하여 1977년까지 큰 문제없이 운용하여 왔다. 그러던 중 연방헌법재판소는 1977년의 판결(BVerfG 45, 187)을 통하여 종신형의 경우 가석방의 가능성을 허용하여야 독일 기본법에 합헌이 된다는 취지의 판결이 있었고, 이에 따라 연방의회는 독일형법 제58a조를 제정하여 종신형에 대해서도 가석방의 가능성을 허용하는 입법을 하였다.

독일에서 사형제도가 폐지된 1949년 이후의 강력범 추이와 그 이전을 비교해 볼 수 있는 자료를 찾을 수 없다. 그러나 사형은 종신형보다 가벼운 형벌임을 인정한다면, 1939년 이전의 사형선고를 받은 사람들의 연평균 인원이 41명인점을 감안할 때, 1949년 사형폐지 이후 1975년까지 종신형을 받은 사람의 연평균 인원이 64명이라는 사실은 폐지 전후와 특별한 차이가 없다고 보인다. 왜냐하면 종래 같았으면 사형선고를 받았을 사람과 단순히 종신형을 받게 될 사람이 합해서 고작 64명 불과하고, 그 사이 늘어난 인구증가를 감안하면 종신형이라는 중형을 받은 사람의 숫자는 오히려 다소 줄어 들었기 때문이다.

2. 한국에서 사형이 집행되지 않은 이후의 강력범죄 추이

한국에서는 1997년 12월에 사형집행이 있고 난 후, 2006년 현재까지 사형집행이 없으며, 현재 총 63명의 사형수가 있다. 통계상으로 1998년부터 살인 등 강력범죄가 급격히 증가하였다. 즉 1997년에는 789건의 살인사건이 1998년에는 966건, 1999년에는 984건, 2000년에는 964건, 2001년에는 1064건, 2002년에는 983건, 2003년에는 1011건이 이를 말해 준다.

그러나 이런 수치의 증가가 사형집행이 되지 않았다는 것과 결정적으로 인과적이라고 말할 수는 없다. 왜냐하면 우리나라는 1997년 말에 IMF의 구제금융을 받을 정도로 국가경제가 파국으로 몰렸고, 이로 인해 수많은 사람들이 경제적 파탄에 빠졌었다. 사회는 극도로 혼란스러웠고, 이 혼란이 수습되는 과정에서 경제적 양극화는 더욱 격심해지게 되었다. 이러한 상황에서 사회적 약자 내지 최하계층 국민의 생활상은 처참하게 되었음은 말할 것이 없다. 이들의 욕구분출은 결과적으로 범죄, 특히 강력범죄화로 치닫게 되었음을 잊어서는 아니 될 것이다.

한편 사형제도가 엄연히 존치하고 있음에도 유영철 사건이 발생하고 있다는 것은 사형제도의 존치가 유영철 사건을 억제할 수 없음을 간접적으로 입증하는 사실임을 역설적으로 보여준다.

Ⅴ. 절대적 종신제의 도입방안

1. 종신형의 종류와 한국에서 현행 무기형의 문제점

종신형은 수형자가 자연사할 때까지 자유를 박탈하는 형벌이지만, 이는 가석방의 가능성이 없는 절대적 종신형과 가석방이 가능한 상대적 종신형으로 구분할 수 있다. 절대적 종신형의 경우, 사형제도 존치국가가 사형제도 폐지국가로 전환할 때 이용되는 형벌이다. 예를 들어 나치스의 불법국가를 경험한 독일이 1949년의 기본법을 제정하면서 사형제도를 폐지할 때에도 절대적 종신형만을 두었으며, 1931년에 사형제도를 폐지한 미국의 미시간주도 사형의 대체형으로서 가석방이 없는 종신형만을 두었다.

사형제도가 폐지된 국가에서는 시간이 지나면서 종래의 절대적 종신형에서 상대적 종신형으로 변경하는 추세를 보이고 있다. 그 사례의 하나를 독일에서 볼 수 있는데, 절대적 종신형이 1949년에 시행된 지 약 30년 후에서야 1981년 독일의 제19차 형법의 개정으로 종래의 절대적 종신형 대신에 가석방이 가능한 상대적 종신형으로 대체되었다. 종래의 종신형에 대한 1977년의 독일연방헌법재판소는 종신형을 합헌이라고 보면서, 그러나 "종신형도 그 집행 시에 인간의 존엄성을 파괴할 때에는 위헌이며, 따라서 종신형으로 선고받은 자도 근본적으로 다시금 자유를 찾을 수 있는 가능성이 있어야 되며, 특별사면의 가능성 하나만으로는 불충분하며, 오히려 종신형의 집행을 중지하는 전제조건을 세우고 그 절차를 법으로 규정하는 것은 법치국가의 임무"[16]라고 선언하였다. 이에 따라 개정형법은 이러한 헌법재판소의 판결을 받아들여 일정한 제한적 조건에서 종신형의 잔여기간을 면제해 주는 가석방 규정을 두었다.[17]

한국에서는 현재 절대적 종신형에 관한 규정은 없다. 현재의 무기형은 단순히 상대적 종신형에 불과하기 때문에 다음과 같은 문제점을 나타낸다. 첫째로 무기수를 가석방할 때, 수형자의 범죄적 책임에 관계없이 일률적으로 무조건 10년 이상의 수형생활을 하고, 改悛의 情이 있으면 가석방될 수 있다는 점이다. 이러한 결과는 만일 사형제도를 폐지하고, 현재의 무기형제도만을 고집하여 존치한다고 할 때, 악질적이고 반인륜적 범죄를 범하여도 그 수형자의 행상이 양호하고 改悛의 情이 현저하다는 요건이 충족되는 데로 가석방이 될 수 있다. 둘째로 무기형의 가석방요건이 10년 이상의 형집행을 요구하므로, 사형제도가 폐지되어 무기형만 존치하면, 오늘날의 평균연령 수준에 비추어 볼 때, 10년의 기간은 너무

---

16) 지금까지 독일은 최근 50年史에서 일반사면은 고작 4번 밖에 없었다. 특별사면도 그렇게 흔하지 않다. 가장 최근의 특별사면으로는 2000년 10월초에 단행된 Guenter Schawobski와 Guenter Kleiber에 대한 특별사면이다. 이들은 구동독과 서독간의 국경에서 발생했던 국경이탈자에 대한 발포행위와 관련한 책임을 지고, 자유형을 선고받은 후, 올 1월부터 교도소에서 복역 중의 수형자였다. 이에 관한 자료는 Dr. Dietlinde Albrecht 저(이진국 역), 사면의 법적 한계 －독일통일과 관련된 논의－, 2000년 10월 6일 한국비교형사법학회 외국 저명인사 초청강연, 2쪽 참조.

17) 독일은 종신형에 대해 두 가지 방법을 경험한 국가다. 1949년 5월 23일 시행된 독일기본법 제102조에서 사형제도를 폐지한 후, 처음에는 가석방이 불가능한 절대적 종신형만을 두었었다. 그러던 것이 그 후 30여년이 지난 후 1977년의 절대적 종신형에 대한 인간의 존엄성과 관련된 연방헌법재판소판결 영향으로 1981년 형법개정을 통하여 가석방이 없는 절대적 종신형 대신에 가석방이 가능한 제도를 두게 되었다. 이 때의 연방헌법재판소는 다음과 같은 요지의 판결을 하였다. "1. 謀殺에 대한 종신형은 독일 기본법의 근본정신에 합치된다. 2. 종신형으로의 형집행은 행형법의 규정과 특별사면제도에 비추어 볼 때 인간의 존엄(기본법 제1조 제1항)을 침해할 정도의 심리적, 신체적인 회복 불가능한 침해상태를 야기한다고 확신할 수 없다. 3. 종신형의 수형자도 다시금 자유를 부분적으로 향유할 기회를 갖는다는 것은 인간의 존엄에 어울리는 행형의 전제조건에 속한다. 그러므로 특별사면의 가능성만으로는 불충분하다. 오히려 법치국가원칙은 종신형의 집행을 배제할 수 있는 조건과 이 경우 적용되어야 하는 절차를 제정법으로 규율하는 것을 요구한다. …."

짧아 보인다. 왜냐하면 1953년에 제정된 형법전은 당시의 차원에서 10년이란 기간은 그 당시의 한국인 평균수명으로 보아 적지 않은 세월이지만, 오늘날 한국인의 평균수명이 당시보다 20년 이상 늘어났고, 현재 25세의 청년이 앞으로 더 살 수 있는 평균기간은 45년 정도가 되며, 30세의 경우에도 40여년의 기대수명을 갖고 있기 때문이다.[18] 셋째로 현행 무기형의 체제는 유기형의 체제와 적절한 비례관계에 있지 않다. 즉 유기형의 경우 비록 상한선은 15년이지만 가중 사유가 존재하면 25년으로 가중이 가능하다. 그런데 무기형을 감경할 경우 7년 이상의 유기형에 불과하여, 법정최고형인 15년 이상으로 벌할 수 없다. 그 결과 결국 무기형을 받는 자에게는 형벌의 가중사유가 있더라도 더 이상 형벌을 가중하지 못하는 결함이 생기는데 반해서, 감경사유가 존재하여 감경하게 될 때에는 15년 이상의 유기형을 선고할 수 없게 된다. 이에 반해 유기형의 경우 법정최고형이 15년이지만, 가중 사유가 존재하면 25년까지의 법정형이 가능하여, 감경사유가 존재하더라도 결과적으로 12.5년까지 형벌을 선고할 수 있게 된다.

이제 사형제도 폐지를 실현하고자 하는 마당에서 처음부터 상대적 종신형으로 갈 수 있으면 절대적 종신형의 위헌성을 사전에 차단할 수 있겠지만, 그러나 밝힌 바와 같이 현재 한국의 무기형은 사형을 대체할 만한 필요·충분한 형벌로서의 조건을 갖추지 못하고 있다.

2. 절대적 종신형의 도입과 위헌성의 문제

절대적 종신형을 도입할 경우 당장 문제될 수 있는 것 중의 하나는 어떠한 범죄에 대해서, 그리고 어떠한 범죄적 행위에 대해서 그런 종신형을 부과할 것인가라는 점이다. 그러나 그것은 큰 문제가 될 수 없어 보인다. 왜냐하면 종래 사형을 법정형으로 하고 있는 모든 구성요건과 범죄행위에 대해서는 사형 대신에 절대적 종신형으로 대체하기만 하면 족하기 때문이다.

18) 한국 남성의 기대수명표에 의하면, 20세의 경우는 그의 餘命이 약 50년이고, 30세의 경우는 40여년, 40세의 경우는 32년 정도가 된다. 반인륜적 범죄자의 대부분은 20~30대인 점을 고려하면, 오늘날 그들의 기대 수명은 한국 형법의 제정 당시보다 근본적으로 늘어났음은 부인할 수 없다.

오히려 절대적 종신형을 도입할 경우 가장 문제될 수 있는 부분은 헌법에서 인정하는 인간의 존엄성과의 상충문제일 것이다. 왜냐하면 한국 헌법 제37조 제2항에서는 "모든 국민의 자유와 권리는 … 자유와 권리의 본질적인 내용을 침해할 수 없다"고 천명하고 있고, 또한 행형법 제1조는 "이 법은 수형자를 격리하여 교정교화하며… 사회에 복귀하게 하며"라고 명시하고 있기 때문이다. 이는 우리 헌법과 행형법이 어떠한 형벌도 기본적으로는 가석방이 가능한 자유형을 전제하고 있다는 것을 의미하기 때문에, 가석방 없는 절대적 종신형제도를 인정하는 것은 수형자의 본질적 권리를 침해할 수 있는 가능성과 함께 사회복귀를 전제로 하는 자유형의 사상과 원칙적으로 모순된다고 할 것이다. 현행 형법에서 인정되고 있는 무기형도 장기간의 집행을 통해서 비록 필연적인 것은 아니지만, 개별적으로 정신적 장애가 발생하여 인격의 퇴화, 유년단계로의 퇴보, 사회생활적응능력의 상실 등이 일어날 수 있다. 특히 약 20년 이상의 구금생활은 수형자를 정신적으로 뿐만 아니라 육체적으로도 쓸모없는 인간으로 만들 가능성이 적지 않다고 한다.[19]

헌법상의 기본권 보장은 절대적 종신수형자에게도 예외일 수 없다. 그런 종신수형자라고 할지라도 헌법 제10조에 의해 보장된 인간으로서의 존엄과 가치를 가지며, 행복을 추구할 권리를 갖는다. 비록 수형자는 법률에 의해 신체상의 자유를 박탈당한 자이지만 그것을 이유로 그의 전인격이 박탈될 이유가 없다. 종래에 수형자는 특별권력관계에 있기 때문에, 법률에 의한 기본권제한의 원칙이 존중될 수 없다고 하였다. 그러나 오늘날 특별권력관계가 기본권의 사각지대가 아닌 점에 대해서는 의견이 일치하고 있다.[20] 따라서 수형자도 단지 법률에 의해서만 그의 기본권이 제한될 수 있으며, 수형자의 교도소구금이, 그에 따른 법률관계의 성질에 의해서 그의 기본권이 제한될 수 있겠으나 그것도 기본권 제한 입법의 한계를 이탈하지 않는 범위에서 적법하다고 해야 할 것이다.[21] 그렇다면 절

19) 이에 대해 자세한 것은 BVerfGE 45, 192ff.
20) 허 영, "한국헌법론", 271쪽.
21) 정영석, "형사정책", 393쪽.

대적 종신수형자에 대하여서도 그의 헌법상 기본적 인권인 인간의 존엄과 가치를 누릴 권리를 침해할 수 없다. 여기서 인간의 존엄과 가치는 우리의 실생활에서 실현시키기 위한 인간의 자기결정권과 자유롭게 살고 싶은 기본적 믿음에서 우러나온 인격의 내용을 이루는 윤리적인 가치라고 볼 수 있기 때문에 이러한 인격적 윤리가치를 정면으로 침해하는 기본권의 제한은 용납될 수 없다.[22] 다시 말해 절대적 종신형에 의한 장기간의 구금생활로 그 수형자의 인간성에 대한 명백한 파괴가 일어난다면, 그와 같은 절대적 종신형은 인격의 윤리성을 파괴할 수 있기 때문에 헌법 제10조에서 보장하고 있는 인간의 존엄을 침해하게 된다 할 것이다.[23]

그러나 절대적 종신형을 두더라도, 사회방위를 위해서 재범의 가능성이 아주 높거나 또는 그의 반인륜적 행위에 대한 책임성이 형의 집행을 계속적으로 요구하는 범죄의 경우에도 무조건 일정 시점에서 가석방할 수 있게 하는 것이 정당한 것인가는 의문시된다. 그러한 점에서 우리 헌법 제37조 제2항이 기본권의 본질적인 내용을 침해할 수 없다고 천명하고 있을 때, 국가안전보장, 질서유지 또는 공공복리를 위한 목적으로 법률로써 절대적 종신형이라는 형벌을 통해 인간의 본질적 기본권을 제한할 수 있는가 하는 점은 형사정책적인 측면과 인권보장의 한계라는 측면 사이의 적절한 비례관계에 의해 해결될 문제이다. 따라서 수형자의 반사회적 인격성과 그의 반인륜적 책임에 대한 형벌의 종신적 집행은 그 정당성을 가질 수 있다 할 것이다. 더구나 한국에서 절대적 종신형을 두더라도, 이와는 별도로 종래의 무기형을 존치하고 있는 한, 절대적 종신형의 폐단은 상당부분 감소될 수 있을 것이다. 왜냐하면 법원은 피고인의 범죄행위와 책임을 고려하여 양형단계에서 사회적으로 영구히 격리가 필요한 절대적 종신형과 가석방이 가능한 상대적 종신형인 무기형 가운데에서 폭넓은 선택을 할 수 있기 때문이다. 게다가 한국은 특별사면이 매우 빈번하게 이루어지고 있어서, 아무리 절대적 종

22) 허일태, 한국의 사형제도의 위헌성, 저스티스 제31권 2호, 1쪽 이하 참조.
23) 김일수, "형법학원론", 1988, 1163쪽.

신형을 선고하더라도 절대적 종신수형자에 대해서도 사회가 수용할 만한 개전의 정이 있는 한 특별사면을 통해서 형이 면제될 가능성이 많기 때문에, 절대적 종신형에 대한 위헌성의 문제는 상당부분 상쇄될 수 있다. 그리고 만일 사형의 대체형으로 절대적 종신형이 채택된다면, 그 때 가서 당연히 헌법상의 위헌성의 문제가 일어날 수 있을 것이고, 그것이 헌법불합치로 평가된다면 다시금 가석방이 가능한 상대적 종신형만을 인정하는 방향으로 지향할 가능성을 가지게 될 것이다. 그러나 사형제도가 아직도 폐지되지 않은 마당에, 지금 당장 그런 문제에 대해서까지 우리가 고민의 폭을 확대하기에는 다소 지나치다고 판단된다.

Ⅵ. 결론

우리는 사형제도가 가지는 반인권성과 반가치성 때문에 사형제도를 무조건 회피해야 할 불가피한 제도라고 아무리 강조해도 지나치다고 할 수 없을 것이다. 그런 회피의 방법으로 위에서 언급한 바 있는 절대적 종신형의 도입을 검토해야 한다. 마침 유인태의원의 대표발의에 의해 절대적 종신형의 도입을 중심으로 한 사형제도폐지특별법안이 국회법사위에 제출되어 있고, 심의 중에 있다.

인간존엄의 본질적 권리를 인정하고 있는 헌법 제37조 제2항과 헌법 제10조에 명시된 헌법정신에 따라 우리가 사형제도를 폐지해야 하는 것은 논리적이고 너무나도 자명한 헌법적 당위명제이긴 하지만, 국민의 정서가 아직도 사형제도의 존치에 대해 과반수가 찬성하고 있다. 이러한 분위기 속에서는 사형폐지가 쉽지 않다.

그러므로 사형제도 폐지를 위해서는 전국민을 상대로 사형의 대안으로서 절대적 종신형의 도입을 적극적으로 계몽하고 홍보하여야 한다. 이때 절대적 종신형을 대안으로 하는 사형폐지의 존치여부에 관한 여론조사가 요구된다. 이와 함께 절대적 종신형의 내용에 대한 관련 정보의 제공도 게을리 해서는 아니 될 것이다. 그렇게 하여야만 국민의 절대 다수가 사형제도의 폐지에 선 듯 찬성하게 되며, 국회에서도 사형제도폐지 특별법이 쉽게 통과될 수 있기 때문이다.

끝으로 입법자의 결단이 요구된다. 국회는 사회정의를 구현하고, 인간이 국가 내지 사회에서 인간답게 살 수 있도록 이성적인 법률을 만들어야 하는 곳이다. 따라서 국회의원도 변덕스러운 여론의 향배에 따를 것이 아니라, 무엇이 인간존엄성을 담보할 수 있는 입법인가를 깊이 고민해야 한다. 우리나라의 국회의원 수준이 다른 나라, 예컨대 프랑스와 본질적으로 다르다고 생각되지 않는다. 프랑스에서는 사형제도 폐지법안에 66%의 국민이 반대한 바 있다. 그럼에도 프랑스 국회는 "올바른 입법을 하는 것이 국민의 뜻을 존중하는 것이며, 그것이 민주주의의 원칙"이라며, 사형제도 폐지법안을 1981년에 통과시켰다.

이제 지금까지의 주장을 정리해 보자. 우선 첫째로 사형의 대안으로서 절대적 종신형을 도입해야 한다. 현행 형법전에서는 무기형이 존치하고 있기 때문에, 형법상의 무기형은 현행 명칭 그대로 사용하고, 가석방이 없는 절대적 종신형은 단순히 종신형으로 칭하여도 무리가 없어 보인다. 둘째로 법정형에서 사형으로 규정되어 있는 모든 구성요건상의 형벌은 모두 종신형으로 대체되어야 한다. 셋째로 가석방에 대한 규정은 현행법상에서 명시된 규정 그대로 두는 것이 바람직하다. 그렇게 함으로써 종신형에 대한 가석방제도를 두지 않게 되어, 가석방이 없는 종신형이 존재하게 된다. 넷째로 종신형을 선고할 때에는 행위자의 범죄책임이 가석방을 불가능하게 할 정도의 비난가능성과 형사정책적 차원에서의 재범의 우려 등 종신형의 불가피성이 있는지를 신중하게 검토하여 결정하도록 해야 한다.

제 9 장

국제형사사법공조의 국내법과 국제법상 근거와 현황*

차 례

Ⅰ. 사법공조의 불가피성과 정당성

과학기술의 비약적 발전으로 국제교류의 활성화는 한국도 예외가 아니어서 국내의 등록 외국인이 매년 큰 폭으로 증가하여 2003년에 43만 8천명을 상회하였고[1] 같은 해 외국인 입국자도 약 380만명을 기록하였다.[2] 이 때문에 국내의 불법체류 외국인도 2003년 현재 138,056명에 달한다.[3] 외국에서 거주하는 한국인 국적자

---

* 본 논문은 2004학년도 동아대학교 학술연구조성비(자유공모과제)에 의하여 연구되었음; 제3회 한중 국제형사법학술대회, 중국 중경, 2005년 8월 21일 발표논문.

** 동아대학교 법과대학 교수, 현재 한국비교형사법학회 회장.

1) 이중에서 중국인은 185,485명(중국인 국적자중에서 상당수는 조선족에 속한다고 추정됨), 미국인 2,328.명, 일본인 15,967명, 기타 213,294명이다.

2) 2003년도 외국인입국자 중에서 일본인은 1,790,933명으로 가장 많고, 미국인 488,617명, 중국인 344,473명 준이다.

3) 이들 불법체류자에 대한 단속이 2004년 하반기부터 본격적으로 이루어지고 있으며 2004년에 불법체류 외국인 출국자는 50,472명이었고, 2005년 상반기에는 이들 출국자가 급격하게 증가하여 90,028명에 달하였다. 불법체류 외국인의 실태에 관해서는 조병인 외, 『불법체류 외국인의 실태와 대책』(1998) 참조.

도 이미 200만명 이상이며, 외국으로 여행가는 한국인도 해마다 수백만을 넘고 있다. 이와 같은 외국과의 교류심화 현상은 인적 이동을 넘어 물류와 금융 및 정보의 상호교환 등 다방면에 걸쳐 일상적으로 이루어지고 있고, 이로 인해 오늘날 한국사회를 비롯한 국제사회는 그 어느 때보다 국가 사이의 상호의존성이 심화되고 있다.

이처럼 국가 사이의 장벽이 허물어지고 전 세계를 하나의 생활권역으로 연결하는 시대에 돌입해 있는 현실에서 인구와 재화 등의 이동은 필연적으로 범죄현상을 국지적인 차원에서 파악·통제할 수 없는 변수로 작용하게 되었다. 이러한 새롭게 변화된 국제환경에 따라 다양하게 양산되는 국경초월형 범죄들[4]이 양국내지 수개국에 걸쳐 범해짐으로써 이들 범죄현상에 대한 대처를 더 이상 개별국가의 고유영역의 문제로 방임할 수 없게 되었다.[5]

일반적으로 범죄는 지역적으로는 개별국가를, 범죄자에 대한 처벌가능성의 범위는 그 국가에 소속된 국민을 단위로 하여 벌어지는 사회적 일탈현상 가운데 특히 형벌규범의 투입이 요청되는 것으로 간주되어 왔으며, 이에 따라 범죄에 대한 대응방안의 마련도 동일한 수준으로 전개되어왔다. 따라서 범죄를 저지른 자가 자신이 속한 국가를 벗어나는 경우에는 대체적으로 처벌이 불가능한 것으로 인식되어 왔으며, 기껏해야 상대국의 선린관계에 근거한 외교적인 채널을 이용하여 범죄인을 자국으로 인도받는 것이 일반적인 관례였다고 할 수 있다.

그러나 오늘날 국경초월형 범죄가 격증하고, 범인의 해외도주가 빈발하고 있는 현실에서 종래의 국가주권개념에 집착된 형사사법권의 국내지향주의는 더 이상 이들 범죄에 대한 적절한 대체수단이 될 수 없음이 밝혀지고, 이들 범죄에 대한

4) 국경초월형범죄의 전형은 마약류의 밀매 등을 주도하는 국제조직범죄 형태이며, 국제조직범죄문제는 오늘날 세계의 많은 국가가 공통적으로 직면해 있는 심각한 현안으로 부상한지 오래되었다. 각국의 조직범죄는 폭력을 수반한 각종 불법행위를 통하여 돈을 벌고, 그렇게 번 돈으로 합법적 사업에도 진출하여 다국적 기업과 유사한 거대조직으로 부상하고 있다. 이런 범죄에 대한 현안 및 대응방안에 관한 연구에 관해서는 김영철, 『국제조직범죄의 현황 및 대응방안』(1996) 참조.

5) 특히 국제적 조직으로 활성화된 마약류범죄에 관해서는 문영호, 마약류퇴치를 위한 국제협력의 실태와 전망, 『약물남용의 현황과 대책』, 101쪽 이하 참조(형사정책연구원 제7차 세미나자료).

대책으로 국제형사사법공조가 불가피하게 되고 있다. 즉 오늘날 국제화현상은 범죄의 경우에도 국제화현상으로 나타나고, 이런 종류의 범죄문제 해결은 이해관계국의 협력을 요하는 공통의 문제로 등장하게 되었다. 범죄의 국제화현상에 대처하기 위해 이해관계국의 협력이 무엇보다 절실하다는 국제적 합의와 함께 국제형사사법공조에 관한 제도의 중요성이 한층 더 명확하게 부각되었다.[6] 그 이유를 정리하면 다음과 같이 요약할 수 있다.

첫째로 국제조직범죄 등 특정범죄는 특정국가의 국내질서를 위반하는 것을 넘어서 국제사회에서 인정되는 보편적 가치에 대한 침해를 의미하기 때문에 국제사회는 그러한 범죄의 진압을 위한 공통의 이익을 가진다. 그럼에도 불구하고 자국의 영토를 이탈한 범죄인을 영토주의 내지 국가주권주의의 장벽으로 처벌할 수 없게 된다면, 이는 인류의 보편적 정의감에 반하게 된다.

둘째로 국제화된 범죄가 격증하고 있는 현실에서 외국의 사법적 도움 없이는 효과적인 대응이나 범죄척결이 어려우므로 이런 종류의 범죄에 관련된 국가들은 적극적으로 상호 협력할 공통의 이해관계를 가진다. 특히 국제적 규모의 마약밀매조직 등 국제조직범죄의 경우 개별국가에 의해서는 결코 근절될 수 없음을 그간의 경험으로 충분한 교훈을 얻었다.

셋째로 범죄인의 인권을 위해서도 국제형사사법의 공조는 불가피하다. 왜냐하면 범죄인에게 유리한 증거나 증인이 외국에 소재할 때 영토주의나 국가주권주의 등을 이유로 형사사법공조를 거부한다면 범죄인의 인권보장에 치명타를 줄 수 있기 때문이다.

넷째로 국내외의 수형자 인권을 담보하기 위해서 국제형사사법공조가 요구된다. 즉 외국인 수형자를 국내에서 복역시키는 것은 행형당국으로서는 언어와 생활습관 그리고 종교가 다르기 때문에 야기되는 제반 문제가 발생하며, 수형자로서도 외국에서의 복역은 몹시 어려운 것이다. 따라서 수형자이송은 외국교도

6) 조직범죄와 국제형사사법공조에 관련해서 참고할 문헌으로는 조선호, 조직범죄단속을 위한 국제공조, 『형사정책연구』 제5권 제2호, 11쪽 이하 참조.

소에서 복역 중인 자국민을 생활의 본거지인 국내로 데리고 와 국내 교도소에서 나머지 기간을 복역하게 함으로써 언어 · 문화 · 음식의 이질성과 가족과의 격리 등 형벌 외의 추가적인 고통을 해소해 줄 수 있다. 게다가 출소 후 원활한 갱생과 조속한 사회복귀 촉진을 할 수 있는 장점을 갖는다.[7)]

Ⅱ. 국제형사사법공조[8)]의 구체적 사례

1. 범죄인인도[9)10)]의 경우

2000년 10월 17일자 법무부의 보도자료에 따르면, 중국정부로부터 범죄인인도절차를 통하여 서민들을 상대로 수억원의 사기행각을 벌인 40대 노OO라는 사기범을 국내 송환하게 되었다고 하면서 다음과 같은 사건내역을 공개하였다.

---

7) 수형자의 이송에 관해서 자세한 문헌으로는 신의기, 『형사판결집행에서의 국제공조방안』(2000) 참조.

8) 국제형사사법공조를 원리적으로 말한다면, 형사사건에 관련한 국제협력을 통하여 범죄의 예방과 진압 그리고 범죄자의 인권을 존중하려는 국가간의 협력행위를 뜻한다. 따라서 국제형사사법공조는 형사사법 분야에서 국가간의 범죄인인도와 이른바 狹義의 사법공조, 즉 "증인 및 감정인의 신문, 증거물의 인도, 수색 · 압수 및 검증, 문서의 송달, 정보의 제공에 관한 국가간의 공조"를 뛰어넘어 "형사판결의 집행에 대한 사법공조"와 "형사절차의 이송에 대한 사법공조" 등을 포함할 수 있어야 한다. 그럼에도 한국은 최근까지 협의의 국제형사사법공조와 범죄인인도문제에 국한하여 대처하여 오다가, 지난 2005년 7월에 수형자이송에 관한 협약에 가입하여 오는 11월 이 협약의 발효를 기다리고 있다. 국제형사사법공조에 관한 심층연구문헌으로는 백진현 외, 『국제형사사법공조에 관한 연구』(1993) 참조.

9) 범죄인인도법(법률 제4,015호)의 핵심은 다음과 같다. 대한민국 영역 안에 있는 범죄인은 이 법이 정하는 바에 따라 청구국의 인도청구에 의하여 소추, 재판 또는 형의 집행을 위하여 청구국에 인도할 수 있다. 인도범죄는 대한민국과 청구국의 법률에 의하여 인도범죄가 사형 · 무기 · 장기 1년 이상의 징역 또는 금고에 해당하는 경우에 한하여 범죄인을 인도할 수 있다. 절대적 인도거절사유로는 법률에 의하여 인도범죄에 관한 공소시효 또는 형의 시효가 완성된 경우를 포함하여 4가지 종류가 있으며, 정치적 성격을 지닌 범죄 등의 인도거절과 임의적 인도거절사유 등을 담고 있다.

10) 한국에서 범죄인인도의 문제가 본격적으로 제기된 것은 1984년 7월에 발생한 이른바 회현동 암달러상 살해사건이다. 이해 7월 16일 오전 11시경 홍콩국적을 가진 범인 2명이 서울 회현동의 암달러상 최익훈을 살해했다. 피의자 중 1명은 서울에서 검거되고, 1명을 홍콩으로 도주하였다. 한국정부는 홍콩정부에 대하여 피의자의 인도를 요청하였으나, 홍콩 측에서 한국과 범죄인인도협정이 없다는 이유로 인도를 거부한 바 있다.

사건개요와 경과[11)]

1) 피의자의 인적사항

○ 노OO(여,45세)

2) 범죄사실

○ 1996년 1월 26일부터 1999년 2월 10일경까지 총 52회에 걸쳐 피해자 7명으로부터 합계 2억 4,300만원을 사업자금명목으로 차용하여 편취하였음.

3) 경과

○ 2000년 7월 3일 법무부, 중국정부에 범죄인인도청구.

○ 2000년 8월 8일 중국 공안부장, 인도결정.

○ 2000년 9월 7일 중국최고인민법원, 중국 외교부에 최종인도허가결정 통보.

○ 2000년 9월 11일 중국 외교부, 주중한국대사관에 정식으로 인도결정 통보.

○ 2000년 10월 17일 16:20에 피의자 노OO는 김포공항 도착 예정(중국 출발 아시아나 OZ 340편).

4) 특기상항

○ 노OO는 중국으로부터 정식의 범죄인도절차를 통하여 인도받는 최초의 범죄인임.

○ 중국 사법사상 범죄인인도조약이 아닌 상호주의에 기하여 인도되는 최초의 사례임.

○ 노OO는 2000년 5월 송OO(호주), 8월 변OO(페루)에 이어 2000년도에만 세 번째로 인도되는 범죄인이고, 범죄인인도가 시행된 이래 7번째로 인도되는 범죄인임.

11) 참고로 한、중 양국은 지난 2000년 9월 4일부터 7일까지 중국 북경에서 한、중 범죄인인도조약 체결을 위한 제2차 교섭을 갖고, 조약안 전문에 대하여 완전 합의를 본 바 있으며, 2000년 10월 18일 주룽지 총리의 방한 시에 양국간에 서명되었고, 2002년 4월 12일 발효되었다.

2. 형사사법공조요청[12]의 건

다음은 한국이 미국에 대해 피의자의 범죄혐의 유무를 판단하기 위해 국제형사사법공조를 요청한 어느 사건내용이다.[13]

대한민국 인천지방검찰청 검사 오세범은 2002형제104913호 피의자 허OO에 대한 사기 피의사건을 수사하고 있는 바, 위 사건의 수사상 필요에 의하여 1997. 5. 23. 발효된『한 · 미 형사사법공조조약』[14]에 의거하여 아래와 같이 형사사법공조를 요청합니다.

1) 피의자 인적사항

○ 허OO

○ 국적: 대한민국(1997년 캐나다 영주권 취득)

○ 1947. 4. 22. 생

○ 여권번호 6885XXX

○ 무직(전 Ashcroft Columbia Export LTD 대표)

2) 범죄사실의 요지 및 수사진행 상황

가. 범죄사실의 요지

피의자는 2000. 3. 5.경 및 같은 해 6. 25.경 캐나다에 소재한 '에시크로프트 컬럼비아' 사무실에서 변제할 능력도 없이 고소인으로부터 건초사료 구입대금 명목으로 각 캐나다화 35,000불(환화 2,700만원) 등 70,000불(한화 5,400만원)을 차용하여 변제하지 않은 것임.

---

12) 한국과 중국과의 형사사법공조조약은 1998년 11월 12일 체결되었고, 2000년 3월 24일 발효되었다.

13) 이에 관한 자료는 법무부 검찰국 검찰 제4과로부터 직접 입수한 문건을 필자가 재구성하였음.

14) 한국과 미국과의 형사사법공조조약은 1992년 9월 4일 가서명되고, 1993년 11월 29일 정식으로 서명되었으며, 97년 65월 23일부터 발효되었다. 이 조약의 핵심내용은 다른 형사사법공조조약과 대등소이하나, 특정형식의 부석서를 명시하는 특징을 가지고 있다. 전문 20개의 조문과 공조대상범죄가 피요청국에 성립되지 않는 경우에도 공조를 제공하기로 하였으며, 자금세탁행위에 대한 공조, 항공기 불법납치 억제협약 등 다수의 범죄를 자세하게 명시하여 두고 있다.

나. 수사진행 상황

○ 인천지검은 2000. 11. 15. 고소인 박OOO로부터 고소장을 제출받아 이를 토대로 이 사건에 대한 수사에 착수하였음.

○ 인천지검 검사 오세범은 2001. 10. 22. 고소인을 불러 진술을 청취하는 등 수사를 진행하였음. 수사를 통하여 피의자는 고소사실에 대하여 차용사실을 인정하나, 피의자와 거래관계에 있는 제3자인 톰 존스에게 사기를 당하였다는 취지로 변명을 하였음.

다. 죄명 및 적용법조

○ 형법 제347조(사기): 사람을 기망하여 재물의 교부를 받거나 재산상의 이익을 취득한 자는 10년 이하의 징역 또는 2,000만원 이하의 벌금에 처한다.

○ 형소법 제249조 제1항 제3호에 의해, 사기죄는 공소시효가 7년으로 2007. 6. 24.에 시효가 완성됨.

3) 공조요청의 목적 및 내용

가) 목적

○ 이 사건의 쟁점은 피의자가 고소인으로부터 돈을 차용할 때 이를 편취할 의사가 있었는지 여부인데, 만약 피의자 주장대로 미화 10만불 상당을 톰 존스에게 사기를 당했다면 그에게 騙取犯意가 있었다고 하기 어려우므로 결국 피의자가 사기피해를 당했는지의 여부가 편취범의 유무를 판단하는 결정적인 기준이 된다고 할 것임.

○ 피의자의 사기피해여부, 나아가서 편취범의 유무를 입증할 만한 증거가 없는 이 사건의 경우, 피의자의 주장과 같이 피의자가 사기피해 당시 톰 존스를 상대로 피해신고를 했는지를 확인하는 것이 반드시 필요하다고 할 것임.

나) 내용

○ 따라서 피의자가 톰 존스를 상대로 미국 경찰서에 피해신고를 한 적이 있는지 확인을 구함.

○ 즉 피의자가 피해사실을 신고하였다고 주장하는 Moses Lake 경찰청의 관계자를 상대로 2001. 9. - 10. 경 피의자 허OO가 톰 존스를 상대로 범죄로 인해 피해를 신고한 것이 사실인지, 사실이라면 이후 톰 존스에 대한 수사진행 상황 및 존스의 진술내용이 무엇인지 진술을 청취하고, 피해신고 관련 서류 및 이후 수사서류를 사본하여 주시기 바람.

다) 진술청취 등의 방식

○ 대한민국의 증거법상 위와 같은 공조요청에 따라 경찰관계자의 진술을 청취하거나 관련 서류를 입수하여 사본하는데 있어 특별한 방식을 따르거나 인증을 할 필요는 전혀 없음.

4) 기타

○ 이 사건과 관련하여 문의할 사항이 있으면 인천지방검찰청 오세범 부장검사실로 연락하여 주시기 바람.

○ 귀국의 신속한 공조회신을 기대함.

2003. 1. 14.

인천지방검찰청 부장검사 오세범

Ⅲ. 국제형사사법공조의 국내외의 추이와 현황

1. 국제형사사법공조에 관한 국내외의 추세

바로 이런 이유로 한국은 '범죄인인도법'[15]을 비롯하여 '국제형사사법공조법'[16]을 제정하고, 이에 근거하여 외국과의 범죄인인도조약과 국제형사공조조약을 체결하여 실무에 적극 이용하고 있는 실정이다. 또한 2003년 12월 31일에는 기본법인 '국제수형자이송법'[17]을 제정하여 수형자이송시스템 가동을 위한 국내기반을 완비하였으며, 한국정부는 '수형자의 이송에 관한 협약'(1983년 유럽평의회가 주축이 되어 체결된 국제협약)에 가입하기 위해 2005년 7월 20일 유럽평의회 사무국에 가입서를 기탁하였다. 이로서 협약가입이 발효되는 2005년 11월 1일부터는 미국, 캐나다, 일본, 호주 및 유럽국가 등 59개 협약가입국과 수형자이송을 실시할 수 있는 국제법상의 근거가 마련되었다.[18]

국제사회는 1948년부터 국제적인 형사사법공조에 대해 깊은 관심을 가져왔으며, 1990년 12월 14일에는 총회결의로 범죄인도와 협의의 형사사법공조에 관한 조약의 모델을 비롯하여, 이것을 뛰어 넘는 더욱 한층 발전된 형사사법공조의 틀인 '형사소추의 이송에 관한 조약의 모델'과 '형의 유예자 및 가석방자의 보호관찰의 이송에 관한 조약의 모델' 등을 가결한 바 있다. 특히 유럽지역에서는 이미 1964년 스트라스부르크에서 '형의 집행유예자 또는 가석방의 보호관찰의 이송에 관한 유럽협약'을 체결하여 발효 중에 있고, 1970년 네덜란드 헤이그에서 '형사

15) 한국은 1988년 8월 5일에 범죄인도법을 공포 · 시행하였으며, 이를 근거로 1990년 9월 한국과 호주와의 범죄인도조약에 양국대표가 서명 · 날인하였다.

16) 한국은 1991년 3월 8일에 '국제형사사법공조법'을 공포 · 시행하였다. 그리고 이에 따른 인도심사에 관한 대법원 규칙은 1989년 2월 28일 대법원규칙 제11,047호로 공포 · 시행되었다.

17) 이 법률 제11조에 따르면 국내이송의 요건은 1. 외국에서 자유형이 선고 · 확정된 범죄사실이 한국의 법률에 의하여 범죄를 구성할 것. 2. 외국에서 선고된 자유형의 판결이 확정될 것. 2. 국내이송수형대상자가 국내이송에 동의할 것 등이다. 동 법률 제23조에 따른 국외이송의 요건은 1. 한국에서 자유형이 선고 · 확정된 범죄사실이 외국의 법률에 의하여 범죄를 구성할 것. 2. 한국에서 선고한 형이 확정될 것. 3. 국외이송대상수형자가 국외이송에 동의할 것. 4. 한국에서 자유형이 선고 · 확정된 재판에서 벌금 · 과료 · 몰수 또는 추징이 병과된 때에는 그 집행이 종료되거나 집행을 하지 아니하기로 확정될 것.

18) http://pcrm.moj.go.kr:9129/sys/DNAttach.php?id=153.56747fbf

판결의 국제적 효력에 관한 유럽협약'을 체결하였으며, 1972년 스트라스부르크에서 '형사절차의 이송에 관한 유럽협약'을 체결하여 1978년 발효되었다. 그리고 1983년도에는 '수형자이송에 관한 조약'을 체결하여 유럽국가들 뿐만 아니라 미국과 캐나다까지 가입하였다. 그밖에도 벨기에, 네덜란드, 룩셈부르크 등 이른바 베네룩스 3국은 '형사판결집행에 관한 베네룩스조약'과 '형사절차의 이송에 관한 베네룩스조약'을 체결하였다.[19]

그러나 유감스럽게도 한국은 이와 같은 새로운 형태의 국제형사사법공조를 위한 조약이나 협약에 거의 가입하고 있지 아니하며, 다만 2005년 7월 20일 "수형자이송에 관한 협약"에 가입하여 2005년 11월 1일 발효를 앞두고 있다.

그러나 국내에 장기체류하고 있는 등록외국인과 외국에서 유학이나 사업차 장기체류하고 있는 내국인도 적지 않은 상황에서 범죄시에 형사절차의 이송 등 새로운 형태의 사법공조가 대부분 도입되지 않고 있어, 이들 형사사법공조의 확대를 가급적 빠른 시일 내에 달성되도록 형사정책입안자들의 인식전환이 요구된다. 특히 인적 · 물적 교류가 상대적으로 빈번한 중국과 일본 그리고 미국 등과의 사이에서 이들 새로운 형태의 사법공조가 하루바삐 현실화되어야 할 것이다.

그밖에 세계 각국은 인터폴을 이용하여 국제형사사법공조를 하고 있다.[20] 이 인터폴은 국제 경찰협력기구로서 절차나 형식에 구애받지 않고 24시간 운영되는 「인터폴 네트워크」를 통하여 세계 구석구석까지 광범위하고 실질적인 공조수사가 가능하여 그 효율성이 높다고 할 수 있다. 한국의 경찰도 이와 같은 인터폴의 역할과 기능을 최대한 활용하여 국제범죄에 적극적으로 대처해 나가고 있다.[21]

---

19) 이들 유럽의 국제형사사법공조에 관한 자세한 것은 이병기 외, 『유럽의 형사사법공조제도에 관한 연구』(1995년)를 참조.

20) 인터폴은 범죄에 대한 국가 사이의 상호협력의 필요성이 제기되어 1956년 발족되었고 한국은 1964년 기구가입과 동시에 경찰청에 인터폴 한국사무국을 두고 있다. 인터폴은 국제범죄의 예방과 진압을 위해 자체 헌장과 국내법이 허용되는 범위 내에서 회원국 상호간 필요한 자료와 정보를 교환하고 범인체포 및 인도에 협력하는 국제형사기구(I.C.P.O)의 약칭으로, 총회, 집행위원회, 사무총국 및 181개 국가의 국가중앙사무국으로 구성되어 있다.

21) 또한 1998년 7월 17일 한국도 가입한 "국제형사법원에 관한 로마조약"을 근간으로 해서 네델란드 헤이그에 국제형사법원이 설치되어, 반인륜적 重犯者에대해 국적불문하고 국경을 초울하여형사처벌할 수 있게 되었다.

끝으로 국제사회는 이미 전쟁범죄 등 이른바 극단적 중대범죄자에 대한 형사처벌[22]을 목적으로 2003년 헤이그에 소재지로 한 국제형사법원을 설립하여 운영에 들어갔다. 이 국제형사법원은 1998년 7월 외교관회의에서 국제형사법원규정조약이 체결되면서 가시화되었고, 한국은 애초부터 적극적으로 국제형사법원의 설립에 적극 참가하였으며,[23] 한국인 출신의 국제형사법원 재판관[24]을 두고 있다.

2. 국제형사사법공조에 관련된 조약과 사건처리현황

한국은 범죄인인도법을 1988년에 그리고 국제형사사법공조법을 1991년에 제정하였으며, 이를 근거로 각국 간에 범죄인인도조약과 국제형사사법공조조약을 체결하여 형사실무에 이용하고 있음을 이미 위에서 언급하였다. 이들 법률에 근거하여 외국과 체결한 국제형사사법공조조약의 체결 국가는 2005년 상반기까지 호주, 미국, 캐나다 등 17개국이며, 범죄인인도조약의 체결 국가도 호주, 필리핀, 스페인 등 22개국에 달한다. 전세계적으로 200여 국가가 현존하고 있음을 감안할 때 매우 미미한 수준에서 외국과 범죄인인도 등 국제형사사법공조조약을 체결하고 있음을 부인할 수 없다.

한국은 외국과 국제형사사법공조에 관한 조약을 체결할 때, 체결을 위한 구체적인 지침서가 별도로 존재하지 않으나, 내부적으로는 조약체결 시에 의심스런 경우에는 1990년 UN에서 제정된 '범죄인인도'와 '국제형사사법공조'에 관한 조약의 모델법안을 참조하여 조약안을 마련하는 것으로 알려지고 있다.

한국은 이미 국내법으로 제정된 국제형사사법공조법과 범죄인인도법에 근거하여 체결된 사법공조 체결 국가의 조약에 따라 2005년 4월 30일 현재 총 662건의 국제형사사법공조가 있었다. 한국이 미국에 요청한 형사사법공조의 건은 지금까지 76건이고 다음이 일본인데 63건이며, 중국은 60건에 달하며, 여타 국가까

22) 국제형사법원이 처벌대상으로 삼는 범죄의 범위는 집단살해, 침략행위, 전쟁범죄, 인도에 반하는 범죄 등이며, 이에 관해 자세한 것은, 신의기,『국제형사법원 설립에 관한 연구』(1999), 74-88쪽 참조.

23) 국제형사법원에 관해 자세한 것은 신의기,『국제형사법원 설립에 관한 연구』(1999) 참조.

24) 서울대학교 법과대학 교수인 송상현 박사가 국제형사법원 재판관으로 일하고 있다.

지 합하면 총 250건이다.

역으로 외국에서 한국에 형사사법공조요청건수를 살펴보면 일본이 122건으로 가장 많고, 다음으로 미국이 23건이며 러시아가 17건이고, 중국은 6건에 불과하며, 여타 국가까지 합하면 총 355건이다.

이것을 국가와 연도별로 도표를 정리하면 다음과 같다.

형사사법공조현황(총 662건)

2005년 4월 30일 현재

국가＼년도		88	89	90	91	92	93	94	95	96	97	98	99	00	01	02	03	04	05	계
외국에 요청	미국				5	2	6	1	8	11	3	9	3	3	3	9	8	3	2	76
	일본		1		3		2	5	2	9	4	5	8	5	9	5	2	2	1	63
	중국								2		18	5	3	3	6	5	10	5	3	60
	기타				1	4		1	3	1	4		5	6	1	7	11	3	4	51
	계		1		9	6	8	7	15	21	29	19	19	17	19	26	31	13	10	250
외국의 요청	미국		1	1	3	2	1	1	1	2	2	1	1		1	4		1	1	23
	일본		3		3	6	1	7	7	5	3	12	15	13	9	10	11	4	3	112
	중국									1	1	1	1	1	1					6
	러시아																12	3	2	17
	기타	1	5	7	6	12	4	5	6	11	3	6	25	12	16	31	24	20	3	197
	계	1	9	8	12	20	6	13	14	19	8	20	42	26	27	46	47	48	9	355

다음은 2005년 상반기까지 형사사법공조조약 체결상황이다.

협의의 형사사법공조조약 현황(17개국)

2005년 6월 16일 현재

연번	체결국	체결일	서명자	서명장소	발효일	
1	호 주	92. 8. 25.	양국	법무부장관	캔버라	93. 12. 19.
2	미 국	93. 11. 23	한국 미국	외무부장관 국무부장관	워싱턴 D.C	97. 5. 23.
3	캐나다	94. 4. 15.	양국	법무부장관	오타와	95. 2. 1.
4	프랑스	95. 3. 2.	양국	외무부장관	파리	97. 3. 8.
5	중국	98. 11. 12.	양국	외교부장관	북경	00. 3. 24.
6	홍콩	98. 11. 18.	양국	외교부장관	홍콩	00. 2. 25.
7	러시아	99. 5. 28.	양국	외교부장관	모스크바	01. 8. 10.
8	몽 골	99. 5. 31.	양국	외교부장관	울란바토르	00. 1. 27.
9	뉴질랜드	99. 9. 15.	양국	외교부장관	웰링턴	00. 3. 30.
10	인도네시아	02. 3. 30.	양국	외교부장관	서울	미발표
11	브라질	02. 12. 13.	양국	외교부장관	브라질이아	미발표
12	우즈베키스탄	03. 2. 12.	양국	법무부장관	타쉬캔트	04. 11. 23.
13	필리핀	03. 6. 3.	양국	외교부장관	서울	국회비준동의(05.2.25.)
14	태 국	03. 8. 25.	양국	외교부장관	서울	05. 4. 6.
15	베트남	03. 9. 15.	한국 베트남	외교부장관 법무부장관	서울	05. 4. 19.
16	카자흐스탄	03. 11. 13.	양국	외교부장관	서울	국회비준동의(05.2.25)
17	인 도	04. 10. 5.	양국	외교부장관	뉴델리	05. 6. 8.

그리고 현재 형사사법공조조약의 교섭이 추진 중에 있는 국가는 일본과 멕시코 그리고 남아공화국이다.

이와 같은 협의의 국제형사사법공조조약의 체결 국가는 이와 같이 17개 국가인데, 이들 조약국의 조약내용은 대체로 엇비슷한데 중국과 체결한 핵심내용은 다음과 같다.

① 당사국은 이 조약의 규정에 의하여 형사사건에 관한 수사 · 기소 또는 재판 절차에 있어서 가장 광범위한 공조조치를 서로 제공하여야 한다.

② 공조는 다음을 포함한다.

가. 서류의 송달,

나. 사람들의 진술을 포함한 증거의 취득,

다. 정보 · 서류 · 기록 및 증거물의 제공,

라. 사람 또는 물건의 동일성의 확인,

마. 전문가 평가의 취득과 제공,

바. 수색 및 압수요청의 집행,

사. 피구금자 및 다른 사람들로 하여금 증거를 제출하게 하거나 수사에 협조하도록 하는 것,

아. 범죄취득물과 관련된 공조조치,

자. 피요청국의 법에 의하여 금지되어 있지 아니한 기타 형태의 공조.

③ 이 조약은 다음에는 적용되지 아니한다.

가. 여하한 범죄인인도,

나. 피요청국의 법 및 이 조약에 의하여 허용되는 범위 외에 요청국에서 선고된 형사판결의 피요청국에서의 집행,

다. 형의 복역을 위한 수형자의 이송,

라. 형사사건에서의 재판절차의 이관.

다음 도표는 범죄인인도조약 체결현황이다.

범죄인인도조약 체결현황(22개국) 2005. 6. 16. 현재

연번	체결국	체결일	서 명 자		서명장소	발효일
1	호 주	90. 9. 5.	양 국	법무부장관	서 울	91. 1. 16.
2	필리핀	93. 5. 24.	양 국	외무부장관	서 울	96. 11. 30.
3	스페인	94. 1. 17	양 국	외무부장관	서 울	95. 2. 15.
4	캐나다	94. 4. 15.	양 국	법무부장관	오타와	95. 1. 29.
5	칠 레	94. 11. 21.	양 국	외무부장관	서 울	97. 10. 1.
6	아르헨티나	95. 8. 30.	양 국	외무부장관	부에노스아이레스	00. 11. 9.
7	브라질	95. 9. 1.	양 국	외무부장관	브라질리아	02. 2. 1.
8	파라과이	96. 7. 9.	양 국	외무부장관	서 울	96. 12. 29.
9	멕시코	96. 11. 29.	양 국	외무부장관	서 울	97. 12. 27.
10	미 국	98. 6. 10.	한국 미국	법무부장관 국무장관	워싱턴 D.C.	99. 12. 30.
11	태 국	99. 4. 26.	한국 태국	외교부장관 부총리겸상무장관	서 울	01. 2. 15.
12	몽 골	99. 5. 31.	양 국	외교부장관	울란바토르	00. 2. 15.
13	중 국	00. 10. 18.	양 국	외교부장관	서 울	02. 4. 12.
14	인도네시아	00. 11. 28.	양 국	외교부장관	자카르타국	회비준동의(01.11.)
15	뉴질랜드	01. 5. 15.	한국 뉴질랜드	외교부장관 뉴질랜드대사	서 울	02. 4. 17.
16	일 본	02. 4. 8.	한국 일본	법무부장관 법무대신	서 울	02. 6. 21.
17	우즈베키스탄	03. 2. 12.	한국 우즈베키스탄	법무부장관	타쉬켄트	04. 11. 23.
18	베트남	03. 9. 15.	한국 베트남	외교부장관 법무부장관	서 울	05. 4. 19.
19	카자흐스탄	03. 11. 13.	양 국	외교부장관	서 울	국회비준동의(05.2.25.)
20	페 루	03. 12. 5.	한국 페루	주페루한국대사 외무부장관	리 마	국회비준동의(05.2.25.)
21	과테말라	03. 12. 12.	한국 과테말라	주과테말라대사 외무부장관	과테말라시티	국회비준동의(05.2.25.)
22	인 도	04. 10. 5.	양 국	외교부장관	뉴델리	05. 6. 8.

국제형사사법 공조를 위한 제도에는 위에서 보는 것처럼 각국과 체결한 '범죄인인도조약' 및 '형사사법공조조약' 등이 있으나, 이는 체결국가가 그리 많지 않고, 외교경로를 통하는 등 절차가 복잡하여 이른바 국제범죄자 등에 대한 신속한 대응에는 어려움이 있다.[25]

이에 반해 인터폴은 국제 경찰협력기구로서 절차나 형식에 구애받지 않고 실시간 운영되는 「인터폴 네트워크」를 통하여 세계 구석구석까지 광범위하고 실질적인 공조수사가 가능하여 그 효율성이 매우 높다. 한국 경찰에서는 한국인터폴(KNCB)을 통하여 이루어진 국제공조 사안은 외교경로를 통한 국제형사사법공조와는 비교하기 어려울 정도로 많은 사건을 처리하고 있다. 인터폴에 의해 처리되고 있는 사례는 2003년 한해만 하더라도 3,215건이며, 지역별로는 아시아(1,113건), 북미(763건), 중남미(577건) 순으로 많은 비중을 차지하고 있다. 이에 반해 외교경로를 통한 국제형사사법공조조약과 범죄인인도조약에 근거하여 처리한 사건은 1988년부터 2005년 상반기까지 고작 662건에 불과하다.

외국인 피의자수사 등에 있어 인터폴 활용방법은 피의자 인적사항 · 범죄사실 · 체포영장 · 도주 예상국 등을 명시한 자료를 지방경찰청을 경유, 경찰청 인터폴(KNCB)에 접수하면, KNCB에서 상대국 인터폴에 관련 사항을 확인하고 공조수사를 요청하는 절차를 밟게 된다.

한국에서 인터폴의 국제공조현황

2003년 1월 - 2003년 12월까지(단위: 건)

지역 구분	합계	사무 총국	북미	일본	중국	기타 아시아	유럽	중남미	오세 아니아	아프 리카
합계	3,215	201	763	443	150	520	423	577	102	36
접수	1,786	145	357	225	61	331	282	288	74	23
발송	1,429	56	406	218	89	189	41	289	28	13

25) 이에 관한 문헌으로는 이영란, 한국의 국제범죄의 실태와 대책 『형사정책연구』(1994), 261쪽 이하 참조.

Ⅳ. 국제형사사법공조의 전망과 결론

국가 간의 상호의존성과 국제화의 추세에 따라 범죄도 국경을 초월하는 경우가 적지 않게 된 오늘날 국제형사사법공조는 점차 확대되고 있음은 그간의 자료와 인터폴의 활동을 통해서 여실히 확인할 수 있다. 즉 2003년 인터폴에 의한 국제형사사법공조는 외국에서의 요청과 외국으로부터 요청을 합하여 3,215건이나, 10년 전인 1993년의 경우 이보다 훨씬 적은 621건에 불과했다는 점에서도 알 수 있다. 이점은 외교경로를 통한 국제형사사법의 경우도 예외가 아니어서 1993년에는 총 14건에 불과하였던 것이 2003년에는 78건으로 격증하였음에서도 볼 수 있다.

따라서 앞으로 국제형사사법공조는 더욱 활성화될 것이며, 인적·물적 교류가 많은 국가 간에 사법공조가 집중되리라는 것은 당연한 것이라면, 한국은 선택의 여지없이 중국, 일본 그리고 미국과 형사사법공조의 필요성이 더욱 확대될 수밖에 없다. 그렇기 때문에 우리는 이들 국가와의 형사사법공조가 더욱 폭넓게 활성화할 수 있도록 제도적인 뒤받침과 상호신뢰관계의 발전에 온 힘을 써야 할 것이다.

그러나 아직까지 외교경로를 통한 국제형사사법공조조약에 의한 사법처리의 업적, 특히 범죄인인도청구를 통한 도피사범의 국내 송환실적은 극히 저조하다. 이는 아마도 범죄인인도제도를 포함한 국제형사사법제도가 아직 착근단계에 머물러 있기 때문이며, 또한 대상국가와 법률체계상의 차이와 피청구 국가의 언어를 번역할 수 있는 전문인력 부족 및 국제형사사법공조에 정통한 실무능력자의 부족 그리고 외교경로를 통해서만 관계서류를 전달하고 있어 장시간의 시간을 요한다는 점 등에 주로 기인하고 있다.[26]

앞으로 이런 문제점의 해소 노력을 게을리 하지 말아야 하겠으며, 또한 가능하다면 한·중·일을 중심으로 하는 긴밀한 국제형사법공조체제를 구상하여 실현하는 것이 바람직한 방향이라고 생각된다. 한국과 중국, 일본 모두는 다함께 동

26) 이영란, 한국의 범죄인 인도제도와 효율성 제고방안, 『범죄방지 포럼 제16호, 202쪽 이하 참조.

북아에 위치한 지리적 · 역사적 배경으로 인한 유교적 전통의식과 성문법상의 법체계를 가졌다는 점에서 이들 국가 간의 국제형사사법공조는 기초형성에 매우 유리한 국면에 있다할 것이다. 그래서인지 한국과 중국, 일본 간에 범죄인인도를 비롯한 광의의 국제형사사법공조도 비교적 원활한 형태로 잘 이루어지고 있는 형편이며, 이들 국가 간의 인터폴의 역할에 의한 형사사법공조도 실무상으로 매우 유용하게 이용되고 있다.

그러나 이들 국가들 사이에는 지난 100여 년간 걸어 온 길이 사뭇 달라 오늘날 각국의 법률문화, 법의식, 법률제도, 경제력 등에 따른 차이로 인하여 이들 3개국이 유럽연합처럼 폭넓은 국제형사사법공조를 당장 현실화 할 수 있는 유리한 상황이 심도 있게 조성되어 있는 것이 아니다. 따라서 현재의 시점에서 모든 종류의 국제형사사법공조를 추진한다는 것은 무리이며, 점차 점진적으로 확대 개편하여야 할 것이다. 이를 위해서 우리는 다음과 같은 몇 가지 점에 주의해야 할 것이다.

첫째로 국제형사사법공조가 종국적으로는 이들 국가 간의 국가형벌권의 침해라기보다는 오히려 이를 보완하는 작용을 한다는 점을 정책입안자가 인식하여야 한다. 반인륜적 범죄를 범하고 해외로 도피한 중범죄자가 자국에 없다는 이유로 처벌할 수 없다는 것은 국가형벌권 실현의 무력감을 극명하게 보여준다. 게다가 그런 범법자를 처벌하지 않고 방임한다는 것은 국민의 정의감에 반한다. 이런 문제는 국가 상호간의 형사사법공조가 없으면 해결될 수 없다.

둘째로 한국을 비롯하여 일본과 중국 등의 형사사법체계를 보다 더 국민들의 인권보장을 담보하는 방향으로 개편되어야 하며, 큰 틀에서 볼 때 가급적 유사할 수 있도록 노력해야 할 것이다. 즉 이들 각국은 수사의 절차와 방식, 공정성을 담보할 수 있는 재판제도의 확립, 형벌의 정도와 종류 그리고 형사판결의 집행방법과 수형자의 처우 등을 UN인권헌장과 UN의 각종 권고안에 따라 충실히 이행되도록 해야 할 것이다. 이렇게 하여야만 형사사법공조가 이루어져도 큰 무리 없이 상대국에서 받아들일 수 있기 때문이다.

셋째로 1990년에 체결된 새로운 형태의 각종 국제형사사법공조의 조약모델을 참조하여, 가급적 유사한 국제형사사법조약을 체결하도록 해야 할 것이다.

넷째로 국제형사사법공조의 정책과 조약체결 및 이에 따른 전문가 집단의 양성이 매우 시급하다고 할 것이다. 이는 특히 한국에 해당되는 사항이다.

끝으로 국제형사사법공조가 국가의 영토주권 내지 국가의 독점적 형벌권 행사와의 충돌을 회피할 수 있는 이론과 정당성을 적극적으로 개발하고, 이와 함께 한 · 중 · 일을 중심으로 국제형사사법공조를 위한 국가 간의 정기적 모임을 통한 활성화를 꾀해야 할 것이다.

The international cooperation of criminal justice

Prof. Dr. Il-Tae Hoh

Today, increase of interdependence between the country and trend of internationalization is making crime that transcend border considerable, it has been confirmed clearly through accumulated data and interpol' s activity that international cooperation of criminal justice is expanded gradually. That is, 2003, international cooperation of criminal justice by the interpol is 3,215 items if add request from request in abroad and abroad, however, it was only lesser 621 items than this in 1993 10 years ago. International cooperation of criminal justice through diplomatic channels is not exception, it was not more in total 14 items in 1993, but it is confirmed increased suddenly at 78 keys in 2003.

International cooperation of criminal justice may be activated more, and can expect justly that international cooperation of criminal justice is concentrated between the country that make human interchange and physical alternating current frequent forward. Then, selection of destructively the Korea necessity that must do criminal justice cooperation with

China, Japan and the United States of America more grow. Therefore, we must equip system that do as criminal justice cooperation with these country can be activated more comprehensively and help to develop relationship of mutual trust.

But achievement of disposal of justice by cooperation treaty through diplomatic channels, especially extradition demand of the offender, is extremely inactive up to now. Perhaps, the reason may have stayed international criminal justice system including extradition in startup yet. Also, estimate that difference of legal system between the country, tribe of specialist power that can translate language of the other country, business person of full capacity' s tribe who get acquainted in international justice cooperation and through diplomatic channels, deliver that connected document long hours need etc.. are the major cause.

Forward we must not neglect effort to solved these problems. Also, to thinks and realizes strict international criminal law cooperation system that center Korea, China, Japan is desirable. Korea, China and Japan has confucian tradition consciousness and statute law system by influence of historic background that is been common accordingly with geographical background been locating in North-east Asia. It is very profitable for these country to form basis of international criminal justice cooperation. International justice cooperation including extradition is achieved well relatively smoothly between Korea, China and Japan whether it is, and criminal justice cooperation by Interpol' s activity is used very usefully in business.

But history of these country for past 100 years differs, law culture, expression of law, legal system, economic strength etc. of each country are difference today, and these 3 countries were not readied as favorable situation is deep enough to can actualize wide international criminal justice cooperation immediately like european union. Therefore, it is unreasonable to propel all kinds of international justice cooperation now, and will have to expand and reorganize gradually. We should pay attention to following some for this.

First, policy planner should recognizes that international justice cooperation does action that supplement punishment power of the country without infringing punishment power of these country to satellite exchange preferably. Can not punish for reason that offender who commits serious crime that is violated to humanity and escapes abroad is absent in own country show as is clear that realization that persuade country punishment is enervated. In addition, it is violated in people' s sense of justice to do noninterference without punishing this offender. This problem can not be solved without criminal justice cooperation between the country.

Second, including Korea, criminal justice system of Japan, China etc.. should be revised to direction that secure human rights more and more, and should tries so that can be similar so far as possible if see in big housing. As it were, these each country establishes justice system that become security investigation' s formality, method, fairness, kind and degree of punishment, execution method of detective judgment, treatment about convict etc... according to UN human rights written constitution and Various recommendations of the UN should order faithfully. When criminal justice cooperation is achieved in future though make it like this, the other country can accept without great burden.

Third, refer treaty models about various international criminal justice cooperation of new form that is contracted in 1990, we should do to contract possible similar international detective administration of justice treaty.

Fourth, policy preparation about international criminal justice cooperation, conclusion of a treaty and positivity of expert group is very urgent. This is item correspond to the Korea specially.

Finally, we must develop theory that do as can avoid that international criminal justice cooperation collides with territorial sovereign power (or monopolistic punishment power) of the country actively, justice of international criminal justice cooperation. Korea, China, Japan should plan activation of international criminal justice cooperation by having on-time meeting with such things.

제 10 장

형법 제16조【법률의 착오】

차 례

참고조문

① 본 조의 주장에 대한 판단 법률: 형사소송법 제323조 제2항

② 본 조의 적용제외법률: 담배사업법 제31조, 조세범 제4조, 관세법 제278조

참조문헌

김성돈, 형법 제16조에 대한 입법론, 『형사법연구』 제22호 특집호, 194~211; 김영환, 법률의 부지의 형법해석학적 문제점, 『형사판례연구』 제11호, 47~80; 김일수, 금지착오에 있어서 해석론과 입법론, 『고시계』, 1986; 김종원, 금지착오에 관한 연구, 1975(별쇄본); 김형석, 독일착오론의 역사적 전개 -사비니의 착오론을 중심으로-, 『저스티스』 통권 제72호; 나호진, 사실의 착오와 법률의 착오의 한계, 『검찰』(통권 제55호), 1974; 문채규, "위법성조각사유의 객관적 전제사실에 관한 착오", 『고시연구』, 2001; 박남룡, 법률의 착오 -형법 제16조의 해석론을 위한 학설 · 판례의 개관, 『검찰』(통권 제13호), 1969; 박상진, 위법성착오와 책임조각의 한계, 『중앙대학교 박사학위논문』, 1999; 박정규, 법률의 착오, 『검찰』(통권 제55호), 1970; 성시탁, 위법성의 착오와 형법 제16조, 『박정근 교수 화갑기념논문집』, 2000; 신동운편, 『형사법령제정자료집(1)』, 한국형사정책연구원; 신동운 · 허일태 편저, 『효당 엄상섭 형법논집』, 2003; 심재우, 구성요건착오, 『고시계』, 1982; 엄상섭, 우리 형법전에 나타난 형법민주화의 조항, 『법정』, 1955. 11, 3~7쪽 수록; 안성조, 『법률의 착오에 관한 연구』(박사학위논문), 2006; 안성조, 고대 동양에서의 법률의 착오론, 『비교형사법연구』(제8권 제1호), 45-94; 오영근, 위법성의 인식과 법률의 착오, 『이한교 교수 정년기념논문집』, 2000; 이재상/장영민, 『형법상의 착오』, 1999; 정성근, 위법성조각사유의 전제사실에 대한 착오, 『성시탁교수 화갑기념논문집』, 1993, 381~412쪽; 정창운, 포섭의 착오, 『고시계』, 1962; 정현미, 법률의 착오에 있어서 정당한 이유의 판단기준, 『형사판례연구』, 2001; 조국, 법률의 부지 및 착오이론에 대한 재검토, 『형사정책연구』(제12권 제2호), 2001; 조국, 법률간의 부정합과 금지착오, 『이재상 교수 화갑기념논문집』, 2003; 조준현, 금지착오의 범죄체계론적 의의와 책임근거에 관한 소고, 『박정근 교수 화갑기념논문집』, 1990; 차용석, 위법성의 인식의 내용과 그 체계적 지위, 『성시탁교수 화갑기념논문집』, 1998; 최선호, 위법성의 착오에 관한 연구, 『법학연구』(한국법학회), 1999; 허일태, 법률의 부지의 효력, 『형사판례연구』 제1호, 40~61; 황산덕, 형법 제16조에 있어서의 '정당한 이유', 『서울대법학』, 제1권, 제1호, 1959.

I. 형법 제16조의 취지와 연혁

1. 형법 제16조의 취지와 법률의 착오

'법률의 착오' 를 규율하고 있는 형법 제16조에 따르면 "자기의 행위가 법령에 의하여 죄가 되지 아니한 것으로 오인한 행위는 그 오인에 정당한 이유가 있는 때에는 벌하지 아니 한다."라고 명시되어 있다. 이는 법률의 착오가 형법상 범죄 성립의 여부에 결정적 영향력을 끼칠 수 있음을 인정한 명시적 규정으로서 우리 형법의 특색을 나타내는 중요한 의미를 가진다.

일반적인 의미에서 법률의 착오란 범죄의 구성요건을 실행한 자가 실행행위 당시에 자기의 행위는 금지(혹은 요구)규범에 저촉되지 않는다고 오인한 경우를 말한다. 이를 형법 제16조는 "자기의 행위가 '법령에 의하여' 죄가 되지 아니한 것으로 오인"한다는 문언을 둠으로써 한편으로 '법률의 착오' 에 대한 개념을, 다른 한편으로 '법률의 착오 범위' 를 명백히 하고 있다. 즉 형법 제16조는 법률의 착오가 금지착오의 일종임을 확인하고, 그 적용범위를 법령에 의하여 오인한 경우로 한정하고 있다. 뿐만 아니라 형법 제16조가 인정한 '법률의 착오' 는 형법 제13조 이하에 명시된 '사실의 착오' 와는 다른 법률효과를 나타낸다. 즉 법률의 착오의 경우 그런 착오가 존재한다고 해서 금지규범에 위배된 행위가 곧바로 불가벌이 되지 않고, 그와 같은 착오가 정당한 이유를 가져야만 비로소 불가벌의 효과를 가진다. 다시 말해 법률의 착오에 빠지더라도 그러한 착오에 이르게 된 사유에 과실조차 없어야 불가벌이 될 수 있다는 점에서, 법률의 착오는 결과적으로 법과실의 문제의 다른 면이기도 하다.

이에 반하여 사실의 착오는 법인식(法認識)에 대한 과실의 여부를 문제 삼는 법률의 착오와는 차원이 다르다. 형법 제13조 이하에서 명시된 사실의 착오는 행위자가 범행 시에 구성요건의 요소에 속한 사정을 알지 못해 야기된 경우로서 범죄를 구성하는 구성요건적 '사실' 을 오해한 경우이다. 즉 사실의 착오는 구성요건적 사정을 제대로 알지 못하기 때문에 빚어진 착오인 것이다. 그러므로 자신의 행위가 구성요건에 해당되는 것을 모르는 사실의 착오는 행위자가 구성요건적으로 무엇을 하고 있는지를 알고 있으나 그것이 법적으로 금지되어 있는 것인지를 모르는 법률의 착오와는 본질적으로 다를 수밖에 없다.

따라서 사실의 착오에 빠진 자는 원칙적으로 고의범으로 벌할 수 없고, 고작 과실범으로만 처벌될 수 있을 뿐이다. 그런데 과실범으로의 처벌은 법률에 명문의 처벌규정이 있어야만 가능하므로 사실의 착오가 문제된 사건은 제한된 범위에서 처벌이 가능할 뿐이다. 이에 반해 법률의 착오의 경우 행위자는 고의범에 국한되며 착오에 정당한 이유가 있을 때에만 처벌로부터 면책될 수 있다. 형법의 이러한 태도, 즉 구성요건적 실현사실에 대한 과실보다는 법에 대한 과실을 더욱 엄격히 대하는 태도는 정당한 것으로 보인다. 왜냐하면 구성요건에 해당되는 사실을 알지 못하여 야기된 과실의 경우는 주의력이 깊은 성실한 사람에게서도 쉽게 일어날 수 있지만, 법적 과실의 경우는 주의력이 깊은 성실한 사람이라면 흔하게 범할 수 없기 때문이다.[1]

현행 형법은 정당한 이유에 의하여 법률의 착오에 빠지게 된 행위자에 대해서는 벌하지 아니한다고 함으로써 법률의 착오문제를 책임형법의 차원에서 해결하고 있다. 이는 법과실(法過失)이나 법률의 부지에 대해 무조건 용서할 수 없다는 로마법과 영미법계의 잘못된 전통을 극복한 것으로써 의미를 가진다. 왜냐하면 금지(혹은 요구)규범의 총체로서 법이라는 것은 인간이 지켜야 될 것을 요구하며, 또한 지킬 수 없는 것을 국가나 국민의 이름으로 요구하거나 금지할 수 없기에 국민이 지킬 수 없는 것을 요구하거나 금지한다는 것은 이러한 법의 본성을 넘어선 것이고, 그런 법에 대해서 책임을 묻는다는 것은 책임형법의 한계를 일탈하기 때문이다.

이런 점에서 형법 제16조는 책임형법의 틀 위에서 구축된 것이며, 행위자가 자신의 행위에 대한 위법성의 인식 내지 인식가능성을 가질 수 있어야 적법행위의 기대가능성에 근거하여 그 행위자에게 책임을 지울 수 있도록 구조화되어 있다. 1953년에 제정된 형법의 이러한 사상은 형법 제정 당시의 다른 외국 형법의 제 상황에 비추어 볼 때 매우 획기적인 발상이며, 20세기의 형법이론의 발전을 실현한 셈이다. 특히 당시 주요 외국 형법전은 사실의 착오에 대해서는 법적 효과를 인

1) 이에 관해서는 안성조, "고대동양에서의 법률의 착오론", 비교형사법연구 제8권 제1호, 46~47쪽 참조: 이와 같은 사고방식은 "로마법에서 법의 부지는 용서될 수 없다"는 사상적 배경이기도 했다.

정하고 있었지만, 우리 제정형법과는 달리 법률의 착오에 대한 법적 효과를 인정하는 입법례는 거의 없었다. 제정형법은 위법성의 인식가능성조차 없으면 책임을 지울 수 없도록 함으로써 위법성의 인식문제를 책임의 핵심요소로 이해하는 계기를 제공하였으며, 이로 인해 종래의 고전적 범죄체계를 극복하고 현대적 범죄체계의 이론 확립에 기여할 수 있게 되었다.

그럼에도 불구하고 대법원 판례는 오래 전부터 형법 제16조를 매우 제한된 범위에서만 적용하고 있다. 즉 형법 제16조는 "자기가 행한 행위가 법령에 의하여 죄가 되지 아니한 것으로 오인한 행위"의 의미를 "일반적으로 범죄가 되는 경우이지만 자기의 특수한 경우에는 법령에 의하여 허용된 행위로서 죄가 되지 아니한다고 오인한 행위"[2]로 제한하고 있다. "법령에 의하여 죄가 되지 아니한 것"의 일반적 의미는 실정법을 몰라서 법령에 의하여 죄가 되지 아니한 것으로 오인한 행위를 포함하게 되지만, 대법원의 해석처럼 이해하면 이를 불포함하는 결과를 야기하게 된다.[3]

2. 법률의 착오에 대한 입법과 연혁

법률의 착오는 20세기 중반까지만 해도 거의 모든 국가의 형사실체법에서 형법의 기본원리로서 자격을 인정받지 못하였다. 고대의 로마법[4]은 물론이고 근대형법의 모범이었던 1813년의 바이에른 형법을 비롯하여 현대형법의 모범인 1871년 독일 제국형법도 법률의 착오에 대해 효력을 인정하지 아니하였다. 물론 우리

2) 특히 대법원 2006.3.24. 2005도3717: "형법 제16조에서 자기가 행한 행위가 법령에 의하여 죄가 되지 아니한 것으로 오인한 행위는 그 오인에 정당한 이유나 있는 때에 한하여 벌하지 아니한다고 규정하고 있는 것은 일반적으로 범죄가 되는 행위이지만 자기의 특수한 경우에는 법령에 의하여 허용된 행위로서 죄가 되지 아니한다고 그릇 인식하고 그와 같이 그릇 인식함에 정당한 이유가 있는 경우에는 벌하지 아니한다는 취지…."

3) 대법원에 따르면 1961년의 판결부터 형법 제16조의 취지는 "단순한 법률의 부지의 경우를 말하는 것이 아니"라는 점을 분명히 하였다. 이에 관해서는 대법원 1961.10.5. 4294형상208 참조.

4) "법률의 부지는 용서받지 못한다"는 로마법상 착오법리의 배경에는 사실의 착오는 주의 깊은 사람에게도 쉽게 일어나지만, 법률은 너무도 명확해서 누구도 쉽게 알 수 있기 때문이라는 데에 있다. 이에 관해서는 안성조, 고대동양에서 법률의 착오(2006년 한국비교형사법학회 춘계학술발표대회의 Proceeding), 2쪽 참조.

나라의 현대적 형법의 효시라고 볼 수 있는 1905년에 제정된 형법대전도[5] 법률의 착오에 대한 규정이 없으며, 한국 최초의 체계적 형법 교과서를 저술했던 형법학자인 장도도 법률의 착오를 면책사유로 인정할 수 없음을 분명히 하였다.[6] 일본의 식민지로 편입된 후 조선형사령에 의거하여 1912년부터 시행된 의용형법인 우리의 구형법[7]도 법률의 착오의 경우 기껏해야 형을 감경할 수 있게 하였을 뿐이다. 현행 일본형법이나 대만형법은 오늘날까지도 법률의 착오의 경우 형을 감경할 수 있을 뿐이며, 중국의 2002년 개정형법과 북한의 2004년 수정형법은 아예 법률의 착오에 관한 규정조차 두지 않고 있고, 이들 국가에서는 범행에 대한 위법성의 인식이 불가능한 경우에도 처벌의 길을 열어두고 있는 실정이다.

반면에 독일에서는 1930년대부터 Hans Welzel의 영향으로 법률의 착오를 책임조각사유의 근거로 인정하는 학설이 등장하였으며, 1950년대 이후 하급심 법원들이긴 하지만 독일의 다수 법원들이 이 학설을 받아들이기 시작하였다. 급기야 독일연방법원은 전원합의부의 결정으로 모든 법률의 착오에 대해 그 착오의 회피가능성 여부를 의존시키고, 착오의 회피가 불가능하면 처벌될 수 없다고 판시하였다.[8] 이를 계기로 독일에서 법률의 착오를 입법적으로 해결한 것은 1975년에 시행된 독일형법 제17조를 통해서이다.

1953년 제정된 우리 형법상 법률의 착오에 관한 조항은 1941년의 일본개정형

5) 장도 편저, 신구형사법규대전 하권, 隆熙 元年: 형법대전이라고 일컫는 이 법전은 제1편 法例, 제2편 罪例, 제3편 刑例로 편성되어 있고, 총678조로 구성되었다. 형법대전의 제정에 관한 깊은 연구는 문준영, 대한제국기 《형법대전》제정에 관한 연구(서울대학교 석사학위 논문, 1998)에서 찾아 볼 수 있다.

6) 장도, 형법총론, 1908(김효전 교수에 의해 2004년에 다시 출간됨), 121쪽 이하: 장도에 의하면 법률의 착오(문헌에서 장도가 일본형법의 예에 따라 법률의 착오라는 표현을 처음으로 사용한 것으로 보임)에 대해 "법률규칙을 不知하는 所以로 책임을 免치 못함은 형법상의 원칙이라"고 논술하였다. 다만 새로운 법령이 공포되었으나 천재지변에 의하여 알지 못한 경우에 국한하여 책임이 없는 것으로 하였다. 이에 관해서는 특히 124-125쪽 참조.

7) 일본은 1882년 프랑스인 보아소나드(Boissonade, 1825-1910)가 프랑스 형법을 근간으로 하여 기초한 일본 최초의 근대형법전을 가졌으나, 1908년 다시금 독일 제국형법전을 근간으로 하는 현행형법을 제정하여 시행하였다. 이 법률이 식민지시대에 우리나라에 依用하여 적용되었기 때문에 이를 의용형법이라고 불렀다.

8) BGHSt 2, 194.

9) 그러나 이미 1941년의 일본개정형법가안(이하에서는 '일본가안'이라고 칭함)은 제11조 제2항에서 법률의 착오를 명시하고, "법률을 모르는 경우에 자기행위가 법률상 허용된 것으로 믿는 일에 대하여 상당한 이유가 있을 때에는 그 형을 면제한다"는 입장을 취하였다. 이의 영향을 받은 1974년의 일본개정형법초

법가안[9]의 착오조항의 영향을 적지 않게 받았다고 생각된다. 형법의 기초 및 제정에 깊숙이 관여하였던 엄상섭 선생은 1947년 9월호 법정에 형법요강해설(1)[10]을 게재하면서 법률의 착오에 관해 다음과 같은 언명을 하면서 일본가안과 거의 동일한 내용을 상정하고 있기 때문이다.

> "…『자기의 행위가 법률상 허용된 것이라고 믿음에 대하여 상당한 이유가 있는 때에는 그 형을 면제한다.』는 규정을 두어서 해석론상으로 문제 많았던 것을 입법적으로 해결할 예정이며 …."

그러나 우리 형법상 법률의 착오는 일본가안의 그것에 비추어 볼 때 내용과 성격의 부분에서 많은 차이점을 가졌음에 주목할 필요가 있다. 즉 ① 형법은 법률의 착오에 대한 법률효과로서 "벌하지 아니 한다"고 하는 반면에, 일본가안은 "형을 면제한다"는 용어를 사용하고 있다. 일본가안이 범죄의 구성요건해당성이나 위법성 또는 책임에 해당되지 않은 경우에는 통상적으로 "죄가 되지 아니 한다"고 하고 있는데 반해, 범죄는 성립되지만 처벌의 감경 또는 면제사유가 존재할 때에만 형을 감경하거나 면제한다고 명시한다. 따라서 일본가안은 법률의 착오의 경우 책임탈락을 인정한다고 볼 수 없기 때문에 범죄는 성립되지만 가벌성만 면제될 수 있다고 해석하는 것이 자연스럽다. 이 점은 우리형법이 법률의 착오를 책임조각사유로 파악하는 것과 본질적으로 다른 점이다. ② 일본가안은 그 적용범위를 '법률을 모르는 경우'로 함으로써 '법률의 부지'도 법률의 착오로 인정될 수 있다는 사실을 명백히 하였음에 반하여, 우리의 경우 착오의 범위를 "법령에 의하여 죄가 되지 아니한 것"으로 국한함으로써 '법률의 부지'를 제외시킬 수 있는 해석의 여지를 남겨두었다.

안 제21조 제2항도 "자기의 행위가 법률상 허용되지 아니하는 것임을 알지 못하고 범한 자는 그 점에 대하여 상당한 이유가 있는 때에는 이를 벌하지 아니 한다"고 규율하였다. 법률의 착오에 관한 이러한 진전된 태도는 환영할 만한 일이었으나 그럼에도 불구하고 일본에서는 아직까지 입법적으로 관철되지 못하고 있다.

10) 이에 앞서 법제편찬위원회의 형법요강은 1947년 7월호 *法政*이란 잡지에 법제편찬위원회의 형법요강이 발표되었다.

기본적으로 우리 입법자는 법률의 착오를 형법상 책임주의의 실현과 형사실무상 타당성의 담보화에 역점을 두었다. 이 점은 엄상섭 선생의 1955년에 발표된 다음과 같은 논문구절에서도 볼 수 있다.

> "법을 모른다고 하여 처벌을 면할 수 없다"는 것이 형법상 원칙이거니와 이 원칙의 절대적인 적용만으로는 심히 가혹하여 행위자로서는 억울키 한량없는 경우가 있는 것이다. 더구나 법이론은 정교해짐에 불구하고 각종 형벌법규는 가일층 복잡화되는 반면에 일반 민중의 직업상의 노력량이 증가하기만 하는 사회추세에 비추어 일반 민중으로서는 범법이 되는 것이 아니 되는 것인가를 알기 어려운 경우가 더욱 많아진다는 것을 시인할 때에 "법률의 부지는 면책사유가 되지 못 한다"는 것만으로는 현실과 실정을 무시하는 노릇이다.[11)]

20세기 중반에 제정된 우리 형법이 이처럼 법률의 착오문제를 책임의 영역으로 다루고, 그것이 위법성에 대한 착오임을 명백히 하였으며, 형법 제16조의 착오규정을 통하여 책임주의의 실현과 사안의 타당한 해결책을 구하려고 하였다는 점은 당시 선진 각국의 입법상황에서 비추어 볼 때 전혀 손색이 없는 현대 형법의 신기원을 개척한 선진형법이었음을 보여준다.

Ⅱ. 법률의 착오에서 위법성의 인식문제

1. 범죄의 성립과 위법성의 인식

행위자는 자기가 무엇을 실행하고 있는지를 알고 있으면서도 자기의 행위가 법적으로 금지된 것을 모르거나 허용된 것으로 오인한 경우 어떻게 처리해야 할

11) 엄상섭, "우리 형법전에 나타난 형법민주화조항", 법정, 1955. 11. 3-7쪽. 이 글을 통해서 우리 입법자는 구형법상 법률의 착오에 대한 법적 효과를 합리적으로 처리하는데 실무상의 애로를 파악하고 있었고, 이러한 애로를 형법상의 원칙에 걸맞게 입법적으로 해결해야 할 필요성을 절감하고 있었음을 추측할 수 있다.

것인가에 대해 의견이 분분하며 오늘날 국내외의 학계나 판례에서 그에 관한 공통의 기준이 마련되어 있지 않다. 그러나 행위자의 위법성 인식 내지 인식가능성이 범죄성립에 있어서 불가결하다는 점에서는 오늘날 국내외의 학계에서도 일치되어 있다.[12] 우리가 어느 행위자를 처벌하기 위해서는 자기 행위가 위법한 것인가 아니면 정당한 것인가에 대한 구별의 인식이나 인식 가능성이 있어야 비로소 그가 피했어야 할 위법한 행위를 택했다고 비난할 수 있을 것인데, 법률의 착오와 같이 그와 같은 인식이나 인식가능성도 없을 수 있는 행위자를 무조건적으로 비난하는 것은 책임주의에 반하며, 논리적으로도 모순이기 때문이다. 바로 이런 이유로 오늘날에 와서는 위법성에 대한 착오를 무조건 무시하는 태도를 극복하여 위법성에 대한 착오시 행위자를 비난할 수 없기 위해서는 그가 위법성 인식을 못한 이유에 대해 정당한 사유를 구비하도록 하고 있다. 그리고 이러한 책임형법 원칙을 철저히 준수하기 위하여 우리 형법은 한편으로 형법 제16조에 의한 법률의 착오규정을 통하여 위법성의 인식 내지 인식가능성을 책임판단의 전제조건으로 삼고 있으며, 다른 한편으로 형법 제12조, 제21조 제3항과 제22조 제3항을 근거로 일정한 유형의 적법행위에 대한 기대가능성이 없으면 책임비난을 할 수 없도록 하고 있다.

2. 위법성의 인식 범위

대법원은 이미 1961년의 판결에서 위법성의 인식 범위를 명백히 한 바 있다. 판례에 따르면 위법성의 인식이 있다고 하기 위해서는 행위자가 "자기행위가 사회정의와 조리에 어긋난다는 것을 인식하는 것으로 족하고, 구체적인 해당 법조문까지 인식할 것을 요하지는 않는다."[13]고 판시하고 있다.[14] 물론 위법성의 인식

12) 김일수, 형법총론 8판, 376쪽 이하. 김일수 교수는 이를 불법의식으로 부르고 있다; 박상기, 형법총론 6판, 243쪽 이하; 배종대, 형법총론 8판책, 456쪽 이하; 신동운, 형법총론, 371쪽 이하; 오영근, 형법총론, 2005, 437쪽 이하; 이재상, 형법총론 5판, 326쪽 이하; 이정원, 형법총론 3판, 249쪽 이하; 임웅, 형법총론 개정판, 295쪽 이하; 정성근/박광민, 형법총론 2판, 321쪽 이하; 황산덕, 형법총론 제7판, 199-205쪽.

13) 대법원 1961.2.24. 4293형상937; 같은 입장에서 대법원 1987.3.24. 86도2673.

14) 대법원의 이러한 입장에 동조한 분으로는 배종대, 앞의 책, 457쪽.

범위를 법률전문가만이 알 수 있을 정도로 '구체적인 해당조문' 까지 아는 고도의 수준으로 요구한다면, 일반인은 비록 자기행위가 사회적으로 용납할 수 없는 중요한 법익을 침해한다는 것을 알고 있거나 알 수 있었다 해도 그가 그것에 해당하는 특정한 법규정을 정확히 알 수 없는 경우가 많을 것이므로, 위법성의 인식 내지 인식가능성은 별로 없게 될 것이다. 이는 곧 형사법상 처벌의 광범위한 누수현상을 야기하기 때문에 위법성의 인식범위를 극도로 넓게 요구하는 것은 바람직스럽다고 할 수 없을 것이다. 그러나 단순한 윤리적 가치위반이나 사회적 정의에 반한다는 인식만으로는 위법성의 인식 내지 인식가능성이 있다고 볼 수 없을 것이다. 왜냐하면 인간에게 참기 힘든 형벌이라는 고통을 수단으로 하고 있는 형법은 모든 윤리적 가치나 사회적 가치를 보호하는 것이 아니라, 인간의 생존과 생존유지의 배려를 위해 불가피한 본질적인 가치만을 보호하는 데에 국한되어야 하며, 그러한 본질적 가치가 아닌 반도덕성의 인식이나 반사회성의 인식만으로는 법적으로 금지되어 있는 사실을 인식한 것으로 평가할 수 없기 때문이다. 만일 반사회성이나 반도덕성의 인식만으로도 위법성의 인식 내지 인식가능성을 단정해 버린다면, 자기행위가 비록 반사회성이나 반도덕성을 갖고 있음을 인정하더라도 정당한 이유로 법률에 의해 금지된 것은 아니라고 믿는 경우까지 위법성의 인식을 인정하는 수밖에 없는 결과가 된다. 역으로 확신범은 자신의 행위가 도덕적 혹은 정치적 · 종교적으로 정당하다고 확신한 범죄인데, 이런 범죄의 성격이 비록 사회공동체적으로 매우 위험해도 대법원의 입장을 철저히 따르게 되면 위법성의 인식이 없는 결론에 이르게 된다.[15]

더구나 어느 행위가 제아무리 반사회적이라 하더라도 그 행위가 이미 법으로 명확히 금지된 행위가 아니면 그 행위는 처벌되지 못한다는 죄형법정주의의 정신은 존중되어야 할 뿐만 아니라, 자기의 행위가 법으로 금지된다는 것을 알고 있거나 알 수 있을 때에 한해서 그 행위자를 비난할 수 있다면, 자기의 행위가 단순히 사회상식에 어긋난다는 인식만으로 위법성의 인식 내지 인식가능한 것이라고 보는

15) 확신범의 문제에 관해 자세한 언급은 신동운 · 허일태 편저, 효당 엄상섭 형법논집, 157쪽 이하 참조.

것은 지나치다. 이런 이유로 범죄사실이 사회정의와 조리에 어긋남을 인식하는 것만으로 위법성의 인식을 인정한 판례의 태도는 잘못된 것이라고 아니할 수 없다. 왜냐하면 자기행위가 사회정의와 조리에 어긋난다는 인식은 자기행위의 반사회성 내지 반도덕성을 인식하는 수준밖에 되지 않는 경우가 많기 때문이다.[16]

또한 대법원의 견해는 형법 제16조 '법문의 어의'에 반한 것으로 보인다. 왜냐하면 위법성의 인식 내지 인식가능성이 없으려면, "자기의 행위가 법령에 의하여 죄가 되지 아니하는 것으로 오인"해야 할 뿐만 아니라 "그 오인에 정당한 이유가 있어야" 한다고 형법 제16조가 요구하고 있는데, 이에 따라 위법성의 인식이나 인식가능성이 존재하려면 행위자는 자신의 행위가 법령에 의해 어느 범죄유형에 해당되는 것을 알거나 알 수 있어야 하기 때문이다.[17]

따라서 위법성의 인식수준에 관한 대법원의 입장은 위법성 인정의 폭을 지나치게 확대하게 되어 책임주의와 죄형법정주의의 원칙에 반한다고 평가할 수 있다. 대법원의 입장을 관철한다면, 법이 무엇을 금지하고 있는지를 일반인이 전혀 예견할 수 없어 금지규범을 피할 수 없었다고 하여도 사회정의감에 반한다는 의식을 하는 행위자에게 위법성의 인식이 있다고 단정 짓는 결과가 되며, 타당하다고 할 수 없기 때문이다. 형법은 책임주의와 죄형법정주의를 천명하고 있으며, 이것이 의미하는 바는 모든 형사실체법은 무엇이 죄인가를 성문화하여 국민 일반인에게 미리 알림으로써 행위자가 행위준거로 삼게 하여 불법을 삼가게 하는 데에 있는 것이다. 이런 점에서 "위법성의 인식은 자신의 행위가 범죄에 해당됨을 알든가 또는 알 수 있는 경우에 국한된다."고 해야 할 것이다.

사정이 이렇다면 자신의 행위가 법으로 금지된 것이라는 인식과 관계없이 사

16) 그러나 자기의 행위가 사회정의나 조리에 어긋나리라는 것을 인식한 자는 위법성의 인식가능성이 있기에 자기 행위가 확실히 법에 저촉될 수 없다고 믿는 상당한 이유가 없는 한, 일단 권한 있는 관계기관이나 전문가에게 문의를 하여 정당하다고 신뢰하게 되면 그에 따라야 할 의무가 있다고 해야 하기 때문에 그러한 의무를 게을리 하여 법에 금지된 것을 몰랐다면, 위법성의 인식가능성이 있다고 해야 할 것이다. 이러한 범위에서 자기 행위의 반사회성이나 반조리성의 인식은 위법성의 인식가능성에 영향을 미친다고 할 수 있을 것이다.

17) 그렇지 않고 사회정의감에 반하는 생각만으로 위법성의 인식을 인정한다면, 정의감에 반하는 행위를 하였다고 생각하였지만 사실은 실정법을 준수하였던 행위자는 위법성의 인식을 하였다는 결과를 야기하기 때문이다.

회정의감의 인식 여부 등으로 위법성의 인식을 인정한다는 것은 위법성의 인식 범위를 지나치게 확대하는 것이 되어 죄형법정주의에 어울리지 않게 된다고 말할수 있을 것이다.

3. 범죄성립에서 위법성 인식의 기능과 역할에 관한 제 학설과 비판

책임비난을 가하기 위한 위법성의 인식문제는 위법성의 인식가능성만으로도 충족될 수 있기 때문에 위법성의 인식은 위법성에 대한 현실적 인식만을 요구하는 것이 아니라, 위법성의 잠재적 인식으로도 충분하다. 즉 책임비난은 위법성의 현실적 인식이 없어도 잠재적 인식만으로도 가능하며, 이 한도에서 위법성의 인식문제는 책임비난의 소극적 요소에 해당될 수 있음을 보여준다.[18] 결국 법률의 착오와 관련한 위법성의 인식문제는 위법성을 인식할 수 있었음에도 과실로 인식하지 못했다는 점에서 위법성에 관한 법과실을 의미한다. 그리고 의견의 다툼이 심한 부분은 책임의 구조와 책임요소에서 위법성의 인식이 차지하는 지위에 대해서이다.

---

18) 이에 관한 문제점에 대해서는 김성돈, 형법총론(2006), 418쪽.

19) 고의설은 위법성의 인식을 고의의 구성요소로 보는 데서 붙어진 이름이다. 고의설은 고의를 책임의 핵심요소로서 파악했던 인과적 범죄체계에서 필연적으로 나타난 이론이다. 이 견해는 고의를 책임요소의 핵심으로 보며, 위법성의 인식도 고의의 불가분적 구성부분으로 파악한다. 그 결과 위법성의 인식이 없으면 고의책임이 조각된다고 보게 된다. 이러한 입장에 따르게 되면, 의미 있는 착오는 오직 하나밖에 없게 된다. 왜냐하면 사실의 착오나 법률의 착오도 오직 하나의 착오효과, 즉 책임을 조각하느냐의 문제에만 집착되기 때문이다. 그러나 이러한 견해는 형법 제16조를 통해서 법적으로 의미가 없어졌다. 왜냐하면 형법 제16조는 위법성의 인식에 대한 착오가 정당한 이유를 가지면 구성요건적 고의를 별론으로 하고 책임을 지울 수 없다는 취지이고, 형법 제13조 이하에 명시된 구성요건적 사실의 착오에 해당되면 책임이 조각되는 것이 아니라, 오직 구성요건적 고의가 조각된다고 보는 것이 형법의 체계에 정합적으로 부합하기 때문이다. 고의설 중에도 위법성의 인식은 없으나 인식가능성만 있는 경우, 과실책임을 인정할 것인지 아니면 고의책임을 인정할 것인지에 따라 엄격고의설과 제한고의설로 나누어진다.
① 엄격고의설: 엄격고의설은 고의설의 입장을 철저하게 준수하는 입장이다. 즉 위법성의 현실적 인식이 있는 경우에만 고의책임을 인정하고, 없으면 고의책임이 조각된다고 본다. 다만 과실로 인해 위법성의 인식이 없다면 과실책임이 인정되지만, 위법성의 인식가능성조차 없다면 범죄가 성립될 수 없다는 것이다.
② 제한적 고의설: 제한적 고의설은 엄격고의설을 완화하여 일정한 예외를 허용하는 입장이다. 즉 제한적 고의설은 위법성의 인식은 없으나 인식가능성만 존재하는 경우 과실책임으로 처리하는 엄격고의설과 달리 고의책임으로 다루는 입장이다.
오늘날 판례는 제한고의설의 입장에 가깝지만 제한적 고의설에 완전히 기운 것은 아니라고 할 것이다. 제한적 고의설에 가깝다고 본 것은 다음에 언급하는 판례에서 볼 수 있듯이 위법성의 인식가능성이 있으면, 과실책임으로 벌하지 않고, 고의책임으로 벌하기 때문이다. 즉 판례는 "… 비록 채권자가 … 공탁금수령

견해의 대립이 심각했던 분야 중의 하나는 이른바 고의설[19]과 책임설의 싸움이었다. 즉 고의를 책임요소로 인정하고 고의성립에 위법성인식이 요구된다는 입장과 고의를 구성요건요소로 보고 위법성인식은 고의와 무관한 독자적인 책임요소로 파악하는 입장 사이의 다툼이 그것이다. 그러나 현행 형법이 사실의 착오와 법률의 착오를 구별하여 각각 독자적인 법적 효과를 주고 있기 때문에 법률의 착오는 사실의 착오와 달리 고의를 조각하는 것이 아니라 위법성만을 조각할 수 있도록 구조화되어 있다. 이 때문에 고의를 책임의 핵심적 요소라고 보는 고의설은 현행 형법상 설 땅이 없게 되었다.

따라서 오늘날 법률의 착오와 관련된 위법성 인식의 문제에 대해 의미 있는 학설로는 책임설과 소극적 구성요건요소이론만 남아 있다.

1) 책임설

책임설은 법률의 착오를 사실의 착오와 구별하고 위법성의 인식을 책임의 독자적 요소로 파악한다. 그 결과 위법성의 인식결여는 법률의 착오로서 고의에 관계되는 것이 아니라, 책임의 영역에 속하게 된다. 그러므로 법률의 착오에 대한 법적효과는 사실의 착오와 달리 고의를 조각하는 것이 아니라, 책임을 조각하거나 감경할 수 있을 뿐이라고 본다.

책임설에 의하면 위법성의 현실적 인식이 있는 경우에는 책임이 완전히 인정

의 법률상 효과에 대한 정확한 지식이 없었다 하더라도 … 이자제한법의 존재가 공지의 사실로 되어 있는 거래계의 실정에 비추어 막연하게나마 자기의 행위에 대한 위법의 인식이 있었다고 보지 못할 바가 아니므로 위 채권자의 미필적 고의는 인정할 수 있다"(대법원 1988.12.13. 88도184; 그 밖에도 대법원 1989.2.14. 87도1860)고 판시하고 있다. 그러나 판례가 제한적 고의설을 전폭적으로 지지한다고 보는 것은 잘못이다. 판례가 제한적 고의설에 따른다면, 법률의 부지에 대해서도 고의책임을 인정해야 하는데 판례는 이와는 반대의 길을 걷고 있다. 왜냐하면 법률의 부지는 위법성의 인식이 없는 것이므로 고의가 없다고 하는 것이 논리적인데도, 판례는 법률의 부지의 경우 위법성의 인식가능성조차 없어도 고의책임을 인정하기 때문이다.

제한적 고의설은 고의설을 완전히 버릴 때에만 다소나마 합리성을 가질 수 있다. 왜냐하면 고의는 대상의 인식 여부에 관한 것으로 대상 자체를 인식하지 못하였으면 고의일 수 없고, 대상의 인식가능성이 있었으면 과실일 수 있으나 결코 고의가 될 수 없기 때문이다. 그럼에도 제한적 고의설은 위법성의 인식가능성만 존재하면 고의책임으로 처벌할 수 있다는 발상은 오직 가벌성의 누수를 막기 위해 법논리를 왜곡하는 것이다.

되고, 위법성의 인식가능성만 있는 경우에는 책임이 감경되며, 위법성의 인식가능성조차 없으면 책임이 조각되게 된다. 그리고 법률의 착오에 의한 책임조각이냐 아니면 책임감경이냐의 문제는 결과적으로 그 착오를 함에 있어서 정당한 이유가 있는가의 여부와 정도에 달려 있다고 본다.

책임설 중에서도 고의 · 과실의 이중적 기능의 인정 여부와 위법성조각사유의 전제사실의 착오에 대한 법적 효과를 어떻게 할 것인지에 따라 엄격책임설과 제한책임설로 나뉘어 있다.

(1) 엄격책임설

엄격책임설에 따르면 고의와 과실은 구성요건요소일 뿐이고 책임요소는 아니며, 위법성의 인식문제와 적법행위의 기대가능성이 책임의 핵심적 요소에 속하게 된다. 이 견해에 따르면 구성요건에 해당하는 사실의 착오에 대해서만 고의가 조각되고, 금지규범과 관련된 모든 착오는 그 착오에 정당한 이유가 있어야만 책임이 조각된다. 위법성조각사유의 전제사실이 충족되어 있다고 오인한 행위자가 이로 인하여 자신의 행위를 정당한 것으로 파악할 수 있게 된다는 점에서 법률의 착오에 해당하며, 따라서 이런 착오의 경우에도 정당한 이유가 존재해야 책임이 조각된다고 보게된다.[20)]

(2) 제한적 책임설

제한적 책임설은 엄격책임설의 입장을 완화하여 위법성조각사유의 전제사실에 대한 착오의 경우에는 고의범으로 처벌할 수 없지만, 그 밖의 착오에 대해서는 엄격책임설과 같은 입장을 취한다. 제한적 책임설 중에는 고의와 과실이 구성요건요소이면서 책임요소로서 이중적으로 기능한다는 입장도 있다. 이와 같은 견해의 배경에는 위법성조각사유의 전제사실에 대한 착오를 고의범으로 처벌하기보다는 과실범으로 처벌하는 것이 국민의 법감정에 보다 잘 어울린다고 판단하기 때문이다.

20) 엄격책임설에 있는 입장으로는 김종원, "정당화사정의 착오에 관한 일고찰", 고시연구, 1993. 8, 20쪽; 오영근, 앞의 책, 445; 정성근, "위법성조각사유의 전제사실에 대한 착오", 성시탁교수 화갑기념논문집, 381~412쪽; 정성근/박광민, 앞의 책, 345~346쪽.

제한적 책임설은 하나의 완결되고 통일된 내용의 학설이라기보다는 다양한 근거를 가지고 엄격책임설을 완화하여 국민의 법감정에 어울리는 결론을 도출하려는 학설들의 집합이다. 즉 이 학설은 위법성조각사유의 전제사실에 착오가 있는 경우 고의범으로 처벌하지 않고 과실범으로 다루는 데에 공통분모를 찾을 수 있다. 제한적 책임설 중 학계에서 의미 있는 입장으로는 사실의 착오유추적용설과 법효과제한책임설이 있다.

가. 사실의 착오유추적용설

이 견해는 위법성조각사유의 전제사실의 착오에 대해서 사실의 착오를 유추적용하여 고의가 조각된다는 입장이다.[21] 이 견해에 따르면, 이러한 종류의 착오는 구성요건적 행위를 허용하는 법 그 자체에 대한 착오가 아니라, 그러한 법을 형성하는 '구체적 사정' 에 관한 착오이기 때문에 법적 효과는 사실의 착오와 동일하게 취급하여 고의가 조각되는 것이 타당하다는 것이다.

나. 법효과제한책임설

위법성조각사유의 전제사실의 착오에 대해 구성요건적 고의가 조각되는 것은 아니나, 형법적 효과만 고의책임이 아닌 과실책임을 인정하자는 입장이다. 그 이유로 이런 착오에 빠진 자에게 고의불법을 지울 수 있지만 심정반가치인 고의책임을 물을 수 없으므로 법효과 측면에서 구성요건적 착오가 있는 것처럼 과실범으로만 처벌해야 한다는 것이다.[22] 즉 위법성조각사유의 전제사실의 착오에 빠

21) 한국에서 주장되고 있는 유추적용설은 이른바 불법고의탈락설이라고 부를 수 있다. 즉 이 학설은 구성요건표지의 인식인 구성요건적 고의와 고의범처벌에 필요한 불법고의를 구별하고, 불법고의를 객관적 구성요건요소에 대한 인식과 함께 위법성조각사유의 부존재까지 인식하여야 존재하는 것으로 파악한다. 따라서 이 학설에 따르면 위법성조각사유의 전제사실에 대한 착오는 불법고의가 탈락되기 때문에 고의범으로 처벌될 수 없고 기껏해야 과실범으로 처벌가능하다는 입장이다. 이에 관해 자세한 것은 김일수/서보학, 형법총론, 2004, 290쪽; 하태훈, "오상방위", 고시계, 1991. 11, 96쪽.

22) 강동범, "위법성조각사유의 전제사실의 착오", 고시계, 1997. 3, 83쪽; 이형국, 형법총론, 2003, 126쪽; 장영민, "위법성조각사유의 착오", 고시계, 1981. 2. 167쪽; 정진연, "위법성조각사유의 객관적 전제사실에 대한 착오", 김종원교수 화갑기념논문집, 1991, 292쪽.

진 자가 그 착오를 피할 수 있었다면, 그에게 법의 준수요구에 대한 주의력의 결여와 나태한 태도에 기인한 과실책임을 인정할 수 있고, 이러한 과실책임에 근거하여 과실범으로 처벌될 수 있다는 입장이다.

2) 소극적 구성요건요소이론

이 견해는 위법성을 구성요건해당성에 대한 별개의 독자적 개념으로 파악하지 않고 그것의 소극적 요소로 파악하여 위법성이 없으면 범죄구성요건에 해당될 수 없다는 입장이다.[23] 이 입장에 따르면 고의는 적극적 구성요건해당성의 한 요소이고, 위법성의 인식은 소극적 구성요건해당성의 한 요소가 된다. 따라서 이들 구성요건의 적극적인 면과 소극적 면을 모두 인식해야 불법고의개념이 인정된다는 입장이다. 이 견해에 의하면 구성요건적 사실의 착오나 위법성조각사유의 전제사실에 대한 착오 중 어느 하나의 착오가 있어도 구성요건의 주관적 요소인 불법고의가 존재할 수 없게되므로 고의범이 성립될 수 없다는 결론에 이르게 된다.

3) 결어

소극적 구성요건요소이론에 따르게 되면, 위법성조각사유의 전제사실의 착오에 대해서는 불법고의가 존재할 수 없어 고의범으로 처벌할 수 없게 된다. 이러한 입장은 국민의 법감정에 상응하는 장점을 가지는 경우도 있긴 하지만,[24] 위법성 조각사유로 인해 비로소 정당화된 행위를 처음부터 허용되는 것으로 보게 되는 모순을 품게 된다. 또한 이런 이유로 말미암아 예컨대 피방위자가 정당방위자의 방어권 행사에 의한 법익침해를 참아야 할 의무를 설명할 수 없게 한다. 게다가

23) 심재우, "구성요건착오", 고시계, 1982. 11, 61쪽; 문채규, "위법성조각사유의 객관적 전제사실에 관한 착오", 고시연구, 2001. 6, 119쪽.

24) 왜냐하면 예컨대 모자보건법상 낙태의 허용기간을 하루 이틀 도과한 사실을 모르고 낙태한 경우에도 고의낙태죄로 처단하는 것은 국민감정에 반할 수 있기 때문이다. 그러나 이러한 허용규범 전제사실의 착오를 과실범으로 처벌하는 것이 언제나 국민감정에 어울리는 것이 아님은 본 대상 판례사건에서 볼 수 있다.

형법은 범죄의 범위와 한계에 대해 구성요건을 통하여 무엇이 금지되어 있는 지를 밝히고, 위법성조각기준을 통하여 가별적 위법의 한계설정이 이루어진다는 점에서 서로 다른 차원의 영역을 다루고 있기 때문에 이들 두 개념을 구별해야 할 불가피한 사정이 존재한다. 그런데 소극적 구성요건요소이론은 이런 문제점을 극복하기 어려운 약점을 보인다. 이런 이유로 이 이론은 형법의 체제상 각각의 독자적 기능을 갖는 구성요건해당성, 위법성 그리고 책임을 구별하여 평가하는 순기능을 무시하게 되어 법적용자의 자의성을 더욱 확대시킬 수 있는 여지를 적지 않게 내포하고 있다.

고의설은 형법 제16조를 통하여 이미 의미를 잃고 있는 입장이기 때문에 그에 대한 논의의 가치가 전혀 없다. 아직도 구형법인 일본형법과 일본판례의 영향으로부터 크게 벗어나지 못하고 있는 한국의 판례에서 고의설의 견해를 종종 볼 수 있다는 것은 유감이다. 이미 1953년부터 시행되고 있는 형법의 규정을 무시하고, 아직도 구시대적 유물에 집착하여 일본식 형사판례의 타성에 젖어 일본형법의 해석에서나 나올 법한 고의설로 형법 제16조를 해석한다는 것은 형법제정 당시의 입법자들의 의식수준에 훨씬 못미치고 있는 우리의 형사실무계의 법해석수준을 보여주고 있기 때문이다.

고의설과 소극적 구성요건요소이론을 제외하고 남은 것은 제한적 책임설과 엄격책임설인데, 결론부터 말하자면 엄격책임설이 더 우리 형법의 체계에 걸맞으며 타당하다고 생각된다.

첫째로 범죄에 대한 올바른 평가를 객관적으로 담보하기 위해 우리는 범죄를 구성요건해당성, 위법성 그리고 책임의 영역으로 구분하여 단계별로 평가한다. 이때 부당한 판단과 평가를 막기 위해서는 어느 한 단계에서 이용된 평가요소와 평가기준은 다른 단계에서 이용될 수 없도록 해야 한다. 왜냐하면 그렇게 하지 않게되면 범죄성립의 단계적 심사과정에서 얻게되는 다면적이고 객관적 평가보장이 어려워지기 때문이다. 이런 점에서 고의를 구성요건단계와 책임단계에서 이중적으로 사용하는 제한적 책임설은 형법상의 판단논리법칙에 어긋난다. 즉 고의와 위법성의 인식문제는 서로 차원을 달리하는 것으로서 고의의 인식대상은 구성요건적 사실에 국한되며, 위법성의 인식대상은 행위가 전체 법질서에 반한다는 의미의 불법성이라는 점에서 구별된다. 그럼에도 불구하고 이처럼 성질의 차원을 달리하는 고의와 위법성이 서로 호환하여 위법성의 인식가능이 고의를 대체한다는 것은 비논리적이기 때문다.

둘째로 사실의 착오와 법률의 착오를 명시적으로 구분하는 우리 형법에 따르면, 법률의 착오는 고의를 조각하는 사실의 착오와 달라서 구성요건에 해당되는 행위를 전제로 하기 때문에 고의범으로 남게 된다. 이는 위법성조각사유의 전제사실에 대한 착오의 경우에도 달라지지 않는다. 그럼에도 제한적 책임설은 이러한 착오의 경우 고의범을 과실범으로 파악하고 있다. 그러나 고의로 위법행위를 한 자에 대해 과실범으로 처벌하는 예외를 인정하려면 분명하고도 합리적인 논거가 필요하며, 더욱이 고의범에 대해 과실범으로의 예외인정을 하기 위해서는 더욱 엄격한 설득력이 요구된다는 점에서 제한적 책임설의 해명은 이런 점을 극복하기에 충분하지 않다.

셋째로 오상방위[25]와 오상피난의 경우에는 법적대적 의사가 없다는 이유로 책임고의가 탈락될 수 있어야 한다는 제한적 책임설의 논리도 형평성을 잃고 있다. 왜냐하면 오상방위자나 오상피난자뿐만 아니라, 법률의 착오에 빠진 자는 모두가 법적대적 의사를 가질 수 없다고 보는 것이 일반적이기 때문이다. 그럼에도 불구하고 유독 오상방위와 같은 위법성조각사유의 전제사실에 대한 착오에 관해서만 법적대적 의사가 없다는 이유로 책임고의가 탈락한다는 입장은 정당성을 결여한 논리인 것이다.

넷째로 형법에서 책임은 범죄성립요소로서의 책임과 형벌의 종류와 정도에 어울려야 한다고 할 때의 책임으로 나뉘어 지기 때문에 구성요건적 고의와 관련된 고의불법책임과 구성요건적 과실과 관련된 과실불법책임을 구분할 수 있을 것이다. 그렇다면 여기서의 고의불법책임이란 행위자의 구성요건적 고의로 범해

25) 오상방위와 과잉방위간의 구별의 어려움에 관해서는 필자, 형법연구 II, 145쪽 참조.

진 행위불법과 범죄성립에 있어서 하나의 요소인 책임의 결합으로서 성질을 가지며, 아울러 양형에 비례하는 형벌책임을 의미하게 된다.[26] 그럼에도 불구하고 제한적 책임설에 따르면 고의범을 과실범으로 전환시키기 위한 매개도구로서 고의불법책임을 범죄성립의 독자적 요소로서 인정하는 것이 되어 지나친 논리 비약이라 할 수 있다.

Ⅲ. 위법성 인식과정의 방식에 따른 '법률의 착오'의 종류

1. 일반론

위법성의 인식을 고의책임으로 보는 고의설에 따르게 되면 구성요건적 착오와 법률의 착오에 대한 구별이 불가능할 뿐만 아니라, 법률의 착오의 다양성을 구별할 실익도 없게 된다. 왜냐하면 고의설에 따르게 되면 위법성의 인식이 존재해야 고의책임을 인정할 수 있고, 위법성의 인식이 없으면 그것이 어떤 원인에 근거한 것이든 고의범으로 처벌될 수 없기 때문이다.

따라서 '법률의 착오'의 종류에 관심을 가질 수 있는 입장은 책임설에서나 가능할 뿐이다. 그러나 책임설 중에서도 엄격책임설에 따르게 되면 법률의 착오에 대한 종류는 실익이 거의 없게 된다. 왜냐하면 엄격책임설은 법률의 착오에 대한 종류에 관계없이 오직 그 착오를 피할 수 있었느냐에 가벌성의 유무와 정도를 의존시키고 있기 때문이다. 즉 정당한 이유에 의하여 그 착오를 피할 수 없었다면 책임이 조각되며, 피할 수 있었다면 책임을 지게 된다. 그러므로 오직 제한적 책임설에 의할 때에만 '법률의 착오'에 대한 구별은 실익을 가지게 된다.

필자는 원칙적으로 엄격책임설에 동조하는 입장이지만, '위법성조각사유의 전제사실에 대한 착오'는 순수한 규범적인 법률의 착오와 동일하게 다룰 수 없는

26) 불법책임의 구조와 고의불법책임과 과실불법책임에 관한 자세한 논고는 필자의 저서인 '형법연구 II'의 126-128쪽 이하 참조.

부분을 가질 수 있음을 인정한다. 그러나 이런 차이를 인정할 수 있다고 해서 제한적 책임설처럼 그 법적효과를 구별할 수 있다고 보지 않는다. 다시 말해 이들 사이에 법적 효과는 차이가 없다는 점에서 필자는 엄격책임설을 그대로 유지하고자 한다. 학계에서 구분하고 있는 법률의 착오에 대한 종류문제[27]가 특별히 다룰 만한 실익이 있는지도 의문스럽다. 법률의 착오 중에 직접적 착오에 해당하는 법률의 부지, 효력의 착오와 포섭의 착오는 그들 사이의 구별이 결코 용이하지 않으며, 서로 호환될 수 있기 때문이다. 특히 판례에 의한 법률의 부지와 법률의 착오의 사이의 구분은 자의적인 요소가 적지 않게 개입되고 있으며, 또한 법률의 부지를 법률의 착오로부터 분리해야 할 불가피성이 형법 제16조로부터 직접 도출되는 것도 아니다.[28]

그럼에도 불구하고 법률의 착오에 대한 종류를 문제 삼는데 다소의 실익이 있다면, 그것은 첫째로 대법원은 법률의 부지를 형법 제16조의 적용범위에서 제외하고 있는 입장을 취하고 있는 바, 이러한 대법원의 입장을 분석하여 모순을 밝히기 위해서도 법률의 착오에 대한 종류를 구분하고, 이에 대한 내용을 살펴볼 필요가 있으며, 둘째로 법률의 착오에 대한 간접적 착오라고 할 수 있는 위법성조각사유의 전제사실에 대한 착오는 형법 제16조를 적용할 때 그 밖의 법률의 착오의 경우와 다소간에 다른 점이 있기 때문이다.

행위자가 자기 행위의 위법성을 인식하지 못하는 경우는 크게 두 가지로 대별될 수 있다. 즉 순수한 법규범 그 자체나 위법성조각요건에 대한 오인의 경우와 위법성조각사유의 전제사실에 대한 착오가 그것이다. 이를 구분하는 실익은 규범적 기준이나 위법성조각요건에 대한 착오는 사실적 성격을 내재하는 위법성조각사유의 전제사실에 대한 착오와는 동일한 선상에서 해결될 수 없는 특이한 관점 차이가 존재하기 때문이다. 즉 규범적 성격만을 구비한 법규범에 대한 착오는 규범의 내용이나 요건 또는 한계 등에 관련된 법률의 착오임에 반하여, 허용규범

27) 예컨대 직접적 법률의 착오와 간접적 법률의 착오로의 구분이 그러하다.
28) 이와 다른 입장으로는, 김성돈, 형법총론, 422쪽 이하 참조.

의 전제사실에 관한 착오는 위법성 조각사유의 전제사실이라는 사실적 요소에 관련된 착오이다. 따라서 법률의 착오라고 하더라도 위법성의 인식에 관련하여 어떤 형식의 착오인가에 따라 행위자의 위법성 인식 내지 인식가능성에 대한 요건이나 내용이 상당부분 달라질 수 있으며, 이에 상응하여 오인에 이르게 된 정당한 이유의 충족요건이 상이하게 나타날 수 있다.

2. 규범적 법률의 착오

'규범적 법률의 착오' 란 행위자가 자기행위의 위법함을 오직 규범적 차원에서 인식하지 못한 경우이다. 여기에는 법률의 부지, 효력의 착오, 포섭의 착오 및 위법성요건에 대한 착오가 해당한다.

1) 법률의 부지

행위자가 금지규범 존재 자체를 모르는 경우를 법률의 부지라고 한다. 예컨대 "피고인이 국가보안법상 '불고지죄' 에 대한 규정의 존재를 알지 못하는 경우"를 들 수 있다. 다시 말해 "피고인이 범인을 수사시관에 신고하지 아니하여도 죄가 된다는 것을 몰랐다."[29]는 사정이 법률의 부지에 속한다.[30] 판례는 법률의 부지가 형법 제16조의 법률의 착오에 포섭될 수 없다는 입장[31]임에 반하여 학계의 지배적 견해는 법률의 착오에 해당된다는 입장이다.[32] 이에 관한 자세한 설명은 아래에서 항을 바꾸어 다루기로 한다.

---

29) 이에 관한 자세한 판결내용에 대해서는 대법원 19961.10.5. 4294형상208 참조.

30) 대법원이 법률의 부지에 해당된다고 하는 판례로는 예컨대 2001.1.13. 2003도7040; 2001.6.29. 99도5026; 2000.9.29. 2000도3051; 1993.4.13. 92도2309; 1991.10.11. 91도1566; 1990.1.23. 89도1476; 1987.12.22. 86도1175; 1985.4.9. 85도25; 1978.8.22. 78도1170.

31) 대법원이 '법률의 부지' 에 해당한다고 한 판례로는 예컨대 2001.1.13. 2003도7040; 2001.6.29. 99도5026; 2000.9.29. 2000도3051; 1993.4.13. 92도2309; 1987.12.22. 86도1175; 1985.4.9. 85도25; 1978.8.22. 78도1170.

32) 학계에서 손해목 교수는 대법원의 입장을 전적으로 지지하고 있고(형법총론, 635쪽), 김성돈 교수는 부분적으로 대법원의 입장을 따르고 있다(앞의 책, 422쪽).

2) 포섭의 착오

포섭의 착오란 금지규범의 존재를 알고 있지만, 금지규범에 대한 법률해석을 잘못하여 자신의 행위가 당해 금지규범에 해당되지 않는다고 오인하는 경우를 말한다. 대법원 판례[33]에 따르면, "피고인이 제약회사에 근무한다는 자로부터 마약이 없어 약을 제조하지 못하니 구해달라는 거짓 부탁을 받고 제약회사에서 쓰는 마약은 구해 주어도 죄가 되지 아니하는 것으로 믿고 생아편을 구해주었던" 사건이 재판상 문제된 바 있었는데, 바로 이런 경우가 전형적인 포섭의 착오에 해당된다고 할 수 있다.[34]

3) 효력의 착오

금지규범의 존재를 알고 있지만, 그 규범이 상위규범(헌법 등)이나 일반적 구속력 있는 법규정에 반하거나 충돌하여 효력이 없다고 오인하는 경우를 효력의 착오라고 한다.[35] 예컨대 "수사처리의 관례상 일부 상치된 내용을 일치시키기 위하여 적법하게 작성된 참고인 진술조서를 찢어버리고 진술인의 진술도 듣지 아니하고 그 내용을 일치시킨 새로운 진술조서를 작성한 경우"[36]처럼 행위자는 자신의 행위가 구속력 있는 법규정에 반하지 않는다고 오인한 것이 이에 해당한다.

4) 허용규범의 착오(위법성조각사유의 요건에 대한 착오)

이는 위법성조각사유의 법적 요건이나 의미, 내용 또는 한계 등을 잘못 앎으로써 자신의 행위가 위법함을 인식하지 못한 경우이다. 예컨대 과거의 부당한 침

---

33) 1983.9.13. 83도1927.

34) 그 밖에 포섭의 착오에 해당될 수 있는 판례로는 대법원 2005.9.29. 2005도4592; 대법원 2004.2.12. 2003도6282; 대법원 2004.1.15. 2001도1429; 대법원 2004.2.12. 2003도6282; 대법원 2003.5.13. 2003도939; 대법원 2002.1.25. 2000도1696; 대법원 2000.8.18. 2000도2943; 대법원 1998.6.23. 97도1189; 대법원 1997.4.25. 96도3409; 대법원 1995.8.25. 95도717; 대법원 1995.7.28. 95도1081; 대법원 1995.7.11. 94도1814; 대법원 1993.9.14. 92도1560; 대법원 1993.4.13. 92도2309; 대법원 1992.11.27. 92도1447; 대법원 1992.5.22. 91도2525; 대법원 1987.12.22. 86도1175.

35) 대법원 2005.4.29. 2005도381; 대법원 1978.6.27. 76도2196.

36) 대법원 1978.6.27. 76도2196 참조.

해에 대해 현재적 방위행위가 허용된다고 오인한 경우가 전형적인 예라고 할 수 있다. 대법원 판례에 따르면 "의붓아버지의 강간행위에 의하여 정조를 유린당한 후 계속적으로 성관계를 강요받아 온 피고인이 의붓아버지가 제대로 반항할 수 없는 상태에서 식칼로 심장을 찔러 살해한 행위"가 정당방위에 해당한다고 오인한 경우에는 정당방위가 성립하지 아니 함[37]을 판시한 바 있다.

3. 허용규범 전제사실의 착오

규범 그 자체나 규범의 요건에 대한 착오와 달리 '위법성조각사유의 전제사실에 대한 착오' 는 위법성조각사유의 전제사실을 잘못 판단하여 자신의 행위가 위법하지 않는다고 오해한 허용규범 전제사실의 착오이다. 즉 이런 종류의 착오란 행위자 자신에 대한 타인의 부당한 침해사실이 존재하지 않음에도 이를 존재한다고 오인하여 방위행위를 행사함으로써 그 타인을 침해하는 경우이다. 예컨대 다음과 같은 사례이다. "경찰관 A는 동료경찰관과 함께 순찰하던 중 관내에서 상해사건이 발생하고 힘이 센 씨름선수가 흉기인 칼을 들고 있다는 연락을 받은 즉시, 사건 장소에 도착하여 그 씨름선수를 조사하려 들자, 그가 오히려 경찰 두 명을 땅바닥으로 때려눕히고 그 중의 한 경찰관 위에 올라타서 목을 조르는 등 폭행행위를 가하면서 경찰관의 허리춤에 찬 권총 쪽으로 손이 가고 있었다. 넘어졌던 다른 경찰관은 일어서서 그 광경을 목격하고 씨름선수가 총을 빼앗아 또는 흉기로 동료경찰관을 죽이려고 한다는 생각이 들자마자 자신의 권총으로 공포탄을 발사하였다. 효과가 없자 씨름선수를 향해 권총을 발사하여 사망에 이르게 하였다." 그런데 현장검증결과 목숨을 잃은 씨름선수는 흉기인 칼을 소지하지 아니하였으며, 또한 허리춤에 있는 권총을 꺼내려고 하지도 않았다는 사실이 밝혀졌다.[38]

이런 종류의 착오를 어떻게 다룰 것인가에 대해 학설을 중심으로 심하게 다투고 있음은 이미 살펴본 바 있으며, 필자는 원칙적으로 엄격책임설에 따라서 해

---

37) 대법원 1992.12.22. 92도2540.

38) 이와 유사한 판례로는 대법원 2004.3.25, 2003도3842.

결되어야 한다는 입장에 있다. 그러나 이런 착오의 법적 효과를 해결하는 데에 있어서 엄격책임설의 입장처럼 형법 제16조를 무조건적으로 그대로 적용할 수 있는지는 의문이다. 왜냐하면 형법 제16조의 '법률의 착오' 는 자신의 행위가 법령에 의하여 죄가 되지 아니한다는 오인한 데에 반해, 대상 사건처럼 오상방위는 그 성격이 정당방위의 전제사실을 오인해야 하므로 이에 부과하여 자신의 방위행위가 적정하다는 오인이 불가피하게 요구되기 때문이다. 따라서 오상방위가 형법 제16조에 의해 불가벌이 되려면, 그 전제사실의 오인과 그 오인만에 대한 정당한 이유가 있는 것으로 충분하다고 할 수 없고 이와 함께 방위행위의 적정성에 대한 오인에 대해서도 역시 정당한 이유가 존재해야 할 것이다. 그러므로 씨름선수 사건의 경우처럼 그 씨름선수가 흉기인 칼을 들고 있다고 오해되고 있는 상태에서 그가 단속 경찰들에게 대들어 그들을 넘어뜨리고 그 가운데 한 사람의 위에 올라타 경찰의 권총을 빼앗아 해치려 한다고 성급하게 오인한 동료경찰이 씨름선수에게 총으로 치명상을 입힌 것이 정당한 이유의 요건을 충족하여 정당한 것이라고 보기는 어려울 것이다. 이 사건에서 씨름선수가 칼을 소지한 것으로 오해받고, 게다가 권총까지 탈취할 거라고 오인되었다면, 그런 오인에 정당한 이유가 있다는 것만으로는 방위수준에 관한 정당한 이유가 있다고 보기 어렵기 때문이다.

4. 중간결론

정리하자면 법률의 착오로 행위한 자는 구성요건적 고의를 실현한 고의범에 해당되지만 그의 위법성 인식에 대한 착오가 정당한 이유를 가졌느냐에 따라 착오자의 가벌성이 달라질 수 있다. 따라서 행위자에게 위법성을 인식할 수 없는 정당한 이유가 없으면 그는 고의범으로 처벌되어야 하지만, 정당한 이유가 존재하면 불가벌이 되어야 한다. 이는 위법성조각사유의 전제사실에 대한 착오의 경우에도 동일하게 적용되어야 할 것이다. 다만 이런 경우에는 첫째로 착오에 정당한 이유가 없는 경우에도 행위자의 법적대적 의사가 없을 뿐만 아니라 오히려 적법행위를 하려는 의사를 가졌다는 점에서 법률의 착오에 빠지지 않는 자에 비해 비난가능성의 수위가 낮아져야 하고, 따라서 양형에서 감형의 사유로 고려되어야 할 것이다. 둘째로 위법성조각사유의 전제사실에 대한 착오는 그 성격이 위법성조각사유의 전제사실이라는 사실적 요소에 대한 오인을 하였고, 이런 오인으로 말미암아 방위행위의 정도와 내용에 대해서까지 영향을 미친다는 점에서 형법 제16조에 의해 불가벌이 되려면, 정당방위의 전제사실에 대한 오인의 정당함만으로 부족하고, 이로 인한 자신의 방위행위가 정당한 것으로 평가될 정도의 방위행위를 오인해야 한다는 것이다.

Ⅳ. 법률의 부지와 형법 제16조

1. 머리말

자기 행위의 위법성을 인식할 수 없는 행위자에 대해서는 처벌할 수 없다는 형법상의 책임원칙에 따라, 학계의 다수설에 따르면 법률의 부지를 법률의 착오[39]의 일종으로 이해하여 형법 제16조가 적용된다는 입장이다.[40] 이에 반해 대법원은 법률의 부지를 법률의 착오와 구별하여 전자는 범죄의 성립에 전혀 영향을 주지 않는다는 입장이다.[41] 즉 형법 제16조가 규율하고 있는 착오는 어느 행위가 법으

39) 우리 형법 제16조는 "법률의 착오"라는 표제로 사용하고 있기 때문에, 필자도 본 논문에서는 법률의 착오를 학계에서 사용하고 있는 금지착오나 위법성의 착오와 같은 의미로 사용하고자 한다.

40) 학계에서는 법률의 부지를 법률효력의 착오와 함께 법률의 착오로 이해하고 있다. 이에 관해서는 김일수, 앞의 책, 382쪽; 박상기, 앞의 책, 247쪽; 배종대, 앞의 책, 477쪽; 신동운, 앞의 책, 397쪽; 안성조, 법률의 착오에 관한연구(박사학위논문), 286쪽; 오영근, 앞의 책, 451; 이재상, 앞의 책, 328쪽; 이정원, 앞의 책, 250쪽; 정성근/박광민, 앞의 책, 331쪽 참조. 그러나 학계에서도 대법원의 입장을 원칙적으로 동감하는 견해가 있다. 즉 손해목, 형법총론, 635쪽; 또한 법률의 부지는 문맥상 형법 제16조에 포섭되기 어렵다는 입장을 가진 분으로는 김성돈, 앞의 책, 422쪽.

41) 대법원 1955.2.8, 1954형상37; 대법원 1955.3.18, 1954형상10; 대법원 1961.10.5, 4294형상208; 대법원 1985.4.9, 85도2518; 대법원 1986.6.24, 86도810; 대법원 1992.4.24, 92도245; 대법원 2000.9.29. 2000도3051; 대법원 1991.8.27. 91도1523. 대법원 판례 중에는 단지 예외적으로 형벌법규 이외의 공법의 부지는 범의를 조각한다는 경우도 있다(1970.9.22, 70도1206). 그러나 여기서도 형벌법규의 부지는 범죄성립에 전혀 영향이 없다는 대법원의 입장은 변하지 않았다.

로 금지된 사실을 행위자는 알고 있었으나 자기의 특수한 경우에는 법령에 의하여 그 행위가 적극적으로 허용된다고 오인한 경우로 그 오인에 정당한 이유가 있으면 불가벌이 된다는 착오이지만, 법률의 부지는 행위자가 자기행위가 법으로 금지되어 있다는 것을 소극적으로 모르는 경우로서 착오의 정당한 이유에 관계없이 처벌된다는 것이다.[42] 대법원의 이러한 논지에 대해 다음과 같은 문제점이 지적될 수 있다.

그것을 첫째로 법률의 부지를 형법 제16조 법률의 착오와 전혀 다른 착오로 구별하고 있는 대법원 입장은 그와 같은 구별을 해야 할 합리적인 근거와 기준이 있느냐이다. 둘째로 법률의 부지의 경우에도 위법성의 인식가능성조차 없을 수 있는데, 위법성 인식가능성이 없는 법률의 부지의 경우에 범죄의 성립에 영향을 미치지 않는 형법이론 내지 형사정책적 정당성이 있느냐이다.

2. 법률의 부지와 법률의 착오를 구별하게 된 배경

대법원은 이미 1955년 2월 8일자의 판결[43] 이래 "법률의 부지는 범죄성립에 전혀 영향을 주지 않는다."는 입장을 기본적으로 고수하고 있다.[44] 이와 같은 입장을 갖게 된 배경에는 법률의 부지를 인정한 초기의 대법원 판례가 있었던 때만 해도 법률의 부지는 용서받지 못한다는 로마법상의 전통이 법조계를 지배하고 있었고, 또한 그 당시의 사건에 적용된 법이 구형법인 일본형법으로서 일본형법은 법률의 부지의 경우에는 범죄성립에 영향이 없다는 것을 명백히 하였으며,[45] 또 당시의 법관들도 이와 같은 입장에 익숙해 있었다.

42)특히 대법원 2006.3.24. 2005도3717 판결 참조.

43) 대법원 1955.2.8. 1954형상37.

44) 대법원 1955.3.18, 1954형상3: "법의 부지는 범죄의 성립을 조각하지 않는다"; 대법원 1955.3.18, 1954형상10: "법의 부지는 … 범죄성립조각사유가 되지 아니하며"; 대법원 1955.5.31, 1954형상235: "무지로 인한 법의 부지는 범죄의 성립을 조각하지 못 한다"; 대법원 1961.10.5, 4294형상208: "本條(형법 제16조)의 취지는 단순한 법률의 부지를 말하는 것이 아니고 …"; 대법원 1970.9.22, 70도1206: "민사소송법 기타 공법의 부지는 형벌법규의 부지와 구별되어 범의를 조각한다"; 대법원 1986.6.24, 86도810: "… 단순한 법률의 부지에 해당하며 형법 제16조에 해당하는 법률의 착오라고 볼 수 없다"; 대법원 1985.5.14, 84도1271과 대법원 1991.1011, 91도1566 참조.

45) 일본 형법 제38조 제3항: "법률을 알지 못함으로써 죄를 범할 뜻이 없다고 할 수 없다. 단 정상에 의하여 그 형을 감경할 수 있다."

게다가 우리의 판례에 결정적 영향을 끼친 일본대심원 판례도 일본 형법 제38조 제3항을 충실하게 따른 결과 법률의 부지는 죄의 성립여부에 영향이 없다는 일관된 태도를 견지하고 있다.[46] 또한 우리나라와 일본의 판례에 끝임 없는 영향을 준 독일의 판례도 1951년의 BGHSt 2, 194라는 판결이 있기 전까지는 법률의 착오는 근본적으로 죄의 성립에 영향이 없고, 단지 공정성을 근거로 독일제국법원은 형법전에 명시된 범죄 이외의 법률의 착오에 대하여서만 독일 구형법 제59조(사실의 착오 규정)를 유추 적용하여 고의를 조각한다는 예외를 인정하였다.[47] 그리고 우리 현행 형법 제16조 역시 모든 위법성에 대한 착오를 망라해서 규율한 것으로 단언하기에는 부족한 점이 없지 않다. 즉 형법 제16조는 "자기의 행위가 법령에 의하여 죄가 되지 아니한 것으로 오인한 행위"라고 함으로써 "단순한 형벌법규의 착오인 법률의 부지를 말하는 것이 아니라, 자기가 한 행위는 일반적으로 죄가 되지만 자기의 특수한 경우에는 법령에 의해서 범죄가 불성립한다고 적극적으로 오인한 경우만을 규율한다"는 대법원의 주장처럼 새길 수 있는 여지를 남겨두고 있기 때문이다.[48]

3. 법률의 부지와 법률의 착오에 대한 대법원 구별기준과 판례비판

이러한 배경을 기초로 해서 대법원은 범죄의 성립에 영향을 주지 않은 법률의 부지와 범죄의 성립을 부정할 수 있는 법률의 착오를 구별하고 있다. 대법원이 범죄의 성립에 영향이 없다고 보는 법률의 부지 개념은 무엇일까? 대법원은 법률의 부지 개념을 적극적으로 규명하기보다는 소극적으로 일관하고 있다. 대법원은 형법 제16조가 적용되는 법률의 착오에는 단순한 법률의 부지가 포함되지 않는다고 판시하면서 법률의 착오에 해당되려면 자기행위가 특히 법령에 의하여 허용된 행위로서 죄가 되지 아니한다고 적극적으로 그릇되게 인식해야 한다는

46) 日大判 大正 8년 10월 10일. 評論 2권 394頁; 日大判 大正 11년 11월 17일. 刑集 1권 666頁; 日大判 昭和 8년 9월 13일. 刑集 12권 1169頁; 日最判 昭和 23년 7월 14일. 大法廷刑集 2권 8호 889頁.

47) RGSt 1, 368; 10, 234; 72, 305, 309 참조.

48) 이 문제에 대해서는 김성돈, 앞의 책, 422쪽.

입장이다. 이에 따르면 형법 제16조 법률의 착오는 법규범에 대한 효력을 오인(효력의 착오)하거나, 자기의 행위가 금지규범에 포함되지 않는다고 오인한 경우(포섭의 착오) 및 위법성조각사유의 존재나 위법성조각사유의 법적 한계에 관한 오인만을 포함한다는 것이 된다. 이에 반해 법률의 부지는 행위자가 스스로 무엇을 하고 있는가는 알고 있으나, 자기행위를 법적으로 금지한 금지규범이 존재하고 있다는 것을 전혀 모르면서 행하는 경우뿐만 아니라, 일반적으로 범죄가 되는 행위이지만 자신의 특수한 경우에는 범죄가 되지 않는다고 믿는 행위를 제외한 일체의 오인이라는 것이다.

그런데 문제는 첫째로 법률의 부지와 법률의 착오를 이처럼 구별할 합리성이 거의 없다는 점이다. 왜냐하면 법률의 부지는 법규범에 대한 포섭의 착오와의 구별은 경우에 따라 매우 불명확 할 수도 있기 때문이다. 이에 관한 예를 들어보자.

> "A는 1983.12.23일 같은 날 밤 11시경까지 디스코클럽에 미성년자인 B를 출입시키고 주류를 판매하였다. 그러나 그 전 1983. 4. 5. 오후 2시경 경찰서 강당에서 개최된 청소년선도에 따른 관련 업주회의에서 … 18세 이상자나 대학생인 미성년자들의 업소출입가부에 관한 질의가 있었으나 그 확답을 얻지 못하였는데, 같은 달 26일 도 경찰국장의 명의로 청소년유해업소 출입단속대상자가 18세 미만자(未滿者)와 고등학생이라는 내용의 공문이 경찰서에 하달되고 시경 관할지서와 파출소에 그러한 내용이 다시 하달됨으로써 업주들은 경찰서나 파출소에 직접 또는 전화상의 확인 방법으로 그 내용을 알게 되었고 위와 같은 사정을 알게 된 A는 종업원에게 단속대상자가 18세 미만자와 고등학생임을 알려주고 그 기준에 맞추어서 만 18세 이상자(以上者)이고 고등학생이 아닌 위 B를 출입시키고 주류를 판매하였다."[49]

이 사례에서 볼 때 A가 미성년자보호법 자체를 전혀 몰랐다면, 법률의 부지에 해당된다는 것에 의문의 여지가 없다. 그러나 A가 미성년자보호법이 존재한다는 것을 알고는 있었으나, 그 법에서 보호하고 있는 미성년자는 18세 미만자라고

49) 이 사례는 대법원 1985.4.9, 85도2518에서 문제된 사안이다. 이 판례에 대한 평석으로는 필자, "법률의 부지의 효력", 형사판례연구 I(형사판례연구회 편), 1993, 40쪽 이하 참조.

오인했다면 어떻게 될까? 이 경우는 법률의 부지라기보다 법률의 착오 중 포섭의 착오에 해당할 것이다. 왜냐하면 A는 금지규범을 모르는 것이 아니라 알고 있지만 자신의 행위는 그 규범에 포섭되지 않는다고 믿었기 때문이다. 그러나 만일 A가 미성년자보호법의 보호대상자는 18세 미만자이고, 일반적으로도 미성년자에 해당되는 자는 18세 미만자라고 오인했다면, 이 경우에는 20세 미만의 미성년자 전부가 미성년자보호법의 대상이 된다는 법규정을 모르는 경우이므로 법률의 부지에 해당될 수 있는 여지가 있다. 이처럼 법률의 부지라는 개념은 법률에 대한 포섭의 착오 개념과 유동적인 관계에 있으므로 그들 사이를 언제나 합리적으로 구분한다는 것은 결코 쉽지 않다. 이 때문에 대법원의 입장은 법률의 부지가 문제되는 사안에 대해서 양자를 언제나 분명하게 구별할 수 있는 합리적 기준을 제시하고 있지 아니 하며, 그리고 사실상 그 구별을 명확히 합리화할 수 있는 기준도 존재하지 않는다. 따라서 실무상으로 양자를 구별하는 데에 있어서 대법원은 자의적인 기준으로 가벌성의 범위를 지나치게 확대할 수 있는 여지를 두고 있는 셈이다.[50)]

둘째로 법률의 부지에 해당되기보다 포섭의 착오에 해당되는 것이 바람직한 경우에도 대법원은 '법률의 부지' 에 해당한다고 자의적으로 파악해 버리는 우를 범하고 있다.[51)] 즉 위의 사건에서 대법원의 논지를 보면, "피고인은 유흥접객업소 내에 출입시키거나 주류를 판매하여서는 아니 되는 대상을 18세 미만자 또는 고

50) 이러한 자의성 때문에 예컨대 다음과 같은 사례에서도 대법원은 형법 제16조의 적용이 배제된 법률의 부지로 보고 있다(대법원 1986.6.24, 86도810): "행위자는 타인이 당국의 허가를 얻어 벌채하고 남아있던 잔존목(殘存木)을 벌채한 바, 그는 이러한 잔존임목은 당국의 허가 없이 벌채하여도 위법인 줄 모르고 벌채하였다." 이 경우 행위자는 잔존목이 아닌 일반목(一般木)은 당국의 허가가 없으면 위법인 줄 알았지만, 타인이 당국의 허가를 얻어 벌채하고 남아있던 잔존목의 벌채는 이미 타인이 받은 허가에 포함되어 있다고 믿어 허가 없이도 행위자가 그 잔존목을 벌채할 수 있다고 신뢰하였는지의 여부가 중요하다. 만일 그 점을 신뢰하여 잔존목을 벌채하였다면, 이는 단순한 법률의 부지라기보다는 법령에 의하여 자기 행위가 허용되었다고 그릇 오인한 경우에 해당된다 할 것이다.

51) 예컨대 독극물의 대상에 대한 범위를 몰라서 암모니아수가 독극물인지 모르는 경우는 포섭의 착오에 포함될 수 있음에도 불구하고 법률의 부지로 하거나(대법원 1980.2.12. 79도285), 식품위생법의 허가대상인 지를 몰랐다는 사정(대법원 1990.1.23. 89도1476), 피고인이 건축법상의 허가대상인 지를 모르는 경우도 법률의 부지로 파악하고 있다(대법원 1991.10.11. 91도1566). 이 뿐만 아니라 피고인이 엘피파워가 구석유사업법 제26조에서 규정하는 유사제품인 사실을 몰랐다는 착오도 역시 포섭의 착오로 보지 않고, 아무런 근거 없이 무조건 법률의 부지로 파악한다(대법원 2006.1.13. 2003도7040).

등학생에 한정되고 20세 미만의 미성년자 전부가 이에 해당된다는 미성년자보호법의 규정을 알지 못하였다는 것이므로 이는 단순히 법률의 부지에 해당한다"고 판시하고 있다. 그러나 이와 같은 논거는 수긍하기 어렵다. 위 사례를 보면, 행위자는 미성년자보호법이라는 금지규범의 존재 자체를 모르지 않고, 단지 그 법이 보호하는 대상의 범위를 오인하였으므로 포섭의 착오에 해당된다고 보아도 무방하기 때문이다. 따라서 행위자는 법률의 부지에 빠진 것이 아니라 법률의 착오, 특히 포섭의 착오에 빠진 것으로 볼 수 있다. 그러므로 이 경우에는 그와 같이 그릇 인식함에 있어 정당한 이유가 있었느냐가 중요한 문제로 등장하며, 정당한 이유가 있을 때에 한해서 불가벌이 되어야 한다. 그런데도 대법원은 포섭의 착오에 불과한 착오를 법률의 부지로 파악하고, 따라서 착오의 정당성 여부에 관계없이 범죄의 성립에 영향을 줄 수 없는 것으로 간주하여 결국 법률의 부지를 자의적으로 해석하고, 가벌성 범위 역시 자의적으로 판단한 셈이다. 바로 이런 점에서 대법원은 종래 법률의 부지에 해당한다는 유사한 사안에 대해 이번에는 정당한 이유가 있는 법률의 착오에 해당한다고 판결[52]함으로써 갈지자의 행보를 하고 있다. 이와 같은 대법원의 태도는 법치국가 원리를 헌법상 보장하고 있는 국가에서 있어서 죄형법치주의에 근본적으로 벗어나는 모습으로 보인다.

52) 대법원 2002.5.17. 2001도4077: 원심은, 가사 18세 이상 19세 미만의 사람을 비디오감상실에 출입시킨 업주는 법에 의한 형사처벌의 대상이 된다고 하더라도, 음반ㆍ비디오물및게임에관한법률과 그 시행령 규정의 반대해석을 통하여 18세 이상 청소년에 대하여는 출입금지 의무가 없는 것으로 오인될 가능성이 충분하고, 법시행령 제19조가 이러한 오인 가능성을 더욱 부추겨 마치 법에 의하여 부과된 "18세 이상 19세 미만의 청소년에 대한 출입금지 의무"가 다시 법시행령 제19조와 위 음반등법 및 그 시행령의 연관해석을 통해 면제될 수 있을 것 같은 외관을 제시함에 따라, 실제로 개정된.법이 시행된 후에도 이 사건 비디오물감상실의 관할부서(대구 중구청 문화관광과)는 업주들을 상대로 실시한 교육과정을 통하여 종전과 마찬가지로 음반등법 및 그 시행령에서 규정한 '만 18세 미만의 연소자' 출입금지표시를 업소출입구에 부착하라고 행정지도를 하였을 뿐 법에서 금지하고 있는 '만 18세 이상 19세 미만' 의 청소년 출입문제에 관하여는 특별한 언급을 하지 않았고, 이로 인하여 피고인을 비롯한 비디오물감상실 업주들은 여전히 출입금지대상이 음반등법 및 그 시행령에서 규정하고 있는 '18세 미만의 연소자' 에 한정되는 것으로 인식하였던 것으로 보여지는바, 사정이 위와 같다면, 피고인이 자신의 비디오물감상실에 18세 이상 19세 미만의 청소년을 출입시킨 행위가 관련 법률에 의하여 허용된다고 믿었고, 그렇게 믿었던 것에 대하여 정당한 이유가 있는 경우에 해당한다고 할 것이고, 달리 피고인이 법에 위반된다는 점을 알면서도 18세의 청소년들인 김00 등을 출입시켰다고 볼 만한 자료가 없으므로, 이 사건 공소사실은 죄가 되지 아니하는 경우에 해당한다고 판단하였다. 위 법리와 기록에 비추어 보면, 원심의 위와 같은 판단은 정당하고, 거기에 상고이유 주장과 같은 형법 제16조에 관한 법리오해의 위법이 없다.

4. 그 밖의 형법이론적 및 형사정책적 관점에서의 비판

대법원은 구형법이 아닌 현행 형법이 적용된 사건에 대해서도 1970년대 초까지 모든 위법성에 대한 착오는 범죄성립 여부에 원칙적으로 영향이 없다는 입장을 가끔 취하고 있었으며,[53] 오늘날에도 법률의 부지는 범죄성립 여부에 전혀 영향이 없다는 입장을 지속적으로 견지하고 있다.[54] 그러나 현행 형법 제16조가 위법성의 인식이 없게 된 법률의 착오를 처벌에서 제외함으로써 그러한 범위에서 위법성의 인식은 범죄성립의 요소라는 점을 분명히 하고 있기 때문에 대법원도 그 점을 무시할 수 없게 되었다. 이에 따라 대법원은 형법 제16조가 적용되는 법률의 착오와 同條가 적용되지 않는다고 보는 법률의 부지를 구별하여 법률의 착오에 해당되는 사안에 대해서는 착오의 회피가능성을 문제 삼아 착오를 회피할 수 있는 정당한 이유가 있으면 불가벌로 하고 있다. 즉 법률의 착오의 경우 행위자를 비난하기 위해서는 위법성의 인식 내지 인식가능성을 요구한다. 그런데도 대법원은 법률의 부지로 위법성의 인식을 못한 사안의 경우 위법성의 인식 문제가 범죄성립에 있어서 전연 불필요한 것으로 간주하고 있어서 모순된 태도를 취하고 있다. 이는 모든 범죄의 성립에 있어서 위법성의 인식 내지 인식가능성의 불가피성을 요구하는 현대형법의 원칙인 책임형법을 침해하는 태도이며, 오늘날 형법학의 일반적인 인식수준과 너무나도 동떨어진 것이다.

그렇다면 여기서 위법성의 착오 중 법률의 부지는 범죄성립에 영향을 줄 수 없다고 이해하는 대법원의 견해는 무엇 때문일까? 이에 대해 대법원은 설득력 있는 근거를 제시하지 않고 있다. 굳이 근거라면 형법 제16조는 법률의 착오만을 의미하는 것이지 단순한 법률의 부지를 형법 제16조에 포함할 수 없기 때문이란다. 그러면 법률의 부지는 형법 제16조에 왜 해당될 수 없을까? 법률의 부지는 행위자가 아예 금지규범 자체를 모르는 경우인데 반해서 형법 제16조 법률의 착오는 그

53) 예컨대 대법원 1961.4.12, 59형상769; 대법원 71.10.12, 71도1356.

54) 대법원1961.10.5, 4294형상280; 대법원 1979.6.26, 79도1308; 대법원 1980.2.12, 79도285; 대법원 1986.6.24, 86도810.

금지규범을 알고 있으나 자기 행위의 경우에는 법령에 의해서 허용되고 적극적으로 오인한 경우이니까 이들 양자는 착오의 방법이 구별되므로 서로 다르다고 강변할 수 있다. 그런데 문제는 금지규범을 전혀 알 수 없는 행위자의 심리적 태도(법률의 부지)와 그 금지규범이 자기의 특수한 경우에는 허용된다는 행위자의 태도(법률의 착오) 사이에 처벌의 가부를 결정짓는 특별한 법이론 내지 형사정책적 차이가 있는가 하는 점이다. 둘 다 법적대적(法敵對的) 태도(態度)도 아니며, 또한 둘 다 준법의식이 없는 자라고 할 수도 없기 때문에 어느 한 쪽만을 무조건 매도하여 처벌할 수는 없을 것이다. 일반인의 상식선에서 볼 때에도 양쪽의 행위자 사이에 준법의식에 대한 심리적 차이를 느낄 수 없기에 이들 사이에 차이를 두어 처벌을 달리한다는 것은 자의적으로 보인다.

그렇기 때문에 대법원의 이와 같은 법해석의 태도에는 많은 문제점이 내재되어 있다. 물론 법관은 판결을 할 때 법률과 양심에 따라야 된다는 헌법상의 원칙 아래서 형법상의 근본원리인 죄형법정주의를 준수해야 된다는 기본입장을 가져야 됨에는 의문의 여지가 없다. 그렇지만 우리가 형법해석을 할 때 법조문의 자구에만 얽매인 너무 형식적인 법해석을 해서도 안 된다. 법률은 단순히 문자에 의해 굳어져 버린 석고가 아니라 법률의 목적과 함께 시대정신에 의해 내용이 충만될 수 있는 살아있는 생명체이기 때문이다. 그렇다면 형법 제16조의 해석 시에도 그 조문의 목적이 무엇이며, 왜 우리는 정당한 이유에 기해서 법률의 착오를 한 행위자를 비난할 수 없는가에 대한 기본적인 대답을 갖고 있어야 할 것이다.

그런데도 불구하고 대법원은 범죄의 성립을 인정하는 데에 있어서 개념법학적 사고방식을 유지하거나 매우 형식논리적 법해석으로 일관하고 있다. 즉 대법원은 형법 제16조의 해석을 문자의 자구에 엄격하게 얽매인 해석을 하여 형법 제16조의 문언에 직접적으로 표현되지 않은 내용을 배제하고 형법 제16조가 본래 의도한 진정한 목적을 도외시한 결과 논리적으로나 형사정책적으로 내재해야 될 정당한 내용까지 무시해 버리고 있다. 이로 인해 대법원은 형법 제16조의 대전제인 범죄성립에 있어서 위법성의 인식은 왜 필요하며, 행위자를 비난하기 위해서는 왜 위법성의 인식이 요구되는가에 대한 문제에 대해선 아무런 해명도 없이 눈감아 버리고 있다. 유사한 다수의 사건에 대한 판례에서도 대법원은 오직 동어 반복적으로 형법 제16조는 자기 행위가 금지규범에 해당된다는 사실을 소극적으로 모르는 법률의 부지의 경우에는 해당 되지 않고, 자기 행위는 본래 금지규범에 위반될 수 있지만 자기의 특수한 경우에는 법령에 의해서 위법하지 않게 되었다는 것을 적극적으로 오인한 경우에 한정된다는 입장만을 되풀이 할 뿐이다. 이런 입장에서 대법원은 오상방위와 같은 위법성조각사유의 전제사실이나 그것의 법적 한계에 대한 착오와 법규의 내용을 誤信한 경우 그리고 법규의 효력에 대한 착오에 관해서만 형법 제16조에 의한 법률의 착오로 인정하여 그 착오가 정당한 이유가 있으면 불가벌로 하고 있을 뿐, 끝내 법률의 부지가 위법성의 인식이 없는 경우임에도 불구하고 범죄성립에 아무 영향이 없어야 되는 근거를 제시하지 않고 있다.

결국 대법원이 구별하고 있는 법률의 부지와 법률의 착오는 형법상의 책임주의의 원리나 형사정책적 근거에 기초를 두고 있는 것이 아니어서 오늘날 행위자를 비난하기 위해서는 그가 위법성을 인식하거나 인식 가능해야 된다는 책임주의의 요청에서 볼 때, 법률의 부지가 해당되는 사안에 대해서는 위법성의 인식이나 인식가능성이 필요 없다고 보는 결론에 이르게 되어 너무도 자의적이고 비논리적인 것으로 보인다.

Ⅴ. 형법 제16조와 정당한 이유 그리고 형법 제16조의 적용 예외

1. 정당한 이유 있는 착오

형법 제16조의 규정을 엄격책임설에 따라서 해석한다면, 법률의 착오는 그 착오에 정당한 이유가 있으면 책임이 조각되고, 정당한 이유가 없으면 책임이 조각되지 않고 고의범으로 처벌된다. 여기서 착오에 대한 정당한 이유란 결과적으

55) 한국형법 제16조가 회피가능성이론을 따라서는 아니 된다는 입장으로는 조국, "법률의 부지 및 착오이론에 대한 재검토", 형사정책연구(제12권 제2호), 113쪽.

로 위법성의 인식가능성을 전제로 하는 착오의 회피가능성의 다른 이름에 불과하다.[55]

형법상 책임원칙이 실현되기 위해서는 행위자가 자신의 행위에 대한 위법성의 인식이 가능해야 되고, 이에 더하여 적법행위의 기대가능성을 가져야 함은 이제 형법의 근본원칙으로 되어 있다. 그러므로 자신의 행위에 대한 위법성을 인식할 수 있었음에도 불구하고 행위자가 인식노력을 충실히 기울이지 않아 위법성을 인식하지 못하였다면, 그 착오는 정당한 이유가 없다고 평가되어 착오자의 책임조각은 불가능하게 된다. 따라서 회피가능한 법률의 착오자가 책임을 져야 될 이유는 그가 성실한 사람이라면 알았거나 알 수 있었음에도 불구하고 지켰어야 할 금지규범을 몰랐다는 비난과 함께 그 규범을 몰랐다고 하더라도 자기 행위의 위법성에 대한 인식노력을 성실히 이행하였다면 곧바로 인식 가능했을 것을 그렇게 하지 않고 방치하였다는 점에 두고 있다.[56]

2. 판단기준

위법성의 인식수준을 자기의 "범죄사실이 사회정의와 조리에 어긋난다는 것으로 족하다"고 보는 대법원의 입장에 따르면 위법성에 대한 착오의 회피가능성[57]은 사실상 매우 희박하게 된다. 이는 형법 제16조의 취지에도 배치될 수 있다. 형법 제16조는 형법상의 책임주의를 실현하는 支柱로서 도덕적 책임 내지 윤리적 책임이 아니며, 어디까지나 법적 책임을 전제하는 것이다. 즉 자기의 행위가 법적으로 금지된 것을 정당한 이유에 기해서 몰랐거나 또는 그런 행위가 허용된 것으로 오인한 경우를 형사처벌로부터 배제하려는 것이다. 여기서 법적으로 금지된 것이란 범죄구성요건에 의해서 어느 특정 행위를 금지하고 있다는 평가이다. 그러므로 위법성의 인식은 행위자가 법으로 금지한 특정 범죄의 특유한 불법성을 파악하거나 파악할 수 있었을 때에만 가능한 것이다. 이에 따라 착오의 회피가능

56) 이런 점에서 회피가능성의 유무를 판단하는 데에 조회의무를 다했느냐는 큰 의미가 없다고 할 것이다.
57) 착오의 회피가능성에 관해서 읽어 볼만한 문헌으로는 하태훈, "회피불가능한 금지착오", 고시연구 1993. 8월호, 35쪽 이하.

성도 법으로 금지된 특정 범죄의 특유한 불법성을 파악할 수 없는데 대하여 정당한 사유가 있었느냐가 관건이 되어야 한다. 그러면 법으로 금지된 범죄의 특유한 불법성을 파악할 수 없는데 대한 정당한 이유의 기준은 어떤 것일까? 이는 정상의 주의의무를 다했으면서도 자기 행위의 불법성을 인식할 수 없는 것을 의미한다고 해야 할 것이다.[58] 그 이유는 일반인이 정상의 주의의무를 다했어도 준수할 수 없는 것을 법으로 요구한다는 것은 법의 남용이며, 따라서 법은 우리가 할 수 있는 것만을 요구하는 경우에 국한하여 그것을 하지 않은 자에 대해서 비난할 수 있지만, 우리가 할 수 없는 것을 하지 않았다고 해서 우리는 그를 법의 이름으로 결코 비난할 수 없기 때문이다.

정상의 주의의무를 다했느냐의 여부가 착오의 정당한 이유의 기준이 되려면, 첫째로 행위자의 사회적 지위를 근거로 하여 그의 개인적 능력과 그에게서 기대할 수 있는 상황으로 미루어 볼 때 그가 그의 행위의 불법성을 합리적으로 변별할 수 있는 능력이 있는지를 따져 보아야 한다. 둘째로 이러한 변별력을 지닌다고 전제된 행위자가 자기의 모든 지혜로 심사숙고 해봤을 때 자기 행위의 위법성을 알 수 있었느냐가 기준점으로 기능해야 될 것이다. 셋째로 만일 여기서 자기 행위가 반사회성을 지닌다고 인식하거나 인식하게 되었다면 사안에 따라서 권한 있는 관계기관이나 전문가에게 조회의무가 있다고 해야 한다. 그리고 조회하여 그들의 지시나 판단을 신뢰하고 그들의 견해를 따랐다면 정당한 이유 있는 착오가 되어야 할 것이다. 그러한 의무를 게을리 하여 위법성을 인식하지 못했다면 착오의 정당한 이유가 있다고 볼 수 없다고 할 것이다.[59] 그러나 법률을 올바르게 해석하고 그 의미내용을 합리적으로 판단할 수 있는 자가 자기 행위를 심사숙고하여 보았을 때에도 반사회성조차도 인식할 수 없었다면 위법성의 인식은 없었다고 해야 한다.[60] 넷째로 행위자가 법원의 판결이나 검찰의 판단결과를 신뢰하여 그에 따라 행동한

58) 따라서 법률의 착오에 대한 회피가능성의 판단은 과실범에 있어서 주의의무의 판단기준과 동일하다고 해야 할 것이다. 같은 입장으로는 이재상, 앞의 책, 334쪽.

59) 대법원 1979.8.28. 79도1671: 사람이 죽으면 으례히 당국에 신고한 연후에 그 시체를 매장하여야 함은 일반상식으로 되어 있으므로 그것을 몰랐다고 변소한다 하여 이를 위법행위를 합법행위로 오인하였음에 정당한 이유가 있는 때에 해당한다고 할 수 없다.

경우에도 착오의 정당한 이유가 있다고 해야 할 것이다.

요컨대 자신의 행위가 위법한 것인지를 심사숙고하고, 만일 위법성이 의심스런 경우에는 관계기관이나 법률전문가를 비롯한 해당 전문가에 조회하여 그들의 법해석을 신뢰하여 그것에 따르거나 또는 종례의 유사한 사건에 대해 지속적으로 동일한 입장을 갖는 판례나 검찰의 판단을 신뢰하여 자기 행위가 위법하지 않다고 믿는 경우에는 정당한 이유 있는 법률의 착오라고 해야 할 것이다.[61]

3. 오인의 '정당한 이유'에 대한 대법원 판례의 구체적 태도

착오에 정당한 이유가 있는지 여부에 대해 대법원 판례에 따르면, "행위자에게 자기 행위의 위법의 가능성에 대해 심사숙고하거나 조회할 수 있는 계기가 있어 자신의 지적능력을 다하여 이를 회피하기 위한 진지한 노력을 다하였더라면 스스로의 행위에 대하여 위법성을 인식할 수 있는 가능성이 있었음에도 이를 다하지 못한 결과 자기 행위의 위법성을 인식하지 못한 것인지 여부에 따라 판단하여야 할 것이고, 이러한 위법성의 인식에 필요한 노력의 정도는 구체적인 행위정황과 행위자 개인의 인식능력 그리고 행위자가 속한 사회집단에 따라 달리 평가되어야 한다"고 판시하여 분명한 기준점을 밝힌 바 있다.[62]

이러한 대법원의 판례는 그간 형법 제16조를 판단함에 있어서 기준으로 삼았던 핵심요소들을 종합한 기준으로서 의미를 갖는다고 할 것이다. 즉 대법원은 형

---

60) 대법원 1972.3.31. 72도64 : 국민학교 교장이 도교육위원회의 지시에 따라 교과내용으로 되어 있는 양귀비꽃을 교과식물로 비치하기 위하여 양귀비 종자를 사서 교무실 앞 화단에 심는 것이라면 이는 죄가 되지 아니한 것으로 오인한 행위로서 그 오인에 정당한 이유가 있는 경우에 해당한고 할 것이다. 대법원 1974.11.12. 74도2676 : 주민등록지를 이전한 이상 향토예비군설치법 3조 4항 동법시행령 22조 1항 4호에 의하여 대원신고를 하여야 할 것이기는 하나 이미 같은 주소에 대원신고가 되어 있었으므로 재차 동일주소에 대원신고(주소이동)를 하지 아니하였음이 향토예비군설치법 15조 6항에 말한 정당한 사유가 있다고 오인한데서 나온 행위였다면 이는 법률착오가 범의를 조각하는 경우에 해당한다.

61) 대법원 판례 중에는 자기 행위의 위법성이 의심스러워 권한 있는 관계기관에 문의하고 거기의 회신을 믿고 한 행위를 정당한 이유 있는 착오로 보지 않을 뿐만 아니라(대법원 1987.4.14. 87 도 160), 감독관청의 주선에 의하여 면허대여를 받아 시공한 무면허건설행위도 위법성의 착오에 대한 정당한 이유가 있는 경우라고 볼 수 없다 한다(대법원 1987.12.22. 86도 1175). 뿐만 아니라 보건사회부장관의 고시를 믿고 한 행위도 정당한 착오라고 볼 수 없다 한다(대법원 1991.8.17. 91도1523 참조).

62) 대법원 2006.3.24. 2005도3717 참조.

법 제16조의 적용기준을 정함에 있어서 대체적으로 다음과 같은 사유를 정당한 이유가 있는 착오의 기준으로 삼았다.

1) 정당한 사유로 인정한 경우

(1) 상관이나 관계기관의 허가나 승인 또는 지시에 따른 행위

예컨대 대법원에 따르면 장관의 허가를 얻어 설립한 사단법인 직원이 목적사업을 수행하는 과정에서 장관이 승인한 조정수수료를 받는 것은 직무수행상의 행위로서 위법성의 인식가능성을 기대하기 어렵다거나,[63] 초등학교 교장이 도교육위원회의 지시에 따라 교과내용으로 되어 있는 양귀비꽃을 교과식물로 비치하기 위하여 양귀비 종자를 사서 교무실 앞 화단에 심는 행위는 그 오인에 정당한 이유가 있는 것으로 보고 있다.[64] 그 밖에도 "부대장의 허가를 받아 부대 내에 유류를 저장하는 것이 죄로 되지 않는 것으로 믿었다면 이와 같은 오인에는 정당한 사유가 있다고 할 것이므로 형법 제16조에 의하여 벌할 수 없는 경우에 해당한다"[65] 고 판시한 바 있다.

(2) 법령에 의한 행위

행위자가 형사처벌의 대상이 되는 법률에 위반되는 행위를 하였더라도 그 행위가 법령에 따른 행위라고 믿었고, 법령 또한 그 행위를 정당한 것으로 규정하고 있다면, 행위자의 착오는 정당한 것으로 대법원은 인정하고 있다.[66] 또한 어느 법률에 의하여 형사처벌의 대상이 된다고 하여도, 다른 법률과 그 시행령 규정의 반

63) 대법원 1975.3.25. 74도2882.

64) 대법원 1971.10.12, 71도1356.

65) 대법원 1971.10.12, 71도1356.

66) 대법원에 따르면 "피고인이 1969년에 서천군 장항읍 창선동 1가 195로 이사하고 직장예비군에 편성됨과 동시 1970년 직장예비군을 통하여 장항읍장에게 대원신고를 하였으나 주민등록은 전거주지인 대천읍에 그대로 있었기 때문에 1973년 전시 주거지로 그 등록을 옮기게 되었던 것이니 이때 또다시 주소이동의 대원신고를 아니하여도 정당한 사유 없이 대원신고를 아니한 때에 해당되지 아니한다" 고 판시하였다. 그리고 이 사건에 관한 대법원 판례의 판시근거는 다음과 같다. "주민등록법 제17조의7에 의하여 주민등록지를 공법관계에 있어서의 주소로 볼 것이므로 주민등록지를 이전한 이상 향토예비군설치법 제3조 제4항 동법시행령 제22조 제1항 제4호에 의하여 대원신고를 하여야 할 것이기는 하나 이 사건의 경우 위에서 본 바와 같이 이미 같은 주소에 대원신고가 되어 있었으므로 피고인이 재차 동일주소에 대원신고(주소이동)를 아니하였음이 향토예비군설치법 제15조 제6항에서 말한 정당한 사유가 있다고 오인한데서 나온 행위였다면 이는 법률착오가 범의를 조각하는 경우라고 보아서 좋을 것이다"(대법원 1974.11.12. 74도2676).

대해석을 통하여 형사처벌의 대상이 될 수 없다고 오인될 수 있는 경우에도 정당한 이유 있는 착오로 보고 있다.[67]

(3) 관계기관에의 조회

대법원 판례에 따르면 행정관청의 허가가 있어야 함에도 허가를 받지 아니하여 처벌대상의 행위를 한 경우라도 허가를 담당하는 공무원이 허가를 요하지 않는 것으로 잘못 알려 주어 이를 믿은 경우에는 정당한 이유가 있다고 본다.[68] 또한 영업허가관청의 잘못된 법령해석에 따른 행위도 착오의 정당성을 인정하고 있다.[69] 그러나 관할관청으로부터 특정행위에 대한 허가가 필요 없다는 회신이 있는 경우라도 행위자가 그 회신의 내용을 잘못 이해하여 허가를 요하는 사항을 요하지 않는 것으로 믿었다면 그 오인에 정당한 이유가 없다고 한다.[70]

(4) 범행과 동일한 성질의 행위에 대하여 혐의 없음이라는 검찰의 종래 결정에 따른 경우

범행과 동일한 성질의 사안에 대해 검찰에 의해 혐의없음 결정을 받는 사실이 있었다면, 범행 당시 행위자는 자기의 행위가 법령에 의하여 죄가 되지 않은 것으로 믿을 수밖에 없다고 할 것이다. 대법원도 같은 취지의 판결을 한 바 있다.[71]

---

67) 대법원 2002.5.17, 2001도4007.

68) 대법원 1983.3.22. 81도2763; 대법원 1992.5.22. 91도2525; 대법원 1993.9.14. 92도1560; 대법원 1995.7.11. 94도1814

69) 대법원 1989.2.28, 88도1141 참조.

70) 대법원 1992.11.27. 92도1477: "이 사건 토지에 대하여는 부산시가 1979.6.7.자로 토석채취 및 농경지조성 공사 허가를 받아 공사를 하고, 1980.12.30. 관할관청으로부터 위 공사에 대한 준공검사를 받았으나 이는 위 공사가 끝났다는데 대한 檢査일뿐 이사건 토지의 지목은 답과 같은 농경지로 되어있지 아니하고 여전히 잡종지로 되어 있으므로 이러한 잡종지 안에서 사실상의 농경지 조성이 완료되지 아니한 이 사건 토지에 대하여 농경지조성을 위하여 0.6 내지 1미터 가량의 성토행위를 한 것이므로, 이는 토지의 형질변경에 해당한다고 할 것이다. 그리고 이러한 형질변경행위는 도시계획법 제4조 제1항 단서, 같은법 시행령 제20조 제1항 제2호, 같은법 시행규칙 제8조 제12호에서 규정하는 "토지의 형질변경으로서 다량의 토석채취, 임목의 벌채를 수반하지 아니하거나 개발제한구역의 지정목적에 지장이 없다고 인정되는 것" 으로서, "경작 중인 전 · 답의 환토 · 객토용 토석의 채취 및 전답의 환토 · 개답 · 개간에 수반" 되는 것이라고 할 수 있는 경미한 형질변경행위에도 해당하지 아니하므로, 이 사건 성토행위를 함에는 관할관청의 허가를 받아야 한다고 할 것이며, 피고인들이 이 사건 성토행위에 대한 허가요부에 대하여 관할관청으로부터 위와 같은 회신을 받았다고 하여 위 회신의 내용에 비추어 볼 때 이 사건 성토행위가 허가를 요하지 않는 행위라고 단정하여 회신한 것은 아니라고 볼 수 있다.

71) 대법원 1995.8.25. 95도717.

2) 정당한 사유를 부정한 경우

(1) 관계기관의 회신에 따른 행위

어느 유형의 행위를 처벌의 대상에서 제외한다는 관계기관의 회신은 법원의 판단을 기속하지 않는다고 한다. 그 근거로 대법원은 다음과 같은 이유를 제시하였다. 즉 "피고인이 보건사회부 고시 제87-12호, 제89-4호 공문공증 3112-2111에 의하여 이 사건 미승인오락기구를 당국에 등록하고 그 사용기간을 1990.6.30.까지 연장 받았다 하더라도 그 근거규정인 공중위생법 제11조, 공중위생법시행규칙 제2조의 규정만으로는 유기장업자는 법령에 위반하여 제조된 유기기구를 설치하거나 사용하여서는 안 된다는 공중위생법(법률 제3822호) 제12조 제2항 제3호 나목의 적용시한을 유예하거나 전기용품안전관리법에 위반하여 제조된 형식승인을 받지 아니한 유기기구를 위 공중위생법시행일 이후에도 계속 사용할 수 있도록 허가할 수 있는 근거가 되는 것이라고는 할 수 없으므로 앞에 든 보건사회부장관 고시 등은 그 기간 내에 형식승인기구로 교체하지 아니하더라도 허가의 취소 등 행정제재를 하지 않는다는 취지일 뿐, 공중위생법상의 벌칙규정에 대한 면책적 효력이 있다고 할 수 없다 하겠다" 고 판시하고 있다.

그러나 대법원의 이러한 논리는 매우 궁색하다고 할 것이다. 왜냐하면 첫째로 단순히 관계공무원의 회시를 믿고 행한 경우도 착오의 정당성을 인정하면서, 장관의 회신을 믿고서 실행한 행위에 대해서는 착오의 정당성을 인정할 수 없다는 것은 논리적으로나 정책적으로도 틀린 것이며, 둘째로 형사처벌은 다른 수단이 적합하지 않고 또한 언제나 최후수단으로 이용되어야 함을 고려한다면 행정벌을 형벌보다 우선적으로 고려해야 하는 것인데, 위의 사건의 경우는 행정벌상 아무런 조치를 취하지 아니한 사건에 대해서도 형사처벌을 요구하고 있기 때문이다. 다만 관계기관에 대한 문의조회에 있어 자신이 실행한 행위가 선거법에 해당되는가를 묻지 아니하고, 단순히 그가 연고도 없는 곳으로 전출명령을 받은 것에 대하여 그 경위를 기재한 유인물을 교부하는 경우에 대해 선거법에 저촉되는

지를 묻고 이에 대한 회신에 따라서 행한 것이라면 정당한 이유 있는 착오라고 할 수 없다고 본다.[72)]

(2) 관계기관의 회신이나 게재물의 내용을 잘못 이해하여 실행한 행위

이러한 행위에 대해서는 정당한 이유를 인정하지 않고 있다.[73)] 또한 감독관청의 주선으로 면허대여를 받아 시행한 행위라도 면허 없이 시공할 수 없는 공사를 하였다면, 비록 행위자가 적법한 것으로 오인하였다고 하더라도 정당한 이유 있는 착오라고 할 수 없다고 한다.[74)]

(3) 전문가의 자문(諮問)

전문가에게 진지한 자문을 구하고, 그에 따라 행한 행위에 대해서도 정당한 이유 없는 착오로 보는 대법원의 판례와 그렇지 않다는 판례가 병존한다. 종래에는 전문가에게 자문을 구하고 이에 따라 행한 행위에 대해서는 정당한 이유 있는 착오로 인정하였다. 예컨대 1961년의 대법원 판례에 따르면, "경제의 안정과 성장에 관한 긴급명령 공포당시 기업사채의 정의에 대한 해석이 용이치 않았던 사정하에서 겨우 국문을 해석할 수 있는 60세의 부녀자인 채권자가 채무자로부터 사채신고권유를 받았지만 지상에 보도한 내용을 검토하고 관할 공무원과 자기 소송을 위임했던 변호사에게 문의 확인한바 채권이 이미 소멸되었다고 믿고 신고하지 않은 경우에는 이를 벌할 수 없다"고 함으로써 이런 입장에 부응한 판결을 한 바 있다.[75)]

72) 대법원 2002.1.25. 2000도1996

73) 2006.5.11. 2006도631: 피고인 1이 환경부 홈페이지에 게시된 전자민원창구의 질의응답자료 중에서 "오염물질을 제거하기 위한 목적이 아닌 수심확보를 위하여 시행한 공사에서 발생되는 자연 상태의 浚渫土는 폐기물에 해당되지 않습니다"라는 게시물 혹은 "우수로에 퇴적된 자연 상태의 토사는 폐기물에 해당되지 않습니다"라는 게시물 등을 확인하고 이 사건 토사가 폐기물에 해당하지 않는 것으로 오인하게 되었다고 하더라도, 기록에 의하면 이 사건 토사는 자연 상태의 퇴적된 토사라고 할 수 없으므로 피고인 1이 위와 같이 오인하게 된 데에 정당한 사유가 있다고 보기 어렵고, 나아가 횡배수관 관로준설공사를 수행한 공소외 주식회사도 이 사건 토사가 폐기물인 것을 알지 못하였다는 사정 역시 위 피고인이 위와 같이 오인을 함에 있어 정당한 사유가 된다고 보기 어렵다.

74) 대법원 1987.12.22. 86도1175.

75) 1967.1.13, 74도3680.

그러나 1990년대에 들어와서는 대법원의 입장이 근본적으로 변했다고 할 수 있다. 예컨대 전문가로부터 자문을 구했을 뿐만 아니라, 관계관청도 행위자의 행위를 법적으로 인정하여 권리부여를 하였고, 대법원의 유사한 판례에 따라 행동하였기 때문에 행위자는 자신의 행위가 이와 같은 사유에 의하여 금지규범을 침해하지 아니하였다는 믿음을 확신하고 있었을 것이다. 그럼에도 대법원은 그 오인에 정당한 이유가 없다고 하였다.[76] 또한 부동산중개업자가 부동산중개협회의 자문을 통하여 인원수의 제한 없는 중개보조원의 채용이 허용되는 것으로 믿고서 제한인원을 초과하여 중개보조원을 채용한 행위는 정당한 이유 있는 착오가 아니라고 한다.[77] 대법원의 이러한 견해는 부당하다. 첫째로 일반인이 아닌 전문가조차도 형사처벌의 대상으로 될 수 없다고 판단한 행위에 대해 일반인들에게 위법의 인식가능성을 과연 적정하게 요구할 수 있을까. 둘째로 검찰에서 3차에 걸쳐 혐의없음을 인정한 사안이고 특허청도 정당한 것으로 판단하는 행위에 대해 그것을 정당하지 아니한 행위라고 믿을 사람은 과연 얼마나 될까.

(4) 특별한 인식능력을 소유한 자이기 때문에 자신의 진지한 지적노력을 다하였다면 위법성의 인식이 쉽게 예측될 수 있는 경우

관계기관에 문의하여 허용되는 행위로 회신을 받았다고 하더라도 행위자가 법률전문가이자, 특히 자신의 행위에 대한 위법성을 잘 알 수 있는 지위에 있는 자라면, 일반인과 달리 그에게 자기 행위의 위법성 인식이 매우 크기 때문에 위법성의 인식을 할 수 없다는 것은 정당한 이유가 될 수 없다고 한다.[78]

76) 대법원 1998.10.13. 97도3337: "이 사건에서 피고인들이 변리사로부터 그들의 행위가 고소인의 상표권을 침해하지 않는다는 취지의 회답과 감정결과를 통보받았고, 피고인들의 행위에 대하여 3회에 걸쳐서 검사의 무혐의처분이 내려졌다가 최종적으로 고소인의 재항고를 받아들인 대검찰청의 재기수사명령에 따라 이 사건 공소가 제기되었으며, 피고인들로서는 이 사건과 유사한 대법원의 판례들을 잘못 이해함으로써 자신들의 행위는 죄가 되지 않는다고 확신을 하였고, 특허청도 피고인들의 상표출원을 받아들여서 이를 등록하여 주기까지 하였다는 등 피고인들이 주장하는 사유들만으로는 위와 같은 기준에서 볼 때 피고인 박석용이 자신의 행위가 고소인의 상표권을 침해하는 것이 아니라고 믿은 데에 정당한 이유가 있다고 볼 수 없다고 할 것이므로, 이와 같은 취지로 한 원심의 판단은 정당하고, 거기에 채증법칙 위반으로 인한 사실오인이나 형법이 정하는 법률의 착오와 정당한 행위에 관한 법리를 오해한 위법이 있다고 볼 수 없"다고 판시 한 바 있다.

77) 대법원 2000.8.18. 2000도2943.

(5) 권리실현을 위한 자구행위 중에서 피해자의 승낙이 없는 경우

대법원은 자신의 권리실현행위라고 할지라도 그 행위가 타인의 법익을 침해할 때에는 피해자의 승낙이 없는 한, 형법 제16조의 정당한 이유에 근거한 착오를 인정하지 않는다.[79]

(6) 자격기본법에 의한 민간자격관리자로부터 대체의학자격증을 수여받은 자가 사업등록을 한 후 자격증에 합치된 침술원을 개원하여 의료행위를 한 경우

대법원에 따르면, 국가의 공인을 받지 못한 민간자격증을 취득하였다는 사실만으로는 자신의 행위가 무면허 의료행위에 해당되지 아니하여 죄가 되지 않는다고 믿는 데에 정당한 사유가 없다고 한다.[80]

4. 회피가능성의 적용배제와 책임주의(형법 제16조의 적용예외)

형법 제16조의 법률의 착오 규정이 한국의 모든 법률에서 그대로 적용되는 것은 아니다. 특히 담배사업법위반사건이나 조세범죄 또는 관세법상 벌칙규정에 위반되는 사건에 대해서는 형법 제16조의 적용을 배제하고 있다. 즉 담배사업법위반사건이나 조세범위반사건 그리고 관세법위반사건은 비록 정당한 이유에 근거한 착오에 의해 비롯되었다고 할지라도 담배사업법 제31조, 조세법 제4조 그리

---

78) 대법원 2006.3.24. 2005도3717: "피고인은 변호사 자격을 가진 국회의원으로서 법률전문가라고 할 수 있고, 그 스스로도 의정보고서의 내용이 선거운동의 실질을 갖추고 있는 한 허용될 수 없다는 것을 잘 알고 있다고 진술하였다. 이런 피고인으로서는 의정보고서에 특정 내용을 게재나 전재하는 것이 허용되는지에 관하여 의문이 있을 경우, 관련 판례나 문헌을 조사하는 등의 노력을 하였어야 할 것이고, 그렇게 했더라면 낙천대상자로 선정된 이유가 의정활동에 관계있는 것이 아닌 한 낙천대상자로 선정된 사유에 대한 해명을 의정보고서에 게재하여 배부할 수 없고 더 나아가 낙천대상자 선정이 부당하다는 취지의 제3자의 반론 내용을 싣거나 이를 보도한 내용을 전재하는 것은 의정보고서의 범위를 넘는 것으로서 허용되지 않는다는 것을 충분히 인식할 수 있었다고 할 것이다."

79) 대법원 2005.4.29. 2005도381: 채권자가 채권권리를 위하여 설정된 회사의 공장건물에 무단침입하고 건물에 부착되어 있던 자물쇠를 손괴한 행위는 정당한 이유가 있는 착오로 인정하지 않았다; 또한 사무실 임차인이 임대차계약 종료 후 갱신계약 여부에 관한 의사표시나 명도의무를 지체하고 있다는 이유로 임대인이 단전조치를 취하여 업무방해죄로 기소된 사안에서 법률의 착오를 인정하지 아니하였다(대법원 2006.4.27. 2005도8074).

80) 대법원 2003.5.13. 2003도939.

고 관세법 제278조 제2항에 의해 책임이 조각되지 않는다.[81] 다만 이들 범죄로 인해 징역형이 부과되는 경우에 국한하여 형법 제16조가 적용될 뿐이다.

81) 이에 관한 대법원 판례로는 대법원 1988.4.25. 선고 87도2451판결(관세법위반사건).

제 11 장

오상과잉방위와 형법 제21조 제3항[1)]

차 례

대법원 2004.3.25, 선고 2003도3842 업무상과실치사 (차) 파기환송

◇경찰관의 총기 사용이 경찰관직무집행법 허용범위 내이거나 정당방위에 해당할 여지가 있다고 인정한 사례◇

1.【사실관계】

○○경찰서 동부파출소 소속 경찰관인 피고인은 2001. 11. 27. 밤 동료 경찰관인 김○하와 함께 순찰차를 타고 동부파출소 관내를 순찰하던 중 ○○경찰서 상

---

1) 본 논문은 2006학년도 동아대학교 학술연구조성비(자유공모과제)에 의하여 연구되었음.

황실로부터 공소외 1이 술병으로 타인을 찌른 사건이 상대파출소 관내에서 발생하였으니 이와 관련하여 상대파출소를 지원하라는 무선지령을 받고 상대파출소로 순찰차를 운전하여 가서 공소외 1의 처인 공소외 2로부터 공소외 1이 현재 그의 주거지 부근의 꽃집에 있다는 말을 듣고, 23:50경 공소외 2와 함께 위 꽃집 앞에 도착하여 김○하는 꽃집 주위에 있는 막대기를 들고 앞장서고 피고인은 권총을 꺼내어 안전장치를 풀고 김○하의 뒤에 서서 따라 그 꽃집 안으로 걸어 들어가, 그곳에 미리 와 있던 이웃 주민 심○보에게 "공소외 1이 어디에 있느냐?" 고 묻는 순간, 공소외 1이 세면장에서 나오면서 피고인과 김○하에게 "당신들 뭐야, 이 밤에 왜 왔어? 빨리 가!" 라고 소리를 지르며 피고인과 김○하가 서 있는 곳으로 나오다가 이를 말리는 심○보와 몸싸움을 하므로, 그만둘 것을 종용하였음에도, 공소외 1이 … 심○보를 바닥에 넘어뜨리고 출입문 쪽으로 달려 나오며 김○하와 피고인을 밀어 넘어뜨리고 넘어진 김○하의 몸 위에 올라 타 김○하와 몸싸움을 하자, 피고인이 넘어져 있는 상태에서 소지하고 있던 권총으로 공포탄 1발을 발사하였음에도 공소외 1이 이에 굴복하지 아니하고 계속 김○하의 몸 위에서 김○하의 목을 누르는 등 김○하를 일어나지 못하게 하고 있는 것을 목격하였는바, 이러한 경우 총기를 소지한 경찰관으로서는 구체적인 사태를 합리적으로 판단하여 가급적 총기사용을 자제하여야 할 뿐만 아니라 가사 총기를 사용하더라도 그 상대방의 대퇴부 이하를 조준하여 발사하여야 할 업무상 주의의무가 있는데, 당시는 피고인은 … 총기를 사용하기 전에 먼저 공소외 1에게 달려들어 김○하가 일어날 수 있도록 도와 함께 공소외 1에게 대항할 궁리를 하여야 함에도, 공소외 1이 김○하의 몸 위에서 몸싸움하던 과정에 김○하의 허리춤에 손을 대는 것을 보고는 공소외 1이 김○하의 총을 꺼낼지도 모른다고 성급하게 생각하고 당황하여 위와 같은 조치를 먼저 취하지 아니하고 바로 공소외 1을 향하여 대퇴부 이하를 제대로 조준하지 못하고 권총을 발사한 과실로 인하여 탄환이 공소외 1의 흉부를 관통하게 하여 공소외 1로 하여금 같은 해 12. 3. 08:55경 ○○대학교병원에서 패혈증 등으로 사망하게 하였다.

2. 항소이유와 원심판결

1) 피고인의 항소이유의 요지

이 사건 당시의 상황은, 피해자 공소외 1은 A도시 일반부 씨름대회에서 우승할 정도로 힘이 센 사람이어서 김○하나 피고인이 몸싸움을 통하여 공소외 1을 제압할 수 없었고, 공소외 1이 김○하를 넘어뜨린 상태에서 위에서 누르면서 김○하의 권총을 잡으려고 하고 있어서 피고인이 공소외 1에게 달려들어 김○하가 일어날 수 있도록 도와줄 수도 없는 위협적이고 급박한 상황이었기 때문에 권총을 발사할 수밖에 없었으며, 공소외 1이 김○하의 몸 위에 올라앉은 채로 위에서 누른 상태에서 몸을 움직이고 있었으므로 공소외 1의 대퇴부 이하를 조준하여 총을 발사하기도 어려운 상황이었는바, 피고인의 행위는 당시 상황으로 보아 정당방위에 해당한다.

가사 피해자가 김○하의 몸에서 권총을 꺼낼 의사가 없었는데 피고인이 이를 오인하여 발사하였다고 하더라도 이는 형법 제21조 제3항에 해당하여 벌할 수 없다.

2) 원심판결

(1) 정당방위 성립여부(형법 제21조 제1항)

"… 공소외 1이 심○보와 몸싸움을 하다 심○보를 바닥에 넘어뜨리고 출입문 쪽으로 달려 나오며 김○하와 피고인을 밀어 넘어뜨리고 넘어진 김○하의 몸 위에 올라 탄 사실을 인정할 수 있어, 정당방위 요건 중 김○하에 대한 현재의 부당한 침해에는 일응 해당된다고 보인다.[2] … 피고인은 현장으로 출동하기 전 상대파

---

2) "상당한 이유"(상당성)가 있는지에 관하여 살펴보면, 경찰관직무집행법 제10조의 4에 의하면 경찰관은 범인의 체포, 도주의 방지, 자기 또는 타인의 생명, 신체에 대한 방호, 공무집행에 대한 항거의 억제를 위하여 필요하다고 인정되는 상당한 이유가 있을 때에는 그 사태를 합리적으로 판단하여 필요한 한도 내에서 무기를 사용할 수 있고, 형법이 정하는 정당방위와 긴급피난에 해당할 때 또는 체포, 도주의 방지나 항거의 억제를 위하여 다른 수단이 없다고 인정되는 상당한 이유가 있는 때에 한하여 필요한 한도 내에서만 무기를 사용하여 사람에게 위해를 가할 수 있다. 경찰관의 무기사용이 이러한 요건을 충족하는지 여부는 범죄의 종류, 죄질, 피해법익의 경중, 위해의 급박성, 저항의 강약, 범인과 경찰관의 수, 무기의 종류, 무기 사용의 태양, 주변의 상황 등을 고려하여 사회통념상 상당하다고 평가되는지 여부에 따라 판단하여야 하고, 특

출소에 근무하는 김○웅으로부터 상대파출소장이 현장으로 오고 있으니 총기는 사용하지 말고 대치만 하고 있으라는 이야기를 들은 사실, 당시 공소외 1은 공소외 2의 신고와는 달리 칼로 아들을 위협하는 등 인질극을 벌이고 있지 않았던 사실, 피해자가 아무런 무기나 흉기를 휴대하고 있지 않았던 사실(공소외 2의 억측과 달리 칼을 소지하지 않았던 것으로 후에 판명됨), 현장에는 피고인과 김○하 등 경찰관 2명이 있는데다가 공소외 2와 그녀의 연락을 받고 미리 와 있던 심○보가 있어 유사시 어느 정도의 도움을 줄 수 있었던 사실을 인정할 수 있다. 한편, 공소외 1이 김○하의 권총을 탈취하려 하였다고는 보이지 아니한다.[3] 사정이 이와 같다면, 경찰관인 피고인이 공포탄 발사에서 나아가 근접한 거리에서 피해자의 몸을 향한 실탄 발사로 나아간 것은 사회통념상 총기 사용의 허용범위를 벗어난 것으로서 상당성을 결하였다고 봄이 상당하므로 정당방위에 해당하지 아니하여, 피고인의 행위를 업무상과실치사죄로 의율,처단한 원심의 조치는 옳다."

(2) 형법 제21조 제3항 해당여부

형법 제21조 제3항은 과잉방위의 경우 '그 행위가 야간 기타 불안스러운 상태 하에서 공포, 경악, 흥분 또는 당황으로 인한 때에는 벌하지 아니한다' 고 규정하고 있다. 동조 제 3항의 상황에서는 방위행위가 상당성의 정도를 넘었다 하더라도 적법행위의 기대가능성이 없어 책임이 조각될 수 있기 때문이다. 살피건대 피고인이 경찰관인 점을 고려하면 야간 기타 불안스러운 상태라 하여 쉽사리 공포, 경악, 흥분 또는 당황하였을 것이라고는 판단되지 않으므로 피고인에 대하여 위 규정을 적용할 수 없다. 또한 피고인은, 가사 공소외 1이 김○하의 몸에서 권총을

히 사람에게 위해를 가할 위험성이 큰 총기의 사용에 있어서는 그 요건을 더욱 엄격하게 판단하여야 한다(대법원 1999.3.23. 선고 98다6345 판결 참조).

3) (그 이유로) 김0하는 공소외 1의 몸 밑에 깔린 상태에서 공소외 1과 몸싸움을 벌였으므로 공소외 1이 자신의 권총을 빼앗으려 하였는지에 관하여 가장 잘 알 수 있음에도 불구하고, 최초 경찰 진술 시에는 공소외 1의 손이 자신의 허리부분에 닿으려고 했다는 등의 진술을 하지 않았고, 2회 조사 시 그러한 내용을 피고인으로부터 들었다고 진술하였으며, 그 이후부터 권중헌의 손이 권총을 차고 있는 허리 부위에 닿는 것을 느꼈다고 진술하는 등 진술에 일관성이 없고, 이에 비추어 보면 공소외 1이 김0하의 총기를 꺼내려 하였다는 피고인의 진술 및 김0하의 일부 진술은 그대로 믿기 어렵(기 때문이라는 것이)다.

꺼낼 의사가 없었는데 피고인이 이를 오인하여 발사하였다고 하더라도 이는 형법 제21조 제3항에 해당하여 벌할 수 없다고 주장하나, 위와 같은 오상방위의 경우에는 위 규정이 적용되지 않는다고 할 것이므로 위 주장도 이유 없다."

3. 대법원의【판시내용】

"관할파출소 근무자로부터 '공소외 1이 술집에서 맥주병을 깨 다른 사람의 목을 찌르고 현재 자기 집으로 도주하여 칼로 아들을 위협하고 있다' 는 상황을 고지 받고 현장에 도착한 경찰관으로서는 공소외 1이 칼을 소지하고 있는 것으로 믿었고 또 그렇게 믿은 데에 정당한 이유가 있었다고 할 것이므로, 피고인과 동료 경찰관이 공소외 1과의 몸싸움에 밀려 함께 넘어진 상태에서 칼을 소지한 것으로 믿고 있었던 공소외 1과 다시 몸싸움을 벌인다는 것은 피고인 자신의 생명 또는 신체에 위해를 가져올 수도 있는 위험한 행동이라고 판단할 수밖에 없을 것이고, 따라서 피고인이 공포탄 1발을 발사하여 경고를 하였음에도 불구하고 공소외 1이 동료 경찰관의 몸 위에 올라탄 채 계속하여 그를 폭행하고 있었고, 또 그가 언제 소지하고 있었을 칼을 꺼내 동료 경찰관이나 피고인을 공격할지 알 수 없다고 피고인이 생각하고 있던 급박한 상황에서 동료 경찰관을 구출하기 위하여 공소외 1을 향하여 권총을 발사한 것이라면, 이러한 피고인의 권총 사용이 경찰관직무집행법 제10조의4 제1항의 허용범위를 벗어난 위법한 행위라거나 피고인에 업무상과실치사의 죄책을 지울만한 행위라고 단정할 수는 없다."

4.【참조법조】

1) 경찰관직무집행법 제10조의4 제1항(武器의 사용)

① 警察官은 犯人의 逮捕·逃走의 방지, 자기 또는 他人의 生命·身體에 대한 防護, 公務執行에 대한 抗拒의 抑制를 위하여 필요하다고 인정되는 상당한 이

유가 있을 때에는 그 事態를 合理的으로 判斷하여 필요한 限度 내에서 武器를 사용할 수 있다. 다만, 刑法에 規定한 正當防衛와 緊急避難에 해당하는 때 또는 다음 各號의 1에 해당하는 때를 제외하고는 사람에게 危害를 주어서는 아니 된다.

1. 死刑 · 無期 또는 長期 3年 이상의 懲役이나 禁錮에 해당하는 罪를 犯하거나 犯하였다고 의심할 만한 충분한 이유가 있는 者가 警察官의 職務執行에 대하여 抗拒하거나 逃走하려고 할 때 또는 第3者가 그를 逃走시키려고 警察官에게 抗拒할 때에 이를 방지 또는 逮捕하기 위하여 武器를 사용하지 아니하고는 다른 手段이 없다고 인정되는 상당한 이유가 있을 때

…

3. 犯人 또는 騷擾行爲者가 武器 · 兇器등 위험한 물건을 所持하고 警察官으로부터 3回 이상의 投棄命令 또는 投降命令을 받고도 이에 不應하면서 계속 抗拒하여 이를 防止 또는 逮捕하기 위하여 武器를 사용하지 아니하고는 다른 手段이 없다고 인정되는 상당한 이유가 있을 때

② 第1項의 "武器"라 함은 人命 또는 身體에 危害를 加할 수 있도록 製作된 拳銃 · 小銃 · 刀劍등을 말한다.<신설 1999.5.24>

…

2) 형법 제21조(정당방위)

① 自己 또는 他人의 法益에 對한 現在의 不當한 侵害를 防衛하기 爲한 行爲는 相當한 理由가 있는 때에는 罰하지 아니한다.

② 防衛行爲가 그 程度를 超過한 때에는 情況에 依하여 그 刑을 減輕 또는 免除할 수 있다.

③ 前項의 境遇에 그 行爲가 夜間 其他 不安스러운 狀態 下에서 恐怖, 驚愕, 興奮 또는 唐慌으로 因한 때에는 罰하지 아니한다.

연 구

I. 문제의 제기

동료경찰관에 대해 부당한 침해를 가하던 자에게 권총을 발사하여 죽음에 이르게 된 사건이 2001년 11월 27일 진주에서 발생하였다. 이 사건을 맡은 1심법원은 피고인에게 업무상과실치사죄를 인정하였다. 이에 대해 피고인은 자신의 총기사용은 씨름선수출신으로 힘이 센데다가 칼까지 소지한 것으로 오인된 공소외 1이 자신의 경찰 동료인 김○하를 넘어뜨리고 그 위에 올라 타 폭행을 감행하자 공포탄 발사로 저지하려고 하였음에도 중지하지 않고, 게다가 김○하의 권총까지 빼앗으려고 하는 등의 위급한 침해행위를 방위하려는 생각에서 비롯된 것으로서 자신의 행위는 정당방위이거나 형법 제21조 제3항에 해당되어 불가벌이 된다는 이유로 항소하였다.

항소심인 원심법원은 "피고인의 권총사용은 공소외 1의 부당한 침해행위에 대한 방위행위로서 행사된 것이라 해도 사회통념상 허용할 만한 정당성 내지 사회적 상당성이 결여된 것이고, 또한 피고인의 행위가 오상방위로 인한 것이라 하더라도 형법 제21조 제3항은 오상방위의 경우에 적용될 수 없다[4]"고 판시하여 1심법원의 판단을 그대로 유지하였다.[5]

대법원은 원심법원의 판결과 달리 피고인에게 무죄를 선고하였다. 대법원에

---

4) 형법 제21조 제3항은 과잉방위의 경우 그 행위가 야간 기타 불안스러운 상태 하에서 공포, 경악, 흥분 또는 당황으로 인한 때에는 벌하지 아니한다고 규정하고 있다. 이러한 상황에서는 방위행위가 상당성의 정도를 넘었다 하더라도 적법행위의 기대가능성이 없어 책임이 조각되기 때문이다. 살피건대 피고인이 경찰관인 점을 고려하면 야간 기타 불안스러운 상태라 하여 쉽사리 공포, 경악, 흥분 또는 당황하였을 것이라고는 판단되지 않으므로 피고인에 대하여 위 규정을 적용할 수 없다. 또한 피고인은, 가사 공소외 1이 김○하의 몸에서 권총을 꺼낼 의사가 없었는데 피고인이 이를 오인하여 발사하였다고 하더라도 이는 형법 제21조 제3항에 해당하여 벌할 수 없다고 주장하나, 위와 같은 오상방위의 경우에는 위 규정이 적용되지 않는다고 할 것이므로 위 주장도 이유 없다."

5) 경찰관인 피고인이 공포탄 발사에서 나아가 근접한 거리에서 피해자의 몸을 향한 실탄 발사로 나아간 것은 사회통념상 총기 사용의 허용범위를 벗어난 것으로서 상당성을 결하였다고 봄이 상당하므로 정당방위에 해당하지 아니하여, 피고인의 행위를 업무상과실치사죄로 의율 · 처단한 원심의 조치는 옳다.

따르면, 피고인의 총기사용은 형법 제21조의 정당방위에 근거한 방위행위로서 경찰관직무집행법 제10조의4 제1항의 허용범위를 벗어난 위법한 행위가 아니기 때문에, 대상사건의 경우 "피고인에게 업무상과실치사의 죄책을 지울" 수 없다는 것이다.

대상사건에서 피고인의 공소외 1에 대한 총기사용이 경찰관직무집행법 제10조의4 제1항에 의해 허용되려면, 그럴 만한 정당한 사정이 존재하여야 한다. 대상사건의 경우 총기사용이 허용될 만한 정당한 사정은 형법 제21조에 의한 정당방위를 할 수 있는 상황이어야 한다. 그런데 대법원이 인정한 사실관계에 따를 경우에도 피고인이 현재의 부당한 침해행위를 범하고 있는 공소외 1의 상반신을 향해 총기사용에 의한 정당방위를 할 수 있는 객관적 사정이 과연 실존하고 있느냐의 문제에 의문점이 있어 보인다. 왜냐하면 공소외 1은 김○하를 넘어뜨리고 그 위에 올라 타 누르긴 하였지만, 피해자인 공소외 1은 칼을 소지하지도 아니하였고, 또한 그가 김○하의 총기를 빼앗거나 빼앗고 있는 명백한 상황도 아니어서 김○하의 신체나 생명에 치명상을 입히고 있는 급박한 위험상황을 야기했다고 보기 어렵기 때문이다. 다만 피고인의 입장에서 볼 때 공소외 1이 칼을 소지하고 있다고 잘못 오인하고, 김○하의 총기를 잡으려고 하였다는 오해에 기인하여 동료경찰관의 위급한 생명을 보호하고자 권총을 사용한 정상은 참작할 만하다고 할 것이다. 그러나 이는 정당방위의 문제가 아니라, 오상방위나 과잉방위에 관한 것이고, 따라서 이에 대한 별도의 검토가 불가피한 것이다.

그럼에도 불구하고 대법원은 대상사건에서 결과적으로 피고인의 행위를 정당한 이유 있는 방위행위로 파악한 것으로 보이며, 이에 따라 경찰관직무집행법상의 총기사용은 정당한 것이며, 피고인에 대해 업무상 과실치사죄의 죄책도 지울 수 없다는 결론을 내렸다. 대법원의 이러한 입장에 대해 다음과 같은 의문점이 생긴다.

첫째로 총기사용을 허용할 만한 정당방위의 객관적 상황이 존재하지 않은데도 불구하고 존재한 것으로 믿고 방위행위를 행사하였으면, 그것은 오상방위에 해당될 수 있지만, 정당방위에 해당되기 어렵다는 점이다.

둘째로 대상사건이 오상방위에 해당된다고 할 때, 오상방위에 대해서 우리 형법이 특별한 규정을 두고 있지 아니한 상태에서 대법원과 같은 논리로 결론을 내리게 되면 오상방위는 정당방위와 결과적으로 차이가 없게 되는데 그것이 정당화될 수 있는가이다.

셋째로 대상사건에서 권총사용에 의한 방위행위는 형법 제21조 제2항에서 말하는 과잉방위에 해당될 수 있는 여지가 있다. 그런데 대상사건처럼 피고인의 과잉방위가 착오에 의한 경우, 그런 착오에 대한 상당한 이유가 존재하면 형벌이 면제될 수 있는지 그리고 어느 경우가 그런 경우인지이다.

넷째로 착오에 의한 과잉방위이지만 그러한 착오가 대상사건의 경우 상당한 이유가 있는지, 더 나아가서 형법 제21조 제3항에 해당될 수 있는 적법행위의 기대가능성이 없다고 보아 불가벌로 파악할 수 있는 지이다.

Ⅱ. 정당방위와 오상방위

1. 정당방위를 할 수 있는 객관적 사정의 존부와 총기사용의 허용성

1) 대상사건에서 총기사용의 정당성과 정당방위

원심법원은 피고인에 대해 총기사용의 허용성을 부정하면서 그 근거를 다음과 같이 제시하고 있다: "총기를 소지한 경찰관으로서는 구체적인 사태를 합리적으로 판단하여 가급적 총기사용을 자제하여야 할 뿐만 아니라 가사 총기를 사용하더라도 그 상대방의 대퇴부 이하를 조준하여 발사하여야 할 업무상 주의의무가 있는데, 당시는 피고인과 김○하 2인이 현장에 출동하여 1명의 범인을 검거하는 상황이라 2인이 힘을 합하면 총기를 사용하지 않고도 공소외 1을 제압할 수 있고, 그렇지 않다고 하더라도 최소한 경찰관 2인의 힘이면 김○하가 공소외 1의 몸 밑에 깔린 상황을 해소하고 함께 공소외 1에게 대항할 수 있으므로 총기를 사용하기 전에 먼저 공소외 1에게 달려들어 김○하가 일어날 수 있도록 도와 함께 공소외 1에게 대항할 궁리를 하여야 함에도 총기사용의 남용으로 공소외 1을 과실치사하게 하였다."는 것이다. 즉 원심법원에 의하면 피고인의 공소외 1에 대한 총기사용은 경찰관직무집행법 제10조의 4 제1항(무기의 사용)의 요건이 충족되지 아니하여 허용될 수 없는 것으로 판단하였다.

이에 반해 대법원은 대상사건의 경우 공소외 1의 부당한 공격에 대한 방위행위의 차원에서 피고인의 총기사용은 정당하다고 보았다.[6] 그러나 대법원에 의해 피고인의 총기사용이 정당하다고 평가한 정당방위의 객관적 상황, 특히 총기를 사용하여 타인의 생명을 박탈할 만한 정도의 방위행위가 상당한 이유를 갖출 수 있는 객관적 사정이 존재하고 있다고 볼 수 있는지가 의심스럽다. 왜냐하면 총기사용에 의한 정당방위가 가능하기 위해서는 그럴 수 있는 객관적 사정이 존재해야 하는데, 본 대상사건의 경우 공소외 1은 김○하를 밀어 넘어뜨리고 그 위에 올라타서 그를 누르는 등의 폭행 행위를 하였지만, 김○하에게 치명상을 입힐 만한 흉기 등을 갖고 있지 않았으며, 더욱이 그에게 치명상을 가할 만한 행위나 객관적 사정을 찾아보기 힘들기 때문이다. 더욱이 확인된 사실관계에 따르면 공소외 1은 칼을 소지하지도 아니하였고, 김○하를 죽이기 위해 김○하의 권총을 빼앗아 사용하려고 하였다는 정황조차도 사실상 인정하기 어려운 실정을 감안하면 더욱 그렇다.

6) "관할파출소 근무자로부터 '공소외 1이 술집에서 맥주병을 깨 다른 사람의 목을 찌르고 현재 자기 집으로 도주하여 칼로 아들을 위협하고 있다' 는 상황을 고지 받고 현장에 도착한 경찰관으로서는, 공소외 1이 칼을 소지하고 있는 것으로 믿었고 또 그렇게 믿은 데에 정당한 이유가 있었다고 할 것이므로, 피고인과 동료 경찰관이 공소외 1과의 몸싸움에 밀려 함께 넘어진 상태에서 칼을 소지한 것으로 믿고 있었던 공소외 1과 다시 몸싸움을 벌인다는 것은 피고인 자신의 생명 또는 신체에 위해를 가져올 수도 있는 위험한 행동이라고 판단할 수밖에 없을 것이고, 따라서 피고인이 공포탄 1발을 발사하여 경고를 하였음에도 불구하고 공소외 1이 동료 경찰관의 몸 위에 올라탄 채 계속하여 그를 폭행하고 있었고, 또 그가 언제 소지하고 있었을 칼을 꺼내 동료 경찰관이나 피고인을 공격할지 알 수 없다고 피고인이 생각하고 있던 급박한 상황에서 동료 경찰관을 구출하기 위하여 갑을 향하여 권총을 발사한 것이라면, 이러한 피고인의 권총 사용이 경찰관직무집행법 제10조의4 제1항의 허용범위를 벗어난 위법한 행위라거나 피고인에 업무상과실치사의 죄책을 지울만한 행위라고 단정할 수는 없다."

2) 대상사건의 오상방위 가능성과 대법원 판례의 오해

사정이 이러하다면 대상사건에서 피고인의 총기사용에 의한 방위행위는 정당방위로서의 위법성이 조각될 수 있는 행위로 보기 어렵다. 피고인의 방위행위가 형법상 정당방위로 허용되려면, 김○하에 대한 공소외 1에 의한 현재의 부당한 침해행위가 존재하는 것만으로는 부족하고, 총기사용이 불가피한 정도의 방위행위를 해야 할 위험한 상황에 직면해야 되는 데, 앞에서 검토한 바에 의하면 김○하가 그런 위험상황에 처해 있었다고 보기 어렵기 때문이다.

다만 피고인의 입장에서 볼 때, 공소외 1이 힘이 대단히 세다는 점, 그런 그의 위력에 의해 바닥에 넘어진 김○하의 몸에 올라탄 채 그를 계속하여 짓누르고 있었다는 점, 칼을 소지한 것으로 오인된 공소외 1이 언제 칼로 김○하를 치를지 모른다고 생각하였으며, 또한 공소외 1에 대한 침해행위를 막기 위해 그에게 공포탄을 발사해도 그는 그 침해행위를 중지하지 않았다는 점을 종합하여 볼 때, 피고인은 공소외 1에 대해 정당방위를 할 수 있는 상황이 존재한다고 믿었고, 이에 따라 총기사용에 의한 방위를 할 수 있다고 보았을 것이다. 그리고 이러한 믿음을 합리화 시킬만한 정당한 이유가 있다면 피해자에 대한 피고인의 총기사용은 일정 범위에서 허용될 수도 있다.

그러나 이는 오상방위와 관련된 것이지 정당방위의 허용여부만으로 끝날 수 있는 문제가 아니다. 왜냐하면 피고인은 정당방위를 할 수 있는 객관적 사정의 핵심부분에 대해 착오를 하였으며, 그 결과 정당방위를 할 수 있는 객관적 사정이 완벽하게 존재한다고 할 수 없기 때문이다. 그럼에도 불구하고 대법원은 대상사건을 정당방위 차원에서 해결하고 있다. 즉 대법원에 따르면, 피고인의 공소외 1에 대한 총기사용의 허용성은 피고인의 행위가 정당방위에 근거할 때 가능함을 인정하면서, 대상사건의 경우는 총기사용에 의한 정당방위의 성립을 인정할 만한 객관적인 사정을 갖추었다고 보고 있다. 다시 말해 피고인은 부당한 침해를 계속하고 있는 공소외 1에 대해 총기를 사용할 때 그 공소외 1이 위험한 칼을 소지한 것으로 믿고, 또한 그렇게 믿을 만한 상당한 이유가 있었으며, 총기사용을 즉시 하지 않으면 김○하를 구할 수 없는 급박한 사정이 사실상 존재한 것으로 파악한다. 이러한 이유로 대법원은 총기를 사용할 만한 상당한 이유가 존재하는 것이 형법 제21조 제1항에서 말하는 '방위하기 위한 상당한 이유'를 의미하는 것으로 이해한다.

이와 같은 대법원의 논리라면 형법 제21조 제1항에서 말하는 '상당한 이유'는 방위권자의 정당방위를 행사할 수 있는 객관적 사정의 존부와 정도를 전제로 방위행위의 상당성을 따지는 것이 아니라, 정당방위의 행사 시에 객관적 사정의 존재여부의 문제는 곧바로 방위행위를 할 만한 상당한 이유가 있느냐의 문제로 파악한 셈이 된다. 따라서 대상 판례의 경우, 대법원은 피해자가 칼을 소지한 것으로 믿었다는 데에 정당한 이유가 있으면 정당방위의 객관적 사정의 존재여부를 검토하지 않고, 오직 총기사용에 의한 정당방위를 정당한 이유가 될 만한 것인지의 문제로 전환시켜버렸다.

정당방위를 해야 할 정당한 이유의 존재문제를 대법원처럼 이해하게 되면, 오상방위도 정당방위로 처리될 수 있게 된다. 즉 대법원의 입장은 정당방위의 객관적 사정이 사실상 존재하지 않을지라도 존재하는 것으로 오인할 정당한 이유가 있으면 정당방위를 할 수 있는 상황이 조성되는 것으로 해석될 수 있기 때문이다. 그러나 그러한 논리는 결코 옳지 않다. 그 이유는 객관적 위험상황의 존재를 전제로 정당방위문제가 다루어지지만 객관적 위험상황이 존재한다고 오인하는 경우에는 오상방위의 문제이지 정당방위일 수 없기 때문이다.

2. 오상방위와 법률의 착오

1) 오상방위에 대한 개념과 법률효과

이처럼 정당방위는 정당방위를 할 수 있는 객관적 사정이 존재하는 것을 전제로 하며, 방위행위의 상당성 또한 존재해야 되는데 반해, 오상방위는 정당방위를 할 수 있는 객관적 사정이 존재하지 않았는데도 존재한다고 오인하거나,[7] 정당방위의 객관적 요건 그 자체를 잘못 알고 방위행위를 한 경우이다.[8] 그러므로 오상방위는 정당방위를 할 수 있는 객관적 사정이 존재하지 않거나 정당방위를 할 수 있는 상황이 아닌데 반해, 정당방위는 그런 사정이 존재하고 있다는 점에 차이가 있다. 정당방위는 형법 제21조 제1항에 의해 위법성이 조각되어 범죄가 성립되지 않으나, 오상방위의 법적 효과에 대해서는 형법 제21조가 침묵하고 있으며, 법률의 착오를 규정한 형법 제16조에 의해 해결될 수 있을 뿐이다. 왜냐하면 형법 제16조는 "자기의 행위가 법률에 의하여 죄가 되지 아니하는 것으로 오인한 행위는 그 오인에 정당한 이유가 있는 때에 한하여 벌하지 아니한다"고 명시하고 있어, 오상방위자는 자신의 행위가 형법 제21조 제1항에 의거하여 죄가 되지 아니한다고 오인하는 경우에 해당될 수 있기 때문이다. 즉 오상방위는 자신의 행위가 형법 제21조 제1항의 정당방위에 해당된다고 오인한 경우이므로 형법 제16조가 그대로 적용될 수 있는 것이다.

오상방위는 정당방위를 할 수 있는 객관적 사정이나 정당방위요건에 관한 오인이라는 점에서 법률규정 자체를 몰랐다고 하는 법률의 부지와는 성격이 다르다. 또한 가별적 법규의 적용범위에 관한 잘못된 오해로 빚어진 착오와 같이 직접적으로 순수한 법적 평가에 대한 착오에 의해 자신의 행위가 정당화된다고 오인한 경우도 아니다. 즉 오상방위는 정당방위를 가능하게 하는 정당방위의 객관적 요건이나 그 전제사실에 관한 오인에 근거한다는 점에서 그 특색을 찾을 수 있다.

물론 오상방위[9]는 사실의 착오와 비슷한 면을 가지고 있음을 부인하기 어렵다. 즉 사실의 착오는 형법상 객관적 구성요건의 요소에 대한 착오를 의미하고 고의범이 될 수 없음을 형법 제13조에서 인정하고 있음에 반해, 오상방위는 정당방

7) 같은 취지의 판결로 대법원은 1968. 5. 7. 선고 68도370 판결에서 "가사 피해자인 배○랑에게 피고인을 상해할 의사가 없고 객관적으로 급박하고 부당한 침해가 없었다고 가정하더라도 … 피고인으로서는 현재의 급박하고도 부당한 침해가 있는 것으로 오인하는데 대한 정당한 사유가 있는 경우에 해당된다고 아니할 수 없음에도 불구하고, 원심이 위와 같은 이유로서 피고인의 정당방위의 주장을 배척하였음은 역시 오상방위에 관한 법리를 오해한 위법이 있다"고 판시한 바 있다.

8) 오상방위의 개념에 대해서 같은 입장으로는 오영근, 형법총론(박영사, 2005), 339쪽.

9) 이하의 논술에서 오상방위의 개념은 오직 정당방위의 전제사실에 관한 착오만을 의미하는 것으로 국한한다.

위를 할 수 있다는 법적 평가에 관한 오인이라는 점에서 형법 제16조의 법률의 착오에 해당되지만 정당방위를 할 수 있는 '객관적 방위요건사실' 에 대한 착오라는 점에서 사실적 착오의 성질을 함께 포함하고 있다. 이에 따라 오상방위에 대한 착오의 법률효과에 관해 규범적 차원이 중시되느냐, 혹은 사실적 차원이 중시되느냐에 따라 차이를 달리하는 입장이 나타나고 있다.

2) 오상방위의 법률효과에 대한 학설과 그 비판

형법 제16조에서 말하는 법률의 착오에 대한 법률효과는 사실의 착오와 근본적으로 다르다. 법률의 착오는 원칙적으로 고의범으로 처벌되고, 다만 그 착오에 정당한 이유가 있어야 가벌성을 면할 수 있다. 이에 반해 사실의 착오는 원칙적으로 벌할 수 없지만 법률에 특별한 규정이 있는 경우에 국한하여 과실범으로 처벌될 수 있다. 따라서 오상방위에 대한 착오를 엄격한 법률의 착오로 보느냐, 아니면 사실의 착오에 유사한 착오로 보느냐에 따라 형사처벌의 유무와 가벌성의 정도에 큰 차이가 발생한다. 이러한 실익 때문에 오상방위의 법률효과를 어떻게 다룰 것인지에 대한 다툼은 법률의 착오문제에서 중요하다.

(1) 책임설

책임설은 법률의 착오를 사실의 착오와 구별하고 위법성의 인식을 책임의 독자적 요소로 파악한다. 그 결과 위법성의 인식결여는 법률의 착오로서 고의에 관계되는 것이 아니라, 책임의 영역에 속하게 된다. 그러므로 법률의 착오에 대한 법적 효과는 사실의 착오와 달리 원칙적으로 고의를 조각하는 것이 아니라, 책임을 조각하거나 감경할 수 있을 뿐이라고 본다. 책임설에 의하면 위법성의 현실적 인식이 있는 경우에는 책임이 완전히 인정되고, 위법성의 인식가능성만 있는 경우에는 책임이 감경되며, 위법성의 인식가능성조차 없으면 책임이 조각되게 된다. 그리고 법률의 착오에 의한 책임조각이냐 아니면 책임감경이냐의 문제는 결과적으로 그 착오의 근거가 정당한 이유를 가지는지의 여부와 정도에 달려 있다.

책임설 중에서도 고의 · 과실의 이중적 기능의 인정 여부와 위법성조각사유의 전제사실의 착오에 대한 법적 효과를 어떻게 처리할 것인지에 따라 엄격책임설과 제한책임설로 나뉘어 있다.

가. 엄격책임설

엄격책임설에 따르면 고의와 과실은 구성요건요소일 뿐이고 책임요소는 아니며, 위법성의 인식가능성문제와 적법행위의 기대가능성이 책임의 핵심적 요소에 속하게 된다. 이 견해에 따르면 구성요건에 해당하는 사실의 착오에 대해서만 고의가 조각되고, 금지규범과 관련된 모든 착오는 그 구체적 종류와 관계없이 착오에 정당한 이유가 있어야만 책임이 조각된다고 본다. 따라서 위법성조각사유의 전제사실이 존재하지 않음에도 존재한다고 오인한 행위자는 이로 인하여 자신의 행위를 정당방위로 알고 행위한다는 점에서 형법 제16조에서 말하는 법률의 착오에 해당하게 되며, 이런 착오의 경우 정당한 이유가 존재해야만 착오자의 책임이 조각된다[10]는 것이다.

나. 제한적 책임설

제한적 책임설은 엄격책임설의 입장을 완화하여 위법성조각사유의 전제사실에 대한 착오의 경우에는 고의범으로 처벌할 수 없지만, 그 밖의 착오에 대해서는 엄격책임설과 같은 입장이다. 제한적 책임설 중에는 고의와 과실을 구성요건요소이면서도 책임요소로도 이중적으로 기능한다는 입장도 있다. 이와 같은 견해의 배경에는 위법성조각사유의 전제사실에 대한 착오를 고의범으로 처벌하기보다는 과실범으로 처벌하는 것이 국민의 법감정에 더 한층 잘 어울린다고 보기 때문이다.

---

10) 엄격책임설에 있는 입장으로는 김종원, "정당화사정의 착오에 관한 일고찰", 고시연구, 1993. 8, 20쪽; 오영근, 형법총론, 2005, 445; 정성근, "위법성조각사유의 전제사실에 대한 착오", 성시탁교수 화갑기념논문집, 1993, 381~412쪽; 정성근/박광민, 형법총론, 345~346쪽.

제한적 책임설은 하나의 완결되고 통일된 내용의 학설이라기보다는 다양한 근거에 입각하여 엄격책임설을 완화하고 국민의 법감정에 합치하는 결론을 도출하려는 학설들의 집합이다. 즉 이 학설은 위법성조각사유의 전제사실의 착오인 경우 고의범으로 처벌하지 않고 과실범으로 다루는 데에만 공통분모를 가지고 있다. 이러한 제한적 책임설 가운데 학계에서 의미 있는 입장으로는 사실의 착오 유추적용설과 법효과제한책임설이 있다.

(가) 사실의 착오유추적용설

이 견해는 위법성조각사유의 전제사실의 착오에 대해서 사실의 착오를 유추적용하여 고의가 조각된다는 입장이다.[11] 이 견해에 따르면, 이러한 종류의 착오는 구성요건적 행위를 허용하는 법 그 자체에 대한 착오가 아니라, 그 법을 형성하는 '구체적 사정'에 관한 착오이기 때문에 법적 효과는 사실의 착오와 동일하게 취급하여 고의가 조각되는 것이 타당하다고 주장한다.

(나) 법효과제한책임설

위법성조각사유의 전제사실의 착오에 대해 구성요건적 고의가 조각되는 것이 아니나, 형법적 효과만은 고의책임이 아닌 과실책임을 인정하자는 입장이다. 그 이유로 이런 착오에 빠진 자에게 고의불법을 지울 수 있지만 법질서에 합치되는 심정반가치인 고의책임을 씌울 수 없으므로 법효과에서 구성요건적 착오가 있는 것처럼 과실범으로만 처벌해야 한다는 것이다.[12] 즉 위법성조각사유의 전제

11) 한국에서 주장되고 있는 유추적용설은 이른바 불법고의탈락설이라고 부를 수 있다. 즉 이 학설은 구성요건표지의 인식인 구성요건적 고의와 고의범처벌에 필요한 불법고의를 구별하고, 불법고의를 객관적 구성요건요소에 대한 인식과 함께 위법성조각사유의 부존재까지 인식하여야 존재하는 것으로 파악한다. 따라서 이 학설에 따르면 위법성조각사유의 전제사실에 대한 착오는 불법고의가 탈락되기 때문에 고의범으로 처벌될 수 없고 기껏해야 과실범으로 처벌가능하다는 입장이다. 이에 관해 자세한 것은 김일수/서보학, 형법총론, 2004, 290쪽; 하태훈, "오상방위", 고시계, 1991. 11, 96쪽.

12) 강동범, "위법성조각사유의 전제사실의 착오", 고시계, 1997. 3, 83쪽; 이형국, 형법총론, 2003, 126쪽; 장영민, "위법성조각사유의 착오", 고시계, 1981. 2. 167쪽; 정진연, "위법성조각사유의 객관적 전제사실에 대한 착오", 김종원교수 화갑기념논문집, 1991, 292쪽.

사실의 착오에 빠진 자가 그 착오를 피할 수 있었다면, 그가 법의 준수요구에 대한 주의력의 결여와 나태한 태도에 기인한 과실책임이 인정될 수 있고, 이러한 과실책임에 근거하여 과실범으로 처벌될 수 있다는 입장이다.

(2) 소극적 구성요건요소이론

이 견해는 위법성을 구성요건해당성에 대한 별개의 독자적 개념으로 파악하지 않고 그것의 소극적 요소로 파악하여 위법성이 없으면 범죄구성요건에 해당될 수 없다는 입장이다.[13] 이 입장에 따르면 고의는 적극적 구성요건해당성의 한 요소이고, 위법성의 인식은 소극적 구성요건해당성의 한 요소가 된다. 따라서 이들 구성요건의 적극적인 면과 소극적 면을 모두 인식해야 불법고의개념이 인정된다는 입장이다. 이 견해에 의하면 구성요건적 사실의 착오나 위법성조각사유의 전제사실에 대한 착오 중 어느 하나의 착오가 있어도 구성요건의 요소가 결여되어 고의범이 성립될 수 없다는 결론에 이르게 된다.

(3) 사견

소극적 구성요건요소이론에 따르게 되면, 위법성조각사유의 전제사실에 대한 착오의 경우 국민법감정에 어울릴 수 있는 장점을 가질 수 있는 부분이 있긴 하지만[14] 정당방위로 정당화된 행위도 처음부터 금지되어 있지 않는 것으로 보게 된다. 이러한 논리는 정당방위에 의해 법익이 침해된 피방위권자에게 자신의 법익에 대한 침해를 참아야 할 의무가 있음을 설명할 수 없게 한다. 또한 형법은 범죄의 범위와 한계에 대해 구성요건을 통하여 무엇이 금지되어 있는지를 밝히고, 위법성조각사유에 의해 가벌적 위법의 한계설정에 관한 평가기능을 한다는 점에서

13) 심재우, "구성요건착오", 고시계, 1982.11, 61쪽; 문채규, "위법성조각사유의 객관적 전제사실에 관한 착오", 고시연구, 2001.6, 119쪽.

14) 왜냐하면 예컨대 모자보건법상 낙태의 허용기간을 하루 이틀 도과한 사실을 모르고 낙태한 경우에도 고의낙태죄로 처단하는 것은 국민감정에 반할 수 있기 때문이다. 그러나 이러한 허용규범 전제사실의 착오를 과실범으로 처벌하는 것이 언제나 국민감정에 어울리는 것이 아님은 아래의 씨름선수사건에서 볼 수 있다.

서로 다른 차원의 영역을 다루고 있는 데, 소극적 구성요건요소이론은 이를 무시하는 것으로 보인다. 다시 말해 이 이론은 형법의 체제상 각각의 독자적 기능을 갖는 구성요건해당성, 위법성을 구별하고 개별적으로 평가할 때의 순기능을 무시함으로써 법적용자의 자의성을 확대시킬 가능성을 가진다. 이런 이유로 소극적 구성요건요소이론을 고려의 대상에서 제외한다면, 남은 것은 제한적 책임설과 엄격책임설인데 결론부터 말하자면 엄격책임설이 우리 형법의 체계와 가장 조화를 이룬다고 생각된다.

첫째로 범죄에 대한 올바른 평가를 객관적으로 담보하기 위해 우리는 범죄를 구성요건해당성, 위법성 그리고 책임의 영역으로 구분하여 평가한다. 이때 부당한 판단과 평가를 배제하기 위해서는 어느 한 단계에서 이용된 평가요소와 평가기준은 다른 단계에서 이용될 수 없어야 한다. 그렇지 않으면 범죄성립의 단계적 심사에서 평가의 자의적 개입가능성이 많아진다. 이런 점에서 고의를 구성요건과 책임에서 이중적으로 사용하는 제한적 책임설은 형법상의 판단논리법칙에 어긋난다. 즉 고의와 위법성의 인식문제는 서로 차원을 달리하는 것으로서 고의의 인식대상은 구성요건적 사실에 국한되며, 위법성의 인식대상은 행위가 전체법질서에 반한다는 의미의 불법성이라는 점에서 구별된다. 그럼에도 불구하고 이처럼 차원을 달리하는 고의와 위법성이 서로 호환하여 위법성의 인식가능이 고의를 대체한다는 것은 비논리적이며, 책임판단에서 다시금 역할을 하는 것은 바람직스럽지 않다.

둘째로 사실의 착오와 법률의 착오를 명시적으로 구분하고 있는 형법에 따르면, 법률의 착오는 고의를 조각하는 사실의 착오와 달라서 행위자가 구성요건에 해당되는 행위를 고의로 범하고 있음은 주지의 사실이다. 이는 위법성조각사유의 전제사실에 대한 착오의 경우에도 달라지지 않는다. 그럼에도 제한적 책임설은 이런 착오의 경우에도 고의범을 과실범으로 파악하거나 법효과적으로 과실범으로 다루어야 한다고 본다. 그러나 고의로 위법행위를 한 자에게 과실범으로 처벌하는 예외를 인정하려면, 이에 대한 그럴 수밖에 없는 논리 필연적이고 분명하고도 합리적인 논거가 요구되며, 더욱이 고의범에 대해 과실범으로의 예외를 인정하려면 더욱 엄격한 설득력이 요구된다는 점에서 지금까지 나타난 제한적 책임설의 해명은 이런 점을 극복하기에 충분하다고 보기 어렵다.[15)]

셋째로 오상방위의 경우에는 법적대적 의사가 없다는 이유로 책임고의가 탈락될 수 있어야 한다는 제한적 책임설의 논리는 형평성을 잃고 있다. 왜냐하면 오상방위자뿐만 아니라, 법률의 착오에 빠진 거의 모든 자는 법적대적 의사를 가질 수 없다고 보는 것이 상식에 속하기 때문이다. 그럼에도 불구하고 유독 오상방위와 같은 위법성조각사유의 요건사실에 대한 착오에 대해서만 법적대적 의사가 없다는 이유로 책임고의가 탈락한다는 논리는 보편성을 잃은 것이다.

넷째로 형법에서 책임은 범죄성립요소로서의 책임과 형벌의 종류와 정도에 어울려야 한다고 할 때의 책임인 고의불법책임과 과실불법책임으로 구분할 수 있다.[16)] 그러므로 여기서의 고의불법책임이란 행위자의 구성요건적 고의로 범해진 행위불법성과 범죄성립에 관한 하나의 요소인 책임의 결합으로서 양형에 비례하는 형벌책임으로서의 의미일 뿐이다. 그럼에도 불구하고 제한적 책임설에 따르면 고의범을 과실범으로 전환시키기 위한 매개도구로서 고의불법책임을 범죄성립의 독자적 요소로서 인정하는 것은 지나친 논리적 비약으로 보인다.[17)]

이를 정리하면 법률의 착오에 대한 종류여하를 불문하고 법률의 착오로 행위한 자는 구성요건적 고의를 실현한 고의범에 해당되며, 다만 그의 위법성 인식에

---

15) 같은 입장으로 오영근, 앞의 책, 444쪽 참조.

16) 불법책임의 구조와 고의불법책임과 과실불법책임에 관한 자세한 논고는 필자의 저서인 '형법연구 II'의 126-128쪽 이하 참조.

17) 그렇다고 오상방위의 법적 효과를 해결하기 위해서 형법 제16조에 엄격책임설을 그대로 적용할 수 있는가에 대해 재검토할 필요가 있어 보인다. 제16조의 법률의 착오는 자신의 행위가 법령에 의하여 죄가 되지 아니한다는 착오인 데에 반해, 오상방위는 그 성격이 정당방위의 전제사실이라는 사실적 요소에 대한 오인을 내포하기 때문이다. 따라서 오상방위가 형법 제16조에 의해 불가벌로 되려면, 방위행위에 대한 전제사실의 오인에 관해 과실이 없다는 것만으로는 충분하다고 할 수 없고, 이와 함께 방위행위에 대한 오인에도 정당한 이유가 존재해야 한다. 그러므로 예컨대 씨름선수가 단속 경찰관들에 대들어 그들을 넘어뜨리고 그 가운데 한 사람 위에 올라타서 그 경찰의 권총을 잡으려 한다고 성급하게 판단한 동료경찰관이 그에게 총으로 치명상을 입히는 것이 무조건 정당할 수 있을까. 이 사건에서 그 선수가 칼을 소지한 것으로 오해받고, 또한 그런 오인에 정당한 이유가 있다는 것만으로 피고인의 착오가 불가벌이 될 수 있는 정당한 이유를 가진다고 보기 어렵다.

대한 착오가 정당한 이유를 가졌느냐에 따라 가벌성을 따져야 한다. 따라서 행위자에게 위법성을 인식할 수 없는 정당한 이유가 없으면, 그는 고의범으로 처벌되어야 하지만 정당한 이유가 존재하면 불가벌이 되어야 한다.

이는 오상방위의 경우에도 동일하게 적용되어야 할 것이다. 다만 오상방위의 경우에는 첫째로 오인에 정당한 이유가 없는 경우에도 행위자의 법적대적 의사가 없고 오히려 적법행위를 하려는 의사를 가졌다는 점에서 법률의 착오에 빠지지 않는 자에 비해 비난가능성의 수위가 낮아져야 하고, 따라서 양형에서 감형의 사유로 고려되어야 하며, 둘째로 오상방위가 형법 제16조에 의해 불가벌이 되려면, 정당방위 전제사실의 오인에 대한 정당한 이유뿐만 아니라, 방위행위에 대한 오인도 정당한 이유가 존재해야 한다는 것이다.

3. 대상사건에 대한 사견

정당방위와 오상방위는 서로 호환할 수 없는 개념임에도 불구하고 대법원은 대상사건에서 이들 양 개념을 사실상 서로 호환할 수 있는 개념으로 이해함으로써 오상방위개념을 혼란에 빠지게 하는 우를 범하였다. 오상방위는 형법 제21조에 의해 해결될 수 있는 사안이 아니고, 형법 제16조 등에 근거할 수밖에 없다는 점을 감안한다면, 문제의 핵심은 행위자가 범한 착오에 근거한 행위가 정당한 것으로 오인할 만큼 정당한 이유가 있었느냐에 달려있다.

따라서 대상사건의 경우 방위행위로서 피고인의 공소외 1에 대한 총기사용 허용여부는 공소외 1이 김○하를 넘어뜨려 그 위에 올라 타 누르는 상황에서 (소지조차 아니 한) 칼로 김○하에 치명상을 입힐 위급한 공소외 1의 공격사실에 대한 오인과 그 오인의 정당성뿐만 아니라, 방위행위의 적정성에 대한 오인의 정당성에 달려 있어야 할 것이다. 그렇지 않고 단순히 공소외 1이 김○하를 누르는 상황에서 칼을 소지한 것으로 오인하고, 그런 오인에 정당한 이유가 존재한다는 이유로 피고인의 방위행위로서 공소외 1에 대한 총기사용, 특히 그의 신체 상반신에 대한 총기사용의 허용은 무리라고 생각된다.

그리고 피고인의 공소외 1에 대한 총기사용행위는 상해치사죄로 검토하는 것이 옳다고 본다. 왜냐하면 피고인은 공소외 1의 상반신을 향해 고의로 총을 쏘았지 과실로 쏜 것이 아니며, 그것이 방위의사로 하였다고 하여도 그 결과는 달라지는 것이 아니기 때문이다.

Ⅲ. 오상방위, 특히 오상과잉방위

1. 과잉방위의 의미와 한계

과잉방위에 관해 형법 제21조 제2항은 "과잉방위가 그 정도를 초과한 때에는 정황에 의하여 그 형을 감형 또는 면제할 수 있다"고 명시하고 있다. 따라서 과잉방위란 정당방위를 할 수 있는 객관적 요건의 일부나 전부가 충족되어 있으나, 방위행위가 정당방위상황에 비추어 초과된 경우이다. 따라서 정당방위를 할 수 있는 객관적 사정이 처음부터 아예 존재조차하지 아니하면 과잉방위도 인정될 수 없는 것이다. 그러므로 현재의 부당한 침해행위에 대한 방위행위이지만 그 방위의 정도를 초과하는 방위행위에 국한하여 과잉방위라고 불러야 한다.

정당방위를 할 수 있는 근거는 피방위권자의 수인의무에 기초를 두고 있으므로, 싸움과 같이 상호간의 침해행위는 누가 방위권을 가지며, 누가 이에 대응한 수인의무를 부담할 것인지를 사실상 구별하는 것이 불가능하다. 그러므로 수인의무가 주어지지 아니하거나 방위권을 갖지 아니한 싸움이나 새로운 공격행위는 정당방위에 근거한 행위라고 할 수 없기 때문에 과잉방위 또한 존재하기 어렵다.

이런 점에서 법원은 싸움행위[18], 중단된 싸움 몇 시간 후에 피해자를 찾아가 다짜고짜 심장부를 칼로 찌른 행위[19], 피해자의 부당한 공격행위에 대응하여 피해

18) 대법원 2000.3.26. 2001도1089.
19) 서울고법 1987.3.20. 87노94.

자의 손목을 비틀어 칼을 뺏은 다음 아무것도 들고 있지 않은 피해자의 등과 가슴 부분을 여러 번 찔러서 살해한 행위[20] 등을 과잉방위로 인정하지 아니하였다.

과잉방위는 정황에 의하여 그 형을 감경 또는 면제할 수 있도록 되어 있다. 형을 면제할 수 있다는 것은 형사처벌을 면제할 수 있다는 의미로서 이것은 어디까지나 형사정책상 처벌의 면제일 뿐이지 범죄가 불성립한다는 차원의 뜻은 아니다. 왜냐하면 우리 형법이 범죄의 성립이 불가능할 때에는 언제나 벌하지 않는다는 표현을 사용하지 면제한다거나 면할 수 있다고 하지 않기 때문이다. 따라서 과잉방위의 법적효과는 정황에 따라 형사정책상 형의 감경 내지 형의 면제가 가능하지만, 그런 경우가 어떤 경우인지는 법원에서 법관이 결정하는 문제에 속한다.

그럼에도 불구하고 우리는 형법 제21조 제2항에서 규정된 '정황'의 의미와 법적 효과 모두를 법원의 자유재량에만 맡길 수는 없고 기속재량으로 해결되어야 할 문제라는 점에서 여기서 말하는 정황의 의미는 방위상황에 비추어 볼 때 방위행위의 지나친 정도와 방위행위자의 심리적 상황 그리고 행위 당시의 객관적 사정 등을 종합해서 참작되어야 할 것이다. 이런 점에서 과잉방위는 정당방위상황이 존재한 것을 전제하지만 부분적으로 오상방위의 여지가 있는 경우에도 적용될 여지가 있다고 해야 할 것이다.

2. 대상사건의 과잉방위, 특히 오상과잉방위

원심법원의 판결에 따르면, "공소외 1이 … 출입문 쪽으로 달려 나오며 김○하와 피고인을 밀어 넘어뜨리고 넘어진 김○하의 몸 위에 올라 탄 사실을 인정할 수 있어, 정당방위 요건 중 김○하에 대한 현재의 부당한 침해에는 일응 해당된다고 보인다" 고 판시하고 있다. 이는 피고인의 피해자에 대해 상당한 정도의 정당방위를 할 수 있음을 의미한다. 그러나 공소외 1의 김○하에 대한 이러한 부당한 침해가 존재한다고 해서 방위행위의 상당성을 넘어선 피고인의 총기사용에 의한

20) 서울고법 1984.7.8. 84노1304.

방위행위가 형법 제21조 제1항에 의한 정당방위일 수 없음을 이미 위에서 살펴보았다. 다만 피고인이 현재의 부당한 침해를 하고 있는 공소외 1의 상반신을 향해 총기발사를 통하여 그를 죽게 한 것이 형법 제21조 제2항에서 명시한 과잉방위 내지 동조 제3항에 해당될 수 있는지의 여부를 검토해 볼 필요가 있다. 왜냐하면 형법 제21조 제2항에 의해 피고인의 "방위행위가 그 정도를 초과한 때에는 그 형"의 감경 또는 면제가 가능하며, 동조 제3항에 의하면 과잉방위가 불안스러운 상태 하에서 공포 등으로 인해 야기된 경우에는 벌하지 않기 때문이다.

그런데 원심법원에 의하면, "피고인은 현장으로 출동하기 전 상대파출소에 근무하는 김○웅으로부터 상대파출소장이 현장으로 오고 있으니 총기는 사용하지 말고 대치만 하고 있으라는 이야기를 들은 사실, 당시 공소외 1은 공소외 2의 신고와는 달리 칼로 아들을 위협하는 등 인질극을 벌이고 있지 않았던 사실, 공소외 1이 아무런 무기나 흉기를 휴대하고 있지 않았던 사실(공소외 2의 억측과 달리 칼을 소지하지 않았던 것으로 후에 판명됨), 현장에는 피고인과 김○하 등 경찰관 2명이 있는데다가 공소외 2와 그녀의 연락을 받고 미리 와 있던 심○보가 있어 유사시 어느 정도의 도움을 줄 수 있었던 사실과 공소외 1이 김○하의 권총을 탈취하려 하였다고는 보이지 아니"한 사실을 인정하고 있다. 즉 피고인의 총기사용에 의한 방위행위근거는 공소외 1의 부당한 침해사실에 대해 오인한 부분과 오인하지 않은 부분이 뒤섞여 있기 때문에, 정당방위 차원과 오상방위의 측면을 함께 고려할 필요가 있어 보인다.

사정이 이와 같다면, 피고인은 공소외 1에 대한 방위행위는 과잉방위, 특히 오상과잉방위의 측면을 부인하기 어려울 것이다. 피고인의 과잉방위는 공소외 1에 의한 침해행위의 수단의 착오에 근거한 부분이 결정적으로 작용했다고 볼 수 있기 때문이다. 그리고 피고인의 그런 착오를 하게 된 사유는 어느 정도 상당성을 갖고 있음을 사실관계로부터 확인할 수 있다. 즉 관할파출소 근무자로부터 "공소외 1이 술집에서 맥주병을 깨 다른 사람의 목을 찌르고 현재 자기 집으로 도주하여 칼로 아들을 위협하고 있다"는 상황을 고지 받고 현장에 도착한 피고인으로서는 공소외 1이 칼을 소지하고 있는 것으로 믿었고, 그런 그가 김○하의 몸 위에서 몸싸움하던 과정에서 언제 칼로 김○하에게 치명상을 입힐지도 모른다는 판단은 예견될 만하다.[21]

그런데 이러한 상당한 이유 있는 오인에 근거한 과잉방위행위라고 할지라도 법관은 형법 제21조 제2항에 따를 경우 형을 고작 감경 내지 면제할 수 있는 가능성만을 가진다. 다시 말해 피고인의 행위가 오상과잉방위일 경우, 그렇게 된 원인이 정당한 이유 있는 착오에 근거하더라도 형법 제21조 제2항에 의하면 법관은 피고인을 불가벌로 판시해야 할 의무가 없으며, 오직 그의 재량에 따라 형벌의 감경이나 형벌의 면제가 가능할 뿐이다.

그러므로 대상사건의 경우 피고인의 행위는 오인과 당황에 의한 과잉방위라는 점에서 형법 제21조 제3항의 규정을 검토할 필요가 있다고 할 것이다.

Ⅳ. 형법 제21조 제3항에 의한 적용여부

1. 형법 제21조 제3항의 입법취지

형법 제21조 제3항에 의하면, "전항[22] 의 경우에 그 행위가 야간, 기타 불안스러운 상태 하에서 공포, 경악, 흥분 또는 당황으로 인한 때에는 벌하지 아니한다." 고 명시하고 있다. 그리고 1953년 제정형법의 기초와 제정에 깊숙이 관여했던 효당 엄상섭 선생은 형법 제21조 제3항의 제정이유에 대해 행위자의 과잉방위가 적법행위를 기대할 수 없는 상황에서 야기되었다면, 국민의 자위권 보장차원에서 책임을 지울 수 없다고 보았다. 이에 관한 자세한 입장은 제16회 임시국회 본회의 속기록[23]과 특히 그의 논문을 통해서 일부나마 살펴볼 수 있다.

21) 이런 점에서 피고인의 행위는 '당황' 에 근거하였다고 볼 여지가 있다고 할 것이다.

22) 형법 제21조 ②방위행위가 그 정도를 초과한 때에는 정황에 의하여 그 형을 감경 또는 면제할 수 있다.

23) "'전항의 경우에 있어서 그 행위가 야간 기타 불안스러운 상태 하에서 공포, 경악, 흥분 또는 당황에 인하였을 때에는 벌하지 아니한다.' 이것은 소위 여기에 방위행위가 상당한 정도를 초과한 때에는 이것이 소위 방위행위가 상당한 범위를 넘었을 때입니다. 넘었을 때에는 정당방위가 안 된다 그랬지만 그때에 강

"제21조 제3항에 … 오상방위의 경우에 있어서 그 오상함에 대한 참작해 주어야 할 요건이 구비되었을 때에는 정당방위와 동일한 법적 효과를 부여하려는 것인즉, 이것도 인지상정을 형법세계에서 고려하여 실정에 맞도록 하려는 것에 입법의도가 있는 것이다. … '심야 삼경(三更)에 아무 말도 없이 월단입래(越檀入來)하는 사람이 손에 흉기마저 가졌다' 면 그 사람이 비록 모종(某種) 범행 후 경관(警官)으로부터 추행(追行)을 피하여 친우(親友) 집에 잠시 은신하려고 뛰어 들어왔다고 하더라도 그 집의 주인은 그를 강도로 오인하고 그에 대하여 정당방위를 할 수 있을 것 아닌가? 이런 경우에도 정당방위의 요건이 결여되었다고 하여 꼭 처벌해야 할 것인가?[24)]

2. 대상사건과 형법 제21조 제3항의 해당 여부

정당방위와 관련해서 과잉방위가 비록 오인에 근거한 경우일지라도 형벌로부터 자유롭지 못할 수 있음은 형법 제21조 제2항의 규정을 통해 확인할 수 있었다. 따라서 마지막으로 검토해 볼 필요가 있는 것은 형법 제21조 제3항이다. 왜냐하면 대상사건의 경우 피고인의 과잉방위행위는 오인에 의한 것이고, 또한 이로

도가 성행한다든지 혹은 여러 가지 사회적 불안이 있었다든지 그런 것으로 해서 혹은 밤중이라든지 이런 때에 불안스러운 상태 하에서 보통 누구든지 갖다 두며는 그런 행위로 나올 수 있다. 그럴 적에는 과잉방위라고 안하고 역시 보통 정당방위로 돌리자는 그런 취지입니다. … 제21조 제2항의 취지는 상당성을 가지고 정당방위의 범위를 정하지만 보통 상당성의 범위를 좀 초과했다고 이렇게 생각한데 대한 규정입니다. 거기에 대해서 제3항이 받아가지고 도로 그 전 규정을 노눈 것입니다. … 형법학계에서나 형사재판에 있어서 이 상당성이라는 것은 벌써 어느 정도의 정형성을 가지고 있습니다. … 그 정형성에 비추어 보아서 좀 넘은 것이 과잉방위라고 해가지고 제2항에 해당되는 것입니다. 그렇지만 정황성이 좀 넘었다고 하드라도 지금 여기에 붙인바 조건에 따라서 야간이라든지 기타 특히 불안스러운 또는 보통으로 생각하지 못할 이러한 때에 있어서 공포라든지 흥분이라든지 경악이라든지 이러한 것으로 말미암아서 이 상당성을 좀 넘었을 적에 대한 완화규정입니다. … 이 기대가능성이라든지 여러 가지 문제와 정당방위와의 문제의 한계성 여기에 대해서는 형법의 전문가들도 아직까지 거기에 대한 확연한 해석을 내리기 어려운 정도에 있습니다. 그런데 이 정당방위에 정해진 행위라는 것은 원체로는 범죄에 해당하는 것입니다. 범죄행위에 해당하는 것을 완화하는 방향으로 나가는 것입니다. 형법에 있어서는 언제든지 최후의 일선(一線)을 그어놓고 그 반면에 완화하는 방향으로 대단한 친절을 다하지만 죄형법정주의라는 선(線)에서 저리로 넘어가는 것은 대단히 엄격하게 한다. 이렇게끔 해야 국민의 자위권이 보장된다. 이러한 형법을 꿔여가지고 있는 지도원칙이 있어서 이 지도원칙에 따라서 범죄가 성립 안 되는 방향을 상세하게 규정한 것입니다. …". 이에 관해서는 신동운(편), 형사법령제정자료집(1) 형법, 서울: 형사정책연구원, 1990, 208~212면.

24) 엄상섭/신동운 · 허일태(편), "우리 형법전에 나타난 형법민주화의 조항", 효당 엄상섭 형법논집, 서울: 서울대학교 출판부, 2003, 76~77면.

인한 과잉방위가 야간에 당황으로 야기된 것이었음을 상당부분 인정할 수 있기 때문이다. 우리 형법도 행위자에게 적법행위의 기대가능성이 거의 없는 사안에 대해 불가벌의 법적 효과를 주고 있으며, 형법 제21조 제3항이 바로 이점을 충분히 참작하고 있으며, 이는 입법자의 의사였다는 것을 효당 선생의 글에서도 명백히 나타나 있다.

형법 제21조 제3항에 따르면, "전항의 경우에 그 행위가 야간 기타 불안스러운 상태 하에서 공포, 경악, 흥분 또는 당황으로 인한 때에는 벌하지 아니한다." 고 명시하고 있다. 여기서 말하는 전항이란 형법 제21조 제2항으로 과잉방위를 의미하기 때문에 형법 제21조 제3항 본문의 뜻은 과잉방위에 의한 경우일지라도 형법 제21조 제3항에 해당되면 일반인도 적법행위의 준수가 불가능하여 처벌될 수 없다는 것이다. 그러므로 대상사건의 경우에도 피고인의 과잉방위행위가 적법행위의 기대가능성이 없는 형법 제21조 제3항에 해당될 수 있는가의 여부를 따져야 한다.

그런데 형법 제21조 제3항에 해당되려면 첫째로 과잉방위를 해야 되고, 둘째로 그 과잉방위가 야간 기타 불안스러운 상태 하에서 야기되어야 하며, 셋째로 행위자가 공포, 경악, 흥분 또는 당황에 의한 과잉방위이어야 한다.

첫째의 문제인 과잉방위는 이미 존재한다. 게다가 그의 과잉방위는 오인에 의한 면이 적지 않다는 점을 참작해야 할 것이다. 둘째 문제인 불안스러운 상태에 있었는가에 대해서 대상사건의 경우 이를 긍정해도 무방하다고 할 것이다. 왜냐하면 사건의 발생시점이 야간이며, 부당한 공격을 가한 공소외 1은 씨름선수출신으로 피고인과 김○하를 쉽게 제압했던 힘이 센 사람으로 김○하를 넘어뜨리고 그 위에 앉아 누르는 상황을 야기하였고, 게다가 그런 그가 칼까지 소지하고 있다는 피고인의 이유 있는 오해를 감안하여 볼 때 불안스러운 상황으로 판단할 수 있기 때문이다. 셋째의 점인 "공포 등으로 인한 과잉방위" 인가에 대해서 대상사건의 경우 역시 긍정해도 무방하다고 평가된다. 왜냐하면 일반인의 입장에서 볼 때에도 공포 등에 의한 과잉방위는 불가피했다고 보여 지기 때문이다. 즉 "씨름선수였을 정도로 긴장할 뿐만 아니라 칼까지 소지한 것으로 파악된 공소외 1이 피고인과 동료 경찰관을 밀어서 일거에 넘어지게 하고, 동료경찰관의 몸 위에 올라탄 채 폭행을 계속하자 피고인이 공포탄 1발을 발사하여 경고를 하였음에도 불구하고 그 폭행을 멈추지 않고 계속하였고, 또한 그가 언제 칼을 꺼내 동료 경찰관을 치를지 알 수 없는 급박한 상황에서 동료 경찰관을 구출하기 위하여 공소외 1를 향하여 권총을 발사한 것이" 기 때문이다.

다만 오상과잉방위에 대한 피고인의 총기사용이 형법 제21조 제3항에 의해 불가벌이 될 수 있는 경우일지라도, 그 총기사용방식은 1999의 대법원 판례[25]에서 볼 수 있듯이 상당성요건을 충족해야 한다. 그런데 피고인은 공소외 1에 대해 지근거리에서 그의 하반신을 향해 총기를 겨누어 발사하지 않고, 상반신을 향해 발사한 점을 주시할 필요가 있다. 그러나 김○하를 깔고 눌러앉아있는 공소외 1의 하반신을 향해 총을 쏘게 되면, 김○하의 신체와 생명을 다치게 할 염려가 크다는 점에서 하반신을 향해 총을 쏠 수 없는 불가피한 상황을 감안해야 한다. 이러한 점에서 피고인의 총기사용은 적법성을 상실했다고 볼 수 없기 때문에 대법원은 피고인의 행위에 대해 형법 제21조 제3항에 근거하여 무죄로 선고했어야 옳다고 본다.

Ⅴ. 결론

대상사건은 정당방위의 전제사실의 일부에 오인이 있었기 때문에, 대법원의 입장처럼 형법 제21조 제1항의 정당방위에 무조건적으로 해당된다고 보기 어렵다. 정당방위요건에 대한 행위자의 착오로 대상사건은 형법 제16조에 의해 해결되는 부분이 있긴 하지만, 대상사건과 관련된 형법 제16조의 법률의 착오는 그 착오에 정당한 이유가 있느냐의 여부만을 문제 삼지 아니하고, 오인한 행위의 내용과 수준도 정당한 이유를 충족하느냐를 따져야 할 필요가 존재한다. 이런 점에서

25) 이 대법원 판례의 내용에 관해서는 각주 1) 참조.

피고인의 공소외 1에 대해 그가 칼을 소지하고 있다는 근거 있는 이유 있는 오인만으로는 피고인의 죄책을 면하기 어렵다고 할 것이다.

즉 대상사건이 오인에 의한 과잉방위라는 점 그리고 야간에 불안스러운 상태 하에서 공포나 당황 등에 의한 것으로 판단할 여지가 많다는 점을 종합하여 형법 제21조 제3항에 의한 면책적 방위행위에 해당될 수 있는가를 따져 보아야 한다. 게다가 야간에 불안스러운 상태 하에서 총기사용에 의한 과잉방위라고 할지라도 경찰의 총기사용방식은 무제한 일 수 없으며, 총기사용의 상당성요건을 충족해야 함은 물론이다. 대상사건의 경우, 경찰은 피해자의 상반신을 향해 총기를 사용할 수밖에 없었다는 점을 감안한다면 총기사용의 상당성이 결여된 것으로 보기 어렵고, 따라서 피고인의 행위는 형법 제21조 제3항에 의해 책임이 면책된다고 판시했어야 옳다.

Abstract

Putativnotwehrexzess and the Criminal Law Article 21, Clause 3

Prof. Dr. Hoh, Il-Tae

According to Negative Tatbestandsmerkmale, though a mistake in presupposition of cause of justification has a merit of being suitable to legal ethos of people, the act justified by legal defense is not prohibited from the beginning. Such a logic makes it impossible to give explanation to the person who is offended by the legal defense why he/she has the obligation to bear such infringement of his/her legal right.

Also, while the Criminal Law and the cause of justification are found to be dealing with areas of different levels; the criminal law identifies what are prohibited in the scope and the limitation of crime by means of prerequisites; the cause of justification performs the assessment in establishing the limitation of punishable violation of law, the Negative Tatbestandsmerkmale has a weak point in that it ignores such factors.

With those theories being excluded from consideration, Limited Liability Theory and Strict Liability Theory are left. To say my conclusion first, the latter is more in harmony with our criminal law system than the former.

First, in order to guarantee rightful judgement of a crime, we have to perform individual evaluations of the crime through examining appropriateness as a constituent, illegality and responsibility. At this time, any evaluation method(standard) used and any factor measured in one area should not be used or measured in other area, in an attempt to avoid unreasonable judgement and evaluation. Or, it gets hard to prevent arbitrary involvement of evaluation, which is a benefit of step-by-step judgement of the formation of a crime. Therefore, we can also say that the Limited Liability theory collides with the judgemental logic of criminal law as it uses the intention of crime both in prerequisite and liability. The replacement of intention with the possibleness of the recognition of illegality is illogical as they differ in level.

Second, according to the criminal law which clearly divides the misapprehension of a fact and the mistake of law, the latter premises an act that is a prerequisite unlike the former that constitutes an deliberation, which judges the crime as an intentional offense.

This does not change in case of a mistake of premise of the cause of justification. Nevertheless, the Limited Liability theory considers such a mistake as a negligence, not as a intentional offense

Third, the Limited Liability theory lacks the logical balance considering that a mistaken self-defense is not by a liable purpose as it has no legal will of confrontation. Because, it is a common sense that almost everyone of legal misapprehension as well as the subject of a mistaken self-defense cannot have any legal will of confrontation. Therefore, insisting that the misunderstanding of the prerequisite of the cause of justification is not a liable purpose as it lacks legal will of confrontation cannot not be accepted as a universal reason.

Fourth, liabilities in the criminal law can be divided into one as a crime constituents and liability for intention or negligence which are categorized by the kind and the extent of crime.

When we say liability for intention hereunder, it has a limited meaning of liability proportional to the weighing of an offense as a combination of a illegality committed by a constituent deliberation and a liability, one of elements of crime. But, according to the Limited Liability theory, considering a liability for intention, which is an intermediary medium to turn a intentional offense into criminal negligence, as an independent constituent of crime seems to be a jump of logic.

But, there still remains another question whether we can unconditionally apply the Criminal Law Article 16 in accordance with the Strict Liability theory to resolve the problem of legal effect against mistaken self-defense.

The misapprehension of law as stipulated in the Criminal Law Article 16 is a misunderstanding that his/her act does not compose a crime by law, while the mistaken self-defense connotes an actual misconception that the nature of which is a presupposition of a legitimate self-defense.

Accordingly, in order for the mistaken self-defense to be an unpunishable crime under the Criminal Law Article 16, the only fact that the offender has no fault in misunderstanding the presuppositions of a legitimate self-defense is not sufficient; there must be a reasonable reason of the misunderstanding of the act of self-defense itself.

Suppose a Korean wrestling play defied to regulating police officers and threw them on the ground. One of the officers impetuously determined that the wrestler was going to ride to one of his colleagues in order to grab a gun, and he fired at the wrestler giving him a fatal wound. Is this can be all justified? In this accident, even if the wrestler was wrongly considered to have a knife and there was any reasonable probability to think so, it is hard to admit that the officer' s mistake has a lawful reason to be a unpunishable crime. Despite that self-defense and mistaken self-defense are incompatible concepts, the Supreme Court understood those two as compatible ones when judging this case, thereby throwing the concept of mistaken self-defense into confusion.

Considering that mistaken self-defense can not be settled by the Criminal Law Article 21 and only can be on the basis of the Criminal Law Article 16, the kernel of the question depends on if there was a reasonable reason in misunderstanding the act by the offend based on mistake as a lawful one.

Therefore, in this case, whether the use of gun by the accused against the wrestler is lawful as a self-defense or not should depend on if there was not only the mistaken acknowledgement and its legitimacy about the wrestler' s intention to use a knife (allegedly but not actually possessed by him) or ○-ha Kim' s gun to inflict a fatal wound while knocking down ○-ha Kim and riding on him, but also the lawfulness of the misunderstanding of the properness of self-defending act. Allowing the use of gun as a self-defense only because of the misconception the wrestler seemed to have a knife or try to wrestle the gun as he was pushing down ○-ha Kim is unfair. So, the act of the accused in this case is a mistaken self-defense which cannot be a unpunishable crime under the Criminal Law Article 21, Clause 2, but just be applicable to a mitigation and remission.

Yet, the fact that the Criminal Law Article 21, Clause 3 recognizes that if any mistaken self-defense or excessive self-defense or mistaken excessive self-defense was committed at night or caused by any other insecure and risky circumstance, there was no possible expectation of lawful act has a very significant meaning. The aforesaid accident also happened at night and the accused fired on blank cartridge at first to avoid misery and then fired against the victim. This provides a leeway to acknowledge the accused' s act as one out of panic and bewilderedness.

In conclusion, in this case, the accused' s act can be judged as a unpunishable crime under the Criminal Law Article 21, Clause 3.

제 12 장

가장납입과 형사책임

차 례

대법원 2004. 6. 17. 선고 2003도7645 전원합의체 판결[1)]

1. 공소사실의 요지와 가장납입의 경위

1) 공소사실의 요지[2)]

(1) 가장납입

피고인 이O호는 사채업자인 공소외 1(반O봉), 주식회사 레이디(이하 '레이디'라 한다)의 대표이사이던 공소외 2와 공모하여, 2001. 6. 27. 우리은행 명동지점에서 위 은행 유가증권 청약증거금계좌에 공소외 1로부터 차용한 250억원을 포함하여 레이디의 유상증자금 300억 7,000만원을 일괄 납입하여 예치하고, 위 은행으로부터 주식납입금보관증명서를 발급받은 다음, 위 회사 우선주 유상증자등기를 마친 후, 다음날 우선주 증자대금으로 납입한 300억 7,000만원을 전액 인출해 가는 방법으로 위 회사의 증자대금의 납입을 가장하였다.[3)]

(2) 공정증서원본부실기재 · 동행사

피고인은 공소외 1과 공모하여, 같은 날 위와 같이 위 회사에 대한 주금을 가장하여 납입하였음에도, 인천등기소에서 법무사 김O흘로 하여금 그 정을 모르는 등기공무원에게 주금납입금보관증명서 등 유상증자등기에 필요한 관계서류를 제출하게 함으로써, 같은 날 위 등기공무원으로 하여금 레이디의 발행주식 총수 및 자본의 총액에 대한 허위사실의 등기를 경료하게 하여 공정증서원본인 상업등기부에 부실의 사실을 기재하게 하고, 같은 일시 · 장소에서 위 등기공무원으

1) 이 대상판결에 대한 평석은 이미 이민걸 판사에 의해 "제61회 형사실무연구회(2005년 1월 24일)"에서 발표된 바 있으며, 이 판사의 업적에 힘입어 필자는 가장납입에 관한 본 판례평석을 비교적 용이하게 쓸 수 있었음을 밝혀둔다.

2) 이하에서는, 본 판결의 대상이 된 공소사실 중 가장납입과 관련된 공소사실에 관하여만 보기로 한다.

3) 주요인물: 피고인 이용호는 지엔지구조조정전문 주식회사(이하 '지엔지' 라고 함)의 회장 겸 주식회사 삼애실업(삼애인더스로 상호변경됨. 이하 '삼애인더스' 라고 함) 대표이사이고, 공소외 1(반재봉)은 사채업자(주금대여 전문)로서 이 사건 각 범행의 공범으로 함께 기소되었다가 제1심에서 사건이 분리되어 주식회사 레이디(이하 '레이디' 라고 함) 외 다른 회사에 대한 가장납입사건과 병합되어 재판을 받았으며, 공소외 2는 레이디의 대표이사로 이 사건 각 범행의 공범으로 기소중지되었다.

로 하여금 위와 같이 불실의 사실이 기재된 상업등기부를 비치하게 하여 행사하였다.

(3)레이디의 유상증자금에 대한 특정경제범죄가중처벌등에관한법률위반 (횡령)

피고인은 공소외 1, 공소외 2와 공모하여, 2001. 6. 27.경 상장회사인 레이디의 법인 명의로 유상증자금 300억 7,000만원이 입금되었으면, 그 300억 7,000만원은 이미 법인 소유의 돈으로서 회사의 운영을 위하여 사용되어야 함에도 불구하고, 그 돈을 보관하는 것을 기화로 그 다음날 그 돈을 법인의 업무와 아무런 관계없는 용도인 채무변제에 사용하기 위하여 법인계좌에서 인출하여 유상증자금 300억 7,000만원 상당을 횡령하였다.

(4) 레이디의 주주들에 대한 특정경제범죄가중처벌등에관한법률위반 (배임)

피고인은 공소외 1, 공소외 2와 공모하여, 지엔지 등의 레이디에 대한 채권을 출자전환 또는 채무변제하는 내용으로 유상증자를 실시하는 것이기는 하나, 가장납인에 해당되어 사실상 무상증자와 같은 결과를 초래하였으므로 그 주식을 기존의 주주들에게 그 소유의 비율에 따라 배분하는 등의 조치를 취하여 기존의 주주들이 그 유상증자로 인하여 손해를 입지 않도록 하여야 할 업무상 임무가 있음에도 불구하고, 2001. 6. 27. 레이디 사무실에서 우선주를 제3자 배정방식으로 발행함에 있어 위와 같이 가장 납입한 300억 7,000만원 상당의 주식 310만 주를 지엔지와 삼애인더스 등 제3자 명의로 배정하여 동액 상당의 이익을 취득하고, 주식을 배정받지 못한 다른 주주들에게 동액 상당의 재산상 손해를 가하였다.

(5) 레이디에 대한 특정경제범죄가중처벌등에관한법률(배임)

피고인은 공소외 2와 공모하여 2001. 6. 27. 레이디의 유상증자를 하면서 증자금액 300억 7,000만원 상당의 주금을 가장납입하고, 주금납입 없이 주식을 취득함으로써 레이디에 대하여 동액 상당의 재산상 손해를 가하였다.

2) 가장납입의 경위

(1) 레이디의 부도와 지엔지의 레이디에 대한 채권의 회수를 위한 약정

레이디는 2000. 9.경 대주주이던 공소외 3, 대표이사이던 공소외 2 등에 의한 업무상횡령사건이 발생하는 등으로 어려움을 겪다가 같은 해 12. 28. 부도에 이르렀는데, 당시 부도액수는 어음과 당좌수표를 합하여 약 591억원에 달하였다. 그 무렵 피고인이 실질적으로 지배하고 있던 지엔지는 레이디에 대하여 광주 소재 리버티호텔 매각 잔대금 채권 등 약 90억원의 채권이 있었는데 정상적인 방법으로는 위 채권을 회수할 수 없게 되자, 피고인과 공소외 2 등은 2001. 3. 10.경 레이디의 유상증자를 통하여 경영정상화를 한다는 명목을 내세워 지엔지와 레이디 사이의 투자계약서를 작성하면서, 지엔지가 레이디에게 단기 운영자금 15억원, 협력업체에 대한 미지급금 상환 36억원 및 융통어음 회수에 필요한 자금 등을 투자하되 레이디는 추후 유상증자를 실시하여 제3자 배정방식으로 피고인 측에 증자주식을 모두 배정하고 피고인측이 증자대금을 납입하면 그 유상증자금을 인출하여 지엔지에 대한 채무를 상환해 주기로 약정하였다.

(2) 지엔지의 레이디에 대한 채권 현황

당시 레이디는 자본감소로 인해 자본금이 7억 5,000만원(액면가 2,500원 주식이 30만주로 감자된 상태)에도 미치지 못하고 있었음에도, 지엔지는 위 약정에 따라 2001. 5.경부터 6.경까지 사이에 위 호텔 매각잔대금 채권과 관련된 부도 약속어음 등을 포함하여 레이디 발행의 액면금액 합계 25,852,616,573원 상당의 부도약속어음과 당좌수표를 그 액면금액에 훨씬 미치지 못하는 금액에 회수하였고, 2001. 5. 23.경 레이디의 노동조합원들에 대한 20억원의 퇴직금채무를 지급보증하기 위하여 지급일이 2001. 7. 31.로 된 대우밸브주식회사 발행의 액면금 20억원의 당좌

수표를 노동조합 측에 교부하는 등 지엔지의 레이디에 대한 채권이 추가로 발생하게 되었다.

(3) 가장납입과 레이디에 채권의 회수

레이디는 2001. 6. 14.에 이르러 증자대금으로 지엔지가 인수한 부도 약속어음 등을 회수하고 직원퇴직금 지급 등에 사용한다는 명목으로 지엔지, 삼애인더스, 솔로몬투자개발 주식회사(이하 '솔로몬' 이라 한다) 등으로 구성된 컨소시엄에 제3자 배정방식으로 유상증자를 한다는 내용의 이사회의결을 거친 후, 2001. 6. 27. 발행주식 310만주, 주당 9,700원으로 총 300억 7,000만원의 유상증자를 실시하여, 지엔지에 155만주, 삼애인더스에 100만주, 솔로몬에 55만주를 각 배정하고, 지엔지로부터 150억 3,500만원, 삼애인더스로부터 97억원, 솔로몬으로부터 53억 3,500만원을 각각 납입 받았으며, 지엔지는 다른 자금 50억 7,000만원에 사채업자 공소외 1로부터 차용한 99억 6,500만원을 더하여, 삼애인더스, 솔로몬은 그 각 납입금액 전액을 공소외 1로부터 차용하여 각 그 납입자금을 조달하였다. 피고인, 공소외 2는 다음날인 2001. 6. 28. 레이디 명의의 우리은행 통장에 입금된 증자대금 300억 7,000만원 전액을 그대로 인출하여 공소외 1로부터 차용한 250억원을 변제하였다.

2. 사건의 경과

1) 제1심[4)]

(1) 납입가장 및 공정증서원본불실기재 · 동행사: 유죄

전체적으로 볼 때 공시된 자본금에 상응하는 회사재산이 실질적으로 확보되었다고 볼 수 없으므로 피고인의 이 사건 행위는 실질적 · 전체적 관점에서 볼 때 자본충실의 원칙을 해하는 상법 소정의 가장납입행위에 해당하고, 나아가 공정증서원본부실기재 및 동행사의 점도 유죄로 인정된다.

4) 제1심 서울지방법원 2003. 7. 25. 선고, 2003고합13, 398(병합) 판결.

(2) 레이디의 유상증자금에 대한 특정경제범죄가중처벌등에관한법률위반(횡령): 무죄

피고인의 의도는 납입가장 자체에 있으므로 주금의 실질적인 소유권이 회사에 귀속된다고 보기 어렵다. 또한 피고인의 전체 범행 과정에서 회사의 자본에는 실질적으로 변동이 없어 회사가 실제로 재산상의 피해를 입게 되지 않으며, 더구나 피고인이 회사 명의의 계좌에 일단 돈을 입금하였다가 그 입금한 돈을 바로 인출할 것을 당연히 예상하고 주금을 입 · 출금한 점에 비추어 보면, 피고인에게 회사의 돈을 임의로 사용함으로써 회사 돈을 횡령한다는 범의가 있다고 보기 어렵거니와, 피고인이 스스로 입금한 회사 소유의 돈을 자기 또는 제3자의 이익을 위하여 처분하려는 불법영득의 의사가 있다고 보기도 어렵다.

(3) 레이디의 주주들에 대한 특정경제범죄가중처벌등에관한법률위반(배임): 업무상배임으로 유죄

피고인의 위와 같은 배임행위로 인한 다른 주주들의 손해는 가장납입에 의한 유상증자에 따라 각각의 소유주식 비율이 감소된 가치 및 침탈당한 신주인수권의 가치에 한정되어야 할 것이므로 그 주주들의 손해를 신주발행 가액의 합계인 300억 7,000만원이라고 평가할 수는 없는 것이고, 각 침해된 주주들 각자에 대하여 개별적인 배임죄가 성립될 뿐이지 각각의 주주들 손해를 모두 합산하여 포괄하여 일죄가 된다고 보기는 어려울 것이다.

(4) 레이디에 대한 특정경제범죄가중처벌등에관한법률위반(배임): 무죄

유상증자시 주금이 가장납입된 경우 주식을 배정받지 못한 다른 주주들에게 재산상의 손해가 발생하는 것과는 달리 주식회사 자체에 대하여는 주금의 가장납입으로 인하여 실질적인 자본의 감소나 부채의 증가가 생겼다고 볼 수 없어 유상증자 전의 자산상태와 비교하여 회사에게 직접적으로 어떤 재산상 손해가 발생했다고 보기 어려우므로 업무상배임죄를 구성한다고 보기는 어렵다 할 것이다.

2) 원심[5]

(1) 납입가장, 공정증서원본불실기재 · 동행사: 유죄

피고인은 공소외 2와 사전에 공모하여 지엔지 등이 증자대금을 납입하면 레이디에 채권을 변제받는 형식으로 증자대금을 인출하기로 공모한 후, 공소외 1로부터 일시적으로 증자대금을 차용하여 일단 은행에 예치하여 납입의 외형을 갖추었다가 증자등기를 마치자마자 곧바로 증자대금을 인출하여 공소외 1에 대한 차용금 변제 등에 사용한 것으로 볼 수 있으므로, 이와 같은 피고인의 행위는 주금납입의 의사없이 납입한 행위에 해당하고 그에 대한 범의도 충분히 인정된다 할 것이며, 공소외 2가 증자대금을 레이디를 위하여 사용하여 결과적으로 레이디의 자본충실을 해친 것이 아니라고 볼 수도 없으므로, 납입가장죄와 공정증서원본부실기재죄 및 동행사죄의 죄책을 면할 수 없다.

(2) 레이디의 유상증자금에 대한 특정경제범죄가중처벌등에관한법률위반(횡령): 유죄

피고인과 공소외 2는 공모하여 레이디의 이익과는 배치되게 납입 즉시 레이디의 재산으로 된 유상증자금 300억 7,000만원을 형식상 지엔지에 대한 채무변제로 사용하는 것처럼 인출하여 피고인측에 귀속되도록 임의로 사용함으로써 타인의 재물을 보관하는 자가 자기 또는 제3자의 이익을 꾀할 목적으로 업무에 위배하여 보관하는 타인의 재물을 자기의 소유인 경우와 같이 사실상 또는 법률상 처분하는 의사를 가지고 횡령행위를 하였다고 봄이 상당하다.

지엔지가 레이디의 부도당좌수표와 어음 등을 회수하고 채무를 대위지급하는 등으로 레이디에 대하여 일부 채권을 가진다고 하더라도, 그러한 사정만으로 피고인의 불법영득의사를 인정함에 방해되지 아니하고, 불법영득의 의사가 확정적으로 외부에 표현되었을 때 업무상 횡령죄가 성립하는 것이므로 일단 불법영득의 의사로써 보관중인 레이디의 유상증자금을 횡령하여 범죄가 성립한 이상

5) 서울고등법원 2003. 11. 14. 선고 2003노1683, 2042(병합) 판결

지엔지가 레이디에 대하여 별도의 금전채권을 가지고 있음을 주장하고 이를 자동채권으로 하여 그 대등액에서 횡령액에 관하여 상계의 의사표시를 한다고 하더라도 이미 성립한 횡령죄에 무슨 영향이 있는 것은 아니다.

(3) 레이디의 주주들에 대한 특정경제범죄가중처벌등에관한법률위반(배임): 무죄

횡령죄는 배임죄의 특별죄, 즉 일반법에 대한 특별법의 관계에 있다고 할 수 있는바, 피고인이 레이디의 유상증자금 300억 7,000만원 상당을 횡령하였다고 보아 업무상 횡령죄의 유죄로 인정하는 이상, 일련의 동일한 행위를 두고 레이디의 주주들에 대하여 배임죄가 별도로 성립한다고 보기 어려울 뿐만 아니라, 레이디의 대표이사이던 공소외 2가 유상증자에 따른 주금을 레이디를 위해 사용할 수 있도록 관리하는 등의 업무는 이사의 주식회사에 대한 선관의무 내지 충실의무에 기한 것으로 자신 또는 레이디의 사무에 속하는 것이지 레이디의 주주들에 대한 관계에서 직접 그들의 사무를 처리하는 자는 아니라고 할 것이고,[6] 공소외 2가 레이디의 재산인 유상증자금을 횡령하여 레이디의 재산이 감소함으로써 레이디가 손해를 입고 결과적으로 레이디의 주주들의 경제적 이익이 침해되는 손해와 같은 간접적인 손해는 배임죄에서 말하는 재산상의 손해의 개념에 포함되지 않는다고 봄이 상당하므로, 공소외 2에 대하여 업무상배임죄가 성립하지 않고, 공소외 2와 공모하였다는 피고인에 대하여도 역시 업무상배임죄는 성립하지 않는다 할 것이다.

(4) 레이디에 대한 특정경제범죄가중처벌등에관한법률위반(배임): 무죄

횡령죄와 배임죄는 동일한 성질의 범죄이고 오직 그 객체를 달리 할 뿐이며, 이러한 의미에서 횡령죄는 배임죄의 특별죄, 즉 일반법에 대한 특별법의 관계에

6) 대법원 1990. 5. 25. 선고 90도6 판결 참조.

있다고 할 수 있는바, 피고인이 레이디의 유상증자대금 300억 7,000만원 상당을 횡령하였다고 보아 레이디에 대한 업무상횡령죄의 유죄로 인정하는 이상, 일련의 동일한 행위를 두고 별도로 업무상배임죄가 성립한다고 할 수 없다.

3. 대법원의 판결요지

1) 가장납입과 공정증서원본부실기재 · 동행사죄 및 레이디의 유상증자금에 대한 특정경제범죄가중처벌등에관한법률위반(횡령)

[다수의견] 상법 제628조 제1항 소정의 납입가장죄는 회사의 자본충실을 기하려는 법의 취지를 유린하는 행위를 단속하려는 데 그 목적이 있는 것이므로, 당초부터 진실한 주금납입으로 회사의 자금을 확보할 의사 없이 형식상 또는 일시적으로 주금을 납입하고 이 돈을 은행에 예치하여 납입의 외형을 갖추고 주금납입증명서를 교부받아 설립등기나 증자등기의 절차를 마친 다음 바로 그 납입한 돈을 인출한 경우에는, 이를 회사를 위하여 사용하였다는 특별한 사정이 없는 한 실질적으로 회사의 자본이 늘어난 것이 아니어서 납입가장죄 및 공정증서원본부실기재죄와 부실기재공정증서원본행사죄가 성립하고, 다만 납입한 돈을 곧바로 인출하였다고 하더라도 그 인출한 돈을 회사를 위하여 사용한 것이라면 자본충실을 해친다고 할 수 없으므로 주금납입의 의사 없이 납입한 것으로 볼 수는 없다.

주식회사의 설립업무 또는 증자업무를 담당한 자와 주식인수인이 사전 공모하여 주금납입취급은행 이외의 제3자로부터 납입금에 해당하는 금액을 차입하여 주금을 납입하고 납입취급은행으로부터 납입금보관증명서를 교부받아 회사의 설립등기절차 또는 증자등기절차를 마친 직후 이를 인출하여 위 차용금채무의 변제에 사용하는 경우, 위와 같은 행위는 실질적으로 회사의 자본을 증가시키는 것이 아니고 등기를 위하여 납입을 가장하는 편법에 불과하여 주금의 납입 및 인출의 전 과정에서 회사의 자본금에는 실제 아무런 변동이 없다고 보아야 할 것이므로, 그들에게 회사의 돈을 임의로 유용한다는 불법영득의 의사가 있다고 보기 어렵다 할 것이고, 이러한 관점에서 상법상 납입가장죄의 성립을 인정하는 이상 회사 자본이 실질적으로 증가됨을 전제로 한 업무상횡령죄가 성립한다고 할 수는 없다.

[소수의견] 이른바 견금방식(見金方式)의 가장납입의 경우에도 납입으로서의 효력을 인정하는 종래 대법원의 견해를 따르는 한 납입이 완료된 것은 진실이고, 따라서 등기공무원에 대하여 설립 또는 증자를 한 취지의 등기신청을 함으로써 상업등기부원본에 발행주식의 총수, 자본의 총액에 관한 기재가 이루어졌다 할지라도 이를 두고 '허위신고'를 하여 '부실의 사실의 기재'를 하게 한 경우에 해당한다고 할 수 없어 공정증서원본부실기재 · 동행사죄가 성립할 여지가 없으며, 또한 주금납입과 동시에 그 납입금은 회사의 자본금이 되는 것이기 때문에 회사의 기관이 이를 인출하여 자신의 개인 채무의 변제에 사용하는 것은 회사에 손해를 가하는 것이 될 뿐만 아니라 불법영득의사의 발현으로서 업무상횡령죄가 성립한다고 볼 수밖에 없다.

2) 레이디의 주주들에 대한 특정경제범죄가주처벌등에관한법률위반(배임)

배임죄는 타인의 사무를 처리하는 자가 그 임무에 위배하는 행위에 의하여 재산상의 이익을 취득하거나 제3자로 하여금 이를 취득하게 하여 본인에게 손해를 가함으로써 성립하는 것으로, 여기에서 그 주체인 '타인의 사무를 처리하는 자'란 양자 사이의 신임관계에 기초를 두고 타인의 재산관리에 관한 사무를 대행하거나 타인 재산의 보전행위에 협력하는 자의 경우 등을 가리킨다.[7]

레이디의 대표이사이던 공소외 2가 앞서 본 바와 같은 제3자 배정방식에 의한 유상증자에 따라 납입된 주금을 레이디를 위하여 사용될 수 있도록 관리하는 등의 업무는 이사의 주식회사에 대한 선관의무 내지 충실의무에 기한 것으로 자신 또는 레이디의 사무에 속하는 것이므로, 공소외 2가 레이디의 주주들에 대한 관계에서 직접 그들의 사무를 처리하는 자의 지위에 있는 것은 아니라고 할 것인

7) 대법원 2003. 9. 26. 선고 2003도763 판결 등 참조.

바, 같은 입장에서 피고인이 업무상배임죄의 공범으로서의 책임을 지지 않는다는 취지의 원심의 판단은 정당한 것으로 수긍할 수 있고, 거기에 상고이유에서 주장하는 바와 같은 법리오해 등의 위법이 있다고 할 수 없다.

3) 레이디에 대한 특정경제범죄가중처벌등에관한법률위반(배임)

타인으로부터 금원을 차용하여 주금을 가장 납입한 직후 이를 인출하여 차용금의 변제에 사용한 경우 불법영득의 의사를 인정할 수 없어 상법상 납입가장죄와 별도로 업무상횡령죄가 성립하지 아니함은 앞서 본 바와 같으므로, 업무상배임죄에 대한 관계에서 특별관계에 있는 업무상횡령죄의 성립을 전제로 하여 일련의 동일한 행위를 두고 업무상횡령죄 외에 업무상배임죄가 별도로 성립하지 아니한다고 본 원심의 판단에는 잘못이 있으나, 앞서 특정경제범죄가중처벌등에관한법률위반(횡령)의 점에 관하여 불법영득의 의사를 인정할 수 없다고 본 바와 같은 이유로, 피고인에게 재산상의 이익을 취한다는 의사가 있었다고 볼 수는 없으므로, 이 부분 특정경제범죄가중처벌등에관한법률위반(배임)죄 역시 성립한다고 할 수 없고, 따라서 이와 결론을 같이하는 원심판결은 그 결론에 있어서는 정당하므로, 거기에 상고이유에서 주장하는 바와 같이 판결 결과에 영향을 미친 법리오해 등의 위법이 있다고 할 수 없다.

연 구

I. 가장납입의 형태와 효력

1. 가장납입의 형태

상법 제628조 제1항은 "제622조 제1항에 게재된 자[8]가 납입 또는 현물출자의 이행을 가장하는 행위를 한 때에는 5년 이하의 징역 또는 1천 5백만원 이하의 벌금에 처한다."고 명시하고 있다.

상법상 이 규정에 대한 형법학계의 관심이 유감스럽게도 지금까지 거의 없었다. 우리 사회에서 심심찮게 야기되고 있는 가장납입에 의해 저질러진 부정행위로 인하여 한편에서는 막대한 이익을 취득하고, 다른 한편에서는 이로 인해 막대한 손해가 야기되고 있는 사실을 감안할 때 형사법학계가 눈을 감고 있는 현실은 잘못된 것이다. 우리의 대상판례도 상법 제628조 제1항의 위반 사건인 이 사건에서 볼 수 있는 바처럼 이런 유(類)의 범죄가 절도나 사기에 의한 범죄보다 사회적 불법성과 사회적 파장이 훨씬 클 수 있음을 직시할 필요가 있다.

상법은 발기설립(제295조), 모집설립(제305조)과 신주인수(제421조)의 경우에 발기인 또는 주식인수인의 출자의무이행에 관하여 전액납입주의 또는 전부이행주의를 명시함으로써 주식회사의 자본충실을 기하고 있다. 이러한 원칙에 근거하여 상법상 명문의 규정이 없어도 학계와 판례[9]는 주식인수인 등은 자본충실을 현금으로 그리고 현실적으로 이행해야 한다는 데에 의견의 일치를 보고 있다. 이에 따라 주금액납입의 대물변제나 更改도 허용하지 않으며 납입의무에 대한 면제도 무효이고, 주주는 납입에 대해 상계로서 회사에 대항하지 못한다(상법 제334조).

8) 회사의 발기인, 업무집행사원, 이사, 감사위원회 위원, 감사 또는 제567조의 직무대행자, 지배인 기타 회사영업에 관한 어느 종류 또는 특정한 사항의 위임을 받은 사용인.

9) 대법원 1977. 4. 12. 선고 76다943 판결은 "주금납입의무는 현실적 이행이 있어야 하므로 당좌수표로서 납입한 때에는 그 수표가 현실적으로 결제되어 현금화되기 전에는 납입이 있었다고 할 수 없다"고 판시하였다.

가장납입의 유형은 크게 두 가지 방법으로 구분할 수 있는 바, 사채업자에게 수수료를 주고, ① 납입증명서만을 발급 받는 방법과 ② 사채업자 등에게 돈을 빌려 주어 주금을 회사에서 직접 납입한 후 즉시 반환하는 방법이 있다.[10)]

①의 경우, 회사 측이 사채업자 또는 중개인에게 주금납임증명서 발급을 위한 수수료를 지급하면, 사채업자는 당해 회사명의의 별단예금계좌를 개설하여 유상증자자금을 입금한 후 주금납입증명서를 발급 받아 회사 측에 제공하고, 다시 유상증자자금을 인출하여 회수한다.

②의 경우, 회사 측에서 증자자금을 사채업자 또는 개인, 금융기관으로부터 차입하여 직접 회사명의의 별단예금계좌에 유상증자자금을 입금한 후 주금납입증명서를 발급받고 다시 유상증자자금을 인출하여 사채업자 등에게 이자를 포함하여 변제한다.

우리나라에서 가장납입은 주로 ①의 방법을 사용하고 있다[11)]고 한다.

2. 가장납입의 효력

가장납입 방법상 ①의 경우에는 주금의 현실적 납입이 없기 때문에 효력의 유무를 따질 필요가 없으며, ②의 경우에는 주금의 현실적 납입이 있다고 보여 지므로 그것을 따질 필요가 있을 것이다.

1) 유효설

판례는 유효설의 입장을 지지하나, 학설로는 소수설이다.[12)] 판례는, 가장납입

10) 판례와 학계에서는 가장납입방식을 通謀假裝納入과 見金에 의한 가장납입의 방식으로 구별하여 사용하고 있다. 견금방식의 가장납입이란 납임금취급금융기관 이외의 제3자(예컨대 사채업자)로부터 금원을 차용하여 주식대금을 납입하고, 설립등기 또는 신주발행완료 직후에 그 납입금을 취급금융기관으로부터 반환 받아 제3자로부터의 차용금을 변제하는 방식을 말한다. 통모가장납입(일본에서는 預合이라 함)은 발기인 등이 납입취급금융기관과 통모하여 그 금융기관으로부터 금원을 차용하여 그 차용금으로 주식대금의 납입에 충당하되 그 차용금을 변제하기 전에는 회사가 납입된 주식대금의 지급을 청구하지 못하도록 약정하는 방식이다. 이에 관해서 자세한 것은, 이민걸, 앞의 논문, 14쪽 참조

11) 이에 관해서는 이석환, 가장납임과 형사책임(미발표 글), 1-2쪽.

12) 정찬형, 서돈각, 채이식, 이민걸 등이 같은 입장이고, 일본에서도 소수설에 속한다(鴻常夫 倉澤康一郎).

의 경우 납입금보관은행 이외의 제3자로부터 차입한 금전으로 주금납입을 하였다 하더라도 금원의 이동에 따른 현실의 불입이 있는 것이고, 설령 그것이 실제로는 납입의 가장수단으로 이용된 것이라 하더라고 이는 당해 납입을 하는 발기인 또는 이사들의 주관적인 의도의 문제에 불과하고 회사가 관여할 바가 아니므로 이러한 발기인 또는 이사들의 내심적 사정에 의하여 회사의 설립이나 증자 같은 집단적 절차의 일환을 이루는 주금납입의 효력을 좌우함은 타당하지 않다고 설시하고 있다.[13)]

2) 무효설

우리나라의 다수설[14)]이고, 일본의 다수설[15)]과 最高裁 判例도 같은 입장[16)]이다. 그 근거는, 가장납입에 있어서 발기인 또는 이사의 차입 · 납입행위, 인출 · 변제행위는 서로 관련 없이 이루어진 것이 아니라 처음부터 계획된 일련의 행위를 구성하고 있고, 주식회사와 같은 물적 회사에 있어서 절대적으로 요구되는 자본충실의 원칙에 반하므로 허용할 수 없다는 것이다.

3) 소결

소규모의 주식회사의 경우 일시차입금을 이용한 가장납입이 상식화된 점을 감안하면, 회사관계의 집단적 안정성과 거래의 안전성을 고려할 때, 유효설을 취하고 있는 판례의 입장이 어느 정도 수긍은 간다. 그러나 물적 회사인 주식회사에

---

13) 대법원 1997. 5. 23. 선고 95다5790 판결: 일시적인 차입금으로 단지 주금납입의 외형을 갖추고 회사설립이나 증자 후 곧바로 그 납입금을 인출하여 차입금을 변제하는 주금의 가장납입의 경우에도 금원의 이동에 따른 현실의 불입이 있는 것이고, 설령 그것이 실제로는 주금납입의 가장 수단으로 이용된 것이라고 할지라도 이는 그 납입을 하는 발기인 또는 이사들의 주관적 의도의 문제에 불과하므로, 이러한 내심적 사정에 의하여 회사의 설립이나 증자와 같은 집단적 절차의 일환을 이루는 주금납입의 효력이 좌우될 수 없다; 같은 입장으로 대법원 1998. 12. 23. 선고 97다20649 판결 참조.

14) 최기원, 이철송, 정동윤, 이기수, 강위두, 권기범 등이 같은 입장이다.

15) 河本一郎外, 日本の會社法, 商事法務(2003), 88쪽

16) 일본의 最高裁 1963(昭和 38). 12. 6. 판결: 당초부터 진실의 주금의 납입으로 회사자금을 확보할 의도 없이 일시적인 차입금으로써 납입의 형식을 갖추고 주식회사 성립 절차 후 곧 납입금을 반환하여 이를 변제하는 경우와 같은 것은 회사의 영업자금은 전혀 확보도 되지 않은 것으로서 외형상 주식납입의 형식은 구비하였지만 실질적으로 도저히 납입이 있었다고 할 수 없으므로 납입의 효력을 갖지 않는다고 할 것이다.

절대적으로 요구되는 자본충실의 원칙에 비추어 볼 때 유효설은 자본충실의 기본원칙에 반하므로 따르기 힘들다 할 것이다.

Ⅱ. 납입가장죄(상법 제628조 제1항)

1. 대법원의 입장

위에서 본 바와 같이 주식회사는 자본충실을 위하여 주금을 현실적으로 반드시 납입해야 하고, 상계, 경개(更改)나 납입면제 등에 의한 방법은 허용될 수 없다. 그런데 판례는 주식납입금을 회사설립등기나 증자등기 후 곧바로 인출하는 행위를 납입가장죄로 한편으로 처벌하면서도, 다른 한편으로는 인출한 주금이 회사를 위하여 사용되었다는 특별한 사정이 존재하면 납입가장죄의 성립을 부정하였다.[17)]

본 대법원판결 역시 같은 관점에서 상법 제628조 제1항 소정의 납입가장죄는 회사의 자본충실을 기하려는 법의 취지를 유린하는 행위를 단속하려는데 그 목적이 있는 것이므로, 당초부터 진실한 주금납입으로 회사의 자금을 확보할 의사 없이 형식상 또는 일시적으로 주금을 납입하고 이 돈을 은행에 예치하여 납입의

17) 납입가장죄의 범죄성립을 긍정한 사례: 대법원 1982. 4. 13. 선고 80도537 판결: 납입가장죄의 입법취지는 주식회사의 자본충실을 기하려는 것이므로 회사설립등기가 된 다음에 바로 그 납입한 돈을 인출한 경우에는 이를 회사를 위하여 사용하였다는 특별한 사정이 없는 한 납입가장죄가 성립한다; 대법원 1986. 9. 9. 선고 85도2297 판결: 주금으로 납입할 의사 없이 마치 주식인수인들이 그 인수주식의 주금으로 납입하는 양, 돈을 은행에 예치하여 주금납입보관증을 교부받아 회사설립요건을 갖춘 듯이 등기신청을 하여 상업등기부의 원본에 그 기재를 하게 한 다음 그 예치한 돈을 바로 인출하였다면 이를 회사를 위하여 사용하였다는 등 특별한 사정이 없는 한 상법 제628조 제1항에 정한 이른바 납입가장죄가 성립되는 한편 공정증서원본부실기재와 동행사죄가 성립된다.
범죄성립을 부정한 사례: 1977.11.8. 선고 77도2439 판결: 상법상 납입가장죄는 주식회사의 자본충실을 기하려는 데 그 목적을 두고 있으므로 설립 등기된 다음날 납입주금 전액을 인출하였다 하더라도 회사를 위하여 그 돈을 썼다면 납입가장죄가 성립하지 아니 한다; 대법원 2001. 8. 21. 선고 2000도5418 판결: 상법 제628조 제1항의 납입가장죄는 회사의 자본의 충실을 기하려는 법의 취지를 해치는 행위를 단속하려는 것이므로, 주식회사의 설립을 위하여 은행에 납입하였던 주식인수가액을 그 설립등기가 이루어진 후 바로 인출하였다 하더라도 그 인출금을 주식납입금 상당에 해당하는 자산을 양수하는 대금으로 사용한 경우에는 납입가장죄가 성립하지 아니한다.

외형을 갖추고 주금납입증명서를 교부받아 설립등기나 증자등기의 절차를 마친 다음 바로 그 납입한 돈을 인출한 경우라면, 이를 회사를 위하여 사용하였다는 특별한 사정이 없는 한 실질적으로 회사의 자본이 늘어난 것이 아니어서 납입가장죄가 성립한다고 판시함으로써 기존 판례의 입장을 견지하고 있다.

본 사건에 대해 대법원은 납입한 돈을 곧바로 인출하였다고 하더라도 그 인출한 돈을 회사를 위하여 사용한 것이라면 자본충실을 해친다고 할 수 없으므로 주금납입의 의사 없이 납입한 것으로 볼 수는 없는데, 지엔지의 레이디에 대한 채권 중 가장채권으로 인정되는 부분을 제외하고는 레이디의 입장에서 볼 때 유상증자를 통하여 동액 상당의 채무를 소멸시킨 것이어서 그 범위 내에서 회사를 위하여 인출한 자본금을 사용한 것으로 볼 여지가 있고, 또한 노동조합에 교부한 가계수표가 제대로 결제되었는지 여부에 따라 그 액면금액 상당액에 관하여도 역시 회사를 위하여 사용된 것이어서 피고인이나 공소외 2에게 가장납입의 의사가 없었다고 볼 여지도 있다고 보아, 원심이 유상증자 당시 존재하던 지엔지의 레이디에 대한 채권액 등에 관하여 더 심리하여 피고인이나 공소외 2에게 가장납입의 의사가 인정되는지 여부 및 그 범위에 관하여 명확히 판단하지 않고 인출된 자본금 전액에 관하여 가장납입의 의사를 인정하여 이 부분 공소사실을 그대로 유죄로 인정한 것은 잘못이라고 판단하고 있다.

2. 대법원 판례에 대한 비판

가장납입이 무효라는 보는 필자의 입장에서 볼 때, 본 건의 가장납입은 당연히 납입가장죄에 해당된다 할 것이다. 본 대법원판결이 지엔지의 레이디에 대한 채권액 전체에 대하여 가장 납입의 의사가 없다고 보아 납입가장죄의 성립을 부인하는 것은 잘못된 것이다. 그 이유는 다음과 같다.

첫째로 유상증자의 자금 대부분은 레이디의 소유로 된 적이 없어 보인다. 본 대상판례의 사건에서 피고인 이O호 측은 피고인 반O봉에게 유상증자를 위해 필요한 주금납입증명서 발급을 의뢰하기 위한 수수료를 지급하였고, 반O봉은 레이디 명의의 별단예금계좌를 만들어 250억원을 넣어 주금납입증명서를 발급 받아 피고인 이O호 측에 제공하였다. 여기서 피고인들의 거래는 유상증자 자금 250억원을 현실적으로 양도한 대차행위가 아니며, 250억원이 기재된 주금납입증명서 발급을 위한 거래에 해당될 뿐이다. 이는 유상증자 자금이 레이디의 소유로 된 적이 없음을 말하는 것이다. 그러므로 레이디가 유상증자 자금을 '사용' 할 수 있는 전제가 사실상 존재하지 않게 된다.

둘째로 유상증자자금이 레이디라는 회사를 위해서 사용되었다고 할 수 없다. 설사 피고인들의 거래관계를 유상증자 자금의 대차관계로 파악한다고 하더라도, 본 대상 사건의 유상증자 자금 300억 7,000만원을 레이디를 위해서 사용하였다고 볼 수 없다. 대법원과 원심에서 인정된 사실관계에 의하여 볼 때, 본 건 증자 자금은 주금납입증명서를 만들기 위해 레이디 명의의 별단예금계좌로 들어왔다가 유상증자등기를 마치고 곧바로 피고인 반O봉이 인출해 감으로써 반O봉에게 반환된 것이다. 그 이후 레이디는 그 유상증자자금의 사용에 대한 장부상의 '회계처리' 를 위해 회사장부에 지엔지 등이 회수한 채권 등의 변제 등으로 기재해 놓았던 것에 불과한 것이지, 이른바 회사를 위하여 실질적으로 '사용' 한 적이 없다.

셋째로 대법원의 견해는 상법 제422조의 현물출자 제한에 위배된다. 주식회사는 자본충실을 위하여 주금의 납입을 현실로 하여야 하고, 상계나 경개 또는 납입의무의 면제 등을 허용하지 않으며, 특히 현물출자 시에는 법원이 선임한 검사인의 조사를 받도록 하고 있다. 이 절차를 준수하지 않으면 회사재산을 위태롭게 하는 죄로서 처벌하고 있다. 그런데 본 건에서 유상증자자금의 사용을 지엔지 회수채권의 변제 등으로 인정하더라도, 이는 현물출자와 다를 바 없다. 이는 자본충실에 배치되는 불법현물출자를 허용해 주는 결과가 되는 데도, 대법원의 논지에 따르면, 주식회사의 자본충실에 배치되지 않는다는 모순된 논리를 전개하고 있는 셈이다.

끝으로 가장납입을 유효라고 새긴다고 해도 본 대상사건에서 납입가장죄는 성립된다고 판단된다. 왜냐하면 첫째로 유효설은 납입자의 내심의 의사에 따라

납입의 효력이 좌우되지 않는다는 입장을 강조하는 것이고, 이 내심의 의사가 납입을 가장하려는 것이었을 때 상법상 납입가장죄의 구성요건에 해당한다는 것과 서로 모순된다고 할 수 없으며, 둘째로 본 사건은 피고인이 자본충실을 해친 주금의 가장납입을 실행하였기 때문이다.

따라서 본 대상사건의 납입가장죄는 성립한다고 봄이 타당하다고 할 것이다.

Ⅲ. 가장납입과 공정증서원본부실기재 · 동행사죄(형법 제228조)

주식회사 설립시 자본의 총액, 발행주식의 총수, 그 종류와 각종 주식의 내용과 수는 등기하여야 하고(상법 제317조 제3항 제2호, 제3호), 신주발행의 경우 이런 사정에 변경이 야기되므로 일정 기간 내에 변경등기를 하여야 한다(상법 제317조 제4항, 제183조). 따라서 본 대상사건처럼 주금을 가장납입하여 증자등기를 하는 것은 형법 제228조의 공정증서원본부실기재죄에 해당될 수 있는지가 문제이다.

1. 판례의 다수입장

판례는 주금을 가장납입하여 증자등기를 한 것은 공정증서원본부실기재죄에 해당한다는 입장이다. 즉 대법원판례에 따르면, 주금가장납입의 경우 현실적으로 주금액에 상당한 금원의 납입이라는 사실이 존재하는 것은 사실이나 그 납입은 오로지 증자에 즈음하여 등기를 하기 위한 편법에 지나지 아니하고 실질은 주금의 납입이 없는 것과 다름없는 것이어서 이를 숨기고 마치 주식인수인에 의한 납입이 완료된 것처럼 등기공무원에 대하여 허위신고를 하여 증자를 한 취지의 등기신청을 함으로써 상업등기부원본에 그 기재를 하게끔 하였다면 이는 발행주식의 총수, 자본의 총액에 대한 상법상 등기사항에 관하여 부실사실을 기재한 것이 된다[18]고 판시하여 왔다.

앞서 본 바와 같이 판례는 가장납입의 '납입'으로서 효력에 관하여 유효설을 따르고 있고, 유효설에 따르면 납입으로서의 효력이 인정되고 따라서 납입이 완료된 것은 진실이기 때문에 과연 무엇이 '부실'에 해당하는지 의문이 제기된다.

이 점에 대해 대법원판결은 납입가장행위를 전체적 · 실질적으로 본다면, 최소한 공시된 '자본의 총액'이 실제와 일치하지 않는다는 점에서 '부실등기'라는 볼 수 있다는 것이다. 이런 취지에서 가장납입의 경우 특별한 사정이 없는 한 실질적으로 회사의 자본이 늘어난 것이 아니어서 공정증서원본부실기재죄와 동행사죄가 성립한다고 판시함으로써 기존판례의 입장을 견지하고 있다.

다만 본 대상사건에서 대법원판결은 납입가장죄의 경우와 마찬가지로, 지엔지의 레이디에 대한 채권 중 가장채권으로 인정되는 부분을 제외하고는 레이디의 입장에서 볼 때 유상증자를 통하여 동액 상당의 채무를 소멸시킨 것이어서 그 범위 내에서 회사를 위하여 인출한 자본금을 사용한 것으로 볼 여지가 있다고 보아 원심이 유상증자 당시 존재하던 지엔지의 레이디에 대한 채권액 등에 관하여 더 심리하지 않고 인출된 자본금 전액에 관하여 가장납입의 의사를 인정하여 이 부분 공소사실을 그대로 유죄로 인정한 것은 잘못이라고 판단하였다.

2. 대법원 판례에 대한 비판

가장납입을 무효라고 새기면, 공정증서원본부실기재죄는 성립되는 것은 당연하다고 할 것이다. 그러나 가장납입을 대법원판례처럼 유효로 보는 경우에는 공정증서원본부실기재죄는 성립하기가 어렵다고 판단된다. 왜냐하면 공정증서원본부실기재죄에 있어서 '부실의 사실'이란 진실에 반하는 것을 의미하며, 따라서 그것을 무효로 파악함을 전제로 하는 것인데, 가장납입을 유효하다고 볼 때에는 '부실의 사실'이라고 할 수 없기 때문이다.[19] 더욱이 본죄의 보호법익은 공정

18) 대법원 1986.8.19. 선고 85도2158 판결과 대법원 1986. 9. 9. 선고 85도2297 판결 및 대법원 1997. 2. 14. 선고 96도2904 판결도 같은 취지임.

19) 대법원의 소수견해도 역시 가장납입에 대해 유효설을 취할 때에는 공정증서원본부실기재죄에 해당될 수 없음을 다음과 같이 설명한다: "… 납입으로서의 효력을 인정하는 견해를 따르는 한 납입이 완료된 것은 진실이고, 따라서 등기공무원에 대하여 설립 또는 증자를 한 취지의 등기신청을 함으로써 상업등기부

증서원본의 진실에 대한 공공의 신용이라는 점에서, 가장납입을 유효로 처리할 경우에는 공공의 신용을 해할 정도로 공정증서원본을 부실하게 기재하였다고 말할 수 없을 것이다.

따라서 가장납입을 무효로 파악할 때만이 논리적으로 모순 없는 해결책이 가능하다고 보며, 본 대상사건도 가장납입이 무효이므로 공정증서원본부실기재죄가 성립한다고 판단했어야 옳다고 본다.[20]

Ⅳ. 업무상 횡령죄 (형법 제356조, 제355조 제1항 및 특정경제범죄가중처벌등에관한법률위반)

1. 판례의 입장

본 대상사건에 대해 제1심 판결과 대법원의 다수의견은 무죄를 주장하는 데에 반해, 원심판결과 대법원의 소수견해는 유죄를 인정하고 있다.

무죄를 인정한 대법원의 다수입장에 따르면, 주식회사의 설립업무 또는 증자업무를 담당한 자와 주식인수인이 사전 공모하여 주금납입취급은행 이외의 제3자로부터 납입금에 해당하는 금액을 차입하여 주금을 납입하고 납입취급은행으로부터 납입금보관증명서를 교부받아 회사의 설립등기절차 또는 증자등기절차를 마친 직후 이를 인출하여 위 차용금채무의 변제에 사용하는 경우, 위와 같은 행위는 실질적으로 회사의 자본을 증가시키는 것이 아니고 등기를 위하여 납입을 가장하는 편법에 불과하여 주금의 납입 및 인출의 전 과정에서 회사의 자본금에는 실제 아무런 변동이 없다고 보아야 할 것이므로, 그들에게 회사의 돈을 임의로 유용한다는 불법영득의 의사가 있다고 보기 어렵다 할 것이고, 이러한 관점에서

원본에 발행주식의 총수, 자본의 총액에 관한 기재가 이루어졌다 할지라도 이를 두고 '허위신고'를 하여 '부실의 사실의 기재'를 하게 한 경우에 해당한다고 할 수 없어 공정증서원본부실기재·동행사죄가 성립할 여지가 없다."

20) 이와 다른 입장으로는 이민걸, 앞의 논문, 22쪽 참조.

상법상 납입가장죄의 성립을 인정하는 이상 회사 자본이 실질적으로 증가됨을 전제로 한 업무상횡령죄가 성립할 수가 없다고 본다.

이에 반해 대법원의 소수견해에 따르면, 이른바 견금 방식의 가장납입의 경우에도 납입으로서의 효력을 인정[21]하는 종래 대법원의 견해를 따르는 한 납입이 완료된 것은 진실이고, 또한 주금납입과 동시에 그 납입금은 회사의 자본금이 되는 것이기 때문에 회사의 기관이 이를 인출하여 자신의 개인 채무의 변제에 사용하는 것은 회사에 손해를 가하는 것이 될 뿐만 아니라 불법영득의사의 발현으로서 업무상횡령죄가 성립한다고 볼 수밖에 없다[22]는 것이다.

2. 대법원판결에 대한 비판

횡령죄가 성립되려면 타인의 재물을 보관하고 있어야 하며, 이때의 타인의 재물이란 타인의 소유물이거나 타인의 사실상 소유상태에 있는 재물이어야 한다. 따라서 본 대상사건에서도 가장납입된 주금의 소유가 누구에 귀속되는가가 문제의 핵심인 것이다.

가장납입이 유효하지 않고 무효라면, 가장납입금으로 임금된 금전에 대한 소유권은 가장납입자에게 있다고 봄이 정당하며, 또한 그가 그 금전에 대해 반환청

21) 대법원의 소수견해에 따르면, "견금 방식의 가장납입이란 납입취급은행과 공모함이 없이 납입취급은행 이외의 제3자로부터 납입금액을 차입하고 회사의 설립 또는 증자 후에 즉시 그 납입금을 인출하여 그 차입금을 변제하는 방식의 가장납입을 일컫는 것으로서, … 대법원은 종래 납입금보관은행 이외의 제3자로부터 차입한 금전으로 주금납입을 하였다 하더라도 일응 금원의 이동에 따른 현실의 불입이 있는 것이며, 설령 그것이 실제로는 납입의 가장수단으로 이용된 것이라 하더라도 이는 당해 납입을 하는 발기인 또는 이사들의 주관적인 의도의 문제에 불과하고 회사가 관여할 바가 아니므로 이러한 발기인 또는 이사들의 내심적 사정에 의하여 회사의 설립이나 증자 같은 집단적 절차의 일환을 이루는 주금납입의 효력을 좌우함은 타당하지 않다는 견지에서 납입으로서의 효력을 인정하는 입장을 확고하게 유지하여 왔다"고 한다.

22) 대법원 2003. 8. 22. 선고 2003도2807 판결: "업무상횡령죄에 있어서 불법영득의 의사라 함은 자기 또는 제3자의 이익을 꾀할 목적으로 업무상의 임무에 위배하여 보관하는 타인의 재물을 자기의 소유인 것과 같이 사실상 또는 법률상 처분하는 의사를 의미하는 것인바, 일반적으로 주식회사의 설립업무를 담당한 자가 주금납입취급은행 이외의 제3자로부터 납입금에 해당하는 금액을 차입하여 주금을 납입하고 납입취급은행으로부터 납입금보관증명서를 교부받아 회사의 설립등기를 마친 직후 이를 인출하여 위 차용채무의 변제에 사용한 경우에, 그 주금납입은 회사에 대하여 유효하고 그 주금의 납입 즉시 그 납입금은 회사의 재산으로 되는 것이므로, 이와 같은 인출행위는 상법상 주금가장납입죄에 해당하는 것과는 별도로 회사재산의 불법영득 행위로서 횡령죄를 구성하는 것이라 할 것이"(다).

구권을 가짐으로써 업무상횡령죄는 성립할 여지가 없다. 따라서 가장납입자는 특정범죄가중처벌등에관한법률위반(횡령죄)으로 처벌될 수 없는 것이다.

이에 반해 대법원판결은 가장납입을 유효라고 보고 있다. 따라서 가장주금납입금은 가장납입자에게 귀속되는 것이 아니라, 회사의 소유가 될 것이다. 회사의 기관이 가장납입자로 하여금 그 금액을 임으로 인출하게 하여 개인채무의 변제에 사용하게 하였다면, 이는 횡령죄가 성립하는 데에 아무런 지장이 없는 것이다. 그럼에도 불구하고 대법원의 다수견해에 따르면, 회사에 대해 자본증가가 없고, 또한 불법이득의사가 없기 때문에 업무상 횡령죄가 성립할 수 없다고 하는 논지는 설득력이 없다.

더욱이 가장납입을 유효한 것으로 판단한 대법원이 가장납입을 통해 회사에 대해 자본증가가 없다고 보는 것은 대법원의 소수견해가 지적한 바처럼 논리모순이며, 자본증가가 없기 때문에 불법이득의사가 없다는 전제도 역시 잘못된 것이다. 왜냐하면 자본증가의 유무는 불법이득의 유무와 아무런 직접적 관련이 없기 때문이다.

V. 업무상 배임죄 (형법 제356조, 제355조 제2항 및 특정경제범죄가중처벌에관한법률위반)

1. 문제의 상황

최근 국내의 경기하락으로 상장 및 코스닥회사들이 경영난에 빠지자, 기업사냥꾼들은 제3자 배정유상증자를 가장납입의 방법으로 실시하여 발행된 주식을 시중에 처분하여 막대한 부당이득을 취하는 사례가 수십 차례 적발되었다고 한다.[23] 게다가 아예 주금납입증명서를 위조하여 유상증자를 실시한 사례도 최근 4

---

23) 이석환의 지적으로, 그는 현재 금융감독위원회 파견검사로 활동하고 있다.

건이나 적발되었으며, 이들 모두 발행된 신주를 통해 부당이득을 취하려는 사안이었으며, 1년에 이런 방법으로 650억원까지 증자한 회사도 있었다고 한다. 이런 점에 비추어 보면 최근의 증자시 가장납입은 증자된 주식의 취득을 통하여 막대한 부당이득을 취하려는 목적이 있다.

본 대상판결사건도 근본적으로 같은 취지의 사건이라고 할 수 있다. 즉 주금도 납입하지 않고 곧바로 현금으로 전환될 수 있는 주식을 배정 받아 가져간 행위에 대한 평가의 사건인 것이다. 왜냐하면 피고인들의 행위는 가장납입을 통하여 한푼도 들이지 않고 현금과 다를 바 없는 300억 7,000만원을 가져가기 위한 행위였기 때문이다. 그럼에도 불구하고 대법원판결은 주금의 납입과 반환행위에 초점을 두고 있고, 이 때문에 배임의 대상이 되는 업무의 내용을 '납입된 주금을 레이디를 위하여 사용될 수 있도록 관리하는 등' 이라고 기술하고 있다.

2. 주주에 대한 업무상 배임죄

1) 법원의 입장

하급심법원에서도 가장납입의 경우 배임죄가 문제되는 것은 최근의 일이다. 하급심에서도 회사의 책임자는 기존주주에 대한 배임죄를 인정한 경우[24]와 부정한 경우[25]로 나뉘어져 있었다. 그러나 주로 인정하는 경향이었다.

24) 주주에 대한 배임죄를 인정한 예로 특히 서울고등법원 2002. 12. 5. 선고 2002노150 판결: 대표이사는 신주발행이라는 업무에 있어서는 일반 주주들에 대하여서도 그들의 신주인수권 또는 기존 주식의 가치를 해하여서는 아니될 업무상 임무가 있고, 가장납입에 의한 유상증자가 이루어진다면 주식의 가치가 현격하게 감소하게 되므로, 이는 가장납입에 의한 유상증자가 이루어지는 것을 모르고 신주인수권을 포기한 주주들에 대하여 신주인수권 행사 여부에 대한 의사결정에 영향을 미쳤고, 그로 인하여 소유 주식의 감소액 및 신주인수권의 가치 상당의 손해를 입혔다고 판단함; 그밖에도 서울지방법원 2003. 8. 1. 선고 2003고합493 판결; 서울지방법원 2003. 11. 12. 선고 2003고합804, 1037(병합) 판결: 주주에 대한 업무상 배임죄 이외에, 가장납입죄, 공정증서원본부실기재죄 및 동 행사죄를 유죄로 인정함; 서울고등법원 2004. 3. 2 선고 2003노3111 판결; 서울중앙지방법원 2004. 2. 13. 선고 2003고합44 판결: 주주에 대한 업무상 배임죄 이외에, 가장납입죄, 공정증서원본부실기재죄 및 동 행사죄를 유죄로 인정함.

25) 주주에 대한 배임죄를 부정한 예: 서울고등법원 2003. 11. 14. 선고 2003노1683, 2042 판결(본 대법원판결의 원심판결임); 서울고등법원 2003. 12. 30. 선고 2003노834, 1719(병합), 2932(병합) 판결: 유상증자가 가장납입에 해당한다고 하더라도 주금이 회사에 현실적으로 납입되어 유효하게 신주가 발행된 이상 이를 무상증자와 같이 보아 피고인에게 증자로 인한 주식을 기존 주주들에게 배분하여야 할 임무가 발생한다고 볼 수는 없는 이치이고, 피고인이 그러한 조치를 취하지 않았다고 하더라도 기존 주주들에 대하여 업무상 배임죄가 성립한다고 볼 수 없다고 판시함.

그러다가 지난 해 대법원 2004. 5. 13. 선고 2002도7340 판결에서 가장납입의 경우 회사의 기존 주주에 대한 업무상 배임죄를 다음과 같은 사유로 부정하였다: "신주발행은 주식회사의 자본조달을 목적으로 하는 것으로서 신주발행과 관련한 대표이사의 업무는 회사의 사무일 뿐이므로 신주발행에 있어서 대표이사가 납입된 주금을 회사를 위하여 사용하도록 관리 · 보관하는 업무 역시 회사에 대한 선관주의의무 내지 충실의무에 기한 것으로서 회사의 사무에 속하는 것이고, 신주발행에 있어서 대표이사가 일반 주주들에 대하여 그들의 신주인수권과 기존 주식의 가치를 보존하는 임무를 대행한다거나 주주의 재산보전 행위에 협력하는 자로서 타인의 사무를 처리하는 자의 지위에 있다고는 볼 수 없을 뿐만 아니라, 납입을 가장하는 방법에 의하여 주금이 납입된 경우 회사의 재산에 대한 지분가치로서의 기존 주식의 가치가 감소하게 될 수는 있으나, 이는 가장납입에 의하여 회사의 실질적 자본의 감소가 초래됨에 따른 것으로서 업무상배임죄에서의 재산상 손해에 해당된다고 보기도 어려우므로, 신주발행에 있어서 대표이사가 납입의 이행을 가장한 경우에는 상법 제628조 제1항에 의한 납입가장죄가 성립하는 이외에 따로 기존 주주에 대한 업무상배임죄를 구성한다고 할 수 없다."

본 대법원판결도 종전의 판례와 같은 취지에서 기존의 주주에 대한 배임죄의 성립을 부정하였다. 즉 "배임죄는 타인의 사무를 처리하는 자가 그 임무에 위배하는 행위에 의하여 재산상의 이익을 취득하거나 제3자로 하여금 이를 취득하게 하여 본인에게 손해를 가함으로써 성립하는 것으로, 여기에서 그 주체인 '타인의 사무를 처리하는 자'란 양자 사이의 신임관계에 기초를 두고 타인의 재산관리에 관한 사무를 대행하거나 타인 재산의 보전행위에 협력하는 자의 경우 등을 가리킨다.[26] 레이디의 대표이사이던 공소외 2가 앞서 본 바와 같은 제3자 배정방식에 의한 유상증자에 따라 납입된 주금을 레이디를 위하여 사용될 수 있도록 관리하는 등의 업무는 이사의 주식회사에 대한 선관의무 내지 충실의무에 기한 것으로 자신 또는 레이디의 사무에 속하는 것이므로, 공소외 2가 레이디의 주주들에 대한 관계에서 직접 그들의 사무를 처리하는 자의 지위에 있는 것은 아니라고 할 것인

26) 대법원 2003. 9. 26. 선고 2003도763 판결 등 참조.

바, 같은 입장에서 피고인이 업무상배임죄의 공범으로서의 책임을 지지 않는다는 취지의 원심의 판단은 정당한 것으로 수긍할 수 있고, 거기에 상고이유에서 주장하는 바와 같은 법리오해 등의 위법이 있다고 할 수 없다." 고 판시하고 있다.

2) 검찰의 입장

이에 반해 검찰 측의 반론에 따르면, 상법상 회사의 임원은 주주들의 이익보호에 충실의무가 있다는 점을 강조하여 배임죄에서 요구되는 행위주체의 자격을 겸비하였음을 주장한다. 즉 대표이사는 주주에 대한 관계에서 '타인의 사무를 처리하는 자' 의 지위에 있고, 원심이 원용한 대법원 1990. 5. 25. 선고 90도6 판결[27]은 청산인과 청산회사의 채권자 사이의 관계에 대한 것으로서 사안이 다르다는 이유로 당해 사건의 배임죄의 주체범위를 결정짓는 데에 원용해서는 아니 된다고 한다.

또한 주금도 납입하지 않고 현금과 다름없는 주식을 배정 받아 가져간 행위와 정상적인 무상증자라면 기존 주주들에게 지분율에 따라 동등하게 배정되었어야 할 것임을 강조하고, 기존주주들은 결과적으로 신주우선배정권을 침해받았고, 회사에 대한 자금수혈도 없이 지분율만 하락하였으며, 투자이익도 침탈당하였다는 것이다. 그러므로 회사대표는 기존주주들에 대해 업무상 배임죄에 해당된다는 것이다.

3) 필자의 사견

배임죄에서 타인의 사무를 처리하는 자에 대해 대상판결은 "양자 사이의 신임관계에 기초를 두고 타인의 재산관리에 관한 사무를 대행하거나 타인 재산의 보전행위에 협력하는 자의 경우 등을 가리킨다." 고 한다. 배임죄의 주체범위를 이처럼 타인재산행위에 협력하는 경우까지 확대하여 새기게 되면, 주식회사의 대

27) 대표청산인은 회사의 채권자들에 대한 관계에 있어 직접 그들의 사무를 처리하는 자가 아니라는 취지의 판결이다.

표이사는 개별 주주들의 총합인 주식회사를 위한 자본충실의무와 신주발행시에 기존주주들에 대해 그들의 신주인수권 또는 기존 주식의 가치를 해하여서는 아니 될 업무상 임무가 있음을 부인할 수 없어, 가장납입의 경우 하급심에서 배임죄를 긍정하는 것처럼 회사대표는 개별주주들에 대해 배임죄의 가능성을 열어 두는 결과를 야기한다.

배임죄의 주체가 되는 타인의 사무를 처리하는 자라고 하기 위해서는 그가 처리하는 사무가 법문에 명시된 바와 같이 '타인의' 사무여야 한다. 타인의 사무라는 것은 타인을 위한 사무와는 구별된다. 타인을 위한 사무라고 하더라도 그 사무가 행위자 자신의 사무이면 그 사무의 주체는 배임죄의 주체가 될 수 없기 때문이다. 그럼에도 불구하고 판례나 학설은 '타인의 사무' 의 의미를 법문에 명시된 의미보다 확대하여, '타인을 위한 사무' 까지도 포함하는 것으로 해석하여 '타인 재산의 보전행위에 협력하는 자' 도 배임죄의 주체로서 인정하고 있다.

'타인의 사무' 를 '타인을 위한 사무' 라고 해석하게 되면, 타인 '의' 사무라는 문맥은 타인 '을 위한' 사무라는 뜻으로 확대하게 되어 배임죄의 적용범위는 근본적으로 넓어지는데, 이처럼 법문에 규율된 어의 내지 문맥의 한계를 넘어서 유추나 확대해석하는 것은 죄형법정주의의 원칙에 위배되므로 허용될 수 없다고 할 것이다.

따라서 배임죄에서 타인의 사무를 처리하는 자란 '타인, 즉 본인이 처리하여야 할 사무를 행위자가 대신 처리하는 사람' 에 국한됨을 말한다고 해야 할 것이다. 이런 점에 비추어 보면 발기인이나 대표이사는 회사의 사무를 처리하는 자일 뿐이며, 비록 대표이사가 신주를 발행한 경우라고 할지라도 주주의 사무를 처리하는 자가 아니므로 오직 회사의 사무를 처리하는 자일뿐이며, 이 때문에 주주에 대한 관계에서는 업무상 배임죄는 성립할 여지가 없다고 해야 할 것이다.

3. 회사에 대한 업무상 배임죄

1) 대법원의 입장

대법원은 회사의 대표가 사채업자와 공모하여 가장납입에 의해 무상으로 주식을 취득하게 하여 막대한 이익을 그 사채업자로 하여금 취득하게 한 경우일지라도 회사에 대하여 업무상배임죄를 다음과 같은 이유로 인정할 수 없다고 한다. 즉 "타인으로부터 금원을 차용하여 주금을 가장납입한 직후 이를 인출하여 차용금의 변제에 사용한 경우 불법영득의 의사를 인정할 수 없어 상법상 납입가장죄와 별도로 업무상횡령죄가 성립하지 아니함은 앞서 본 바와 같으므로, 업무상배임죄에 대한 관계에서 특별관계에 있는 업무상횡령죄의 성립을 전제로 하여 일련의 동일한 행위를 두고 업무상횡령죄 외에 업무상배임죄가 별도로 성립하지 아니한다고 본 원심의 판단에는 잘못이 있으나, 앞서 특정경제범죄가중처벌등에관한법률위반(횡령)의 점에 관하여 불법영득의 의사를 인정할 수 없다고 본 바와 같은 이유로, 피고인에게 재산상의 이익을 취한다는 의사가 있었다고 볼 수는 없으므로, 이 부분 특정경제범죄가중처벌등에관한법률위반(배임)죄 역시 성립한다고 할 수 없(다)." 고 한다.

2) 검찰의 입장

피고인은 공소외 2와 공모하여, 2001. 6. 27. 회사인 레이디의 유상증자를 하면서 증자금 300억 7,000만원 상당의 주금을 가장납입하고 주금납입 없이 주식을 취득함으로써 회사인 레이디에 대하여 동액 상당의 재산상 손해를 가하였다는 취지로 공소를 제기하였다.

이에 대해 원심에서 무죄를 선고하자, 검찰은 다음과 같은 사유로 상고를 하였다. "납입된 주금을 인출하여 사용하기만 하였다면 횡령죄만 성립한다고 볼 수 있으나, 더 나아가 가장납입된 금액에 해당하는 주권을 발행하여 제3자에게 배정한 것은 또 다른 행위에 의하여 새로운 범죄를 범한 것이다."

3) 필자의 사견

(1) 횡령죄와 배임죄와의 관계

학자들의 일부와 판례의 일부는 횡령죄와 배임죄는 일반과 특별의 관계에 있다고 보아, 횡령죄에 해당되면 배임죄에 문의할 수 없다고 한다. 그러나 이런 견해들은 첫째로 두 죄의 성립요건의 차이점을 무시하는 것이다.[28] 횡령죄의 주체는 '타인의 재물보관자' 이지만, 배임죄는 '타인의 사무처리자' 이다. 일부학자는 '타인의 재물보관자' 인 횡령죄의 주체범위를 '타인의 재물을 보관하는 사무처리자' 로 이해하여 '타인의 사무를 처리하는 모든 자' 를 행위주체로 삼는 배임죄의 주체범위보다도 좁다고 한다. 그러나 이는 다음과 같은 점에서 항상 옳다고 할 수 없을 것이다. 왜냐하면 재물의 보관문제는 위탁자와 수탁자의 계약에 의해 체결된 경우도 적지 않겠지만, 단순한 신뢰관계의 기초에 의해 보관하는 경우도 많으며, 이 경우 수탁자가 위탁자의 도구적 의미를 가지는 경우에도 보관관계가 존재할 수 있기 때문이다. 예를 들면 집주인이 가정부에게 잠시 맡겨둔 돈을 그 가정부가 부당하게 소비했다면, 그 가정부를 배임죄의 주체가 될 수 있는 '타인의 사무처리자' 로는 보기 힘들지만, 횡령죄의 주체로 보기에는 어려움이 없을 것이다. 바로 이러한 이유로 타인의 사무를 처리할 수 있는 배임죄의 주체범위는 타인의 재물을 보관하는 횡령죄보다도 무조건 넓다고 할 수는 없으며, 경우에 따라 좁을 수도 있다.

횡령죄와 배임죄의 행위객체가 전혀 다르다는 견해에 대해서도 수긍하기 힘든 점이 있다.[29] 횡령죄의 침해대상은 언제나 재물에 대한 소유권 내지 사실상의 소유상태를 침해하는 범죄라는 점에서 재물에 한정된다는 데에는 이론이 있을 수 없다. 그렇다고 배임죄는 재물을 제외한 재산상 이익에만 국한되어야 한다는 주장은 법문의 명시적인 근거를 갖고 있는 것이 아니다. 오히려 배임죄는 재산상의 이익에 대한 죄이며, 행위의 객체를 전체로서 재산으로 보아야 한다는 점에서

28) 문형섭, "배임죄의 본질과 주체의 범위", 『법조』제544호, 법조협회 2002, 6쪽 이하 참조.
29) 문형섭, 앞의 논문, 6쪽 이하 참조.

재물을 재산상 이익에서 제외해야 할 불가피한 이유도 없다. 특히 유통성과 대체성을 속성으로 하는 금전은 재물의 성질과 가치의 성질을 모두 지니고 있기 때문에, 이 금전의 성격에 대해 횡령죄와 배임죄라는 두 죄의 구별을 명확히 할 수 있다는 사고방식은 지나치게 성급한 결론이다.

주관적 구성요건의 차원에서도 두 죄는 그 내용을 달리한다. 횡령죄는 횡령이라는 고의 이외에 행위자 자신을 위한 불법영득의사를 요하는 데 반해, 배임죄는 배임의 고의와 제3자의 이득을 위한 부당이득 내지 불법이득의사까지 요한다는 점에서 구별된다. 이 점은 형법 제355조 제1항과 제2항의 비교에서도 확인할 수 있다. 즉 제355조 제1항에서 규율하고 있는 횡령죄는 배임죄와는 달리 '제3자로 하여금 재물을 횡령하게 하는 것' 을 명시하지 않고 있음을 볼 수 있다.

둘째로 이러한 구성요건상의 차이에 따라 횡령죄와 배임죄는 형사소송법상 입증의 문제도 전혀 달리 취급될 수 있다. 즉 횡령죄는 타인의 재물을 불법적으로 처분하면 충분하지만, 배임죄의 경우 그것만으로는 부족하고, 그밖에 행위자나 제3자가 재산상의 이득을 취득하고, 본인에게 손해를 가할 것이 요구된다. 이에 따라 입증의 경우도 횡령죄의 경우는 타인의 재물을 불법적으로 처분하였음을 증명하는 것으로 충분하지만, 배임죄의 경우는 그 이외에 행위자나 제3자의 이익 취득과 본인에 대한 재산상 손해를 가했음을 입증해야 한다.

셋째로 특정경제범죄가중처벌등에관한법률의 적용에서도 구별의 실익이 있게 된다. 왜냐하면 시가 6억원인 재물의 판매를 위임받아 부당하게 5억원에 판매한 사안에 있어서 재물을 영득한 횡령이라고 하면 범죄대상의 가액이 5억원이 넘기 때문에 특정경제범죄가중처벌등에관한법률위반이 적용되겠지만, 사무처리의무위배행위로서 1억원의 손해를 가한 배임이라고 하면 범죄행위의 가액이 5억원에 훨씬 못 미치는 1억원에 불과하므로 이 법률의 적용은 불가능하기 때문이다.

이런 점으로 미루어 볼 때 이론상으로 횡령죄와 배임죄의 구별실익이 적지 않다. 물론 현실적으로 구별의 실익이 항시 존재하는 것은 아니지만[30] 그렇다고 없는 것도 아니다. 즉 이들 범죄는 객관적 성립요건과 주관적 성립요건이 다르므로 어느 범죄로 입건 내지 공소가 되었느냐에 따라 유 · 무죄의 차이가 나타날 수 있다.

이처럼 이들 두 죄의 불법성이 동일하지 않기 때문에 각 범죄는 서로 다른 별개의 독립된 범죄이며, 행위주체의 범위와 행위객체의 종류 그리고 실행행위의 방법에서 부분적으로만 공통성을 공유하고 있기 때문에, 따라서 하나의 사실에 대해 두 범죄가 모두 성립될 수 있다. 특히 금전의 경우가 그렇다. 바로 이러한 점 때문에 이들 범죄는 각자 독립된 범죄이지만, 교차 내지 중복되는 부분이 존재할 수 있기 때문에 그 중복되는 범위에 국한해서 택일관계에 있다고 보아야 할 것이다. 이에 따라 행위객체가 재물인 경우일지라도 횡령죄가 적용될 수 없을 때에는 다시금 배임죄의 검토가 요구된다고 할 것이다.[31]

(2) 배임죄의 주체

피고인은 레이디를 위해 자본충실의무를 지고 있을 뿐만 아니라, 관리자로서 선량한 주의의무를 부담하고 있다. 피고인이 회사의 대표자로서의 관리자임을 부정할 수 없기 때문에, 피고인은 레이디에 대해 배임죄의 주체가 될 수 있음은 당연하다고 할 것이다.

(3) 임무위배행위와 이익취득, 손해의 발생 그리고 불법이득의사

피고인이 레이디에 대해 자본충실의무 등 임무를 위배한 것은 틀림없을 뿐만 아니라, 이로 인해 회사가 보유했어야 할 재산 내지 재산적 가치가 수백억 감소되었음은 이론의 여지가 없다 할 것이다.

이런 이유로 대법원판결은 피고인에게 불법이득 의사의 유무로 회사에 대한 배임죄를 따지는 것은 의미가 있어 보인다.

30) 횡령죄와 배임죄는 법정형이 동일하고, 어떤 죄를 적용하더라도 처벌이 가능할 경우뿐만 아니라, 역으로 처벌이 불가능할 경우에도 구별의 실익이 없기 때문이다.

31) 이와 다른 견해로는 이민걸, 앞의 논문, 37-38쪽 참조.

그런데 불법이득의사가 배임죄에서 불가결한 것인지는 의심스럽다.[32] 왜냐하면 배임죄의 행위태양에는 재산상의 이익을 취득하는 것이 포함되어 있고, 이는 고의의 내용이 되므로 이득의 고의 이외에 또 다시 불법이득의사가 필요하다는 것은 비논리적이기 때문이다. 재산상 이득이 고의의 핵심내용이 되고, 또 고의를 초과하는 불법이득의사의 내용이 된다는 것은 너무도 이상하다.

설사 불법이득의사를 요구한다고 해도 본 대상사건에서는 그 요건을 충분히 충족한다고 보여 진다. 배임죄는 제3자로 하여금 재산상의 이득을 취득하게 한 경우에도 성립되므로, 피고인들이 사채업자에게 가장납입을 통하여 무상에 가까운 주식을 대량으로 취득하게 하였다면, 피고인의 이러한 의사는 이미 불법이득의사와 다를 바가 없기 때문이다.

따라서 피고인들은 레이디에 대해 업무상배임죄를 범했다고 할 것이다.

32) 오영근, 형법각론(2002), 592쪽 이하 참조.

제 13 장

배임죄에서의 행위주체와 손해 개념

차 례

I. 문제의 제기

형법 제355조 제2항은 "타인의 사무를 처리하는 자가 그 임무에 위배하는 행위로서 재산상의 이익을 취득하거나 제3자로 하여금 이를 취득하게 하여 본인에게 손해를 가한 때에도 전항과 같다."고 명시하고 있다. 배임죄의 구성요건을 명시한 이 규정은 배임죄의 주체를 '타인의 사무를 처리하는 자'에 국한하고, 배임행위가 성립되기 위해서는 '임무위배행위'가 존재해야 되며, 이 위배행위를 통하여 재산상의 이익을 취득하거나 취득하게 하여 본인에게 '손해를 가할 것' 을 요구하고 있다.

그런데 배임죄의 성립요건 중 행위주체인 '타인의 사무를 처리하는 자' 에 대해 대법원은 "양자 간의 신임관계에 기초를 두고 타인의 재산관리에 관한 사무를 대행하거나 타인 재산의 보전행위에 협력하는 자"[1]로 이해하고 있다. 이 후자의 경우는 배임죄의 주체범위를 매우 확장시킬 수 있다. 예컨대 부동산이중매도자가 부동산을 이중매매하는 과정에서 선순위 매수인으로부터 중도금만을 받고, 후순위 매수인에게 당해 부동산을 매도했다면, 대법원은 지속적으로 이 이중매매자를 타인재산의 보전을 위해 협력해야 하는 지위에 있는 자로 평가하여 오고 있다.[2] 학계의 다수입장도 이러한 대법원의 입장을 무비판적으로 추종하고 있다. 즉 대법원과 학계의 다수는 '타인의 사무를 처리하는 자' 를 타인의 재산보전에 협력하는 자인 '타인을 위해 자신의 사무를 처리한 자' 에까지 확대하고 있다.

게다가 대법원은 타인의 사무처리자의 '임무위배행위' 를 그자의 '배신행위' 로 이해하여, "배임죄에 있어서 임무위배행위라 함은 처리하는 사무의 내용, 성질 등 구체적 상황에 비추어 법령의 규정, 계약의 내용 또는 신의칙상 당연히 해야 될 기대행위에 부응하지 않음으로써 본인과의 신임관계를 저버리는 일체의 행위를 의미한다."고 판시하고 있다.[3] 임무위배행위를 배신행위에서 찾게 되면, 배임죄의 행위주체가 법령이나 사법상의 계약 등을 제대로 이행하지 않는 등 본인에 대한 배신행위를 하기만 하면 '배임죄의 임무에 위배되는 것' 으로 볼 수밖에 없게 된다. 학설도 대법원의 그와 같은 견해에 대부분이 수긍하고 있다. 배임죄의 본질을 이처럼 배신설에 구한다면, 모든 사법상의 계약 등의 위반행위자는 배임죄의 행위주체가 되고, 위반행위는 배신행위에 해당되어 배임죄를 구성하게 되는 결과를 야기할 수 있다. 이는 민사의 형사화를 촉진하는 셈인데, 이런 점에서 대법원의 견해가 타당한 것인지 의심하지 않을 수 없다.[4]

1) 대판 2003.9.26. 선고, 2003도763 판결.
2) 대판 1988.12.13. 선고, 88도750 판결.
3) 대판 2004.7.9. 선고, 2004도810 판결.

또한 대법원은 배임죄의 성립을 위해서 형법상 명시적으로 요구되는 "본인에게 손해를 가한 때"라는 문언에 대해 이를 손해를 가한 때뿐만 아니라 손해의 위험발생을 초래한 때까지 넓게 인정하고 있다.[5] 물론 손해를 가한 때의 의미를 실질적으로 이해하여 현실적 손해발생뿐만 아니라, 손해발생의 위험성이 손해의 발생과 동일한 정도의 현실적 위험성을 가졌다면 우리의 사회생활에서 이를 손해를 가한 때의 의미로 이해할 수 있음은 물론이다. 그러나 대법원은 배임죄와 관련하여 단순히 손해발생의 위험성 초래만 제기되어도 손해를 가한 때로 세기고 있다는 점에서, 손해의 개념을 확대 해석하여 죄형법정주의의 원칙을 이탈하고 있다는 인상을 지울 수 없다. 학계도 그 점에 있어서 예외가 아님을 자주 볼 수 있다.

배임죄의 고의에 관한 개념에서도 대법원은 형법상 명시된 문언에 따른 개념보다 확대해석하고 있다는 인상을 지우기 어렵다. 다만 대법원이 2004년 7월 22일에 선고한 경영상의 판단과 관련하여 기업의 경영자에게 배임죄의 고의개념을 종래와 달리 경영판단의 항변을 받아들여 매우 엄격하게 판단하고 있음은 환영할만한 것으로 평가된다.

배임죄는 오늘날 모든 문명국가에서 인정하고 있는 범죄가 아니다. 특히 고대와 중세시대에만 해도 배임죄를 고유한 범죄유형으로 고려한 국가가 거의 전무한 실정이었다. 즉 로마시대에도 배임죄에 과한 명시적 규정이 없었으며, 기껏해야 넓은 의미의 절도죄로 이해하고 있었을 뿐이었다. 다만 독일의 경우 강력한 중앙집권을 형성하지 못하고 각 지역마다 영주가 거의 독립된 국가체제를 형성하여 유지하던 중세기에 신하들로 하여금 영주에 대한 충성서약을 맺게 하고, 이를 배신한 경우 배신행위로 처벌되었다는 역사적 기록이 남아 있다.

배임죄가 재산범죄로 오늘날 형법전에 영향을 주게 된 것은 1851년의 프로이센의 형법전이며, 이 법률에서는 배임죄의 본질을 본인에 대한 신뢰관계의 배신

4) 다만 필자를 비롯하여 문형섭변호사가 대법원의 견해와 다른 입장을 보이고 있지만, 이에 관해 대법원은 물론이고 학계조차도 거의 관심을 기울리고 있지 않다.

5) 대판 2000.3.14. 선고, 99도4023 판결.

으로 보았다. 이를 기초로 하여 1870년에 제정된 독일 북부연방형법전은 배임죄의 범위를 확대하였으며, 이 규정은 북부동일연방의 맹주인 프로이센이 프랑스를 상대로 한 보불전쟁에서 이겼던 1871년에 독일제국형법전으로 전환되었다. 이 형법전은 독일과 불가침조약을 맺었던 일본의 1907년 형법전에 영향을 주었고, 이는 다시 1953년 9월 18일 제정된 한국형법의 근거가 되었다.

많은 국가에서 배임죄를 인정하지 않은 이유 중의 하나는 시민사회의 핵심적 원칙인 개인의 사적자치를 보장하기 위한 배려라고 보여 진다. 자본주의의 발전이 철저하게 진행되었던 미국의 경우 배임죄를 잘 알지 못한다.[6] 우리가 배임죄의 성립을 확대하면 할수록, 민사에 대한 형사법의 개입은 확대되어 민사의 형사화를 부채질하게 된다. 형법이 사회의 경제질서에 개입할 수 있는 원칙은 용납할 수 없을 정도의 경제질서의 혼란극복을 위해 사법 등 다른 법률에 의해 해결될 수 없을 때에 국한되어야 한다. 이를 무시하고 사적자치가 원칙인 사법의 영역에 형법의 해석을 통한 적극적 개입은 자제되어야 한다. 더구나 배임죄의 규정은 특히 개인의 사적자치를 보장하는 사법의 영역에 깊숙이 개입할 수 있는 법규정이라는 점에서 그 어느 형법조문보다 사적자치의 본질적 영역을 침해할 우려가 크다고 할 것이다. 그러므로 형사정책상 배임죄의 완화가 요구된다고 하더라도 배임죄에 대한 확대해석의 가능성은 반드시 회피되어야 할 것이다.

II. 배임죄의 본질로서 임무위배행위의 성질

배임죄의 본질을 논하는 실익은 배임죄에 대한 주체와 처벌의 범위를 어디까지로 보아야 하느냐를 결정하는 데에 있다. 배임죄의 본질에 관한 국내 학설의 방향은 오늘날 배신설과 사무처리의무위반설이 양분되어 주장되고 있다.[7] 그러나

6) 미국모범형법의 규정에도 전형적인 배임죄에 관한 규정이 없다. 이에 관해서는 법무부에서 발행한 "미국모범형법?형사소송법"(법무자료 제50집), 111-130쪽 참조.

배임죄의 본질은 전형적 재산범죄로서 '타인의 사무를 처리하는 배임행위자' 의 '임무위배행위를 통한 재산상의 손해야기' 에서 찾아야 할 것이다. 이런 점에서 여기서는 배임행위인 임무위배행위의 성질을 먼저 규명하고, 다음 장에서 행위주체의 범위를 그리고 나서 재산상 손해개념을 파악하고자 한다.

1. 배신설

배신설은 배임죄의 본질을 대내관계에서 신의성실의 의무에 대한 위배 내지 신임관계의 침해에 있다고 본다. 즉 대내의 신임관계에서 발생한 타인의 재산상의 이익을 보호할 의무를 침해하는 것에 배임죄의 본질이 있다는 것이다. 우리나라 학자의 대부분[8]도 배신설을 따르고 있다. 대법원도 역시 같은 입장으로[9] 대법원판례에 따르면, "배임죄에 있어서 임무위배행위라 함은 처리하는 사무의 내용, 성질 등 구체적 상황에 비추어 법령의 규정, 계약의 내용 또는 신의칙상 당연히 하여야 할 것으로 기대되는 행위를 하지 않거나 당연히 하지 않아야 할 것으로 기대되는 행위를 함으로써 본인과 신임관계를 저버리는 일체의 행위를 의미한다"고 한다. 이런 입장에 있는 학자들은 "형법이 배임죄를 횡령죄와 동일한 장에서 규정하고 있고, 또한 구성요건을 '권한을 남용하여' 로 하지 않고, '임무에 위배하여' 로 하고 있기 때문에 배신설이 형법상의 문언해석에 합치된다."고 본다. 이런 입장에서는 '임무의 위배' 를 '임무의 배신' 으로 새긴다. 따라서 배임죄의 행위주체는 법령이나 계약에 의해 또는 신의칙상 당연히 이행해야 할 기대행위의 불이행자이자 기대행위에 대한 배신을 하는 자로 파악하게 된다.

배임죄의 본질을 이처럼 배신설을 취하게 되면, 대내관계에 있는 모든 채무불이행자가 신의칙상 기대되는 채무이행행위를 배신하게 되어, 신의성실의 의무에

7) 문형섭, 배임죄에 관한 연구(박사학위논문), 33쪽 이하 참조; 허일태, 부동산이중매매와 배임죄, 『형사법연구』 제15호, 331쪽 참조.
8) 강구진, 형법각론, 372쪽; 김일수/서보학, 새로쓴 형법각론(제6판), 475쪽; 김종원, 형법각론, 226쪽; 박상기, 형법각론(제5판), 398-399쪽; 배종대, 형법각론(제5판), 504쪽 이하. 그러나 그는 법치국가차원에서 제한적으로 운용되어야 함을 강조한다; 이재상, 형법각론(제5판) 410-411쪽; 임웅, 형법각론(개정판), 440쪽.
9) 대판 2004.7.9. 선고, 2004도810; 대판 1995.12.22, 95도3013; 대판 1976.5.11, 75도2245.

위배하게 되므로 배임죄를 구성하게 된다는 결론이 나온다. 그런데 채무불이행은 민사상의 계약불이행에 불과한 행위일 뿐이다. 그럼에도 단순한 신의칙상 배신행위에 의해 타인에게 재산상의 손해를 야기하면 배임죄로 처벌된다면, 민사상의 문제를 형사화하는 결과를 초래하기 때문에 배신설을 취하는 견해는 적용범위를 다시금 대내의 신임관계에 제한하려는 노력을 전개하지 아니할 수 없다.[10]

그런데 신임관계를 제한하게 되면, 배신설의 본질이 훼손하게 되는데, 그 이유는 대내의 신임관계의 배신을 배임죄의 핵심으로 파악하는 견해가 합리적인 기준도 없이 채무불이행의 경우에는 대내적 신임관계의 배신을 배임죄로 볼 수 없다고 하고 있어, 배임죄의 본질을 통해 배임죄의 성격과 범위를 확정하려는 노력을 공허하게 하기 때문이다. 즉 대내적 신임관계의 배신을 배임죄의 본질로 본 입장은 다시금 어떠한 신임관계를 배신하느냐라는 문제를 남기게 되고, 그리고 그에 관한 일반적이고 보편적인 기준점을 제공할 수 없게 된다는 점에서 문제의 심각성을 지니고 있다.

게다가 우리 민법은 사적자치를 그 본질적 기본원리로 삼고 있는데, 모든 대내적 신임관계에 대한 위배 내지 배신행위를 형사처벌의 근거로 하게 되면, ① 민사상의 사적자치를 근본적으로 파괴하게 되어 사적자치가 공허하게 됨은 물론이고, ② 형법은 사회생활상 용납할 수 없는 태도나 행위 등을 최후의 수단인 형벌로 가한다는 의미에서 단편적 성격을 가져야 되는데, 사회생활상 다반사로 발생하는 사소한 배신행위에 대해서도 형벌의 개입을 자초하게 된다는 점에서 형법의 최후수단성 내지 형법의 단편성을 포기하게 된다.

2. 사무처리의무위반설

필자는 배임죄의 본질을 행위주체의 '사무처리의무위반'에서 찾아야 된다고 본다. 우리 형법상 배임죄의 주체는 '타인의 사무를 처리하는 자'라고만 명시되어 있어, 독일형법의 배신구성요건과 같이 '신뢰관계'를 요구하지 않고 있으

10) 이러한 제한의 필요성에 관해서는 배종대, 앞의 책, 504쪽.

며, '임무에 위배하는 행위' 라는 구성요건의 문언은 '배임행위' 라고 읽어야지 '배신행위' 라고 새겨야 할 아무런 근거도 없기 때문이다.[11] 또한 '임무' 라는 말의 의미는 '맡은 사무' 라는 뜻일 뿐, 그 용어 자체에 배신적 의미가 포함된 것은 아니다. 이에 따라 우리 형법규정의 문언으로 볼 때, 배임죄의 본질은 대내적 신임관계의 배신을 본질로 삼는 배신설을 당연한 전제로 하고 있다기보다는, 타인의 사무를 처리하는 자의 '사무처리의무위반' 에서 찾을 수 있다고 본다.[12]

여기서 사무처리의무위반이 법률상의 의무에 국한되어야 하는지, 아니면 사실상 맡은 임무를 포함하는지가 명백하지 않고, 만일 법률상의 의무에 국한한다면 독일에서 실정법상 인정되고 있는 권한남용설[13]과 다를 바가 없다는 비판을 가할 수 있다. 그러나 이 문제는 형법 제355조 제2항에서 말하는 '타인의 사무를 처리하는 자의 맡은 임무' 에 대한 형법상의 성격을 규명함으로써 해결될 수 있을 것이다.

형법상의 규범은 민법상의 규범을 가급적 이용하고 있지만, 그러나 전제하고 있지는 않는다. 예컨대 민법상으로는 간접점유를 인정하고 있지만, 형법상으로는 그러한 간접점유를 인정하지 않고, 현실적으로 점유하고 있느냐의 여부로 판단한다. 이는 비단 점유에 국한되는 것이 아니다. 소유권개념도 특정영역에서는 형법상 독자적인 소유권개념이 필요함에 대해서 필자가 이미 입증한 바 있다.[14]

---

11) 이에 관해 자세한 것은 문형섭, 앞의 논문, 33쪽 이하 참조.

12) 문형섭, 앞의 논문, 33쪽 참조. 그러나 그는 "배임죄의 본질에 관한 학설로는 (일본에서 일부 주장되고 있는) 의사내용결정설이 가장 그 핵심을 잘 설명하고 있다고 생각한다" 고 적고 있다. 그가 주장하는 의사내용결정설의 핵심적 내용은 다음과 같다. "재산처분에 관하여 의사내용결정이 허락된 자" 를 타인의 사무를 처리하는 자로 보는 견해이다. 이 견해에 관해 자세한 것은 문형섭, 배임죄의 본질과 주체범위에 관한 반성적 고찰, 『무등춘추』, 제6호, 273쪽 이하 참조.

13) 이 학설은 배임죄의 본질을 법적 대리권의 남용행위에 있다고 본다. 즉 배임죄는 대외관계에서 대리권을 가진 자가 그 대외적 권한을 행사함에 있어서 대내적 의무를 위배한 경우에 성립된다는 것이다. 이에 따라 배임행위는 대리권을 전제로 하며, 법률행위에 국한하게 된다. 그 결과 대리권이 없는 법률행위나 순수한 사실행위는 배임죄를 성립할 수 없게 된다. 따라서 권한남용설에 의하면 배임죄의 범위가 배신설과는 달리 확대될 위험이 없다는 점에서 큰 장점을 갖는다. 그러나 배임죄를 대리권 있는 자의 법률행위에 국한하게 되면, 배임죄의 성립여부는 법률행위에 대해서만 가능하고, 사실행위에 의한 배임행위는 불가능하게 될 뿐만 아니라, 형법은 독자적인 판단기준에 따라 보호법익을 일정한 방식으로 사실상 침해하는 행위에 대해 가벌성을 인정해야 한다는 원칙을 무시하게 된다(Karl Binding, Lehrbuch des gemeinen deutschen Strafrechts, BT. Bd 1. 2.Aufl. S. 306).

그러므로 형법상 사용되고 있는 용어는 특별한 사정이 없는 경우 자신의 독자적 기준에 의해 판단되고 있고 또한 판단되어야 한다. 이런 점에서 타인의 사무를 처리하는 자가 그 임무에 위배되는 행위로서 형법상 보호하고자 하는 법익을 침해하였다면, 그 임무에 위배되는 행위의무는 현실적으로 존재하면 되는 것이지, 반드시 법률행위에 의해 발생된 의무에 국한할 필요가 없다고 보여 진다. 따라서 사무처리의무위반에서 말하는 '의무'는 법률상의 의무뿐만 아니라, 신임관계에서 현실적으로 맡은 임무도 포함된다고 해야 할 것이다.

III. 배임죄의 주체로서 타인의 사무를 처리하는 자

타인의 사무를 처리하는 자의 범위에 대해 판례는 "신임관계에 기초를 두고 타인의 재산관리를 대행하는 경우"와 "상대방의 재산보전에 협력할 의무가 있는 경우"로 구분함을 위에서 보았다. 배신설을 주장하고 있는 학설의 입장에서 볼 때에도 이러한 구별은 가능하다고 할 수 있다. 왜냐하면 선의성실의 원칙에 반하여 타인의 재산보전에 협력해줄 의무를 저버리고 부동산을 이중매매한 자도 신임관계를 배신하였기 때문이다. 그러나 배임죄의 본질이 단순한 채무불이행 정도가 아니라, 본인의 재산보호를 신임관계의 전형적 본질적 내용이 되는 주된 의무로 파악하는 입장[15)]이나 판례의 결론은 형법 제355조 제2항에서 명시한 '타인의 사무처리'를 타인의 재산보전협력의무와 동일시 할 수 있는지는 의문이 아닐 수 없다.

---

14) 허일태, 위탁금전과 형법상 소유권개념, 『비교형사법연구』, 제5권 제1호, 265쪽 이하 참조.
15) 특히 이재상, 형법각론(제3판), 388쪽.

1. 타인의 사무처리

배임죄의 주체가 되는 타인의 사무를 처리하는 자라고 하기 위해서는 그가 처리하는 사무가 법문에 명시된 바와 같이 문자 그대로 '타인의 사무' 여야 한다. 타인의 사무라는 것은 '타인을 위한 사무' 와는 구별된다. 따라서 타인을 위한 사무라고 하더라도 그 사무가 행위자 '자신의 사무' 이면 그 사무의 주체는 배임죄의 주체가 될 수 없다. 그럼에도 불구하고 판례나 학설은 '타인의 사무' 의 의미를 법문에 명시된 의미보다 확대하여, '타인을 위한 사무' 까지도 포함하는 것으로 해석하고 있다. 판례나 학설에서 이러한 해석이 가능한 것은 물론 배신설의 입장에서 보기 때문이다. 그러나 위에서 언급한 바와 같이 우리 형법은 법문에서 배신설을 취한다는 명시적 규정이 있는 것도 아니고, 또한 배신설을 취할 때 채무이행업무는 채권자인 타인을 위한 사무임이 분명함에도 채무불이행시에는 배임죄가 성립될 수 없다고 하는 것이 되어 논리적으로 모순이다. 물론 채무불이행은 타인을 위한 사무이긴 하지만, 자신의 사무라고 강변하면 사정이 달라진다. 판례는 부동산등기의 이전을 위한 협력의무를 매수인의 소유권취득을 '위해' 부담하는 타인의 사무라고 강변한다.[16)]

이처럼 '타인의 사무' 를 '타인을 위한 사무' 라고 해석하게 되면, '타인의 사무' 라는 문맥은 '타인을 위한 사무' 라는 뜻으로 확대하게 되어 배임죄의 적용범위는 근본적으로 넓어지는데, 법문에 규율된 어의 내지 문맥의 한계를 넘어서 유추 내지 확대 해석하는 것이 죄형법정주의를 형법상 제1원칙으로 하고 있는 우리 현실에서 허용될만한 것일까? 대법원은 일관되게 형벌법규에 대한 유추 내지 확대해석은 죄형법정주의의 원칙에 위배되므로 허용될 수 없다[17)]고 하여 왔다.

이러한 문제점을 인식해서인지 학설과 판례는 타인을 위한 사무의 범위를 제한하려고 한다. 예컨대 타인의 사무를 '타인의 재산적 이익에 본질적으로 연결되

---

16) 대판 1985.11.26, 선고, 85도1493 판결 참조.

17) 대판 1999.10.12, 선고, 99도2309; 대판 1999.108, 선고, 99도2437; 대판 1997.7.16, 선고, 97도985 참조.

는 사무'[18]라든지, '타인의 재산보호가 신임관계의 전형적 · 본질적인 내용이어야 한다' 고 보고 있다. 즉 단지 부수적인 의무를 위반하는 것만으로는 배임죄의 성립을 부정하여야 한다[19]는 학설과 "양자 간의 신임관계에 기초를 둔 타인의 재산보호 내지 관리의무가 있음을 그 본질적 내용으로 하는 경우라 할 것"[20] 이라는 판례를 통해서 이러한 사무의 범위에 대하여 제한을 가할 수 있음을 볼 수 있다.

2. 부동산이중매도인의 경우

타인의 사무를 처리하는 자가 구체적으로 어떠한 자인가에 대해 판례는 "양자 간의 신임관계에 기초를 두고 타인의 재산관리에 관한 사무를 대행하는 경우, … 등기협력의무와 같이 매매 · 담보권설정 등 자기의 거래를 완성하기 위한 자기의 사무인 동시에 상대방의 재산보전에 협력할 의무가 있는 경우"를 말한다고 한다. 즉 형법상 타인의 사무처리가 되려면 판례는 타인의 재산관리사무를 대항하는 경우와 재산보전협력의무가 있는 경우 등 두 가지를 들고 있다.

1) 등기이전협력의무

매도인의 등기이전협력의무는 매수인으로부터 잔금을 지급 받은 후에야 발생한다. 계약금일 때는 물론이고, 중도금까지만 지급 받아도 아직 매도인의 매수인에 대한 등기이전협력의무는 발생하지 않는다. 단지 등기이전협력의무를 기대할 수 있는 기대권 정도는 가능할 수 있을 뿐이다.

또한 매도인이 매수인으로부터 잔금을 전액 지급 받은 경우에도, 매도인의 매수인에게 대한 등기이전협력의무는 기본적으로 매도인 자신의 사무이지, 매수인의 본질적 사무라고는 할 수 없다. 배신설을 주장하는 학자들은 배임죄가 재산범죄인 까닭에 타인의 재산상의 이익과 주요한 부분에서 연관성을 가져야 한다

---

18) 김일수/서보학, 앞의 책, 482쪽.
19) 박재윤/이회창 편, 주석형법각칙(3), 552쪽.
20) 대판 1990.5.8, 선고, 89도1524; 대판 1987.4.28, 선고, 86도2490.

고 하는데, 그렇다면 채무불이행도 역시 그런 면에서는 주요한 연관성을 갖고 있음에도 불구하고, 배임죄의 성립을 부정해야 될 합리적인 근거를 제시하지는 못하다.

2) 등기이전협력의무와 타인의 사무를 처리하는 자의 지위와의 동일성

매도인의 선순위 매수인에 대한 등기이전협력의무는 우리의 언어관행으로 볼 때 타인을 위한 사무는 될 수 있을지언정 타인의 사무와 동일시된다고 보기는 어렵다. 부동산이중매매에 관해 학자로서는 처음으로 판례의 이론적 근거를 제공한 고 강구진 교수도 "타인의 사무가 되려면, 사무처리자가 원래 타인, 즉 본인이 처리하여야 할 사무를 대신하여 처리한다는 관계가 아닌 한, 타인의 사무라고 할 수는 없다"[21]고 파악하고 있다. 타인의 사무를 이렇게 이해한다면, 등기이전을 협력할 의무는 본인을 위하여 처리해야 될 사무는 될 수 있어도 본인이 처리해야 할 사무는 아니기 때문에, 등기이전협력의무는 타인의 사무와 무조건 동일시 할 수 없는 것이다. 그럼에도 불구하고 그는 등기이전협력의무를 본인이 처리하여야 할 사무를 대신 처리한다는 관계로 보아 타인의 사무와 동일시하고 있고 있는데, 이러한 견해는 논리의 모순이 아닐 수 없다.

3. 동산에 대한 이중의 양도담보설정자의 경우

대법원은 부동산의 경우와 다르게 점유개정에 의한 방식으로 동산에 대한 이중담보설정행위자에 대해서는 배임죄의 행위주체인 타인의 사무를 처리하는 자로 인정하지 않는다.[22] 판례는 그 이유를 이중담보설정자는 2차로 설정한 설정계약을 체결한 채권자에 대해 무권리자가 되고, 또한 이 채권자는 점유개정의 방식으로 소유권을 이전하였으므로 현실적 점유가 없어 선의취득이 인정되지 않기

21) 강구진, 앞의 책, 374쪽.

22) 대판 2004.6.25. 선고 2004도1751 판결.

때문이라고 한다.

배신설의 관점에서 볼 때 대법원의 이러한 견해는 수긍하기 힘들다. 왜냐하면 형법상 행위주체는 각 범죄의 개별구성요건에 해당할 수 있는 범죄행위능력자이면 족한 것이고, 2차의 양도담보를 설정한 채무자는 신임관계에 있는 2차의 양도담보설정계약을 체결한 채권자에 대해 배신행위를 감행하였으므로 배임죄의 행위주체가 될 수 있다고 하는 것이 논리적이기 때문이다. 더구나 2차의 담보채권자가 채무자나 담보된 동산에 대해 법률상 어떤 권리가 존재하느냐의 여부는 배임죄의 행위주체와는 아무런 관련이 없다. 배신설과 모순된 대법원의 이와 같은 판결은 배임죄의 주체를 타인의 사무처리자에 국한하지 않고, 합리적 정당성이나 법적 근거도 없이 타인재산의 보전에 협력하는 자에까지 확대한 필연적 결과라고 보여 진다. 등기이전협력의무만이 타인재산의 보전에 협력해야 할 의무에 국한될 하등의 이유가 없기 때문이다.

점유개정에 의한 이중의 양도담보의 경우 사무처리의무위반설을 따르게 되면 이중양도담보설정자는 배임죄의 행위주체가 될 수 없음은 물론이다. 왜냐하면 이중양도설정자는 자신의 사무를 처리한 자일뿐이지, 결코 타인의 사무처리자일 수 없기 때문이다. 이런 점에서 점유개정에 의한 동산의 이중매매는 경우에 따라 횡령죄가 가능한가를 살펴 볼 필요가 있어 보인다.

횡령죄의 주체는 배임죄와는 달리 타인의 재물을 보관하는 자이다. 동산에 대하여 양도담보권자는 소유권을 취득하는 것이고, 다만 그 담보목적물의 한계를 넘어선 권리행사를 할 수 없는 지위에 있다. 점유개정에 의한 동산의 이중양도담보의 경우에도 이중양도담보설정자는 어디까지나 타인의 동산을 자의적으로 처분할 수 없음에도 불구하고 자신이 보관한 타인의 재물을 제3자에게 처분하였다는 점을 주목해야 한다. 대법원이 이른바 신탁적 소유권이전설에 따라 이 문제를 해결한다고 해도, 제1차 양도담보에 의해 이전된 동산의 소유권은 외부적으로 양도담보권자에게 있으며, 내부적으로도 그 설정자는 그 동산에 대한 처분권한을 본질적으로 제한 받게 된다. 소유권의 본질을 사용 · 수익 · 처분할 수 있는 소유자의 권리에서 찾는다면, 점유개정에 의한 이중양도담보설정자는 제1차 양도담보권자에 대해 내부적으로도 제한된 권한밖에 없다. 이런 제한된 권한을 대법원이 무조건 소유권으로 이해하는 것은 무리라고 사료되며, 따라서 외부적으로 양도담보설정권자가 보관 내지 신탁하고 있는 동산을 제3자에게 처분하였다면, 횡령죄의 성립여부를 따져볼 필요성이 있는 것이다. 즉 이미 소유권이 타인에게 넘어간 동산의 경우, 점유개정으로 그 동산을 점유하고 있는 상황에서 그 동산을 타인에게 점유개정에 의한 담보설정을 하여 소유권자에게 손해를 야기했다면, 행위자는 실재 점유하고 있는 타인의 재물에 대한 횡령죄를 구성할 수도 있어 보인다.[23]

4. 법인과 법인의 기관의 경우

대법원은 법인이 부동산을 이중매매한 경우, 법인에 대해서는 행위주체가 될 수 없고, 그 법인을 대표하여 실행하는 기관이 배임죄의 주체가 될 수 있음을 전원합의체에 의해 확인하였다. 즉 "법인은 사법상의 의무주체가 될 뿐 범죄능력이 없는 것이며, 그 타인의 사무는 법인을 대표하는 자연인인 대표기관의 의사결정에 따른 대표행위에 의해 실현될 수밖에 없어 그 대표기관은 마땅히 법인이 타인에 대하여 부담하고 있는 의무를 지는 타인의 사무에 관하여는 배임죄의 주체가 될 수 없고, 그 법인을 대표하여 사무를 처리하는 자연인인 대표기관이 바로 타인의 사무를 처리하는 자, 즉 배임죄의 주체가 되는 것이라고 새겨야"[24] 한다는 것이다.

1) 다수의견의 논거와 비판

다수의견의 핵심은 ① 법인에게 범죄능력이 없고, ② 법인 자신이 처리해야 할 타인의 사무는 법인을 대표하는 자연인인 대표기관의 의사결정에 따른 대표행위에 의하여 실현될 수밖에 없으며, ③ 법인의 대표기관은 마땅히 법인이 타인

23) 같은 취지로 김일수/서보학, 앞의 책, 485쪽.
24) 대판 1984.10.10. 선고, 82도2529 전원합의체 판결의 다수의견.

에 대하여 부담하고 있는 의무내용대로 사무를 처리할 의무가 있다는 것이다.[25)]

여기서 문제가 되는 것은 세 번째의 논점과 관련하여 법인의 대표기관이 어떠한 법적 근거에서 법인이 타인을 위하여 사무를 처리하는 자의 지위에 서게 되는가에 대해 다수의견은 아무런 설시를 하고 있지 않다.

이점에 관해 대법원의 소수의견은 "법인이 타인에 대하여 부담하고 있는 의무내용대로 사무를 처리할 임무가 있다는 바로 그 임무는 다수의견의 표현 그대로 이는 법인에 대하여 부담하는 임무이지 법인의 대표기관이 직접 타인에 대한 배임죄가 성립한다고는 할 수 없다"[26)]고 지적하고 있다. 타당한 지적이다. 대법원의 다수의견이 대표이사가 타인에 대하여 직접 '법인이 타인에 대하여 부담하고 있는 의무내용대로 사무를 처리할 의무' 를 부과하는 취지였다면 다수의견은 이 점에 대해 법적 근거를 명백히 밝혀야 하는데, 이를 간과하고 법인의 대표기관에 대해 법인을 대신하여 배임죄를 인정한 것은 논리비약이다.

이에 관해 신동운 교수는 다수의견에 대한 문제점을 지적함과 아울러 배임죄에 대한 입법례에 관한 역사성과 독일과의 비교법적 검토를 거쳐 우리 형법상의 배임죄규정의 특수성과 형사정책적 필요성을 강조하여 다수의견의 결론에 찬성하고 있다.[27)]

2) 사견

그러나 우리 형법전이 법인의 형사책임을 독자적으로 인정하고 있지 않고, 또한 독일 형법 제14조와 같이 법인의 기관이나 대리인 등에 대하여 형사처벌을 인정하는 특별한 규정을 두고 있지 아니한 상태에서 법인과 대표기관사이의 특수한 사정과 이를 바탕으로 하는 사회일반인의 깊은 신뢰관계가 존재한다고 해서 법인을 법인의 기관과 동일시하여 법인에 대한 형사책임을 기관에 의한 형사

---

25) 신동운교수가 지적한 방식을 여기서 그대로 원용하였다. 신동운, 회사의 대표기관에 대한 형사책임과 배임죄, 『상사판례연구』(편집대표 최기원) 제1권, 526쪽 참조.

26) 대판 1984.10.10. 선고, 82도2529 전원합의체 판결의 소수의견

27) 신동운, 앞의 논문, 538쪽.

책임으로 확장하는 태도는 바람직하지 않는 것이다. 형법의 해석을 통하여 사법질서, 특히 사인의 사적자치가 통용되는 경제질서에 대한 형벌의 확장은 민사에 대한 형사화의 폐단을 야기하기 때문에 가급적 회피해야 한다.

더구나 부동산이중매매의 행위주체가 사적자치를 원칙으로 하는 우리의 사법체계에서 배임죄의 행위주체의 범위를 부당하게 확대하는 사고방식은 잘못된 것임을 이미 위에서 언급한 바 있다. 즉 배임죄의 주체는 타인의 사무를 처리한 자로 국한되어야지, 타인을 위한 자기사무를 처리한 자에게까지 확대할 수 없기 때문이다. 그럼에도 배임죄의 주체를 이중매매 시에 타인의 사무를 처리한 자라고 볼 수 없는 법인에까지 확대하고, 또한 법인을 대신한 대표기관에까지 배임죄의 주체범위를 다시금 이중으로 확장하는 태도는 형법의 해석론으로서는 도저히 받아들이기 어렵다. 오직 입법론에 의해 해결해야 할 문제를 형사정책적 필요성에 의해 확대 해석하는 것은 매우 부적절한 것으로 판단된다.

IV. '재산상의 손해'와 손해발생의 위험

1. 대법원의 입장과 문제점

형법 제355조 제2항에 의거한 배임죄가 성립되려면, 명시적 규정에 따라 '이익을 취득하여' 본인에게 '손해를 가한 때'에 해당되어야 한다. 이는 배임죄의 경우 임무에 위배되는 행위로 인하여 본인에게 재산상 손해가 발생하여야 함을 보여준 것이다. 여기서 재산상 손해는 형법에 의해 재산으로 인정하고 보호하는 재물이나 재산적 가치를 배임행위로 상실함을 의미한다고 해야 할 것이다.

이처럼 배임죄에서 손해의 개념에 관한 형법의 규정은 재산상 손해라고 보는데 반해, 대법원은 일관되게 "현실적 손해를 가한 경우뿐만 아니라, 실해발생의 위험을 초래한 경우도 포함된다."는 입장을 취한다. 대법원은 형법상 명시된 '손해를 가한 때' 의 개념에 손해(실해)발생의 위험초래까지 포함시킬 수 있는 근거를 그간의 대법원 판례를 종합하여 검토하여 보면, 다음과 제시하였다고 보여진다. ① 배임죄는 침해범이 아니고, 위태범이라는 점, ② 배임죄에 있어서 재산의 개념[28]은 개인에 속한 경제적 가치의 총체라는 관점이다. 즉 재산감소뿐만 아니라 단순한 재산악화도 재산상 손해의 개념에 포함된다는 입장이다.

그러나 첫째로 대법원이 배임죄의 성질을 위태범으로 파악하게 되면, 배임죄가 미수범을 처벌하고 있는 현실에서 미수범이 설 땅을 잃게 만드는 우를 범하게 된다. 우리의 대법원 판결을 통해 그 점을 극명하게 볼 수 있다.

> "피고인은 제1차 매수인인 피해자로부터 계약금 및 중도금 명목의 금원을 교부받고 나서 제2차 매수인인 심0목에게 위 부동산을 매도하기로 하고 심0목으로부터 계약금을 지급받은 뒤 더 이상의 계약 이행이 이루어지지 않은 것으로 보이는 바, 부동산 이중양도에 있어서 매도인이 제2차 매수인으로부터 계약금만을 지급받고 중도금을 수령한 바 없다면 배임죄의 실행의 착수가 있었다고 볼 수 없다."[29]

둘째로 배신설의 입장에서 배임죄의 본질을 보고 있는 대법원은 배임죄의 성립을 매우 완화하고 있는데다가 재산상 손해의 개념을 손해의 발생위험초래까지 포함하는 것으로 이해하여 의도적으로 배임죄의 성립범위를 확대하게 된다. 즉 이렇게 되면 재산의 감소를 손해와 동일시할 수 있기 때문에 경제적 가치의 총체 내지 이익 개념은 그 범위가 지나치게 확장될 위험에 빠질 수 있다.

28) 우리의 경제생활도 결국 법규범의 범위 내에서 영위되는 것이므로, 재산은 우리 사회의 경제생활을 규율하고 있는 법규범에 의해 재산으로 인정되는 재물에 한정해야 한다.
29) 배임죄의 실행착수에 관해 대판 2003.3.25. 선고, 2002도 7134 판결.

2. 손해의 개념

1) 배임죄의 법적 성질로서 위태범인가의 여부

위태범이란 구성요건상의 행위객체에 대한 현실적 가치상실을 요구하는 침해범과 다르게 이런 가치상실을 요구하지는 않지만, 구성요건에서 전제하고 있는 행위객체에 대한 위험상태의 초래를 요구한다. 그러므로 배임죄를 위태범으로 파악한다면, 대법원처럼 재산상 권리의 실행을 불가능하게 할 염려가 있는 상태 또는 손해발생의 위험이 있으면 재산상 손해가 된다고 한다.

그러나 배임죄를 위태범으로 인정하는 문제에 대해서는 여러 가지 의문이 남는다. 이는 무엇보다 법률의 명시적 규정에 반한다. 즉 형법 제355조 제2항에 의거한 배임죄가 성립되기 위하여서는 '이익을 취득하여' '손해를 가한 때' 라고 명시되어 있을 뿐만 아니라, 형법 제359조는 배임죄의 미수범을 처벌하고 있다. 그리고 배임행위가 기수범이 되려면, 통상적으로 타인의 사무를 처리하는 자가 배임행위를 하여 본인에게 손해를 가하고, 이를 통하여 이득을 취하는 순서로 진행되는데, 여기서 손해를 가하여 이득을 취한다는 의미는 통상적으로 손해의 발생을 뜻하지 손해의 위험을 의미하지 않는다. 이익취득은 손해를 가해야 가능하므로, 손해를 초래할 의 위험만으로 곧바로 이익취득이 이루어지는 것이 아니기 때문이다. 손해발생의 위험초래는 이익취득의 가능성을 초래할 뿐이다.

더욱이 배임죄의 미수범은 기수범과 달리 배임행위에 착수하면 족하고, 여기서 배임행위의 실행착수란 타인의 사무처리이행의무를 부담하는 자가 그 타인에게 손해를 가할 수 있는 배임행위를 착수하는 것으로 이해될 때, 단순한 재산상의 손해발생위험으로 배임죄의 기수범으로 파악하는 것은 배임죄의 미수범을 두는 이유를 박탈하는 결과를 낳게 한다.

2) 손해발생과 손해발생의 위험의 구별필요성

'손해발생' 과 '손해발생의 위험' 은 명확히 구별하여야 한다. 대법원과 같이 경제적 재산개념설에 따르면서 '손해발생의 위험' 이 '손해' 에 포함된다는 견해는 이 두 개념을 사실상 동일시하는 것이다. 오늘날 우리 사회가 신용경제사회이고 경제거래상 위험은 항상 수반되고 있다는 점에서 손해발생과 손해발생의 위험을 동일시한다면, 거래의 실제와 부합하지 않을 경우가 적지 않을 뿐만 아니라, 배임죄의 성립범위를 부당하게 확장하는 우를 범하게 된다.[30)]

손해발생과 손해발생의 위험을 동일시하는 대법원 견해의 밑바탕에는 아마도 손해발생의 위험을 손해발생으로 파악하지 않는다면, 배임행위를 한 후에 손해를 보전하는 경우에 있어서 기수범으로 처벌할 수 없게 되는 부당한 결과를 초래할 수 있다는 사고가 깔려있다. 그러나 이런 부당한 결과가 초래되기 위해서는 손해의 개념을 법률적 평가에 따를 때만 가능한 것이다. 대법원이 손해의 개념을 경제적 평가에 의해 재산상 손해여부를 판단하고 있기 때문에, 손해의 개념을 손해발생의 위험으로까지 확대하는 것은 부당한 결과의 초래를 막겠다는 기우에 불과하다 할 것이다.

따라서 손해의 발생은 손해발생의 위험초래와 결코 동일시할 수는 없다.[31)] 다만 손해발생의 위험이 손해발생과 동등한 정도의 위험을 초래하였다면, 그것은 손해발생으로 파악해도 무방하리라고 본다.[32)] 왜냐하면 배임죄는 어디까지나 재산범죄이며, 임무위배행위를 통하여 재산상 손해를 가한 경우에 성립하게 함으로써 재산상의 이익을 보호하는 데에 있으므로, 배임행위자가 그 피해자에게 현실적으로 경제적 손해를 발생케 했거나 현실적 손해와 동일시 평가될 수 있는 손해의 위험을 야기케 했다면, 현실의 거래관행에서 손해를 인정할 수 있기 때문이다. 예컨대 조합의 전무가 근저당권이 설정되어 있는 부동산을 그 소멸에 관한 아무런 조치도 없이 시가를 다 주고 매수한 경우[33)]에 대하여 법률적 관점에서 보면

30) 문형섭, 배임죄에서 '재산상 손해', 『무등춘추』 제7호, 145쪽 이하 참조.

31) 일본 판례도 손해의 개념에 실해발생의 위험을 포함하여왔으나, 일본 최고재판소는 "재산상 손해를 가한다는 것은 경제적 견지에서 본인의 재산상태를 평가하여 피고인의 행위에 의하여 재산의 가치가 감소하거나 증가할 가치가 증가하지 않았을 때" 라고 하여 그 취지를 명확히 하였다.

32) 안경옥, 배임죄에 있어서 손해의 산정과 기수시기, 『박재윤교수 정년기념논문집』, 274쪽 이하 참조.

33) 대판 1973.11.13. 선고 72도1366 판결.

단순히 재산상 손해발생의 위험이 생겼을 뿐, 아직 손해발생이 야기되지 아니하였다. 그러나 경제적 관점에서 보면 현실적 손해가 난 것으로 보아야 할 것이다.[34)]

따라서 재산상 채무부담이나, 채무변제능력을 상실한 자을 위한 지급보증[35)] 또는 채권자의 담보상실 등은 경제적 관점에서 볼 때, 현실적 손해라고 평가하여도 타당할 것이다. 그러나 법률상 무효인 배임행위의 경우에는 일반적으로 타인의 재산에 아무런 손해를 끼치는 결과를 야기하지 않는다. 다만 임무위배행위가 법률상 무효이더라도 사실상 재산상 손해를 초래하는 경우가 있다. 예컨대 학교법인의 이사장이 이사회의 결의를 거치지 아니하고 관할관청의 허가도 받음이 없이 학교법인 명의로 약속어음을 발행한 사안에서 "그 행위는 법률상 무효라고 하더라도 위와 같은 행위로 인하여 학교법인은 '민법 제35조 제1항에 의한 책임'을 부담할 수 있으므로 재산상 손해가 인정된다."[36)]고 하였다. 이에 대한 근거는 당해 임무행위는 무효이나 국가배상법이나 민법에 의한 채무부담의 가능성에 두고 있기 때문이다. 그런데 법률적으로나 경제적으로도 이와 같은 실질적인 손해의 결과가 발생하지 않은 때에도 손해를 인정한 판례가 몇 가지 있다.

또한 불량대출의 경우는 일반적으로 손해를 발생시킨다고 해야 할 것이다. 그러나 형식적인 관점에서 불량대출이라고 하더라도 사실상 경제적 손해가 발생하지 않았을 뿐만 아니라 손해의 발생의 초래위험성도 없는 경우가 존재할 수 있다. 이런 경우에는 결코 손해를 가한 때로 해석할 수 없음에도 불구하고 판례는 이를 인정하고 있음을 볼 수 있다.

3) 법률상 무효인 배임행위와 불량대출의 경우

법률상 무효인 배임행위 중에서 하나의 예를 든다면, 신용금고의 대표이사가 허위로 예금이 입금된 것처럼 업무처리를 마친 다음 예금통장을 명의자에게 교부한 경우, 그 허위의 예금액을 초과하는 금액이 예치된 제3자 명의의 예금통장과

34) 문형섭, 배임죄에서의 '재산상 손해', 『무등춘추』 제7호, 147쪽.
35) 대판 2004.6.24. 선고 2004도520 판결.
36) 대판 1995.12.22. 선고, 94도3013 판결.

도장을 보관 받아 그 예금을 인출하여 허위의 예금통장에 입금할 수 있도록 되어 있었던 사안에 대하여 신용금고와 허위의 예금명의자들 간에 민사상 예금계약이 적법하게 체결된 것이 아니어서 신용금고에 "예금반환채무가 발생한 것은 아니라고 하더라도" 그 허위의 예금은 언제든지 인출될 수 있는 상태에 있게 됨으로써 재산상 실해발생의 위험을 초래하였다[37]고 대법원은 판시하였다. 이 사안에서 볼 수 있는 것처럼 비록 허위의 예금이지만 제3자 명의의 예금이 존재하고 있는 한에서 손해는 발생하지 않을 것이므로, 그것이 인출됨으로써 입을 손해의 위험은 손해의 결과가 아니다. 단순히 재산상태를 악화시킬 위험에 불과한 것이다. 그럼에도 불구하고 판례는 이를 재산상 손해로 인정하는 것은 지나치다 할 것이다.

불량대출에 관한 대법원의 2000.12.8. 선고, 99도3388 판결의 경우, 피고인은 경제적 손실을 발생하였다고 보여 지지 않는다.[38] 다만 경제적 손실의 발생위험이 있었을 뿐이다. 그러나 매달 꼬박 1.5%의 이자를 현실적으로 지급 받았을 뿐만 아니라, 이는 거래의 현실에서의 은행이자보다 훨씬 높은 것이며, 채무이행을 해야 할 필요성이 제기되자 곧바로 원금을 완납 받았음을 볼 수 있다. 이처럼 현실적인 손해의 발생이 없고 사실상 본인에게 이익을 가져왔으며, 다만 손해의 위험초래만 존재한 경우에도 판례가 형법상 명시된 "손해를 가한 때"의 개념을 확대 해석

37) 대판 1996.9.6. 선고, 96도1606 판결.

38) 이 사건 공소사실의 요지: 재단법인 불교방송의 이사장직무대리인인 피고인은 1983년 6월경부터 현재까지 부천시에 있는 사찰 주지로 근무하여 왔는데, 1996년 1월경부터는 공소외 재단법인상임이사로 재직하여 오면서 1997. 4. 4.경부터 같은 해 11월 중순경까지 위 법인 이사장직무대리로서 위 법인의 업무일체를 총괄하여 오던 자인바, 1997. 4. 25.경 위 사찰의 신도로서 평소 알고 지내던 공소외 이0오가 자금압박을 받고 있고 은행대출에 필요한 제반조건을 갖추지 못하여 대출을 받는 데 어려움이 있다는 사정을 알고 있던 중, 같은 해 5월 1일경 서울 마포동에 있는 위 재단 사무국 사무실에서 재단법인 산하 방송사사장직무대리로 있던 공소외1을 통하여 전국의 신도들로 구성된 방송프로그램후원회로부터 적립금 2억여원을 전달받아 같은 달 2일 위 재단 사무국 수시자금 거래통장에 입금시켰는데, 법인재산은 정관의 규정이나 이사회의 결의에 따라 관리, 운영하여야 하고 위 법인의 목적에 비추어 정당한 사유가 없는 한 정당한 대가 없이 법인의 재산을 대여하거나 사용하게 하여서는 아니됨에도 이0오에게 정당한 사유 없이 금원을 대여해 주기로 마음먹고, 그(이0오)로부터 시가 6억원 상당의 부동산에 관한 근저당권설정서류를 교부받았지만 이사회의 의결이나 승인을 받지 아니한 채 같은 달 2일 위 재단 회계담당자 공소외2를 통하여 위 통장에서 금 2억 원을 인출한 후 위 이0오에게 단기대여 명목으로 송금하였고, 이 사건 금원을 대여하면서 대여일로부터 반환일까지 월 1푼 5리의 비율에 의한 이자(시중금리보다 훨씬 높은 이자)를 위 법인의 통장에 차질 없이 송금받았으며 사후에 이 사건 대여행위가 문제되자 한 달 후 위 이0오가 이를 전액 위 법인에 반환하였다.

하여 손해의 위험발생으로까지 해석하는 것은 죄형법정주의의 원칙에 충실하지 못한 것으로 비난받아야 될 것이다.

V. 결론

배임죄가 사법의 사적자치와 밀접하게 관련을 갖는 범죄라는 점에서, 타인의 사무처리를 이행해야 하는 배임행위자가 그 임무에 위배되는 행위로서 재산상 손해를 가하려는 의도를 가질 경우에 국한해서 배임죄의 가벌성을 인정할 수 있어야 한다. 그럼에도 대법원은 배임죄의 주체를 법문에 명시된 어의의 범위를 넘어서 지나치게 확대하여 온 결과, 임무위배행위도 본인에 대한 임무이행자의 일체의 불신행위, 즉 배신행위가 존재하면 족하다고 함으로써 배임행위의 범위를 넓히고 있다. 게다가 배임죄의 성격이 배임죄의 성립요건에서 볼 때, 재산범죄로서 그 불법성이 타인의 미수범을 인정하고 있는 데도 이를 위태범으로 파악하여 경우에 따라 미수범의 성립을 불가능하게 하였다.

더구나 대법원은 배임죄에서 재산상 손해개념을 법률적 재산권에 따르지 아니하고 경제적 재산권설에 따르면서도 형법상 명시된 손해를 가한 때의 어의범위를 넘어 경제적으로 재산상 손해가 없는 경우에도 재산상 손해발생의 위험을 초래한 경우도 재산상 손해라고 이해하여, 재산상 손해의 개념을 확대 해석하고 있다.

대법원은 기회가 있을 때마다 죄형법정주의를 천명하고, 형법의 단편성과 최후수단성을 잊지 않고 있다. 그럼에도 사적자치를 무엇보다 중시하는 사법의 영역을 위태롭게 하는 배임죄의 성립에 대해서는 형법상 준수해야 죄형법정주의의 기본원칙 등을 저버리고 오히려 확대 해석하는 방식을 통하여 자유민주국가의 시장질서에 적극 개입하려고 하려고 하는 지 이유를 알 수 없다.

Tatsubjekt und Schadensbegriff im Untreuedelikt

Prof. Dr. Hoh, Il-Tae

Da das Untreuedelikt mit der privaten Autonomie eng zusammenhaengt, soll insofern die Untreue nur dann strafbar sein, wenn der Taeter, der die Geschaefte anderer verfuegt, den Vorsatz, Vermoegensschaden anderer herbeizufuehren. Der koreanische Oberste Gerichtshof hat jedoch seit jeher den Tathandlungssubjekt ueber den moeglichen Wortsinn des §355 Abs. 2 korStGB hinaus erweitert, indem er fuer die Tathandlung der Untreue nur das Vorliegen eines Glaubensbruchs genuege. In Hinblik auf den objektiven Tatbestand hat der Oberste Gerichtshof trotz der ausdruecklichen Regelung der Versuchsstrafbarkeit auch das Untreuedelikt als Gefaehrdungsdelikt erfassen, so dass die Versuchshandlung nicht mehr zu bestrafen ist. Ferner vertritt der Oberste Gerichtshof wirtschaftlichen Vermoegensbegriff bei der Untreue, andererseits geht erweiterte Auslegung zum Gesetzeswortlaut "Schaden herbeizufuehren" im Sinne des §355 Abs. 2 korStGB aus. Nach der Auffassung des Obersten Gerichtshofs soll der Taeter ferner dann bestraft werden kann, wenn lediglich die Gefaehrdung des Schadenserfolges ohne den wirtschaftlichen Schaden vorliegt. Der Oberste Gerichtshof betont zwar in aller Regel das Gesetzlichkeitsprinzip bei der Gesetzesauslegung und auch haelt den fragmentarischen Charakter des Strafrechts fest. Wenn man jedoch die Urteile des Obersten Gerichtshofes zur Untreue genau analysiert, dann kann eine der privaten Autonomie widersprechende Tendenz festegestellt werden, dass er den Wortlaut des §355 Abs. 2 korStGB in unzulaessiger Weise immer weiter auslegt. Die Auffassung des Obersten Gerichtshofs ueber den Tatsubjekt und Schadensbegriff im Untreuedelikt muesste nicht einfach mit der freiheitlich-demokratischen Marktordnung in Einklang gebracht werden.

제 14 장

濫告訴의 解消를 위한 對應方案

차 례

I. 남고소의 실태

2003년 중 한국에서 교통사범을 제외한 전체 사건인원은 1,626,773명이고, 이 가운데 36.15%인 588,122명이 피고소인원이었다.[1] 그러나 같은 해 일본의 피고소 인원을 보면 10,225명에 불과하다. 이를 인구 10만명당 피고소인원을 살펴보면, 한국이 1,288명이고, 일본은 8명으로 한국이 일본보다 160배가량 고소사건이 과다하다. 물론 일본에서는 고소인이 아닌 범죄피해자에게도 검찰에서 사건처리결과를 통지해 주고 있어, 단순 범죄피해자도 검찰의 불기소처분에 대하여 검찰심사회에 불복신청을 할 수 있으므로 고소할 필요 없이 피해신고서를 제출하는 것이 일반적이다. 그러므로 형식적 의미의 고소사건은 한국보다 적을 수밖에 없다.

1) 한국에서 고소의 의미는 범죄로 인한 피해자 기타 일정한 고소권자가 수사기관에 대하여 범죄사실을 신고하여, 그 수사와 소추를 구하는 의사표시이다.

그렇다하더라도 2003년 중의 사기, 횡령 등 재산범죄 사건은 한국이 446,857명이고, 일본이 69,964명인 것을 보면 한국이 일본의 6.38배나 많고, 양국의 전체 인구를 감안하면 인구 10만명당 한국은 일본에 비해 약 17배가량 많다. 더욱이 한국에서 고소사건의 대부분은 사기사건으로 전체의 약 60%나 차지하고 있다.

2003년도의 죄명별 고소인원 분포도

구분	사 기	횡령배임	폭처법	근로기준법	간 통	기 타
인 원	351,949	41.762	28,244	17.926	10,800	127.047
점유율	59.8%	7.1%	4.8%	3.0%	1.8%	21.6%

이는 2003년 한해만 하더라도 국민 77명당 1명꼴로 고소를 당하고 있으며, 이 중에서 사기사건으로 피소된 자는 국민 130명 중 1명이나 된다. 반면 피소된 사건 중 고작 19.4%만이 기소될 뿐이다. 이는 고소사건 이외의 사건에 대한 기소율 54%에 비하면 매우 낮은 수준이다.[2)]

이러한 사실을 통해 한국은 매우 남고소를 하고 있음을 볼 수 있고, 이로 인해 이래에서 볼 수 있는 바와 같이 각종의 부작용을 초래하고 있다. 이의 해결이 형사사법의 영역에서 무엇보다 급선무의 과제이기 때문에 법무부도 2005년도의 핵심사업으로 남고소의 해소방안에 두고 있다.[3)]

Ⅱ. 남고소의 문제점과 해결의 기본방향

1. 남고소의 문제점

고소나 고발은 범죄척결에 크게 기여한다. 왜냐하면 국가의 수사인력은 한정되어 있어 수사기관의 인지사건은 아주 제한될 수밖에 없고, 범죄피해자의 수사기관에 대한 고소 · 고발로 범죄수사가 주로 진행될 수 있기 때문이다. 그러나 고

2) 고소사건에 대한 낮은 기소율에 관해서는 박상기 외, 고소제도에 관한 연구, 1998, 129쪽 이하 참조.
3) 법무부 정책기획단, 고소제도의 문제점 및 대책(미발표 자료), 2005년 2월, 3쪽 이하 참조.

소를 했다는 이유만으로 피고소인은 범죄 실행여부와 관계없이 무조건 입건되어 피의자의 신세로 전락하는 부작용을 낳는다. 게다가 고소의 남용은 형사소송법이나 검찰청법 혹은 검찰사무규칙에 의해 검찰이나 사법경찰관뿐만 아니라, 피고소인이나 피고발자에게 대해서도 적지 않은 부담을 주고 있다. 즉 고소를 구술로 받을 때에는 검사 또는 사법경찰관이 조서를 작성해야 하고(형사소송법 제237조), 사법경찰관이 고소를 받은 때에는 신속히 조사하여 관계서류와 증거물을 검사에게 송치하여야 한다(동법 제238조). 고소에 의하여 피의자가 된 피고소인은 형사소송법 제241조 이하 조문에 의해, 검사 또는 사법경찰관의 피의자신문 대상자가 되어야 하고, 이들 수사기관은 피고소인을 신문해야 한다. 고소인도 참고인이 되기 때문에 형사소송법 제245조에 따라 피의자나 또는 피의자 아닌 자와 대질당할 수 있다.

검사가 고소에 의하여 범죄를 수사할 때에는 고소를 수리한 날로부터 3월 이내에 수사를 완료하여 공소제기여부를 결정하여야 한다(동법 제257조). 검사는 고소된 사건에 관하여 공소를 제기하거나 제기하지 아니하는 처분 등을 한 때에는 고소인에게 그 취지를 통지하여야 한다(동법 제258조 제1항). 그밖에도 검사의 불기소처분에 불복이 있는 고소인은 그 검사가 속한 지방검찰청을 거쳐 서면으로 고등검찰청 검사장에게 항고할 수 있고(검찰청법 제10조 제1항), 항고절차의 이용은 현실적으로 지극히 빈번하게 이루어지고 있는 실정이다. 항고가 기각되어 재항고를 하는 경우도 적지 않고, 재항고가 기각된 경우에는 헌법소원까지 가는 경우도 많다. 게다가 검사가 고소사건에 관하여 혐의없음의 결정을 하는 경우에는 고소인에 대하여 무고혐의의 유무에 관하여 판단하여야 한다.

이와 같은 고소의 강력한 효과는 범죄의 척결과 예방에 큰 효과를 가져다주는 측면을 가지고 있지만, 그러나 위에서 언급한 바와 같이 고소가 남용되고 있는 현실에서 피의자의 양산과 함께 막대한 사법비용을 초래하기 때문에, 남고소의 해소방안을 강구하는 것은 무엇보다 절실한 형사사법의 과제가 되었다.

2003년의 경우 피고소인원 588,122명 가운데에서 74.6%인 435,798명이 불기소처분을 받았으며, 피고소인은 혐의유무를 불문하고 피의자로 입건되어 각종의 불이익을 감수해야 되는 실정이다. 특히 개인 간의 분쟁이나 갈등발생 시에 고소를 통한 해결방안은 국민들로 하여금 국가기관의 타율적 해결에 지나치게 의존하게 하고, 이는 사적자치를 과도하게 침해하는 요인이 되며, 폭주하는 고소사건은 경찰이나 검찰업무의 과중한 부담과 수사력의 낭비를 초래한다. 또한 고소는 악의적인 고소인의 개인적 사욕을 과도하게 보호하는 역기능과 함께 피고소인의 제반 권리를 과도하게 침해하는 부작용을 낳게 하는 경우도 적지 않게 야기하고 있다.

2. 남고소에 대한 문제해결의 기본방향

고소사건의 과다원인은 주로 법의식의 빈곤에서 비롯하는 계약체결 등 법률행위 시에 근거서류를 적확하고 세밀하게 작성하지 못하는 관행과 민사사건의 형사화, 민사소송의 실효성 결여, 허위고소 등 무고남발 등 거짓말문화 그리고 법률서비스의 저변확대 미흡에서 주로 찾을 수 있다.[4] 따라서 범죄피해를 입은 국민의 고소권을 제한하는 제도개선에 대해 사실상으로나 법리적으로도 애로사항이 많음은 쉽게 예상된다. 즉 헌법 제27조 제1항에 의해 형사피해자의 재판진술권의 보장과 검사의 불기소처분에 대한 헌법소원의 인정으로 인하여 고소의 제한을 취하는 제도개선은 매우 어려울 수밖에 없다고 판단된다. 따라서 고소의 효과와 동등하거나 혹은 그 이상의 분쟁해결방법을 찾아야 할 필요성이 있으며, 이를 위해 형사분쟁의 경우에도 조정이나 화해제도 등의 대체적 분쟁해결제도의 개발이 시급하다고 본다.

분쟁사안의 핵심쟁점이 주로 민사법적인 경우에도 고소를 통하여 민사사건의 형사화는 결과적으로 민사소송과 강제집행절차의 실효성에 문제가 있다는 점을 의미하기 때문에, 이의 실효성을 제고할 수 있는 방안을 모색하여야 한다. 즉

4) 서울고등검찰청, 검찰항고 · 고소제도 개선 및 사건처리절차 합리화방안 연구, 1997, 174쪽 이하; 검찰 21세기연구기획단, 연구자료 8집(21세기 검찰을 위한 연구결과 종합보고서 -1994년도 및 1995년도 상반기), 1995, 131쪽 이하 참조.

민사재판 전 증거개시제도, 징벌적 배상제도, 강제집행강화방안 등을 강구하여야 할 것이다.

그밖에도 고소인들의 의식조사결과에 따르면, 검찰, 경찰의 처분에 대한 불만족이 매우 높게 나타난 점을 감안하면(검찰 60.5%, 경찰 75%), 국민의 법의식과 형사실체법의 구성요건과의 상당한 괴리가 있음을 추정할 수 있다. 그러므로 이러한 괴리를 해소할 수 있는 방안으로 국민의 법의식의 제고와 범죄피해자의 사인소추제도의 도입가능성, 민사사건의 형사화를 금지하는 방안의 제시 등 구체적 방안을 강구하는 것이 절실하다.

Ⅲ. 해결방안의 모색

남고소에 대한 문제의 해소방안은 이미 적지 않은 논문이나 보고서에 적시되고 있다. 그러나 종래 형사절차법에서 주된 논의가 이루어졌다는 한계점 때문인지, 아직까지 남고소를 해소할 수 있는 실질적임 모델이 제시되지 않고 있는 점을 감안하여 아래에서는 형사소송법을 비롯하여 형사실체법과 민사법을 포함한 종합적 관점으로 접근하는 해소방안을 강구하고자 한다.

1. 형사소송법적 관점에서 해소방안

1) 고소각하제도의 활용

검사는 고소가 있더라도 일정한 요건이 충족되지 아니하면 고소를 각하할 수 있다. 즉 검찰사건사무규칙 제69조 제3항 5호에 따르면, 검사는 다음과 같은 경우에 고소를 각하할 수 있다. 즉 "고소 또는 고발이 있는 사건에 관하여 고소인 또는 고발인의 진술이나 고소장 또는 고발장에 의하여 제2호 내지 제4호의 사유에 해당함이 명백한 경우, 고소 · 고발이 형사소송법 제224조, 제232조제2항 또는 제235조에 위반한 경우, 동일사건에 관하여 검사의 불기소처분이 있는 경우, 형사소송법 제223조, 제225조 내지 제228조에 의한 고소권자가 아닌 자가 고소한 경우, 고소 · 고발장 제출 후 고소인 또는 고발인이 출석요구에 불응하거나 소재불명되어 고소 · 고발사실에 대한 진술을 청취할 수 없는 경우."[5] 따라서 검찰은 피해자의 고소가 있더라도 순수한 민사분쟁에 관한 것이라면 각하처분을 하여야 할 것이다. 만일 순수한 민사분쟁이 확실한 경우임에도 불구하고 수사를 개시하여 피고소인을 피의자의 신세로 처리하는 경우, 그 수사기관에 대하여 직권남용(형법 제123조), 또는 형법 제124조의 불법체포나 불법감금죄의 적용대상이 될 수 있도록 실무상 운용되어야 할 것이다.

고소로 인하여 피고소인은 뜻하지 않은 기본권침해가 야기된다는 점과 우리 헌법상 무죄추정원칙을 감안한다면, 수사기관에서 고소의 수리는 피고소인이 범죄를 범하였고, 그로 인해 자신이 피해를 입었다는 입증할 만한 객관적 자료를 첨부하여 처벌을 요하는 의사표시를 하는 경우에 국한하여 고소를 수리하고, 그렇지 않으면 각하제도를 적극적으로 활용하는 것이 올바른 태도일 것이다.

입법론적으로 수사기관은 고소의 요건을 보다 엄격히 하고, 이의 일정요건을 충족하지 않으면 단순히 진정사건으로 처리될 수 있도록 형사소송법을 개정하는 것이 바람직스럽다고 생각한다.

2) 고소수리보류제도의 도입

고소수리보류제도란 경미한 재산범죄의 경우, 이에 대한 고소는 상습범행이나 의도적 범행에 의하지 아니할 때에 한정하여 일정금액을 기준으로 고소의 수

5) 검찰사건사무규칙 제69조 (불기소처분): ①검사가 사건을 불기소처분하는 경우에는 별지 제124호 서식에<생략: 서식124> 의한 불기소 · 기소중지 · 참고인중지 사건기록에 피의사실의 요지와 수사의 결과 및 공소를 제기하지 아니하는 이유를 기재하여야 한다. … 별지 제126호 서식에<생략: 서식126> 의한 고소 · 고발각하사건기록에 의하는 경우에는 피의사실의 요지와 수사의 결과를 기재하지 아니하고 해당 이유 난에 표시함으로써 이유의 기재에 갈음할 수 있다. ③불기소결정의 주문은 다음과 같이 한다. 5. 각하 : 고소 또는 고발이 있는 사건에 관하여 고소인 또는 고발인의 진술이나 고소장 또는 고발장에 의하여 제2호 내지 제4호의 사유에 해당함이 명백한 경우, 고소 · 고발이 형사소송법 제224조, 제232조제2항 또는 제235조에 위반한 경우, 동일사건에 관하여 검사의 불기소처분이 있는 경우(다만, 새로이 중요한 증거가 발견된 경우에 고소인 또는 고발인이 그 사유를 소명한 때에는 그러하지 아니하다), 형사소송법 제223조, 제225조 내지 제228조에 의한 고소권자가 아닌 자가 고소한 경우, 고소 · 고발장 제출 후 고소인 또는 고발인이 출석요구에 불응하거나 소재 불명 되어 고소 · 고발사실에 대한 진술을 청취할 수 없는 경우

리를 잠정적으로 보류하고, 동시에 피고소인에게는 고소가 접수된 사실을 고지하여 일정기간의 유예를 주고 피해변제 등 화해가 이루어지도록 하며, 이를 통해서 양 당사자 사이에 화해가 이루어지면 고소를 반려하는 제도를 말한다. 이 제도가 도입되면 채무불이행으로 야기된 고소의 상당부분을 해소할 수 있는 대응책이 될 수 있다. 왜냐하면 만일 고소가 수리되면 피고소인은 피의자의 신세가 되고 수사가 개시된다는 심리적 압박을 가할 수 있어 피해변제에 의한 양자 간의 갈등이 자발적으로 해결될 수 있기 때문이다.[6)]

3) 고소사건조정제도 내지 조정전치주의의 도입

적지 않은 형사사건에서 가해자와 피해자의 합의는 중요한 의미를 갖는다. 쌍방의 합의는 사소한 범죄의 경우 불기소처분을 받는 것이 다반사이고, 중죄(重罪)라면 양형에서 피고인에게 유리한 처분을 받게 되는 것이 현실이다. 사정이 이렇다면 고소사건에서 범행자와 피해자간의 합의가 이루어지면, 경미범죄의 경우 사안에 따라 수사의 착수나 중지할 수 있도록 하는 것이 필요하다. 그러나 현행 형사소송법에는 그와 같은 절차법상 의미 있는 규정이 없다. 다만 형의 양정(量定)에 관한 일반원칙을 규정하고 있는 형법 제51조를 원용하고 있는 형사소송법 제247조 제1항에 따라 '범죄 후의 정황' 이 공소제기여부 시에 참작될 수 있을 뿐이다.

따라서 고소사건의 많은 부분은 양당사자의 불화에서 기인되므로, 이런 불화를 해소하기 위해서는 양자의 합의가 고소사건에서 법률적 실익을 가질 수 있도록 형사소송법 절차에서 일정한 법률효과를 부여하는 방법을 고려할 필요가 있어 보인다. 일정한 경미범죄나 민사적 성향이 강한 특정 재산범죄에 대해서는 고소사건에 대한 수사단계에서도 조정에 회부할 수 있도록 함으로써 보다 합목적적으로 분쟁해결을 유도할 수 있기 때문이다.

이런 점에서 일정한 고소사건에 대한 분쟁해결방안으로서 이른바 고소조정

6) 이에 관해 자세한 것은, 박상기 외, 전게서, 136쪽 이하.

제도를 고려해 볼 수 있을 것이다. 여기서 조정의 의미는 어느 특정 유형의 범죄사건 피해자와 범죄인 사이에 상호간 만남과 협의를 통하여 합의를 도출하고 이를 이행하면, 고소가 접수된 수사를 개시하지 않거나 수사 자체를 중지하거나 혹은 불기소처분하는 방식으로 종결짓도록 하자는 것이다. 조정의 방식에는 당사자간의 방식과 제3자가 개입하는 방식을 생각해 볼 수 있다. 당사자 간의 방식은 이해당사자 본인이나 그 대리인, 특히 변호사를 통하여 진행하는 식이지만, 제3자 개입방식은 일정한 요건을 갖추고 인가를 받은 민간단체에 조정을 회부하는 것이다. 이 후자의 방식으로는 범죄예방위원회, 피해자지원센터 등을 활용해도 될 것이다.[7]

따라서 일정한 범죄에 대해서는 고소수리보류제도를 넘어서 고소에 의해 수사가 개시되었더라도 조정 중에 합의가 성립한 경우에는 수사의 중지나 또는 불기소처분으로 종결하는 방식의 도입이 요구된다. 여기서 일정한 범죄란 예컨대 행위자와 피해자간의 오랫동안 거래를 해왔던 관계에서 빚어진 단순 사기죄나 횡령죄, 배임죄와 같은 재산범죄와 함께 단순폭행이나 경미한 명예훼손 등의 경우를 생각해 볼 수 있을 것이다.

이런 제도는 이미 독일에서 유용하게 이용되고 있다. 즉 독일에서는 검사가 경미한 범죄에 대해 6월 이내의 기간을 정해 피의자에게 손해회복을 위한 일정한 급부제공을 명령하고, 그 이행을 조건으로 소추하지 않을 수 있는 이른바 경미사건소추보류제도를 활용하고 있다.

4) 재정신청제도에 대한 개선방안과 검찰항고의 폐지필요성

현행법상 재정신청제도는 극히 제한된 공무원 관련 범죄사건에 대해서만 허용되고 있고, 2004년 8월에 발표된 법무부의 형사소송법개정안에서도 제한된 범위이긴 하지만 이에 대한 다소간의 확대를 꾀하였으며, 사법개혁위원회의 성과물로서 2004년 12월 31일 공표된 건의문에서 재정신청 대상의 범위를 확대할 것

7) 법무부 정책기획단, 전게서, 25-26쪽 참조.

을 촉구한 바 있다. 이를 기초로 사법제도개혁추진위원회는 재정신청제도를 전면적으로 도입하겠다는 결단을 내린 바 있다.

1954년에 제정된 형사소송법에서는 원래 재정신청제도가 전면적으로 허용되었다. 이를 허용하게 된 배경에는 한국 형사소송법 제247조 제1항에 의거하여 합리적 기소편의주의를 채택하게 되자, 이렇게 되면 검찰의 지나친 재량이 야기될 소지가 발생할 수 있게 되었다. 이 때문에 이를 방지하기 위해 형사소송법의 제정자인 엄상섭 선생에 의해 재정신청제도를 모든 범죄에 대해서 가능하도록 만들었다.

이처럼 기소편의주의의 결함을 보충하고자 하였던 우리 형사소송법의 기본정신은 박정희 정권의 권위주의적 체제 하에서 검사들이 자신들의 권한확대를 위해 기소편의주의를 그대로 둔 채 재정신청제도를 극히 제한적으로 허용하게 되었고, 오늘날에도 여전히 그 효력을 발휘하고 있다. 그 결과 억울하게 손해를 본 범죄피해자가 고소를 하여도 검사가 불기소처분을 하게 되면, 고소권자는 자연스럽게 항고할 수밖에 없고, 그 항고가 기각되면 재항고에다가 헌법소원까지 가는 악순환을 되풀이하게 되었다.

이를 피하기 위해서 첫째로 사법제도개혁추진위원의 방안처럼 재정신청제도를 원상 복귀시켜야 하며, 둘째로 재정신청을 하기 전에 검찰에 항고하는 항고전치주의를 전면 폐지해야 할 것이다. 사법제도개혁추진위원회의 안은 항고전치주의를 요하고, 다만 지금까지 허용되었던 재항고를 폐지하겠다는 발상이다. 그러나 재정신청을 할 때 항고전치주의는 첫째로 대상사건에 대한 사법적 판단을 장기간 연장시키는 효과가 크며, 둘째로 검찰이 수사를 종료하고 공소를 제기할 것인가에 대한 검토를 할 때 검사의 재량권의 범위가 더욱 넓어질 가능성을 갖게 한다.

모든 범죄에 대해 재정신청제도를 두게 되면 법원에 사건이 폭주하게 됨은 물론이지만, 법원에 재정신청 전담부를 두어 이를 해결하는 방식을 취하면 될 것이다. 이로 인해 검찰항고와 재항고로 이어지는 검찰사건의 폭주현상을 막아내고 검사에 대하 불신의 온상의 일부를 제거하는 계기가 되며 또한 헌법재판소에서도 불기소처분에 대한 헌법소원이 없어지게 되어, 헌법재판소의 고유한 기능을 찾을 수 있는 여력이 생기게 될 것이다.

5) 사인소추제도

가까운 대만뿐만 아니라 영국 그리고 대륙법계의 대표적 주자라고 할 수 있는 프랑스도 사실상 모든 범죄에 대하여 사인소추제도를 인정하고 있다. 독일도 비록 제한적이긴 하지만 주로 개인적 법익에 관한 경미범죄에 대하여 사인소추를 인정하고 있다. 즉 독일의 경우 주거침입, 모욕, 지적재산권침해범죄 등에 국한하고 있다. 또한 독일은 사인소추자에게 법원수수료를 납부하도록 하고, 피고인에게 발생할 비용에 대한 담보를 제공하게 하는 등의 부담을 지운다. 또한 주거침입, 모욕, 서신비밀침해, 상해 협박 및 재물손괴를 이유로 한 기소는 조정관청에 의한 조정절차가 실패한 경우에만 사인소추가 가능하다.

여기서 말하는 사인소추란 개인에게 소추권을 부여하는 것이고, 대상범죄를 어느 범위로 할 것인가에 대해서는 입법례에 따라 천차만별이다.[8] 개인에게 사인소추권을 주었다고 해서 강제수사권까지 부여한 것은 아니며, 법원의 공판절차나 공판준비절차를 통하여 증거를 수집한다. 사인소추를 하면 소추를 제기한 개인이 공소유지책임을 부담하지만, 필요한 경우 검찰이 소송을 인수할 수 있도록 하는 것이 일반적이다. 다만 프랑스는 검찰에 공소유지책임을 부여한다.

이처럼 사인소추제도은 범죄피해자의 수사와 재판에의 참여희망을 충족시켜줄 수 있고, 경찰과 검찰의 고소사건 처리부담을 경감시켜 줄 수 있다.

그러나 사인소추자나 피고인이 검찰에 대하여 소송인수를 청원하는 경우, 청원심사의무를 규정한 헌법 제26조의 규정상 검찰에서 심사를 회피할 수 없을 것이다. 이에 따라 검찰의 업무부담경감효과는 그리 크지 않을 수 있지만, 사인소추자에게 사안의 성질에 따라 공소유지에 걸맞은 비용을 공탁하도록 하는 방안을

8) 이에 관해서는 법무부 정책기획단, 전게서, 26쪽 이하 참조.

채택한다면, 검찰의 업무부담효과는 적지 않다고 사료된다.

필자는 현행제도 하에서라면 고소사건에서 피해자가 검사의 수사결과 불기소처분을 받으면 그때에 비로소 고소인의 부담으로 사인소추제도를 활용하는 것도 고려해 볼만하다고 생각한다. 왜냐하면 사인소추제도는 물론 많은 단점, 예를 들면 과다한 사법비용, 사건처리의 장기화, 소추권의 통일적 행사의 훼손 등의 문제가 있지만, 이론적으로는 피해자가 형사사법절차에 적극적으로 참여하고자 하는 욕구를 충족시키고, 헌법상 보장된 피해자 진술권을 실질적으로 보장하며, 관련자의 허위진술시 위증죄로 처벌이 가능하고, 판결에 확정력이 인정되어 재소를 금할 수 있기 때문이다. 다만 사인소추제도를 인정하고 있는 나라들에서도 점차 이 제도의 활용이 줄어들고 있는바, 그 이유로 충분한 수사를 거치지 아니하고 재판이 개시됨으로써 법원의 부담이 가중되고, 그 결과 전반적인 사법서비스 질이 저하되기 때문으로 보인다. 따라서 사인소추제도를 도입하기보다는 사인소추제도의 정신을 반영한 대체적 분쟁해결절차를 도입하는 것이 한층 효과적으로 보인다.

2. 형사실체적 관점에서 해소방안

1) 회복적 사법제도[9)]

그러나 모든 범죄에 대하여 고소를 할 수 있다는 것이 한국 형사소송법의 대원칙이고 보면 모든 범죄에 대하여 고소 전 조정전치주의(告訴前調停前置主義)를 무조건 강요할 수 없음은 물론이다. 바로 이런 점을 고려하여 한국도 서구에서 활용하고 있는 회복적 사법제도의 활성화가 요구된다고 할 것이다. 서구에서는 이미 20년 전부터 이러한 피해자 · 가해자의 조정제도가 폭넓게 인정되고 있고, 오늘날 북미지역에서는 300개 이상, 유럽에서는 500개 이상의 피해자 · 범죄인 조정 프로그램이 운영 중에 있다. 그리고 이런 제도를 통하여 피해자와 범죄인의 만

9) 회복적 사법제도에 관해 자세한 것은 이호중, 회복적 사법이념과 형사제재의 재편, "형사법연구" 특집호, 2004, 495쪽 이하 참조.

족도 제고를 가져오고, 피해자의 공포감을 경감시키며, 범죄인의 원상회복 의무 이행에 대한 가능성을 제고하는 등 많은 실익이 있음이 입증되고 있다.

이에 반해 지금까지 고소로 개시되는 한국의 형사절차는 범죄의 입증과 처벌에만 관심을 맞추고 있어, 피해자의 입장에서뿐만 아니라 가해자의 입장에서도 충분히 만족하지 못한 경우가 적지 않았다. 이를 극복하기 위해 피해회복과 실질적 화해를 통한 분쟁해결은 양 당사자의 욕구를 더욱 잘 충족시킬 수 있는 장점이 있기 때문에 이와 같은 회복적 사법제도의 도입방식을 검토해 볼 필요가 있다. 이는 분쟁해결과정에 피해자와 범죄인의 의사를 적극적으로 반영하고 처벌보다는 원상회복, 범죄인의 사회복귀에 초점을 맞춘 일종의 대체분쟁해결절차이기 때문이다.

전형적인 회복적 사법절차는 피해자와 가해자의 조정, 가족 및 공동체 집단회의, 평화회복 및 양형 협의체를 통하여 범죄인이 당해 범죄로 인한 손해를 어떻게 배상할 것인가에 관하여 합의함으로써 종결된다. 이 경우, 두 가지의 예전부터 내려온 전통적 형사제재인 원상회복과 사회봉사[10]라는 시스템은 회복적 사법절차에서도 역시 활용된다. 여기서 원상회복이란 범죄인이 피해자에게 그 범죄로 인하여 초래된 경제적 손실에 대한 배상으로서 일정한 금액을 지급하는 것을 말하며, 다음과 같은 의미를 가진다. 범죄인에게 자신의 잘못에 대해 책임을 부담하게 하며, 피해자의 손해를 배상케 함으로서 속죄를 할 수 있는 계기를 마련한다. 이러한 행위는 피해자의 사법절차에 대한 만족을 증진시키고, 재범율을 감소하는 효과를 갖는다.

2) 강제집행면탈죄의 개정필요성

형법 제327조의 범죄구성요건은 "강제집행을 면할 목적으로 재산을 은익, 손괴, 허위양도 또는 허위의 채무를 부담하여 채권자를 해한 자"라고 되어 있다. 그

10) 사회봉사란 공동체의 이익을 위하여 가해자가 행하는 근로활동을 의미한다. 사회봉사는 행위자 스스로가 하여금 범죄로 인하여 공동체가 겪어야 했던 손해를 치유하는 방법이다.

결과 무상이나 저액 또는 상당한 대가 없는 처분행위에 대해 처벌할 수 없는 맹점을 지니고 있다. 즉 악의적인 채무자가 이 점을 이용하여 채무면탈 목적으로 무상이나 저액으로 자기의 재산을 타인이나 자신의 친족에게 양도할 때, 법원이 그 채무자에 대하여 무죄를 선고할 수밖에 없게 된다. 이러한 결과 때문에 피해자는 민사소송을 통한 권리구제마저 어렵게 되고, 고소남용을 야기하는 원인으로 작용한다. 그러나 고소를 하여도 강제집행면탈죄에 대한 기소율은 고소사건의 평균인 20%에도 훨씬 못 미친다. 이런 점에서 민사집행의 실효성을 제고하여 사법정의를 실현하기 위하여 강제집행면탈죄의 구성요건을 보완할 필요가 있는 것이다.

강제집행면탈죄에 대한 사건의 접수는 해마다 4,300건 이상이나 되는 데도 불구하고 기소 건은 고작 370여건도 못되며, 결과적으로 7% 이하의 기소율을 보이고 있다. 이처럼 강제집행면탈행위에 대한 불기소처분은 다시금 검찰항고와 재항고 그리고 헌법소원으로 이어지는 악순환의 길을 밟게 되며, 이의 고리를 끊기 위해서는 고소인이 납득할 수 있는 악의적 채무자의 채무면탈행위를 처벌할 수 있도록 하는 것이 요구된다.

이와 관련하여 비교법적으로 검토하여 볼 때, 우리나라는 독일이나 일본에 비해 강제집행을 면탈한 행위자에게 지나치게 유리한 규정을 두고 있다. 즉 독일 형법 제288조에 의하면, "강제집행이 임박한 경우에 채권자의 채권실현을 방해할 목적으로 그 재산의 구성부분을 양도 또는 제거한 자"를 강제집행면탈죄로 처벌하고 있다. 그러므로 독일은 강제집행의 임박성과 채권자의 채권실현의 방해가 인정되는 경우, 재산의 처분이 허위일 것을 요하지 않는 반면, 우리나라의 경우는 강제집행면탈목적과 강제집행을 받을 객관적 상태 이외에 재산의 양도나 채무부담이 허위일 것을 요건으로 하고 있다. 그 결과 우리의 형법규정으로는 강제집행면탈죄가 성립되는 경우는 극히 드물다.

또한 독일은 형법 제283c조에서 채권자비호죄를 두고 있다. 이에 따르면, 지급불능 사실을 알면서 특정 채권자에게 대하여 청구권이 없거나 채권의 종류나 변제기에 비추어 청구할 수 없는 담보를 제공하거나 채무를 변제하고, 이로 인해 다른 채권자에게 우선하여 특정 채권자를 우대한 자를 처벌하고 있다.

일본의 현행법은 우리 형법과 동일하게 규정되어 있어, 우리와 같은 문제점을 해소하기 위해 강제집행면탈죄의 성립요건을 개정하려는 작업이 오래 전부터 진행되어 왔다. 즉 2002년도에 이미 개정안이 마련되었고, 이 안의 핵심은 강제집행 방해목적으로 한 대상재산의 가장양도와 가장채무부담행위 외에 무상이나 저액양도, 가격감손 등도 처벌하도록 하여 종래의 규정에 명시된 '처분의 허위성' 요건을 완화하였다. 게다가 기타 위력행사 등에 의한 강제집행의 사실상 방해행위까지도 처벌할 수 있도록 하고 있다.

재산의 처분행위는 사유재산권 보호, 사적자치의 원칙 그리고 헌법상 보장된 재산권적 기본권에 속하며, 더구나 개인의 재산 처분권의 본질적 권리를 훼손할 수 없음은 물론이다. 그런데 강제집행면탈죄의 성립요건을 강화하면 할수록 채무자 개인의 재산권보호에 충실하지만, 다른 한편 채권자인 타인의 재산권침해를 강요하는 이중적 성질을 지니고 있다. 물론 이와 반대의 경우도 역시 유사한 문제가 발생한다.

이러한 상황에서 강제집행면탈죄의 성립요건은 사회적으로 용납하기 어려운 악의적인 채무자의 행위를 선별할 수 있도록 객관적으로 기술하는 것이 바람직하다. 이런 점에서 강제집행면탈죄의 개정방안은 강제집행행위의 임박성과 함께 채권자의 채권실현을 방해할 목적으로 재산을 처분하거나 채무를 부담하여 채권자를 해하게 한 자를 대상으로 하는 구성여건을 명시하는 방안으로 개정할 필요가 있다 할 것이다. 다만 강제집행면탈죄는 완전한 개인적 보호법익만을 규율하고 있지 않고 국가공권력의 적정한 행사를 위한 보호도 함께 포함하는 규정이라는 점에서 친고죄로 규정하는 것보다는 반의사불벌죄로 처리하는 것이 타당하다.[11]

---

11) 이에 반해 친고죄로 파악해야 한다는 입장으로는 이정원, 전게논문, 16쪽 참조.

3) 사기죄의 개정필요성[12)]

형법 제347조의 사기죄의 성립요건은 "사람을 기망하여 재물의 교부를 받거나 재산상의 이익을 취득하는 자"이다. 여기에 명시된 규정만으로는 돈이 없어 돈을 빌리려는 사람이 채무이행에 대한 명확한 계획도 없이 급한 나머지 이런저런 이유를 대어 빨리 갚겠다고 둘러대어 돈을 빌리고 제때에 갚지 아니하면, 채권자는 그 채무불이행자에 대해 사기죄의 성립을 확신하게 될 가능성이 많다. 더구나 채무불이행을 죄악시하여 처벌을 주장하는 대부분의 국민감정으로 판단할 때, 상호간의 거래관계로 단순한 채무불이행까지도 고소를 하는 경우가 적지 않는 것이 우리의 현실이다.

그러나 법문상(法文上)에 나타난 '사람을 기망' 하여 라는 문언은 구체적으로 어떤 경우가 그런 경우에 해당되는 것인지에 대해 너무 추상적으로 명시되어 있을 뿐이고, 따라서 사기죄의 규정은 이에 관해 아무런 명확한 기준을 제시하고 있지도 아니하다. 다만 판례는 "행위 당시에 반대급부를 이행할 의사와 능력이 있는지의 여부"에 따라 범죄의 성부를 판단하고 있는 것이 현실이다. 판례의 이러한 기준도 사실상 별로 쓸모가 없을 뿐만 아니라 무모하기까지 하다. 왜냐하면 '행위 당시에 반대급부를 이행할 의사' 의 진정성을 확인할 객관적인 방법이 없으며, 누구라도 범죄혐의를 받는 자라면 당연히 행위당시에 반대급부를 이행할 의사가 있었다고 할 수 있으며, 법문에 명시된 '기망' 이라는 구성요건의 표지충족이 포기될 수 있기 때문이다. 게다가 기망하여 편취할 의사가 있었는가의 여부는 행위자의 내적 심리상태에 관한 것으로서 입증이 어려우며, 실무상으로는 자백하는 경우 이외에는 증거로서 입증하는 것이 불가능한 것이다.

이러한 결과 판례나 실무는 행위자가 행위당시에 재물이나 재산상 이익을 받는 대가로 자신의 의무를 이행할 능력이 있었느냐 라는 기준 하나만으로 모든 형태의 사기죄의 성립여부를 따지고 있는 실정이다. 이는 사기죄의 모든 성립요건

12) 사기죄의 입법정책에 관한 자세한 문헌으로는 안경옥, 사기죄에 대한 검토 및 개선방안, "2005년도 한국비교형사법학회 임시학술발표회"의 자료집, 1쪽 이하 참조.

이 충족되어야 가벌성을 인정하는 죄형법정주의의 사상에 본질적으로 반하는 것이다. 바로 이러한 점 때문에 독일이나 프랑스에서는 아주 경미한 사기범죄, 예컨대 무임승차, 무전취식, 무임방식임대, 무임급유 등 일상생활범죄의 성격을 가진 경우에만 '의사' 나 '능력' 이 없음을 요건으로 사기죄의 성립요건을 규율하고 있다.

사기행위의 종류는 성격상 이루어지는 모양이 천차만별이고, 반대급부 이행의사나 능력과는 무관한 유형도 적지 않다. 예를 들어 보조금사기, 보험금사기, 자선모급사기, 자격사칭사기 등이 그 전형적인 예이다.

따라서 독일의 경우 사기죄의 기본적 유형을 두고, 개별적인 사기유형을 독자적으로 두어 세분화하고 있다. 즉 독일은 "허위의 사실로 기망 또는 진실을 왜곡 · 은폐하여 착오를 야기 · 유지시켜 재산에 손해를 가한 자"에 대해 사기죄의 기본유형으로 독일형법 제263조에서 규율하고, 보조금사기(독일형법 제264조: 보조금 지급의 중요한 사실에 관하여 유리한 진술을 하거나 중요한 사실을 고지하지 아니한 경우), 투자사기(독일형법 제264a조: 기업지분의 매입이나 기업에 투자하려는 자에게 중요한 사항에 관하여 허위 진술하거나 불리한 사실을 은폐한 경우), 보험사기(독일형법 제265조: 사기의 의사로 화재보험에 가입한 재물에 방화하거나 선박 자체, 화물 등이 보험에 가입되어 있는 선박을 침몰, 좌초시킨 경우), 신용사기(독일형법 제 265b조: 기업 등을 위한 신용대출의 허가 · 기간연장 등과 관련하여 대출결정에 중요한 사항에 관한 부정확 또는 불충분한 재산평가서 등의 제출, 경제상황의 악화사실을 고지하지 아니한 경우) 등을 따로 두고 있다. 이들 후자의 경우들은 행위자의 기망행위에 대한 구체적 행위유형을 명시하고 있어서 무엇이 기망행위이고, 편취의사의 유무를 따질 필요가 없게 되어 있다.

독일의 사기죄에 대한 그와 같은 규율방식은 우리에게 많은 시사점을 준다. 따라서 우리나라의 경우에도 기망행위의 내용을 형법 제347조에 구체화할 필요가 있으며, 급부이행의 의사나 능력과 무관한 부분을 포함하여 중요사기죄 유형에 대하여 개별적 구성요건을 두는 방안을 모색하여야 할 것이다.

4) 모욕, 단순폭행 등 특정 경미범죄의 비범죄화

폭행죄를 규율하고 있는 형법 제260조 제1항에 의하면, "사람의 신체에 대하여 폭행을 가한 자는 2년 이하의 징역, 500만원 이하의 벌금, 구류, 과료에 처한다." 고 명시되어 있다. 이 조문의 문언에 의하면 법관의 양형 폭은 4가지 형벌종류에 가 형벌마다 다시금 자신의 합리적 계산에 의하여 선고형을 내릴 수 있다. 그래도 그것은 이해할만하다. 이해하기 어려운 것은 폭행죄에 있어서 폭행의 개념인데, 여기서 말하는 폭행이란 "사람의 신체에 대한 일체의 유형력을 의미한다."는 것이 정설이다. 사정이 이렇다보니 우리가 만원버스나 만원전철을 타기 위해 다른 사람을 조금만 밀쳐도 우리는 폭행죄의 폭행행위를 범하는 셈이다. 왜냐하면 그런 행위는 사람의 신체에 대해 유형력에 해당되기 때문이다. 이것이 의미하는 바는 우리가 일상의 생활에서 벌어지고 있는 사소한 행위가 범죄로 되며, 그 결과 전국민의 전과자화를 만든다는 것이다.

형벌이란 것이 인간이 참기 힘든 고통이란 속성과 함께 전과자라는 낙인을 찍는 것인데, 사회생활상 사소한 행위까지 형사처벌하는 것은 형벌의 목적 내지 형법의 최후수단성에 어울리지 않는다. 마침 최근에 형사실체법의 전면적 개정작업이 한창 진행 중에 있다. 이참에 형법의 보충성과 형벌의 목적에 걸맞지 아니한 온갖 형사처벌유형은 비범죄화시키는 것이 마땅하다. 이런 점에서 모욕행위나 단순폭행행위를 비범죄화하고, 그 대신 행정벌로 다스릴 필요성이 있다고 판단된다. 마침 최근에 경범죄처벌법상의 범법행위를 비범죄화하기로 하였음은 올바른 방향이라고 하겠다. 그리고 이런 조치들을 통해서 남고소도 적지 않게 막을 수 있음은 물론이다.

3. 민사법상의 해소방안: 징벌적 손해배상제도[13)]

우리나라에서 고소사건의 상당수는 재산적 · 정신적 피해에 대하여 금전적 배상을 구하는 민사분쟁사건의 특색을 가졌다. 즉 민사상의 단순 채무불이행자

13) 징벌적 손해배상제도에 관해 자세한 문헌으로는 이점인, 징벌적 손해배상제도에 관한 연구(박사학위논문), 1998.

가 형사 피고소인의 지위에 서게 되고, 그 결과 본의 아니게 단순 채무불이행자는 피의자의 신세가 되고 있는 현실이다. 게다가 채권자는 형사사법기관을 채무이행의 확보를 위한 추심기관으로 간주하는 경향이 적지 않다.

또한 민법상 불법행위에 의한 손해배상은 그 불법행위와 상당인과관계에 있는 손해에 한정하고, 그 결과 피해자가 받을 수 있는 손해액의 최대치는 실제 손해액을 넘지 못하고 있다. 그리고 이러한 상황은 현행의 민사법제 아래에서 개선의 여지가 별로 없다.

이에 반해 미국에서는 불법행위자에게 피해액뿐만 아니라 징벌적 의미의 배상액을 부과하는 제도를 두고 있다. 즉 민사 배상에서 피고의 행위가 악의적이나 기망 등의 방법이어서 특히 그 정상이 가중될만한 사유를 수반한 때에는 원고가 현실로 입은 피해를 넘는 손해배상액의 지급을 명하는 제도를 징벌적 손해배상 제도라고 한다.

징벌적 손해배상제도은 적지 않은 장점이 있는 바, 예컨대 동일 가해행위의 확실한 재발방지를 가져오고, 불법행위의 억제와 법의 준수 및 사회평화유지에 기여하며, 민사절차의 실효성을 제고한다. 그러나 징벌적 손해배상을 하고 있는 미국의 경우를 보면 해마다 손해배상액이 기하급수적으로 급증하고, 이로 인해 기업활동의 위축을 가져온다. 더구나 우리 국민의 정서가 실질손해 부분을 넘어 처벌을 목적으로 하는 배상을 개인에게 돌아가도록 하는 것은 국민감정과 괴리가 있고, 또한 우리나라에서도 악의적인 불법행위에 대해서 위자료를 높게 인정할 수 있는 여지가 많다는 점에서 적지 않은 문제점을 노정하고 있다. 특히 민사사건을 형사화하는 징벌적 손해배상제도는 이를 피하려는 노력에 반하기 때문에, 이보다는 오히려 민사절차의 신속화 및 민사집행의 실효성을 확보할 수 있는 방안의 모색이 요구된다 할 것이다.

4. 법교육강화

우리 국민은 올바른 계약문화의 미정착(未定着)으로 인하여 각종의 민사상 분쟁에 쉽게 휘말릴 가능성이 많음은 익히 알려진 사실이다. 이로 인한 법적 분쟁은 그 해결을 위한 사회적 부담, 특히 수사력의 지나친 낭비를 초래하고 있다.

국민의 인권의식이 어느 때보다 높아지고 있는 오늘날 국민들은 자신의 권익과 아울러 철저한 의무이행만이 선진 신용사회의 구축에 필수 불가결한 점이라는 것을 깊이 인식하여야 할 것이다. 이런 점에서 준법정신을 강화하는 공교육의 노력이 그 어느 때보다 더욱 요구된다 할 것이다.

IV. 결론

거짓말문화가 사회저변에 심층적으로 깔려 있는 우리 사회에서 고소나 고발의 남용은 자연스러운 일로 보여 진다. 법정에서도 선서한 증인이 위증한 경우가 다반사이고, 무고죄로 처벌받은 경우가 외국에 비해 절대적으로 높은 환경에서 고소나 고발을 제한하려는 종래의 발상은 이제부터 배제되어야 할 것이다.

사정이 이렇다면 우리는 선진국의 국민답게 준법의식을 고양하는 데에 총력을 기울려야 할 것이다. 의식의 전환 없이, 즉 준법의식의 철저성이 없이 신용사회가 형성될 수 없고, 신용사회가 형성되지 않는 한 결코 선진사회가 될 수 없음은 물론이다.

우리는 태어나기 전부터 법이란 올가미에 물려져 있다. 그것이 한편으로 한없이 거추장스럽고 불편한 존재이지만, 다른 한편 우리 사회의 평화를 가져다주는 보류의 역할을 하고 있다. 더구나 법은 국민 모두가 지켜야 할 국민간의 최소한의 약속이기에 우리는 그것을 존중해야 한다. 그러나 국민의 대부분은 법에 대한 전문가가 아니다. 법의 전문가인 법조인의 저변확대는 국민들의 일상적 활동, 즉

가옥이나 토지의 매매계약을 비롯하여 온갖 잡다한 법적 문제들에 대한 국민의 대리인이자 교육자이고 보호자의 역할을 증대하게 된다. 이런 점에서 전문법조인의 대량양성은 우리 사회가 법치주의로 나아가는 지름길의 역할을 할 것이다. 즉 모든 행정은 재량행정이 아니고 법치행정이 될 수 있도록 면사무소나 동사무소에도 변호사자격을 가진 전문법조인이 공무원이 될 수 있도록 하고, 부동산 매매 등 부동산 소개업도 변호사가 하는 사회가 형성될 때에는 지금보다 훨씬 더 고소·고발사건은 줄어들 것이다. 즉 고소를 할 것인가의 여부에 대한 판단을 하기 전에 손쉽게 상의할 수 있는 변호인이 저렴한 비용으로 가까운 주변에서 쉽게 찾을 수 있을 정도로 많다면, 남고소를 더욱 쉽게 막을 수 있을 것이다. 또한 비록 고소를 했거나 당했다고 하더라도 법률전문가의 조력은 조정이나 화해 혹은 회복적 사법절차를 선호하게 만들 수 있다.

그밖에도 이 땅에 철저한 준법정신이 물들기 위해서는 학생들은 초등학교 시절부터 준법정신이 얼마나 사회의 평화에 기여하고 사법비용을 절감할 수 있는지를 교육시키며, 중등학교 때부터는 법에 대한 핵심적 내용과 권리·의무를 비롯한 계약서작성 등 실생활에서 흔히 나타나는 법률문제의 해결에 대한 교육의 강화가 매우 중요하다고 하겠다.

그리고 강제집행면탈죄나 사기죄의 구성요건이 지나치게 국민의식과 괴리되어 있고, 또한 현실적으로 실무에서 적용하는 데에 문제점이 많이 노출되고 있다는 점에서 우리의 헌법정신 틀의 범위 내에서 이들 범죄에 대해 국민감정에 걸맞은 법안으로 수정되어야 할 것이다.

끝으로 최근 형사실체법의 재정비작업과 관련하여 모든 형벌은 인간이 참기 어려운 고통임과 동시에 전과자의 낙인을 찍기 때문에, 처벌의 대상이 되는 범죄도 이에 상응하는, 즉 객관적으로 평가하여 볼 때 사회적으로 도저히 용납할 수 없는 범익침해나 위해를 야기한 행위에 국한되어야 하고, 전 국민을 전과자화할 수 있는 일상적 행위에 대한 형법의 개입은 자제되어야 한다. 이런 점에서 단순폭행행위를 비롯하여 모욕행위 유형의 사회적 일탈행위는 형법이 아닌 다른 제재수단을 강구하도록 함으로써 이로 인한 남고소를 막을 필요가 있다. 그리고 앞으로 근거가 부실한 남고소의 경우 검찰사건사무규칙에 근거하여 고소를 각하하는 것을 적극적으로 활용해야 될 것이다.

제 15 장

수사와 인권에 관하여

차 례

Ⅰ. 들어가는 말

2005년 7월 초순 법무연수원에서 신임검사를 대상으로 '수사와 인권' 이라는 주제로 강의부탁을 받았다. 수사에 관한 것이라면 필자 자신이 수사를 한 번도 해 보거나 당해 본 경험이 없다. 이러한 필자보다는 수사의 기본과 사법연수원 시절

검찰에서 그리고 감찰로 임관된 후 최근 몇달간 다소간의 수사실무경험을 했던 여러분이 더 잘 알 것이라고 생각한다. 수사와 인권의 관련에 대해서도 그렇다. 여러분은 한편으로 적어도 교과서상의 인권개념에 대해 확신에 차 있고, 다른 한편으로 수사의 경험을 통하여 국민의 인권 내지 피의자의 인권을 구체적으로 접하고, 이를 어떻게 조화해야 되는가에 관한 고민을 구체적으로 했을 것으로 생각되는데, 필자는 수사의 경험도 없을 뿐만 아니라, 아직도 인권의 의미를 찾아 헤매고 있기 때문이다.

이런 필자에게 '수사와 인권' 을 강의해 달라고 부탁한 법무연수원의 '사실의 착오' 와 저의 '법률의 부지' 가 가미되어, 필자는 이런 주제로 여러분 앞에 서서는 아니 될 사람임에도 뭘 몰라서 이렇게 서게 되었다. 몰라서 용기를 가진다고 하지만 앞으로 2시간 동안 용기로만 버틸 생각을 하니, 당혹감과 곤혹스러운 시간이 될 수밖에 없을 것이다.

그래도 용기를 내어 '수사와 인권' 이라는 주제를, 아니 수사의 개념부터 수사해 보자.

Ⅱ. 수사에 대한 수사와 수사권분배(국민의 차원에서 볼 때)

1. 수사에 대한 수사

형사소송법(다음부터는 형소법으로 약칭) 제2편 제1장의 제목으로 '수사' 라는 용어가 나온다. 제1장의 제목 하에 제195조부터 제245조까지가 수사의 내용과 방법 및 절차에 관해 규정을 하고 있다. 그리고 형소법 제195조에 의하면, "검사는 범죄의 혐의 있다고 사료하는 때에는 범인, 범죄사실과 증거를 수사하여야 한다." 고 명시되어 있다. 사전에 의하면, 수사란 "찾아다니며, 조사한다." 고 되어 있다. 그러니까 수사란 범인, 범죄사실과 증거를 찾아다니며 조사하는 것이다. 그렇게 하여 범행의 여하와 죄질 파악과 함께 유죄의 입증이 확신되면 원칙적으로 공소제기를 하는 것이지(형소법 제247조 제1항), 공소제기만을 목적으로 수사를 하는 것이 아니다. 예컨대 사체가 발견된 경우, 그것이 타살인가의 여부를 확인하는 것은 언제나 공소제기를 목적으로 하는 것이 아닌 것처럼 말이다.

그런데 형소법 제195조의 의미와 실질적 내용에 대해서는 여러분들이 잘 아실 것이고, 또한 법무연수원의 강의요목에도 범죄정보수집요령, 과학적 신문기법, 관세사범 수사실무, 녹음 · 녹화의 조사기법 등 다양한 방식의 수사기법과 수사내용에 관한 강좌가 준비되어 있는 것을 볼 수 있다.

여러분에게 수사와 관련해서 한 두 마디 말한다면, 철저히 진상을 밝혀서 엄단하겠다는 발상부터 집어치워라. 모든 범죄가 다 발각될 수 없고, 발각되더라도 신이 아닌 이상 그 진실을 완벽하게 밝혀낼 수 없으며, 진실을 알았더라도 인간의 가치평가는 너무도 들쑥날쑥하기 때문이다. 그러기에 형사실무의 운용상에는 적법절차니, 무죄추정이니, in dubio pro reo(의심스러울 때에는 피고인의 이익으로)니 하는 원칙들이 존재할 수밖에 없는 것이다.

2. 수사권조정문제

1) 기본입장

어떤 권력도 '적정한 견제와 균형' 의 원리에 입각해서 행사될 때에만 국민의 안녕과 기본권이 보장될 수 있어 국민이 편하게 살 수 있는 사회가 형성 · 유지된다. 수사권조정 문제 역시 국민을 위한다는 차원에서 본다면, 검찰은 머리역할, 경찰은 손발역할을 함으로써 상호 견제와 균형을 갖출 수 있도록 하여야 한다(경찰의 수사 전문화와 검찰의 준사법적 통제 이념의 구현).

이를 위해 검찰과 경찰 모두 수사를 할 수 있도록 해야 하지만, 검찰은 원칙적으로 독자적 수사조직을 갖지 않고 수사지휘를 통해서 수사를 할 수 있도록 한다. 즉 검찰에게는 철저한 수사지휘권의 보장을, 경찰에게는 직접 수사가 가능하도록 해야 한다. 다만 수사종결권은 어떤 경우에도 검찰에 주어야 한다.

경찰도 수사의 개시와 진행을 할 수 있어야 한다. 다만 수사착수 직후에는 곧바로 검사의 지휘를 받도록 해야 한다. 수사를 마무리하고 난 후 사건을 종결처분할 때에만 검찰의 통제를 받게 하는 것은 경찰에게 손발뿐만 아니라, 머리까지 주는 격이 된다. 이는 피해야 한다.

경찰수사가 적합하지 않은 일정한 범죄유형, 예컨대 마약범죄, 테러범죄, 뇌물범죄, 거액의 경제범죄, 경찰비위사건, 기타 정치적 범죄 등에 대해서는 검찰 특수부가 자체적으로 수사할 수 있는 제도적 장치를 남겨둔다(이른바 중점수사제도의 도입).

검찰은 객관의무를 지게 하여 사실관계를 왜곡하거나 법적용을 왜곡하는 검찰에 대한 통제장치가 요구되며, 검찰도 경찰에 대한 통제장치(징계소추권)가 존재해야 한다.

2) 이 입장에 따를 때의 장점

첫째로 이중수사를 피할 수 있다. 검찰의 직접 수사 때문에 수많은 피의자와 참고인이 검찰에서 반복 수사를 받는 것이 현실이며, 이는 피의자와 참고인 등 이해당사자의 인권침해의 야기와 불필요한 사법비용을 초래한다. 앞으로 디지털 영상녹음·녹화가 더욱 활성화할 것인데, 현재와 같은 검·경간의 이중수사는 디지털 영상녹음·녹화를 이중으로 하게 하는 남용을 초래할 수 있다. 이의 해소를 위해서도 검찰은 직접 수사를 자제할 수 있는 제도적 장치가 필요하다.

둘째로 규문주의 수사구조에서 야기된 문제점을 상당부분 해소할 수 있다. 현재의 수사권 분배방식에 따르면 피의자에 대한 경찰의 편견이 검찰에 그대로 전달된 상태에서 검찰의 직접수사가 이루어진다. 이것은 검찰이 객관의무에 소홀히 하고, 유죄입증을 위해 무리한 수사를 하는 계기가 될 수 있다.

셋째로 조서의 증거능력문제를 상당부분 해소할 수 있다. 조서의 증거능력을 인정하면 할수록 법정에서 구두변론주의와 직접주의를 중심으로 펼쳐야 할 공판중심주의는 공허하게 된다. 피의자에 대한 검사의 직접 수사가 없으면 검사작성 피의자신문조서가 존재할 이유가 없으므로 더욱 철저한 공판중심주의를 실현할 수 있다.

넷째로 검찰에 대한 불신을 해소할 수 있다. 검찰의 강압수사 문제가 구조적으로 존재할 수 없고, 오히려 경찰의 인권침해 수사에 대해 검찰이 수사지휘를 통해 준사법적 통제를 함으로써 '인권검찰' 로 거듭날 수 있다.

Ⅲ. 인권개념과 인간의 존엄성

인권이라는 것이 어떤 의미를 가진가를 알기 위해 법률사전을 찾아보았다. 그래드니 기본적 인권을 찾아보라고 하여 그곳으로 가 봤다. "인간으로서 가지는 기본적 권리"라고 정의되어 있다. 이것은 동어 반복적 말에 불과하다. 게다가 이러한 인권개념은 국가가 인간을 어떻게 보느냐에 따라 인권의 개념이 달라질 수 있는 이른바 권위주의적 인권개념으로 보인다. 인권은 국가를 전제로 하는 것이 아니라, 국가가 인권을 담보하기 위해 조직되어야 한다는 점에서 국가는 인권의 보장을 위한 도구에 불과하다고 보아야 하기 때문이다.

이런 점에서 인권이란 각 개인이 자신의 존엄성을 확보하고 또한 자신의 인격을 최대한 꽃피우기 위해 필요불가결한 권리이어야 한다. 그리고 여기서 국가가 각 개인에게 헌신해야 할 존엄성보장의 책무는 다음에서 그 근거를 찾을 수 있다고 본다.

우리 헌법 제10조 제1문 전단은 "모든 국민은 인간으로서의 존엄과 가치를 가지며"라고 하여, 인간이 인간으로서의 존엄과 가치의 소유자임을 확인하고 있다. 이는 주관적인 차원에서는 모든 인간이 인간으로서의 존엄과 가치를 소유한다는 것을, 객관적으로는 모든 인간이 향유하고 있는 인간으로서의 존엄과 가치를 존중해야 한다는 것을 그 내용으로 한다.

1. 인간의 종족보존의 본능과 생존의 본능

인간은 모든 생물과 마찬가지로 생존의 본능과 종족보존의 본능을 갖고 있다. 이러한 본능은 인간 자신에게 절대적인 것이어서, 넓게는 인류나 민족을 위하여 좁게는 자기가족과 자기 자신을 위하여 포기할 수 없는 것으로 인정된다. 이러한 생각은 극히 인간 본위적이긴 하지만, 인간은 그 자신의 능력을 최대한 꽃피워 행복한 삶을 영위하기 위해서 그와 같은 생각을 불가피한 것으로 전제한다. 이러한 맥락에서 인간이 다른 생물들에 대한 가치적 우위를 확고히 하고, 그와 같은 생각에 대한 객관적인 설득력을 갖도록 하기 위하여, 우리는 "인간이 다른 생물들과 근본적으로 다르면서 존경받을 만한 가치가 있는 주체"로 인정한다.

2. 사회의 평화와 발전을 위한 인간의 능력과 책무

그리고 그와 같은 가치는 "인간은 자신의 자율적인 의사에 따른 행동능력을 가졌다"는 데에서 찾는다. 인간이 동물에 비해 근본적으로 다른 점은 소극적으로는 본능적인 행동양식으로부터 광범위하게 자유롭다는 데에 있고, 적극적으로는 그의 행위의 올바른 지침을 자신의 통찰력으로써 발견하고, 또한 설정해 내는 능력을 가지고 있다는 데에 있다. 즉 인간은 자신에게 주어진 객관적 사정에 그대로 따르지 아니하고, 자신의 행위를 조종해 나가면서 그 무엇인가를 적극적으로 형성할 수 있는 능력을 구비하고 있기 때문에 인간의 사회적 생존을 위해서 인간은 그 자신의 능력에 어울리는 행동을 해야 할 책무를 지니게 된다.

3. 인간의 책무실현을 통해서 발전·유지된 사회의 인간에 대한 배려의무

이런 책무를 통해서 우리의 인간사회(국가도 포함)는 오늘날의 문화국가를 이룩할 수 있었다. 따라서 오늘날의 국가 내지 사회는 인간 개인의 복지 내지 기본권을 보장해 주어야 할 책무가 있는 것이다. 왜냐하면 중세시대의 귀족이 농노로부터 취득한 이익이나 권리 때문에 귀족다운 생활을 영위하였음을 자각하여 농노 등을 위한 사회적 책무를 완수하려 했던 것처럼, 국가를 위해 헌신한 인간만이 국가로부터 그 본질적 기본권의 보장을 받는 것은 당연하기 때문이다. 그러므로 국가는 사회적 책무를 부담하는 인간을 위해 그의 인간적 존엄을 보장해야 한다. 더구나 인간만이 이성적 존재로서 인격의 주체가 될 수 있고, 사회를 위해서 그 책무를 다해야 하는 부담을 가지고 있다는 데서, 인간만이 보호받아야 할 존귀한 가치가 있는 것이다.

따라서 인간으로서의 존엄성이란 것은 사회적 책무를 이행해야 할 주체적 인간을 전제로 하는 것이며, 바로 인간의 본질로 간주되는 인격성을 가졌음을 의미한다. 그리고 인간의 이러한 인격성은 양도하거나 포기할 수 없는 불가침적 권리인 것이다.

이러한 이유로 인간의 존엄성은 정신적으로 자율권을 갖고, 사회적 책무를 이행하는 주체라는 점에서 찾을 수 있고, 이러한 사회적 책무를 자율적으로 이행해야 하는 인간은 생명과 육체를 가질 때 가능하다는 점에서, 생명과 육체는 인간 존엄의 핵심인 것이다. 이에 따라 인간의 자율적 의사에 대한 본질적 침해행위 뿐만 아니라, 인간의 생명이나 육체에 대한 본질적 침해도 역시 인간의 존엄을 해치는 행위라고 본다. 그러므로 수사와 관련하여 볼 때, 인간의 이러한 존엄을 보장하기 위한 원리 중의 하나가 헌법상 보장된 이른바 무죄추정의 원칙이다.

Ⅳ. 무죄추정의 원칙

1. 무죄추정 원칙의 의의와 현실

무죄추정이라 함은 어떠한 범죄혐의자일지라도 재판에 의해 유죄가 확정될 때까지 무죄인으로서 추정된다는 뜻이다. 이미 로마시대에 Trajan은 "무고한 사람을 처벌하는 것보다는 범죄자를 놓아주는 것이 낫다."(Ulpianus, Digesta, 48, 19, 5)고 함으로써 그 당시에도 선각자의 눈으로 볼 때 형사사법의 운용이 신중해야 됨을 지적하였다. 그러나 이러한 사상은 로마의 몰락과 함께 사라지고, 중세를 넘어 근대의 계몽주의가 개화되기 전까지 이른바 유죄추정이 유럽사회의 재판에 있어서 중심사상이었다. 즉 중세의 프랑크제국의 규문절차에서는 범인으로 지명된 자는 자기의 무죄를 입증하지 못하는 한 유죄로 인정되었다. 더구나 이 당시에는 일정한 조건 아래서 고문까지도 가능했다. 그리고 근세 초기에도 범죄의 혐의는 있으나 유죄나 무죄를 증명할 수 없는 경우에는 이른바 혐의형이라는 것을 두어 유죄로 처벌하는 길을 열어 두었다. 그러므로 이러한 형사절차에서는 유죄추정의 원칙이 지배하였던 것이다.

1764년에 이르러서야 이태리 출신의 베카리아가 쓴 "범죄와 형벌에 관하여"(Dei delilli e delle pene)라는 저서에서 비로소 무죄추정의의 핵심사상을 다시 찾아 볼 수 있게 되었다. 즉 그에 의하면, "법관에 의하여 형이 선고되기 이전에는 누구도 유죄라 할 수 없다. 피고인이 公的保護를 부여받기 위한 모든 조건을 위배했던 점이 확정되기 전에는 사회는 그에게 주어진 공적 보호를 박탈할 수 없다."고 하면서 "피고인은 그 범죄사실이 입증되기 전에는 무고한 자로 간주된다."고 천명하였던 것이다.

이처럼 유죄추정의 원칙이 무죄추정의 원칙으로 한 차원 높은 사상으로 재차 전환하는 데는 무려 1천년이 넘게 걸렸다. 그리고 로마시대였던 Trajan의 사상은 중세를 훨씬 뛰어 넘는 사상임은 분명하다. 그의 이러한 사상은 1789년의 프랑스의 인권선언 제9조에서 명확하게 재정립되었다. "누구도 범죄인이라고 선고되기까지에는 무죄로 추정된다." 이를 계기로 기본적 인권에 관심을 가지게 된 국가들이 무죄추정의 원칙을 인간존엄의 보장의 핵심이라는 이유 때문에 앞 다투어 그들의 기본법전에 수용하였다. 심지어 정치적으로 공산당이 지배하는 있는 중국에서도 1996년 초에 형사소송법의 개정을 통하여 무죄추정의 원칙을 수용하였고, 중국은 이를 세계 여러 나라에 알리려고 1996년 5월 15일부터 16일 양일간 중국의 북경에서 '피의자 · 피고인의 방어권'으로서 무죄추정의 원칙을 국제형사소송법세미나의 주제로 다루었다.

한국의 역사에서 무죄추정의 원칙은 옛날부터 있었던 것이 아니었다. 조선시대에만 하더라도 기본적으로 유죄추정의 입장에 있었다고 할 수 있다. 그 당시엔 일정한 요건 하에 고문이 허용되었는데, 고문을 허용했다는 것은 무죄추정의 원칙 하에서는 불가능한 것이고, 유죄를 추정할 경우에만 가능하기 때문이다. 8 · 15 해방 후 남한에 국민의 정부가 구성된 후에도 한 동안 명문상 무죄추정의 원칙을 천명한 규정은 없었다. 단지 몇몇 학자들에 의해 무죄추정의 원칙이 이 땅에서도 준수되어야 한다는 주장만이 있었을 뿐이었다. 그러다가 제5공화국 헌법과 이에 따른 형사소송법의 개정으로 "형사피고인은 유죄의 재판이 화정될 때까지는 무죄로 추정된다."(헌법 제27조 제4항; 형사소송법 제275조의2)고 하는 무죄추정의 원칙이 우리 한국 법제상에 수용되었다. 그러나 비록 법률상 무죄추정의 원칙이 천명되었음에도 불구하고, 실무에서 무죄추정의 원칙의 준수는 수사단계에서 뿐만 아니라 재판단계에서도 찾아보기 어렵다. 오히려 유죄추정이 우리의 사법실무 현실이라고 해도 과언이 아니었다.

다만 이러한 현실이 1997년 1월 1일부터 시행에 들어간 구속영장실질심사제도 때문에 새로운 전환을 맞게 되었다. 그 이전에는 비록 무죄추정의 원칙이 우리 헌법을 비롯하여 형사소송법에 규정되어 있음에도 불구하고, 검사는 범죄혐의자에 대해 주거가 일정하고 증거인멸의 위험이 없음에도 불구하고 형벌에 준한 구속을 거의 제한없이 할 수 있었다. 왜냐하면 그러한 경우에도 검사가 청구한 구속영장을 법관은 아주 예외적인 경우를 제외하고 거의 발부하였기 때문이다. 이러한 사실로 1996년의 경우 인구 10만명당 1년에 구속되는 자가 독일의 경우 평균 49명이고 일본은 그보다 약간 많은 71명인데 반해서 한국은 340명을 넘어서고 있다는 점에서 확인할 수 있다.

그래도 다행스런 것은 1997년 1월 1일부터 시행된 구속영장실질심사제 실시로 법관의 영장발부심사 시 종래 서류에 의한 형식적 심사에서 탈피하여, 필요한 경우 피의자의 입장을 직접 듣고 구속의 불가피성여부를 충분히 검토한 후에 구속영장발부여부를 결정할 수 있게 되었다. 법관의 구속영장발부가 신중해지니까, 이에 따라 자연스럽게 경찰이나 검찰의 구속영장청구 자체가 신중하게 되었다. 그 이유는 구속영장의 청구남발은 결국 구속영장발부기각의 남발로 이어지게 되어 검찰이나 경찰은 시민의 인권탄압기관인 것으로 외부에 비추어지게 된다. 그 때문에 검찰도 구속이 반드시 불가피한 경우가 아니면, 구속영장청구를 신중히 할 필요가 있는 것이다.

이처럼 우리 국민의 결단으로 인신구속에 있어서 무죄추정의 원칙이 제대로 정착하여 간다는 사실은 그 밖의 수사과정과 재판에서도 무죄추정의 원칙이 본래의 기능을 얼마든지 발휘케 할 수 있다는 가능성을 보여준 것이다. 그렇다면 모든 피의자와 형사피고인은 유죄판결이 확정될 때까지 인신구속의 경우를 포함하여 모든 형사절차단계에서 실무적으로 무죄의 추정을 받도록 하는 일은 우리 법조인의 결단만 있으면 현실적으로 언제든지 실현가능한 일이다.

그럼에도 불구하고 아직까지 우리나라의 형사사법에서 무죄추정주의 원칙의 철저한 준수보다는 유죄추정주의를 완전하게 극복하고 있지 못하고 있다고 보여진다. 이는 법원의 경우에도 그렇다고 볼 수 있다.

최근 대법원이 실시한 사법부의 신뢰성에 관한 여론조사를 보면 그 불신의 정도가 도를 넘어서고 있음을 보여준다. 대부분의 시민은 형사재판에서 유전무죄와 전관예우의 관행이 아직도 존재한다고 믿으며, 이 때문에 시민의 80% 이상이 법원의 판결내용이 불공정하다고 보고 있다. 이러한 현실이 정의사회를 구현하는 데 큰 걸림돌이 되고 있음은 말할 나위도 없다. 법원은 국민의 생명과 재산을 지켜주는 최후의 보류이어야 한다. 국민이 억울할 때 기댈 수 있는 마지막 언덕이 사법부가 아닌가. 그런데도 그런 사법부를 믿을 수 없다고 한다면, 정의로운 사회의 구현은 공염불이며 불가능한 것이다.

이처럼 사법부의 신뢰회복이 중시됨에도 불구하고 사법부 신뢰성의 극복은 현재로서는 난감한 실정이다. 이러한 이유 중의 하나는 현행 형사재판의 판결문작성 형식과 내용에서 찾아볼 수 있다. 우리 헌법은 형사사법을 법치국가원리와 무죄추정주의의 관점에서 구현하고자 하고 있는데, 형사재판의 실무상 판결문작성은 대부분 유죄추정주의에 기초하여 재판하고 있음을 볼 수 있기 때문이다.

제1심 법원 판사들에 의한 형사판결의 일반적 방식은 피고인에게 유죄의 판결을 선고할 경우 피고인의 주장을 입증할 중요한 무죄사유가 있어도 이에 대하여 구체적 판단을 하지 않고 방치하는 사례도 적지 않으며, 증거의 제목과 해당 법령만 형식적으로 나열하고 있는 실정이다. 이에 반해 법관의 무죄판결의 경우에는 검사가 유죄의 증거로 제출한 주요증거에 대하여 개별적으로 그 증거를 믿지 않는 이유를 비롯하여 무엇 때문에 무죄선고를 하는지에 관해 상세하고 구체적 이유를 적시하여 제시한다.

따라서 제1심판결의 무죄선고에 불복하는 검사는 법원이 오류를 범한 부분을 명백히 하거나 또는 법원이 미진한 것으로 지적된 부분에 대해 보완하는 방식으로 유죄의 변론을 합리적으로 할 수 있게 하는 셈이다. 이에 대해 유죄의 판결을 하는 경우, 법원의 판결문에 검사 제출의 증거와 해당 법조를 나열할 뿐, 피고인이 주장한 사실관계나 법리상의 주요쟁점에 관해 법원이 이를 배척하고 유죄의 결론을 내리게 되는 합리적 이유를 제시하는 경우가 매우 드물다.

이러한 결과로 무죄선고에 불복을 하려는 검사에 비해, 유죄선고를 받은 피고인은 제1심판사의 오류를 잘 알 수 없고 제2심인 항소심에 대비하여 제1심판결의 유죄근거를 적확하게 모르는 상황에서 단순히 추측하여 반론하게 된다. 이 때문에 피고인이 제2심에서 제1심의 유죄판결에 불복하여 무죄판결을 받아내는 일은 검사가 제1심의 판결에 불복하여 유죄판결을 받아내는 것보다 훨씬 어렵게 된다.

그렇다면 형사법관은 유죄판결을 받게 되는 피고인에게 대하여 무죄판결을 받게 되는 자보다 불리하게 처리할 수 있는 법률상 근거를 갖고 있을까. 결론부터 말하자면 우리 형사소송법의 규정은 오히려 이와 반대라고 할 수 있다. 형사소송법에 따르면, 법관은 유죄판결을 받게 되는 피고인에 대하여 유죄의 결론을 내리게 된 구체적 증거의 취사과정과 논리적 사고과정을 합리적 근거로 제시해야 된다. 특히 피고인이 주장한 사실관계나 법리상의 쟁점을 배척할 경우에는 합리적인 근거를 제시해야 함을 우리 형사소송법 제323조는 규율하고 있다. 즉 "형의 선고를 하는 때에는 판결이유에 범죄 될 사실, 증거의 요지와 법령의 적용을 명시하도록" 하고 있고, "법률상 범죄의 성립을 조각하는 이유 … 되는 사실의 진술이 있는 때에는 이에 대한 판단을 명시"하도록 규정하고 있기 때문이다.

이에 반해 형사재판에서 무죄를 선고할 경우인 형사소송법 제325조의 규정을 보면 "피고사건이 범죄로 되지 아니하거나 범죄사실의 증명이 없는 때에는 판결로서 무죄를 선고"하도록 규정하고 있을 뿐, 그 어디에도 검사의 주장에 대해 무죄의 이유를 명시하라는 것은 없다. 그럼에도 법원은 검사의 유죄주장을 배척할 때에는 충실한 근거를 제시하면서, 피고인의 무죄주장에 대해서는 이를 배척할 충분한 근거제시가 거의 없는 것은 납득하기 어렵다.

피고인에 대한 무죄판결이 어렵게 되고 유죄판결이 쉽게 되는 법원의 판결문 작성 관행이 고쳐지지 않는 한, 기소된 피고인은 유죄추정을 받는 셈이며, 이는 형사재판의 불신을 가중하게 한다. 더욱이 유죄판결문의 작성이 무죄판결문의 작성보다 근본적으로 용이한 형사판결문작성관행은 의심스러운 경우 피고인에게 매우 불리하게 작용한다. 이제는 이러한 잘못된 관행을 고쳐져야 한다. 헌법과 형사소송법상의 무죄추정주의원칙의 준수와 사법부의 신뢰회복을 위해서도. 이제 그런 결단이 필요한 때이다.

2. 무죄추정원칙의 성격

무죄추정의 원칙에 대한 의의를 더욱 분명히 하기 위하여 무죄추정은 어떠한 성질을 갖고 있으며, 유사개념과 어떤 점에서 다른가를 규명해야 한다. 그런 점에서 "의심스러울 때에는 피고인의 이익으로"(in dubio pro reo)라는 원리와 "적법절차"(due process of law)의 개념과 비교 고찰해 볼 필요가 있다.

1) in dubio pro reo의 원리

"의심스러울 때에는 피고인의 이익으로"라는 원칙은 독일에서 발달하여 대륙법의 형사절차에서 오늘날 형사실무에 중요한 기본적 원리로 인정되고 있다. 이 원리는 형사소송법상 명문으로 규정된 바 없지만 법치국가의 기본적 원리로 인정되고 있으며, 특히 우리 형법 제19조에서도 그 정당성의 근거를 간접적으로 명시하고 있다.[1] 이 원칙의 내용은 재판 시에 문제된 사안에 대해 모든 가능한 입증조사를 했어도 의심스러울 때에는 피고인에게 유리하게 판단해야 하며, 유죄판결은 법관의 합리적 의심이 없을 정도의 확신에 찬 입증된 사실관계의 근거에 의해서만 허용될 수 있다는 것이다. 그러므로 법관은 피고인에게 불리한 결론을 내릴 때에는 입증된 근거에 의해서만 가능한 것이다. 이러한 원리의 침해는 당연히 상소의 대상이 될 수 있다고 본다.[2] 그렇다고 하더라도 in dubio pro reo 원리는 다양한 가능한 결과 중에서 언제나 피고인에게 유리한 것만을 선택하도록 강요하는 증거규정은 아니다.[3] 법관이 유죄판결을 하려면, 피고인이 유죄임을 면하기 어렵다는 정도로는 부족하고, 더 나아가서 피고인이 유죄임에 합리적 의심이 없을 정도에 이르러야 한다. 구체적 사건에서 피고인에게 무엇이 유리 또는 불리 하는지는 문제된 사건의 법률효과에 의하여 판단될 수 있을 뿐이다.

(1) in dubio pro reo의 적용범위와 예외

in dubio pro reo 원칙은 사실관계 확정 문제의 경우에 적용되지만, 법률문제 확정 경우에는 적용될 수 없다. 법률적인 것이 의심스런 경우 법관은 법률이나 계약의 해석을 통해서 판단하는 것이 허용되기 때문이다. 이 점은 어느 사안이 상상적 경합관계에 있는 문제인가 아니면 실체적 경합 관계에 있는가에 대한 법적 평가를 하는데 있어서도 같다. 그렇다고 하여도 의심스러울 때에는 피고인에게 유리하게하라는 법원칙은 공소시효의 완성여부문제에 있어서도 적용된다고 해야 할 것이다.[4] 이 원칙이 비록 피고사건의 실체형성에 관한 것이지만, 공소시효의 완성

1) 형법 제19조는 "동시 또는 이시의 독립행위가 경합한 경우에 그 결과발생의 원인된 행위가 판명되지 아니한 때에는 각 행위를 미수범으로 처벌한다." 고 함으로써 의심스러울 때에는 행위자에게 유리하게 하고 있다.

2) OGHSt. 1, 165; BGH 30. 9. 1954, 4 StR 263/54; Gollwitzer LLR RdNr. 112; Sarstedt S. 239.

3) Sarstedt, S. 255.

문제는 실체형성과 밀접하게 관계를 갖고 있는 소송법적 사실의 판단이어서, 적용이 배제되면 in dubio pro reo 원칙의 수용취지가 근본적으로 무색해 지게 된다. 따라서 공소시효계산과 관련하여 범행종료시점이 불명료할 때 피의자나 형사피고인에게 유리한 사실을 기준으로 삼아야 될 것이다.

in dubio pro reo 원칙은 사실관계가 의심스러울 때라고 해서 언제나 적용될 수 있는 것이 아니다. 법률에 의해서 이에 대한 예외규정을 두는 경우 이 원칙은 적용될 수 없기 때문이다. 바로 형법 제263조가 그런 경우로서 "독립행위가 경합하여 상해의 결과를 발생하게 한 경우에 있어서 원인된 행위가 판명되지 아니한 때에는 공동정범의 예에 의한다."고 함으로써 여기에서는 의심스런 경우 피고인이 불리하게 된다.

(2) 무죄추정의 원칙과의 관계

in dubio pro reo 원칙의 적용을 통하여 무죄추정의 원칙이 구체적으로 실현되는 경우가 적지 않다. 그러나 in dubio pro reo는 무죄추정의 원칙의 동의어라고 말할 수 없다. 왜냐하면 무죄추정의 원칙은 수사단계에서부터 재판단계 전과정에서 적용되기 대문이다. 그러나 in dubio pro reo는 기본적으로 사실심의 종료단계에서 문제가 될 뿐이며, 이에 대한 예외도 법률에 의해 인정되고 있다.

2) 적법절차와의 비교

'적법절차' (due process of Law)의 원리는 영미법의 형사절차에서 발전되어 오늘날 영미법계 국가뿐만 아니라 그 밖의 국가의 형사실무에서도 중요한 기본원리로 수용되고 있다.

헌법 제12조 제1항 제2문은 "누구든지 … 적법한 절차에 의하지 아니하고는 처벌받지 아니한다."고 규정하고 있다. 이는 형사절차에 있어서 그 절차를 규율하는 법은 형식적 의미의 법률로 정해져야 할 뿐만 아니라, 그 법률의 내용이 정의의

4) 신동운, 형사소송법 I, 539 쪽.

이념에 합치되어야 한다는 것이다. 형사절차에 있어서는 절차의 적법성과 적정성을 보장해야 한다는 요청이다. 이러한 원리는 원래 미국 연방 수정헌법 제5조 및 제14조에서 규정한 법의 적정절차의 이념에서 크게 영향을 받는 것이다.

적법절차의 원칙도 형사피의자와 형사피고인의 인권을 보장하려는 것으로 우리 헌법과 형사소송법에서는 비교적 자세하게 명시해 두고 있다. 예를 들면 고문을 받지 아니할 권리와 진술거부권 그리고 무죄추정의 권리 등등. 여기서 적법절차의 원칙은 무죄추정의 원칙을 포섭하는 넓은 개념임을 알 수 있다. 즉 무죄추정의 원칙이 제대로 준수되기 위하여 범죄혐의자의 변호인 조력권 · 진술거부권 · 고문을 받지 아니할 권리 그리고 인신구속에 있어서 영장제도 등 다수의 인권보장제도가 있다.

3) 무죄추정의 원칙에 대한 고유성질

무죄추정의 원칙은 헌법적 권리로서 이에 대한 침해는 상소의 대상이 된다. 무죄추정의 원칙은 in dubio pro reo에 의해서 실현되는 경우가 적지 아니하지만, in dubio pro reo의 원칙이 재판과정 중 사실심의 종료단계에서 적용되는데 반하여, 무죄추정의 원칙은 수사과정과 재판과정의 전단계에서 적용된다. 그리고 무죄추정의 원리는 헌법상의 원리이고, 그 실천원리 중의 하나가 in dubio pro reo일 때, 형법 제263조의 규정은 헌법상의 무죄추정의 원칙에 반한 것이다. 무죄추정의 원칙은 또한 적법절차의 한 내용이며, 무죄추정의 원칙이 제대로 실현되느냐의 여부가 형사사법의 민주화의 바로미터라고 할 수 있는 것이다. 이런 점에서 몇년 전부터 시행되고 있는 실질영장검사제도는 구속의 근본적인 감소를 가져와 결과적으로 무죄추정의 원칙을 강화하는 수단으로 작용 되고 있다.

Ⅴ. 법왜곡죄의 도입필요성

1. 문제의 제기

헌법은 우리 국민이 기본적 인권을 충분히 누리게 하여 각자 그 능력을 최대한 꽃피울 수 있게 함을 천명하고 있다.[5] 이러한 권리를 담보하기 위하여 인권침해행위를 형법에서는 형벌로서 벌하고 있고, 그에 관한 법정절차를 형사소송법에 두고 있다. 특히 판 · 검사의 인권침해행위에 대한 처벌에 관해서는 형법 제7장에서 규율하고 있다. 그런데도 불구하고 지난 반세기를 돌이켜 보면, 기본적 인권을 침해한 위헌적 소지가 있는 법률들도 적지 않았으며, 또한 법을 운용하는 분들도 '악법도 법' 이라는 법실증주의적 사고를 탈피하지 못하고 법률의 자격도 없는 법률에 의한 법적용을 한 사례도 적지 아니했다. 그 뿐만 아니라 누구보다 준법정신에 투철해야 하는 국가의 고위지도층들은 법률에 의해 주어진 권리나 권한을 남용하고, 의무를 방치함으로써 사회를 썩게 만든 경우도 드문 일이 아니었다. 그리고 불의가 판치는 곳에서 "그것은 법이 아닙니다."라고 말했어야 할 도덕적 · 법적 의무가 있는 법학교수와 판 · 검사를 비롯한 법조인 대부분이 그 말을 못했을 뿐만 아니라, 더러는 불의의 편들기도 하였다.[6] 그 결과 반인륜적 범죄행위를 처벌해야 할 법조인, 특히 판 · 검사가 자의에 찬 기준에 의해 법을 왜곡함으로써 법조인 전체가 불신을 받게 되었다. 판 · 검사의 법왜곡행위는 그들이 그 누구보다도 준법정신에 투철하게 입각해서 법을 운용하였어야 할 책무를 부담함에도 불구하고 법을 남용했다면, 일반시민보다도 곱절의 불법행위를 범한 것이 된다.

2. 인혁당재건위사건

'사월은 잔인한 달' 이라고 어느 시인은 노래했던가. 1975년 4월 9일, 서울구치소에서 대법원 확정판결이 있고 채 하루도 지나기 전에 8명이나 되는 분들이 형장의 이슬로 사라졌다. 이들은 유신정권에 협력했던 일부 법조인들에 의한 사법

5) 헌법 제10조 및 37조 2항 참조.

6) 이런 종류의 입장을 밝힌 서울지역에 근무한 젊은 법관을 중심으로 자성의 소리도 가끔 있어 왔다. 또한 권위주의적 정부에 반대한 법조인도 적지 않는 것은 물론이다. 예컨대 이승만 대통령의 총애를 받고 있었고, 교육가인 임영신 상공부장관의 독직사건에 대하여 불의를 용납하지 않고 용기 있게 수사하여 결국 유죄판결을 이끌어 낸 검사들처럼.

살인의 희생자였으며, 이날은 국제법률가협회의 지적처럼 '사법사상 가장 암흑의 날' 이었고, 이 사법살인의 주연은 유감스럽게도 우리의 법조인이었으며, 우리에겐 참으로 치욕스러운 날이었다.[7]

1972년 10월 박정희의 두 번째 쿠데타로 탄생한 유신정권은 그 정권유지 차원에서 도예종 등에게 반인륜적인 고문을 가해서 존재하지도 않은 지하공산당조직인 '인민혁명당 재건위원회' 를 결성했다고 허위로 꾸미고, 이 조작된 지하공산당 조직이 이른바 민청학련의 배후세력이었다고 거짓 선전 · 주장함으로써 우리 국민들에게 적화통일에 대한 공포심을 일으키게 하고, 유신쿠데타의 불가피성과 정당성을 확보하고자 하였다. 이 유신정권은 그 태생적 한계와 모순을 극복하려고 희생양을 만들 필요가 있었고, 일부 법조인은 그러한 유신독재의 충직한 충복이 되는 일에 크게 주저하지 않았다. 인혁당재건위 사건에 대한 사법살인의 범행은 중앙정보부에서 예비 · 음모를 꾸미고, 법원에 의해 차질 없이 실현되었으며, 급기야 한국최고의 법조인이라고 자부할 수 있는 대법관들까지 그러한 사법살인을 실현하는데 결정적으로 기여하였다.

이것이 왜 조작극이었느냐 하면, 10년 전에도 도예종 등이 같은 이름의 지하정당을 만들었다는 안기부의 조작 사안에 대해 당시 이용훈 검사를 비롯하여 4명의 검사들은 이들의 무죄를 확신하여 검찰상부의 공소제기요구에 반기를 들었고, 그 때문에 이들 중 이용훈 검사를 비롯한 3명은 검찰복을 벗었으며, 또한 법원도 증거 불충분으로 무죄로서 답했던 사안의 재탕이었기 때문이다. 이와 같은 사법살인행위를 자행한 것이 지난 50여년간 한국의 역사에서 처음이자 마지막도 아니었다. 예컨대 1980년대에 김대중 씨를 죽이려는 전두환 군사정권과 그 하수인이었던 일부 법조인, 심지어 당시의 대법관들까지도 사법살인에 동참하지 아니하였던가. 김대중은 다행히 사형이 집행되지 않아서 나중에는 대통령까지 역임하였지만.

7) 2007년 1월 23일 법원은 박정희 유신체제의 희생양으로 사법살인의 상징인 인혁당개건위사건에 대해 30년만에 무죄판결을 내렸다.

사람을 살해하는 방법에는 다양한 방법이 있지만, 그 중에서도 가장 악랄하고 반사회적인 방법은 사법살인일 것이다. 왜냐하면 사법살인은 실제로 살인행위이면서도 법기술(法技術)을 잘만 조작하면 합법적 살인으로 위장할 수 있으며, 살인의 동기가 특정세력이나 자신의 권력을 확보 · 유지하기 위해 무고한 사람을 죽인다는 점에서 극히 가증스럽고 비열하며, 더구나 법관이나 검찰은 정의를 확립해야 될 국가적 책무를 지니고 있음에도 불구하고, 오히려 그 지위를 이용하여 사람을 살인하는데 기여했다는 점에서 도저히 용납될 수 없는 일이기 때문이다.

그렇기 때문에 사법살인은 또 하나의 살인죄로 처벌받아야 마땅하며, 법치국가 원리가 꽃핀 국가들에서는 법률왜곡행위의 하나인 사법살인을 중죄로 취급하고 있는 실정이다. 그럼에도 불구하고 우리 사회에는 사법살인을 저지른 법조인들이 아무런 가책도 없이 아직도 사회의 상층부에서 남부럽지 않게 살고들 있다. 그들이 법조인이 아니고, 일반서민이었다면 살인자라는 낙인으로 살면서 인간적인 삶이 근본적으로 초토화되었을 것임에 비추어 본다면, 잘못되어도 한참 잘못된 것이다.

법조인들은 말한다. 법은 정의의 편에 있으며, 법조인은 정의의 실현을 위해 무엇이 진실인가를 고민하고 실천하려고 한다고. 그들의 이러한 주장이 결코 틀린 말은 아니며, 당연히 그렇게 해야 한다. 그리고 우리는 다수의 법조인들이 그것을 위해 헌신하여 왔음을 기억하고 있다. 이미 고인이 된 분들이지만 한국형법의 아버지이자 미군정시절 한국검찰의 위상을 높이 세웠던 엄상섭 검사, 이승만 독재정권에 대해 철저한 법치국가원리를 관철하려고 했던 김병로 대법관, 인권변호사로 충실했던 조영래 변호사, 인혁당사건에서 무죄의 소신을 굽히지 않았던 이용훈 검사 등 적지 않은 법조인들을 우리는 알고 있다.

그러나 '인혁당재건위 사건' 이나 '김대중내란음모사건' 에서 볼 수 있는 것처럼 일부 법조인들은 자신들의 영달을 위해 사실관계의 조작이나 법률의 부당한 적용, 또는 양형의 남용을 통하여 사법살인을 자행하였다. 사법살인을 해도 아무런 형사처벌을 가할 수 없는 우리의 법현실에서 법조인들의 법률왜곡행위는 쉽게 일어날 수 있다. 법관이나 검사가 수사나 재판과정에서 어느 법률을 악의적으로 특정 당사자에게 유리 또는 불리하게 적용하는 행위는 검찰과 법관에 대한 불신을 초래하는 근본원인이 되는 일이기도 하다.

이제 한국이 세계적으로 가장 악랄한 사법살인국가의 오명을 벗기 위해서도 사법살인을 비롯한 법률왜곡행위에 대한 형사처벌의 대응조치가 불가피한 것으로 보인다. 법률왜곡행위에 대해 아무렇지 않게 보는 국가에서 사법살인을 비롯한 법률왜곡은 너무도 쉬운 일이다. 또한 법률왜곡을 일삼은 법조인의 행위에 대한 척결 없이는 사법부에 대한 국민의 신뢰회복도 그리고 사법개혁도 공염불에 불과하다.

법원뿐만 아니라 검찰도 헌법상의 무죄추정의 원칙을 최소한이라도 준수했더라면, 또는 헌법에 반하는 유죄추정원칙에 철저하지 않았더라도 이와 같은 사법살인을 범할 수 없었다는 점에서 법관과 검찰의 실무자들은 무고한 사람들에 대한 살인행위를 범할 수 없었을 것이다. 참으로 부끄러운 일이며, 그런 살인범에 대해서는 살인죄에 버금가는 죄책을 가해야 정당할 것이다.

3.검찰의 법왜곡행위에 대한 대책

1) 있어야 될 검찰의 자세

우리의 검찰은 구시대의 권위주의적 정권 아래 부분적이긴 하지만 권력의 시녀로 얼룩져온 부끄러운 역사를 안고 있다. 그런 역사를 김영삼의 국민정부 이래로 시작되어 김대중의 국민의 정부, 노무현의 참여정부에서도 지속적으로 잘못된 검찰역사를 청산하는 과정에 있다. 진정한 검찰개혁의 완성 내지 검찰의 중립성확보를 담보하려면 지난날에 범해진 과오에 대한 철저한 반성과 함께 근원적 청산작업에서부터 출발해야 한다. 검찰권을 남용하여 법을 왜곡하여 검찰의 불신을 근본적으로 자초케 한 검찰들이 아직도 존재한다면, 그들은 퇴진해야 마땅하다. 왜냐하면 검찰의 진정한 권위는 검찰권의 적정한 행사에서 비롯되며, 법왜곡행위를 일삼는 자에 대한 인적 청산을 통해서만 검찰은 신뢰를 회복할 수 있기 때문이다.

검찰은 더 이상 권위주의적 국가기관이 되어서는 안 된다. 검찰의 관료주의도 청산되어야 한다. 검찰에 관료주의가 철저히 극복되지 않은 한 검찰의 개혁은 요원하다. 검찰의 권위는 검찰 자신들의 자유민주적 의식개혁을 통해 적정한 검찰권행사에 의해서 달성되기 때문에, 검찰은 우리의 사법현실에 투철한 역사의식과 함께 국민과 국가를 위한 직업적 소명의식을 갖고 검찰권행사를 법치국가원리에 걸맞게 행사해야 한다.

2) 현행 형법의 적극적 활용필요성

현행 형법 제123조를 비롯해서 제124조와 제125조에 의해서 검찰의 법왜곡행위의 상당부분을 막을 수 있을 것이다. 그런데도 지난 반세기간 무고한 피의자 또는 피고인이 검찰의 부당한 법왜곡행위에 의해 의무 없는 일을 행하게 되는 경우뿐만 아니라, 부당한 체포와 가혹한 행위를 당한 사례가 적지 아니했다. 그럼에도 불구하고 이들 형법조항은 관계된 검찰에 대해 적용된 바가 거의 없어 사문화된 현상은 기이한 일이다. 이런 기이한 현상을 타파하기 위해 우선적으로 법왜곡행위로 불이익을 받는 피해자들은 법왜곡행위를 일삼는 해당 검찰들에 대하여 고소 등의 방법으로 적극적으로 대응해야 할 것이다. 그리고 검찰 자신들도 부당하게 법왜곡행위를 한 검사에 대해 형법상의 해당된 법조문, 예를 들면 제123조나 제124조 또는 제125조에 근거해서 기소하는 등 이들 법조문의 적용의 활성화를 도모해야 할 것이다. 그러나 만일 검찰이 그들 동료들의 법왜곡행위에 대해 기소유예 등의 방법으로 불기소처분하는 경우에는 재정신청을 한다거나 헌법소원을 통해서 이들 법조문이 현실적으로 위력을 가질 수 있도록 우리 모두 노력해야 할 것이다. 또한 법관들도 검찰의 법왜곡행위에 대해 가능하면 엄격한 법적용을 해야 할 것이다. 아무리 검사가 자기의 동료검사를 법왜곡행위로 공소제기 했다 하더라도, 법관이 법왜곡행위로 엄격한 법적용을 하지 않으면, 검찰의 법왜곡행위는 결코 근절될 수 없을 것이다.

그렇지만 현행 형법상의 조문만으로는 법왜곡행위의 일반을 모두 처벌할 수 있는 것이 아니고 그리고 조문형식이 법률 자체를 왜곡한 행위를 처벌하기보다는 체포나 감금 또는 가혹행위 같은 행위 자체를 처벌한다고 규정하고 있기 때문에, 검찰의 법왜곡행위 일반을 처벌하기 위해 새로운 모습의 법왜곡죄의 신설이 요망된다.

3) 검찰의 법왜곡행위에 대한 새로운 규제필요성

법관뿐만 아니라, 검사나 그 밖의 수사기관이 적법절차에 따르지 않고, 오히려 부당하게 직권을 남용하여 사회 일반인이 용납할 수 없는 법률 자체를 왜곡한 경우, 그런 행위를 한 자를 처벌하는 제도적 방안이 선진국처럼 우리나라에도 존치되었어야 했다. 바로 그러한 장치가 없었던 것이 검찰 등의 법왜곡행위가 횡행할 수 있는 터전이 된 것이라고 보인다. 만일 우리나라에서도 검사나 법관의 의식적 법왜곡행위에 대해 처벌하는 규정을 둔다면, 그 법왜곡행위의 근원적 원인의 하나인 전관예우도 존재할 터전이 상당부분 없어질 것이다. 또한 우리나라에서는 검사가 부당한 수사나 기소를 해도 그리고 부당한 공소유지를 한 경우에도, 이를 방지할 수 있는 법왜곡죄의 존치라는 적절한 법적 제도장치가 없거나 미흡하다. 게다가 한국에서는 기소편의주의를 채택한 덕분으로 검사는 그 자신의 재량에 의해서 범죄를 범한 자에 대해서도 불기소처분 등으로 봐 줄 수 있다. 하물며 같이 동업하는 검사에 대한 수사 및 공소제기 등은 검사들 스스로 극도로 삼가야 됨은 물론일 것이다. 검사의 소추재량권 행사에 대한 남용은 현행 법제 아래서는 고작 검찰 항고나 불기소처분에 대한 재정신청 또는 헌법소원의 제기를 통해서 이루어진다. 그러나 이러한 제도도 신동운 교수가 잘 지적한 바와 같이 "현재와 같은 조문체계와 판례의 상황아래에서는 검사의 법왜곡행위가 있더라도 검찰이 적극적으로 공소를 제기하지 않는 한, 이를 효율적으로 통제할 가능성이 거의 없다."[8] 다시 말해 우리나라에서 검사의 법왜곡행위에 대한 적절한 대책을 형사법적으로 규정한다 해도, 이를 운영할 검찰의 올바른 자세가 전제되지 아니하는 한,

법왜곡행위의 근절은 사실상 어려울 것이다. 따라서 형사절차과정에서 법을 의식적으로 왜곡하여 시민의 인권침해행위를 포함한 반법률적 행위를 한 검사는 형사처벌의 대상으로 하여 처벌될 수 있도록 형법상 일반적 법왜곡죄[9]를 두어야 할 뿐만 아니라, 그런 종류의 형사처벌의 대상자는 원칙적으로 처벌되도록 형사절차법도 개선되어야 할 것이다.

Ⅵ. 검사의 표상(表象)인 엄상섭 선생

1. 검사의 표상인 엄상섭

원로검사인 선우종원 변호사는 자신이 존경하는 검사로 엄상섭과 김익진을 지목한 바 있다. 원로법조인 임갑인 변호사도 엄상섭을 대단한 인물로 평가하였다. 국내에 법조인이 이제 한 두 분도 아니고 이미 수천 명을 훨씬 넘고 있는 데, 검사출신이었던 엄상섭을 원로법조인들이 그렇게 높이 평가하는 것을 보면 아마도 그만한 이유가 있을 것이다. 선우종원 변호사는 그것에 대한 근거를 다음과 같은 예로 설명하고 있다.

"(그는) 6척 장구에 사람됨이 호탕하여 선이 굵으면서도 기개가 대쪽 같은 분으로 항상 이준 열사의 애국정신이 바로 우리 신생국가의 검찰상이라고 역설하였다. 당시 미군정의 재판관은 우리 한국 사람들에게 매우 가혹한 편이었다고 생각한다. 미군 담요 한 장 갖고 있다는 이유로 군정포고령을 적용하여 2년 징역 등을 마구 선고했다. 특히 한국인 통역의 횡포는 한술 더 떴다. 그들은 미군을 등에 업고 제멋대로 해먹은 느낌이었다. 그래서 우리 젊은 검사들은 특히 이들의 횡포에 분개하였다.

---

8) 신동운, 앞의 논문, 제387쪽 이하 참조.

9) 예컨대 "검찰 등이 수사절차나 소송절차 등에서 고의로 특정한 당사자에게 유리 또는 불리하게 법률을 왜곡하면, 일정한 법정형에 처한다."의 형식으로 법왜곡죄를 두는 것.

그때 마침 김영도라는 목사가 군정재판 통역과 수도경찰 수사과 형사와 짜고 서울 영등포에 있는 한 석면공장의 관리권을 불법 탈취한 사건이 있었다. 그 사람들은 관리인 방에 미군담요 한 장을 관리인 모르게 집어넣고서 포고령위반이라는 죄목을 씌워 구속하고 유치장에서 관리권포기각서를 쓰게 하여 관리권을 탈취하고 관리인을 당시 종로 경찰서 안에 설치되어 있는 미군정재판에 회부하여 징역 2년을 선고하였다. 이 수사결과를 엄 차장에게 보고하였더니, 당장 전원 구속하라는 지시가 떨어졌다. 물론 나는 이들을 구속 기소하였다. … 그러나 미군정이 이를 방임할 리가 있겠는가. 미군정은 군정장관 하지장군의 명령으로 그 사건을 종로 군정재판으로 이관하라는 지시를 내려 … . 엄 차장은 미군정재판소 측의 빗발치는 압력에도 한 치의 흐트러짐도 보이지 않았다. 민족적 자존심과 참다운 검찰상이 무엇인가 하는 것을 눈여겨보게 된 대목이어서 감히 검찰후진을 위하여 귀감이라고 아니할 수 없다."[10]

일제로부터 해방은 되었지만 아직 미군정에 의해 통치되고 있던 시절에 미군정의 잘못된 사법권행사에 대하여 굽히지 않고 과감히 맞서서 한국의 검찰상을 확립하려고 했던 엄상섭은 누구이며, 무슨 사상을 갖고 무엇을 이룩했고, 이룩하고자 했는가를 간략히 요약 정리하자면 다음과 같다.

2. 엄상섭, 그는 누구인가.

우리 형법과 형사소송법의 제정에 깊숙이 관여했고, 한국사회에서 민주화를 위해 헌신했던 엄상섭을 탐구하는 일은 우리 형법과 형사소송법 및 민주화의 확립과 인권옹호에 관한 그의 정신을 이해하는 것이 첩경이다. 그가 보여주었던 활동상의 원천인 그의 법사상은 하늘에서 떨어진 것이 아니고, 그가 자라온 환경과 교육 그리고 그의 활동과정에서 형성된 것이다. 마침 그가 자기소개문을 쓴 글이 있기에, 그를 이해하는 데에 중요한 문헌이라고 사료되어, 여기에 소개해 본다.[11]

10) 선우종원, "우리 검찰의 두 기둥, 엄상섭과 김익진 검사", 『월간 同和』, 1996년 1월호, 262면 이하.

"다행히도 이 책자(권력과 자유)를 읽어주시는 분이 계신다면 먼저 불초(不肖)의 사람됨을 알아야 할 것이기 때문에 간단히 본의 아니 나마 자기소개를 하려 합니다. 필자는 단기 4240년 5월 25일(호적에는 단기 4241년 5월 23일로 오기) 남쪽 나라 전남(全南)에서도 동남단인 광양(光陽)의 일한촌(一寒村)에서 보잘 것 없는 빈농의 막내아들(末子)로 탄생하였으니 그 해는 우리의 역사에서 잊지 못할 헤이그밀사사건(海牙密使事件)으로써 고종황제께서 비분의 양위(讓位)를 하시던 해인 모양입니다.

아홉 살 때에 부친을 여의고 본즉 빈한(貧寒)한 가정이 더욱 비경(悲境)에 빠져서 조반석죽(朝飯夕粥)도 여의치 못하였습니다. 서당이니 사립학교니 하고 다녔으나 부친의 별세와 함께 폐공(廢工: 공부를 중도에 그만두는 것)을 할 수밖에 없어서 3, 4년간은 초동(樵童)이오 목동(牧童)이었습니다. 열세 살 되던 해의 봄에 다시 교내(校內)에 있는 서당에 부급(負?: 먼 곳으로 공부하러 감)하게 되니 이는 어머니와 가형(家兄)의 비장한 결심에서 단행된 일이었습니다. 그때의 어머니의 말씀 … '이러다가는 문 닫는 집안 되겠다. 상섭 만이라도 가르쳐야지 …' 이 말씀은 지금에도 기억에 역력합니다.

한문 수득(修得) 1년여가 지나자 촌전(村前)에 보통학교가 신설되니 '신학문을 배워야 한다' 는 부친의 유지(遺志)대로 학교에 입학하였습니다. 4년제의 초등학교를 마치고 나니 연당(年當) 18세, 학자(學資) 없는 신세인지라 급비(給費: 비용을 지급함)하는 교육기관을 찾아간 것이 전남사범학교(全南師範學校)였습니다. 특과(特科) 2년제를 마치고 나니 20세 만공(滿工)이었음에 불구하고 약관(弱冠) 20세로서 30, 40세 되는 교원들 사이에 섞어서 제2국민의 교육을 맡았으니 지금 생각하면 한출첨배(汗出沾背: 흐르는 땀이 등을 적심)이나 그때에는 '안하무인격(眼下無人格)' 의 아기(雅氣: 아담하고 고상한 기품)로 있었던바 필자는 2종 자격으로 시작하였으나 1년간의 독공(獨工: 독학)으로 1종 자격검정시험 합격의 행운을 얻었으니 21세로서 최상급 자격의 초등교원이 되었다고 하여 연소(年少)한 마음에 어깨가 으쓱하기도 하였던 것이었습니다.

사범학교 시절부터 문학소년이던 필자는 문학으로 입신하려는 심정에 불타고 있었습니다. "고학(苦學)으로라도 영문학을 해보겠다."는 것이 필자의 숙원이었습니

11) 엄상섭 선생의 자기 소개, 허일태 · 신동운, 『권력과 자유』, 동아대학교 출판부 2003년, 380-383쪽.

다. 그러니 초등교원의 속성기(速成機) 관계로서의 변칙적인 학교를 졸업하였던 관계로 학교에서 'A' 자도 배우지 못한 몸으로써 또 학비 구득(求得)의 실이 막연한 팔자로서는 무모한 일이며 결국 하나의 꿈이었습니다. 26세 적에 결혼을 하고서 일본 동경(東京)으로 가서 1년간을 배회해 보았으나 필자와 같은 의지가 약한 사람으로서는 고학이란 불가능하고 이를 강행하다가는 고난 속에서 얻은 이득보다 '비굴감에서 이루어지는 '따악싸이드' 만이 고정되어 일종의 저열한(低劣漢)이 되기 쉬운 것' 이라는 생각에서 고학을 단념하고 그와 동시에 자유업을 할 수 있는 방편으로서 법률공부를 하기로 초지(初志)를 변경하였습니다.

28세 적부터 뜻을 두게 된 법률공부는 32세에야 일본 정부시행의 고등시험 사법과에 합격하여 사법관청의 공기라도 알아 가지고 변호사를 개업하려는 의미에서 사법관시보가 되었다가 결국 검사노릇을 하게 되었던 것입니다.

이 검사생활 … 이것이야말로 왜정 압력 하에서 독립운동에 신명을 바치시던 애국지사들에게 대하여는 지금도 면목 없는 일이라고 생각합니다. 필자의 공사(公私)의 생활에서 마음에 꺼림칙한 일은 거의 없습니다만 왜정 하의 검사, 즉 고관(高官)을 지냈다는 것만은 한없이 후회되는 일입니다. 그 동안 사상사건(思想事件)을 취급시키지 아니하던 왜정 하의 검사정책 때문에 큰 죄를 지을 기회는 없었으나 굴절(屈節)을 했고 왜제통치(倭帝統治)에 협력을 하였다는 것만은 아무리 사죄를 하여도 오히려 모자랄 것입니다. 그렇기 때문에 8、15 해방과 동시에 굳은 결심을 했던 것입니다. "다시는 절조 없는 행동은 아니 하겠다." 라고 … 이 때문에 현재에 있어서는 고집불통이라는 평을 듣게 된 모양입니다. 근래에 융통자재(融通自在)하는 사이비 애국자들의 무절조(無節操)한 정치행동을 바라 볼 때에는 우리나라에도 몇 사람의 고집불통의 존재도 필요할 것 같습니다. 더구나 필자처럼 그 속죄의 의미에서라도 고집불통으로 인한 불이익을 감수해 될 것이라고 믿고 있습니다. 어떤 분의 어느 신문에 발표된 바에 의하면 친일파이던 인물들의 정계진출을 嘲笑하였는바 진리가 아니라고는 할 수 없을 것입니다.

자숙하여 변호사업으로 호구(糊口)나 하려는 예정이었으나 친우(親友)들의 강권(强勸), 일종의 강제발령(强制發令)으로 인하여 미군정(美軍政) 검사를 하였고 대한민국 수립 후에는 지방검사장의 영직(榮職)에까지 참여하였으니 왜정에 무릎을 꿇었던 필자에게도 더 큰 영광이 아닐 수 없었습니다. '법적인 뇌물' 은 아닐지라도 도의적인 뇌물을 받아먹어야 생계를 유지하겠고 또 일부의 모략이 심한 관계로 검사진(檢事陣)을 물러나고 말았습니다. 이 못난 엄상섭에 대하여 군정검사 취업 당시에도 좌익으로부터 한민당(韓民黨) 검사, 대한민국 수립 당시에는 한독당(韓獨黨)의 비밀당원, 모씨(某氏)의 진력(盡力)으로 정부의 어느 요직에 취업설이 돌게 되자 결국 빨갱이 혐의까지 둘러 씌워졌던 것입니다. 이 얼마나 살기 어려운 세상이겠습니까?

변호사생활 8개월만에 5 · 30 선거에 나가게 되었거니와 그 동기는 입법의원(立法議院) 제헌국회를 통해서 볼 때에 민족정기를 살리는 영예의 생애를 걸어오신 분들은 거의 예외 없이 '투쟁의 지도자' 로서는 모두 훌륭들 하지만 '건설의 재간(才幹)' 을 갖추지 못하였기 때문에 조국재건 과업이 제대로 진전되지 못하고 또 간사한 무리들의 정체를 발견하지 못하고서 단순하게 신뢰함으로써 국정백반(國定百般)의 실권(實權)은 도리어 간사한(奸邪漢)들에게 옮겨가고 있습니다. 이를 좌시(坐視)한다는 것은 '견리불행(見利不行)' 의 비겁한 일이라고 생각했기 때문에 입후보를 해보았던 것입니다. 더구나 필자의 고향에서 출마하겠다는 인물들도 전부 왜정에 굴절(屈節)한 점에 있어서는 필자에 못지않은 사람들뿐이니 그런 사람들과의 선거전이라면 양심에 거리낄 것도 없었던 것입니다. 다행히도 당선의 영관(榮冠)을 얻었으니 오로지 선거민에게 감사할 뿐입니다. 그 뒤 국회에서의 활동은 이미 국민 여러분이 엄정냉혹(嚴正冷酷)하게 판단하고 계실 것입니다. 정계에 '데뷔(debut)' 하기까지의 자기소개는 이 정도로서 충분할 것입니다.

- 1956년 11월 -."

3. 엄상섭의 업적과 법조인으로서의 자세

우리나라가 1945년 8월 15일 일본으로부터 해방되었음에도 불구하고, 일본 법률은 그 이후에도 오랫동안 한국을 지배하였다. 특히 민법의 경우는 해방 후 13년이 지난 1958년에서야 제정 · 시행[12]되었고, 정치적 색채가 강한 형법과 형사소송법조차도 해방 후 8년과 9년이 지난 1953년과 1954년에서야 각각 제정 · 시행되었다. 한국형사법전이 이처럼 늦게 제정 · 시행되었음에도 우리의 형사실무는 우리의 형법규정내용과 일치하지도 않은 일본형법전의 해석에 충실한 일본최고재판소의 판례를 무비판적으로 따른 것이 다반사였다. 더욱 놀라운 사실은 대법원조차도 그것에서 예외가 아니었다.[13)]

1953년에 제정된 우리 형법 제1조와 1948년의 제정헌법 제23조에서 죄형법정주의의 천명에 따라 형사실무자는 우리의 형법조문에 충실한 적용과 해석을 하였어야 함에도 종래 식민지 지배국인 일본의 형법정신과 법률해석을 따르는 부끄러운 모습을 보여주었다. 우리 형법은 제정당시 선진국 형법전의 수준을 능가하는 실질적 법치주의에 입각한 규정을 적지 않게 두었고, 이에 대한 하나의 사례로서 어느 행위가 형식적으로 범죄구성요건에 해당되더라도 사회상규에 위배되지 아니하는 행위를 벌하지 아니한다는 정당행위의 원칙을 명시하였다(형법 제20조). 이는 우리 형법이 모든 국민의 전과자화를 막고, 사회적으로 허용될 수 있는 위험한 짓거리에 대해 관용을 베풀 수 있도록 함으로써 형벌의 본질을 충분히 감안한 형법의 보충적 성격을 올바르게 수행할 수 있는 큰 장점을 가지고 있다. 또한 형법 제16조에서 법률의 착오를 인정하고, 이런 착오의 경우 착오의 정당한 사유가 존재하면 벌하지 아니한다고 명시하고 있는 데, 이는 우리 형법이 얼마나 책임주의에 철저한 현대형법인가를 보여준 것이며, 고전적 형법체계론을 극복하고 현대형법이론상 가장 발달된 형법체계론인 목적적 내지 목적론적 형법체계론의 지주로 작용할 수 있게 하였다.[14)]

이런 수준 높은 형법의 제정에는 엄상섭이 결정적 역할을 하였다.[15)] 그는 있어야 할 한국형법의 기본정신인 철저한 책임원칙과 형법의 민주화의 실현방안을

12) 한국형법의 제정과정에 관해 자세한 연구는 신동운, "제정형법의 성립경위", 『형사법연구』 제20호(2003 겨울), 9-52쪽.

13) 예컨대 우리 형법 제16조는 "자기의 행위가 법령에 의하여 죄가 되지 아니한 것으로 오인한 행위는 그 오인에 상당한 이유가 있는 때에 한하여 벌하지 아니한다" 고 명시함으로써 법률의 부지도 상당한 이유가 있는 때에는 벌할 수 없음을 천명하고 있다. 그럼에도 불구하고 우리 대법원은 법률의 부지에 관해 우리 입법자의 결단을 무시하고, 법률의 부지에 대한 면책의 효력을 부인하는 일본형법전의 영향 아래에 있는 일본최고재판소의 판결을 오늘날까지도 무비판적으로 수용하고 있다. 이로 말미암은 자괴감은 이루 형용하기 어렵다.

제정형법초안의 기본적 틀이었던 형법요강을 통해서 명확히 하고, 제정형법의 초안작성은 물론이고 정부안의 작성과 자구수정까지 책임을 맡았으며, 1951년에 국회에 제출된 정부안을 당시 제2대 국회의 국회의원으로서 통과시키는 데에 주도적 역할을 다하였다.[16)]

그는 비단 형법뿐만 아니라 형사소송법의 제정과 그 운용에도 결정적으로 관여했다. 즉 김병로 대법원장이 작성한 형사소송법 초안이 특별한 가감 없이 정부안으로 확정되어, 1953년 1월 13일 국회에 제출되고, 국회법사위는 엄상섭을 중심으로 4명의 소위원회를 구성하여 그 정부안을 1년간 신중히 심의하여 100항목에 대해 인권옹호차원에서 법사위의 수정안을 마련하였다. 그리고 법사위 소위원회의 심의를 주도한 인사는 엄상섭 의원이었음을 그의 회고록에서도 찾아볼 수 있다.

"또 어떠한 풍설에 의하면 형사소송법안에 대한 대폭적인 수정은 필자 혼자서 한 것같이 전파되고 있다. 이 풍설대로의 사실이 있었다면 필자야말로 제2대 국회의원 중에서 수훈 제1급에 속하는 민주과업의 전진을 진행한 사람일 것이고, 그 이름이야말로 우리나라의 인권옹호사상(人權擁護史上)에 영원히 빛나게 될

---

14) 제정형법의 사상에 관해서는 허일태, "제정형법의 사상과 기초이론", 『형사법연구』 제20호(2003 겨울호), 53-88쪽.

15) 한국의 형법제정에 누구보다 깊숙이 관여한 분은 엄상섭이다. 그가 우리의 제정형법에 어떻게 관여했는가를 간략히 설명하면 다음과 같다. 미군정의 법령에 근거하여 조직된 조선법제편찬위원회 형법분과위원회 소속인 양원일 판사와 엄상섭 검사에 의해 1947년부터 형법전 준비초안의 작업에 들어가 형법요강이 작성되고, 그 사이 1948년 대한민국이 수립되면서 대통령령 제4호로 법전편찬위원회 직제가 제정되어 이들 양인은 형법전 제정에 관한 군정시대의 법제편찬위원회 사업을 다시금 계속하였다. 그러나 양원일 위원의 갑작스런 죽음으로 그를 대신한 김병로 법전편찬위원회위원장과 함께 엄상섭 위원(당시 대검찰청 검사)이 제정헌법의 정신에 걸맞은 형법초안을 1949년에 입안하였다. 이 초안에 근거한 정부안이 1951년 제2대 국회에 제출되고, 당시 국회의원인 엄상섭의 주도로 국회에서 축조 심의 및 보완되어 제정형법으로 태어났다. 즉 엄상섭은 제정형법에 대한 기본사상의 정립에서부터 각 조문의 구성과 그 배열 및 심지어 조문의 자구수정의 세세한 부분에 이르기까지 관여하였고, 국회에서 형법전을 통과시키는 과정에서도 국회의원들에게 형법의 근본원칙과 기본적 내용을 설명하며, 총론과 각론의 체계적 연계 및 신생독립국가에서 있어야 할 각 조문과 함께 형법의 민주화를 위한 조문화의 실현 등 형법의 제정에 관해 주도적인 역할을 하였다.

16) "형법연구의 태도", "형법요강해설", "우리 형법전에 나타난 형법의 민주화의 조항", "확신범에 대한 대책", "우리 형법전과 공범이론" 등 주옥같은 그의 논문은 우리의 제정형법이 취하고 있는 기본적 태도에 대한 설명과 함께 한국 형법학의 독자성을 확립할 수 있는 심도 있는 내용을 다루고 있어, 그가 우리 형법학계에도 큰 기여를 하였다.

것이다. 그러나 형소법안은 어느 좌담회에서 변호사 출신 모 국회의원이 언명한 바처럼 '단 한사람의 위원에 의하여 수정된 법안' 은 아니었던 것이다."

엄상섭은 자신의 역할을 겸손하게 소개하고 있지만, 사실상 그의 형사소송법의 제정에 관한 역할은 크게 과장된 것이 아닌 것으로 보인다.[17] 신동운 교수가 편집한 『형사소송법제정자료집』에 나타난 그의 언명이 오늘날에도 여전히 그 생명력을 갖고 있다는 점도 그런 풍설을 뒷받침해 주고 있기 때문이다. 예컨대 형사소송법 제정당시부터 극명하게 대립되었던 수사권분배의 문제에 있어서 엄상섭은 이론적으로 경찰이 수사권을, 검찰은 기소권을 가져야 옳지만, 다만 당시의 상황에서 검사에게 수사권과 기소권을 잠정기간동안 주는 것이 국민의 인권을 위해서 바람직하다고 보았다. 또한 검사에게 기소편의주의를 인정하는 우리 형사소송의 체계에서는 고소 · 고발사건에 대해 재정신청을 모두 인정하는 것이 사리에 합당하다는 논지에 따라, 제정형사소송법은 재정신청의 범위를 제한하지 아니하였다.

그밖에도 엄상섭은 대통령중심제의 폐해와 내각책임제의 전제와 당위성, 자유민주주의의 정당성을 말과 글 그리고 행동으로 역설함으로써 한국 헌법사에 깊은 영향을 주었다. 또한 위에서 언급한 것처럼 미군정시절 무너져가고 있던 한국검찰의 위상을 높이 세웠으며, 이승만 독재정권에 굴하지 않고 맞서 사사오입 개헌의 부당성을 통렬하게 비판하고, 인권옹호와 법치주의의 실현에 헌신했으며, 국회의원 선거를 통해서 체험한 부정선거와 추악한 관권선거의 현실을 조목조목 개탄하고, "형사재판의 민주화", "정치의 합법성과 비합법성", "권력과 자유", "정당과 정치인", "확신범에 대한 대책" 등 주옥같은 정치평론과 논문들을 통하여 한국 사회에서 있어야 할 정의로운 사회형성과 실질적 법치주의의 확보를 위해 노력하였다. 또한 참다운 민주사회를 구현하기 위해 우리는 무엇을 어떻게 해야 할 것인가를 예리하고 심오한 눈으로 문제점을 파악하고, 이에 대한 설득력

17) 신동운, "제정형사소송법의 성립경위", 『형사소송법 시행 50주년의 회고와 전망』(2004년도 한국형사법학회 추계학술대회), 10면 이하 참조.

있는 대안을 제시하였다. 바로 이러한 그의 사상과 행동을 통해 그가 우리 시대 가장 탁월하고 훌륭한 입법자이자, 사상가이며, 법학자이고, 법실무가였다고 보인다.

그러나 어떤 연유에서인지, 이와 같은 위대한 업적을 남겼던 엄상섭에 대해서 우리는 왜 그토록 무관심했을까? 이는 아마도 우리 세대가 그의 활동상에 관련하여 아무런 정보를 얻을 수 없었기 때문이 아닌가 사료된다. 이를 해소하고, 선생의 사상에 대한 바른 이해를 돕기 위해 서울대 신동운 교수와 필자는 공동으로 엄상섭에 관한 자료를 수집 · 발굴하여 2003년 정리 · 발표한 바 있다.[18] 2005년에는 "엄상섭 형사소송법논집"을 신동운 교수의 노력으로 서울대학교에서 출판된 바 있다.

일제강점기에 검사로서 지낸 것을 평생 후회하면서 다시는 지조 없는 짓을 하지 않겠다고 언론에 공표했던 엄상섭은 인권침해적 사법의 전형이었던 식민지 형사사법의 실무를 현장에서 겪었고, 해방 후 좌우익간의 극심한 이념갈등으로 인한 혼란, 6 · 25 사변에 의한 처참한 동족상쟁과 도탄에 빠진 국민들의 생활고, 게다가 이승만 독재정권의 지속으로 인한 불의와 부패가 만연되고 국민의 기본적 자유가 극도로 침해되는 사회를 몸소 체험하였다. 이 과정에서 국민 개인의 존엄성과 자유가 확보된 사회의 형성과 유지야말로 우리 국민이 참다운 인간다운 삶을 누릴 수 있는 유일한 길이라는 신념에 입각하여 그는 자유민주주의와 실질적 죄형법정주의를 신봉하고, 이러한 이념의 실현을 위해 온 몸을 던져 달성하고자 하였다. 즉 그는 부패한 정치를 펼쳤던 이승만 독재정권에 항거하여 직언을 서슴지 않았으며 국민적 원성이 자자했던 국민방위군사건[19]을 비롯하여 중석불(重石弗)사건[20] 같은 중대한 부패사건에 대해 썩은 부위를 잘라내는 작업을 감행하는데 주저하지 않았다. 선생은 그가 겪었던 일제강점기 이후부터 이승만 독재정권 하에서의 체험과 함께 쉼 없는 독서와 연구를 통하여 일제로부터 해방된 신생

18) 그 하나는 동아대학교 출판부에서 발행된 "권력과 자유"(허일태 · 신동운 편저, 2007년 2월)이고 다른 하나는 서울대학교 출판부에서 발행된 "효당 엄상섭 형법논집(신동운 · 허일태 편저, 2003년 9월)이 있다.

19) 1951년 1월 국민방위군 사령부 간부들이 국민방위군에 편성된 군사물자와 군량미 등을 부정처분한 사

국가인 한국의 위정자들이 무엇을 어떻게 해야 한국국민의 인권이 보장되며, 삶의 질이 높아지고 인간답게 살 수 있을까에 대해 끊임없이 물음을 던지고, 이에 대한 해답을 찾으려고 노력하였다.

진정한 우리의 검찰상, 또한 진정한 법조인의 참모습이 무엇인가를 행동으로 보여준 그를 한국형법의 아버지라고 불러도 무방하다고 보며, 법률가도 위대한 인물의 반열에 들어갈 수 있다는 것을 우리 형법의 아버지였던 엄상섭이 입증하였다고 할 것이다.

건으로, 1951년 1월 초, 1、4후퇴로 전선의 후퇴작전이 감행되자 방위군은 100만명의 장정들을 후방으로 이송하게 되었다. 이 때 방위군 간부들이 군사물자 및 군량미 등을 부정처분하여 착복한 결과, 후퇴 장정에 대한 보급의 부족으로 5만여 명의 사망자와 많은 병자를 내게 하였다. 이 사건은 국회의원에서 폭로되어 엄상섭 의원을 중심으로 진상조사단이 구성되었고, 조사결과 국고금 24억원, 양곡 5만 2000석이 부정처분되었음이 밝혀졌다. 착복금 중 일부가 이승만 정치자금으로 사용된 것이 밝혀지자 이시영 부통령과 사건배후로 지목된 신성모 국방장관이 사임하고, 국회는 1951년 4월 30일 방위군의 해산을 결의, 5월 12일 해체되었다. 그해 7월 19일 군법회의는 방위군 사령관 김윤근, 부사령관 윤익현 등 5명에게 사형을 선고하고, 동년 8월 12일 그들을 사형 집행하였다.

20) 1952년 6월 정부가 중석불(重石弗: 중석을 외국에 팔아 획득한 달러)을 민간상사에 불하하여 밀가루와 비료를 수입하게 하고, 이를 농민에게 팔아 피해를 입힌 사건. 정부는 대한중석 등 13-14개 상사에 중석불을 부정 불하하여 이들 민간상인으로 하여금 밀가루 9940톤, 비료 10,368톤을 수입하게 함. 수입된 밀가루와 비료의 처분을 둘러싸고 정부와 상사 측이 결탁하여 80%를 상사 측이 자유 판매하여 500억원의 부당이득을 취함. 이 사건에는 국회의원 상당수가 상인과 결탁하였다는 혐의가 있어 엄상섭 위원을 비롯한 국회조사단이 구성됨. 이 사건으로 재무부 장관 함인섭이 인책 사직했으나, 폭리취득죄로 기소된 상사 측은 무죄선고를 받음.

제 16 장

독일 · 프랑스의 수사구조를 통해서 본 경찰 수사권의 합리적 배분과 수사권내용

차 례

【요약】

독일과 프랑스 그리고 한국의 수사권체계를 전체적으로 조망하여 비교 · 검토해 보면, 독일과 한국의 검찰 · 경찰 관계는 기본적으로 검사를 수사주재자 내지 수사지휘권자로 인정하고 있다는 점에 대해서는 이의가 없다. 프랑스의 경우 공소제기의 주체는 원칙적으로 검사이며, 피해자는 일정한 조건에서 사소를 제기할 수 있다. 검사가 공소제기의 주체이므로 공소제기 결정을 위해 범행혐의의 유무를 어느 정도 파악할 수 있는 수사권을 가지고 있다. 이 범위 내에서 프랑스의 검사는 수사의 주재자이며, 사법경찰에 대한 수사를 지휘 · 감독하고 있다. 범죄에 대한 수사권은 프랑스에서는 원칙적으로 예심판사가 갖고 있음은 물론이다. 그런데 프랑스에서 예심판사와 검사는 본래 같은 뿌리인 사법부에서 나온 것임을 인정한다면 독일과 프랑스 그리고 한국 등 대륙법계 국가에서는 경찰이 수사의 주재자가 아닌 것은 분명하다.

그러나 한국의 검사와 독일과 프랑스의 검사의 수사권은 실질적으로 많은 차이가 있다. 첫째로 독일과 프랑스 검사는 사법경찰의 수사에 대한 지휘 · 감독을 원칙으로 하기 때문에 그 자신 독자적인 수사인력을 갖추고 있지 않으면서 이른바 '손 없는 머리' 의 역할을 수행하는 반면, 한국의 검찰조직은 독자적인 수사인력을 갖추고 있으면서도 사법경찰을 지휘하고 있다.

둘째로 한국에서는 검찰(법무부)과 경찰(행정자치부)이 서로 상이한 조직체계를 갖추고 있음에도 수사지휘와 관련하여 명령 · 복종의 획일적 관계로 규정되어 있다. 이에 반해 독일과 프랑스에서는 지시와 감독관계이지, 명령과 복종관계가 아니다는 점이다.

셋째로 한국에서는 검사의 자체수사가 가능하여 검찰은 피의자신문조서를 직접 작성할 수 있고, 여기서 작성된 피의자신문조서에 대해서는 일정한 범위에서 증거능력이 인정되고 있다. 이에 반해 프랑스와 독일은 검사의 자체적인 피의자신문조서작성이 존재할 수 없으므로 오직 사법경찰작성의 피의자신문조서만이 가능하며, 다만 한국의 사법경찰작성 피의자신문조서처럼 피고인이 공판정에서 증거능력을 부정하면 증거능력을 무조건 부여하지 않는 것이 아니고 조서작성경찰의 증언을 통하여 그 조서의 진정성과 내용의 진정성의 담보여하에 따라 달라질 수 있다.

넷째로 한국의 사법경찰은 형사소송법상 초동수사권조차 없는데 반해, 독일에서는 초동수사권이 부여되며, 프랑스에서도 독일의 초동수사권과 유사한 예비조사권을 부여하고 있다. 그러나 형사사건의 우리나라도 거의 모든 사건에 대해 경찰이 사실상 초동수사를 하고 있는 현실이다.

다섯째로 한국의 경찰은 검찰사무집행규칙 제141조와 사법경찰관리처리규칙 제20조에 의해 사실상 초동수사와 같은 효과를 가진 내사를 행사하고 있다. 독일과 프랑스는 수사가 갖는 형사사법의 인권침해적 성격 때문에 모든 수사의 근거를 법률에 두고 있다는 점에서 우리나라와는 다르다.

여섯째로 프랑스와 독일은 일정한 범위에서 사인소추를 허용하고 있는데 반하여, 한국에서는 사인소추를 전혀 인정하고 있지 아니하다.

이처럼 한국의 형사소송법에서는 검사가 수사권을 갖고 있을 뿐만 아니라, 경찰의 수사를 지휘감독하며, 게다가 수사요원을 자체적으로 갖고 있어 경찰에서 이미 수사하였던 사안에 대해 이중으로 수사하고 있고, 또한 일부 특정혐의사안에 대해 경찰수사를 완전히 배제하고 검찰 자신의 독자적인 수사를 할 수 있고 또한 하고 있다.

그런데 검찰은 이와 같은 수사의 주재자로서의 권한과 수사인력을 유지하여 이중수사를 해야 할 이유를 다음과 같이 설명한다. "법률전문가인 검사는 경찰이 수사과정에서 적법한 절차를 준수하는지 여부를 감시하게 함으로써 국민의 인권을 보장하고, 법적 사고력을 갖추고 이후 법원을 상대로 피의자의 유죄를 입증하고 설득해야 할 검사가 경찰수사를 지휘하게 하여 실체적 진실을 발견하고 정확한 법적용을 담보하자는 것이다."

검찰의 이와 같은 견해는 검찰이 자체 수사인력을 갖고 있지 않고, 사법경찰의 수사에 대한 지휘 · 감독을 하는 경우에 한해서 맞는 말이다. 검찰이 직접적으로 수사에 참여하기보다는 경찰의 수사과정에서 적법한 절차를 준수하는지 여부를 감시하고, 이러한 범위에서 경찰수사를 지휘하게 함으로써 경찰수사의 적법성을 담보할 수 있기 때문이다. 또한 그렇게 함으로써 검찰은 공익을 위한 주체로서 피의자나 피고인을 위해 객관의무를 충실히 실행할 수 있을 것이다.

그러나 그렇게 되기 위해서는 검사가 오늘날처럼 범죄혐의사실에 대해 직접적으로 수사하는 것을 원칙적으로 그만두어야 한다. 만일 검찰이 직접 수사하게 되면 검사가 혐의사안에 대한 이해당사자가 되어 수사의 방향과 절차의 적법성을 객관적으로 판단하기보다는 혐의자가 범죄를 범했을 것이라는 편견에 젖어들게 된다. 이 때문에 검찰이 사법경찰에 대해 적법절차를 준수하고 있는 지와 실체적 진실파악을 합리적으로 하기 위해서는 다음과 같은 전제가 충족되어져야 할 것이다.

첫째로 검찰은 원칙적으로 경찰의 수사를 지휘하고 감독하는 데에 만족해야 한다. 왜냐하면 수사의 적정성지휘와 감시, 공소권의 신중한 행사와 공소유지에도 전력을 다할 수 있는 여력을 충분히 비축해야 하기 때문이다. 만일 검찰이 지금처럼 경찰이 이미 수사했던 사안에 대해 다시금 수사하는 방식이 계속되는 한, 이는 한편으로 이중수사가 됨으로써 피의자와 참고인의 이중조사와 인력의 이중낭비를 초래하며, 다른 한편으로 검찰 자신이 수사의 핵심적 주체가 되고, 피의자는 한낱 수사객체로 전락하게 되어, 사법경찰의 수사에 대한 검사의 적법성감시와 피의자의 이익을 위한 검사의 객관의무를 충실히 실행하기 어렵게 만들게 된다. 이와 같은 이중수사방식은 검찰인력과 힘을 소진하게 하기 때문에, 검사가 사법경찰수사의 적정성확보를 감시 · 감독과 공소권의 신중한 행사 그리고 공소유지의 전력에 장애사유가 될 수 있다.

둘째로 검사에 의한 수사는 실무에서 거의 대부분 검찰직원에 의한 수사를 의미하는데, 검찰직원은 결코 검사가 아니며, 사법경찰과 본질적으로 다른 자격과 능력을 구비한 것도 아니다. 그럼에도 불구하고 사법경찰의 수사 이외에 검찰의 수사라는 외형적 형식에 의해 피의자가 이중으로 수사를 받아야 하는 불편을 겪는 것은 부당하기 때문에, 검사가 직접 수사에 간여하게 하고 있는 수사방식은 특별한 사유가 존재하지 않는 한 회피해야 할 것이다.

셋째로 검사작성의 피의자심문조서의 증거능력은 경찰 작성의 피의자신문조서처럼 그에 대한 성립의 진정이 인정되더라도 내용을 부인하면 증거로서 가치를 인정해서는 아니 될 것이다. 만일 이것이 개선되지 않는다면, 검찰은 언제나 검사작성의 피의자심문조서에 대한 유혹을 뿌리치기 어려우며, 더구나 이 심문조서의 위력은 당사자주의를 원칙으로 하고 있는 우리의 현행 형사소송구조 아래서 법정에서의 구두변론주의를 공허하게 만든다. 바로 오늘날 법정에서 구두변론주의가 활성화되지 못한 결정적 이유가 바로 검사작성피의자심문조서에 증거능력을 인정하고 있다는 것도 크게 한몫하고 있다. 직권주의를 원칙으로 하는 독일에서조차도 피의자심문조서가 증거능력을 갖지 못하도록 한 것은 시사한 바가 적지 않다. 프랑스에서도 검사가 자체 수사인력을 갖고 있지 아니하기 때문에 검찰작성의 피의자신문조서가 존재하지 아니하며, 사법경찰작성 피의자신문조서는 그 자체 증거능력을 갖고 있지 아니하다.

넷째로 수사현실과 이에 관련된 형사소송법이 조화를 이루어야 되며, 이런 점에서 우리나라도 독일의 초동수사권 내지 프랑스의 예비조사권을 경찰에게도 인정함이 합당할 것이다. 그렇게 해야만 법과 현실의 괴리를 막고, 따라서 법률에 근거하지 않은 수사행위에 대해 철저한 감독기능을 강화하여 피의자의 인권을 충분히 보장할 수 있을 것이다. 더욱이 형사소송법에도 없는 일제시대부터 전수된 내사제도를 이용하여 사법경찰이 수사를 하고 있는 관행을 극복하기 위해서도 내사에 대한 형사법적 근거와 그 남용의 방지를 위한 조치를 취하여 사법경찰이 범죄사건의 초동수사에 어느 정도 수사권을 갖게 하는 것이 바람직하다고 생각된다.

그리고 바로 검사주도의 수사체계의 원조격(元祖格)인 독일과 프랑스의 경우에도 사법경찰에게 초동수사 내지 예비수사권을 인정하고 있다는 것은 우리가 곱씹어 볼일이다. 수사가 가져오는 치명적인 인권침해에 대해 역사적으로 매우 민감한 이들 국가들이 왜 그와 같은 수사체계와 내용을 정비하여 운용하고 있는지에 대해 우리 모두가 깊이 반성해야 할 것이다.

이런 점에서 적어도 초동수사에 대해 경찰에게 독자적인 수사권을 부여하고, 검사는 수사에 집중된 인력투입보다는 경찰수사의 적정을 감시하는 데에 주력할 수 있게 할 뿐만 아니라, 법원에서 재판에 충실하게 임할 수 있게 함으로써 오히려 국민의 인권보호에 첩경이 될 수 있을 것이다.

I. 서론

1. 문제의 제기

형사절차는 범죄인에 대하여 국가형벌권을 실현시키는 절차이므로 수사기관의 수사는 형사소송법의 규정에서 볼 때 국가형벌권실현의 첫 단계가 된다.[1] 즉 수사기관의 수사에 의해 형사사건의 증거가 확보되면 검사는 법원에 공소를 제기하게 되고, 법원은 당해 사건에 대하여 유 · 무죄의 여부를 재판한다. 따라서 사회적으로 용납하기 어려운 범죄가 일어났어도 수사기관의 수사가 착수되어야 비로소 국가형벌권의 첫 단계가 진행되기 때문에 수사절차는 국가형벌권행사에 있어서 아주 중요한 역할을 담당한다. 더구나 형벌권을 전제로 하는 수사가 개시되면, 수사대상자는 수사기관으로부터 자신의 인간으로서의 존엄과 인격권에 대해 치명상을 입을 수 있게 된다. 그러므로 수사가 어떠한 주체에 의해 어떻게 이루어지고 있는가를 비롯하여 공정하고 합법적인 수사를 위한 강력한 통제가 제대로 이루어질 수 있는지는 법치국가 원리를 지향하는 한국에서 이해당사자의 깊은 관심의 대상이 될 수밖에 없다.

그런데 현행 형사소송법은 범죄수사에 관해 검사에게 수사권뿐만 아니라, 사법경찰을 지휘하는 권한을 부여하였다.[2] 게다가 검사는 모든 범죄사건을 직접 수사할 수 있는 제도와 조직력을 갖고 있으며, 그 자신 직접 수사를 담당하고 있다.

---

1) 그러나 한국의 수사실무는 적지 않은 형사사건에 대하여 형사소송법 절차에 따른 수사이전에 내사를 실시하고, 이를 통해서 범죄사실의 일부가 확인되면 본격적인 수사를 실시하는 것이 관행으로 되어 있다. 내사라 함은 통상 보도 · 풍설 · 진정 · 탄원 · 익명의 신고 등을 통하여 범죄혐의에 대한 정보를 입수한 수사기관이 범죄혐의의 유무를 확인하기 위한 입건 전의 조사활동을 의미한다. 이처럼 내사는 수사와 사실상 다를 바 없는 성질을 가짐에도 불구하고 그 근거가 형사소송법이 아니라, 사법경찰직무규칙에만 의존하고 있다. 이 때문에 내사는 수사에 관한 형사소송법상의 규정을 회피하는 수단으로 악용되는 면이 적지 아니하다. 게다가 수사의 주체는 검찰이므로 검사가 수사종결권을 갖지만, 수사와 성질상 거의 다를 바 없는 내사는 그 주체가 사법경찰이므로 사법경찰이 내사의 종결권을 갖게 된다. 내사에 관한 자세한 문헌으로는 정성진, "내사론", 『법조』 제46권 제3호, 7쪽 이하; 권오걸, "수사절차로서 내사에 대한 고찰", 『형사법연구』 제15호, 239쪽 이하 참조.

2) 즉 현행 형사소송법은 검사에게 수사권(제195조: 검사는 범죄의 혐의 있다고 사료하는 때에는 범인, 범죄사실과 증거를 조사하여야 한다)과 사법경찰관리에 대한 수사지휘권(제196조)을 부여하고 있을 뿐만 아니라 제246조를 근거로 소추권도 독점하고 있다.

그 결과 검사는 경찰이 수사과정에서 공정하고, 적법한 절차를 준수하고 있는 지의 여부를 감시하는 통제기능이 상대적으로 저하될 수 있고, 또한 검찰에게 부여된 객관의무, 즉 피의자의 범행뿐만 아니라, 그에게 유리한 증거를 탐구해야 될 의무가 유명무실하게 될 우려를 야기하며, 법원을 상대로 하는 공판에서 업무수행의 최적상태를 유지하는 데도 지장을 받을 수 있다는 비판을 받아왔다.

이런 점에서 일제로부터 해방 직후 미군정기간 당시 미군정은 국민의 인권을 보장하기 위해 '기소와 수사의 분리' 를 단행하였다. 즉 1945년 12월 29일자로 하달된 미군정 법무국장의 검사에 대한 훈령 제3호는 다음과 같은 내용을 명시하고 있다.[3)]

"검사의 선결직무는 관할재판소에 사건을 공소함에 있고, 세밀한 조사는 검사의 책무가 아니다(동훈령 제1항). 검사는 경무국이 행할 조사사항을 경무국에 의뢰할 것이며, 의뢰된 일의 처리는 경찰관의 직무요 검사의 직무가 아님(동훈령 제2항 나호) · 검사는 법적 불비(不備)를 경찰관에게 지적하고 될 수 있으면 증거의 정정(訂正)을 의뢰할 것(동훈령 제2항 라호) · 검사는 실제로 법적 검토를 요하는 조사에 관하여 필요하다면 관여할 것."(동훈령 제2항 마호)이라고 하고 있다.

이 훈령의 취지는 경찰은 수사를 검찰은 공소를 책임지면서 서로 대등한 지위에서 협력한다는 미국법의 시각을 나타내고 있는 것이다. 따라서 경찰에게 수사권을, 검사에게 공소권을 각각 분배하여 검사의 사법경찰관에 대한 수사지휘권을 배제하려 하였던 것이다.[4)]

미군정의 이러한 입장은 패전국 일본에서는 일부 관철되었지만 우리의 제정 형사소송법에서는 관철되지 못하였다. 미국식 사법제도에 익숙하지 못한 법조인들의 반발로 우리 형사소송법이 제정되기도 전인 1948년 8월 2일에 공포된 과도 검찰청법 제32조에 의해 이 훈령 제3호가 폐지되었고, 게다가 1954년에 제정된 우리 형사소송법은 검사에게 수사권을 독점하게 하였기 때문이다.[5)]

3) 이에 관해 자세한 것은, 문준영, "한국 검찰제도의 역사적 형성에 관한 연구(박사학위논문), 2004년, 179쪽 이하 참조.

4) 표창원, "경찰수사권독립이 인권보장의 첩경", 『형사정책』 제15권 제1호, 2003년, 앞의 논문, 40쪽 참조.

그 이후 오늘날까지 유지되고 있는 우리의 수사제도와 수사방식 등이 시민의 인권보호에 최선의 방식인가에 대한 논의가 끊이지 않고 있으며, 특히 수사권의 주체와 그 분배문제는 형사소송법의 제정되기 위해 마련된 공청에서도 논란의 핵심문제로 떠올랐으며[6], 법조인을 중심으로 하는 사회분위기는 그에 대한 거론에 있어서 시기상조론(時期尙早論)이 우세하였다.

이러한 시기상조론은 이미 50여년 전에 우리 형사소송법이 제정될 때부터 있었다. 즉 한국형법의 아버지이자 형사소송법초안작성을 비롯하여 형사소송법 제정에 깊이 관여하였던 엄상섭 선생은 제정당시에 "범죄수사의 주도권은 검찰이 가지는 것이 좋다. 그러나 장래에 있어서는 우리나라도 조만간 수사권의 주체와 기소권의 주체는 분리시키는 방향으로 나가는 것이 좋겠다."는 점을 피력한 바 있다. 이 말은 이론적으로 볼 때 수사권은 경찰이, 공소권은 검사가 가져야 옳다는 것을 전제한 것이다. 검찰출신이었음에도 그가 머지 않는 장래에는 수사권의 주체와 기소권의 주체를 분리해야 한다고 확신했던 것은 "권력이 한군데 집중되면 남용되기 쉬우므로 권력은 분산되어야 개인에게 이익이 된다."는 자유민주적 철학에 동조하였기 때문이라고 보인다. 이는 인권의식에 남다른 관심을 보였던 그가 쓴 "권력과 자유"[7]라는 정치평론집에서 권력의 속성이 무엇인지, 권력과 자유가 어떠한 관계를 가져야 하는지를 밝히는 과정에서도 잘 나타나고 있다.

이처럼 잠시동안만 검찰에게 수사권과 공소권을 함께 부여하고, 머지않아 경찰에게 수사권을 돌려주겠다고 의도했던 제정 형사소송법 입법에 결정적으로 기

5) 검사가 수사의 독점적 주재자인 것을 명시한 제정형사소송법의 규정을 살펴보면 다음과 같다. 형사소송법 제195조: 검사는 범죄의 혐의 있다고 사료하는 때에는 범인, 범죄사실과 증거를 수사하여야 한다. 제196조 제1항: … 총경, 경감, 경위는 사법경찰관으로서 검사의 지휘를 받아 수사하여야 한다.

6) 이론적 차원에서만 볼 때, 수사권은 사법경찰이 가져야 된다는 것을 형사소송법 제정 당시에도 적지 않은 분들이 파악하고 있었던 것으로 보인다. 예컨대 1954년 1월 9일 형사소송법 제정을 위한 공청회에서 한격만 검찰총장은 다음과 같은 주장을 피력한 바 있다. 즉 "우리나라의 실정은 수사의 일원화 또는 검사의 지휘권을 강화해야 된다는 것은 여러분이 다 추측하실 줄 … 그러나 이론적으로 말하면 수사는 경찰에 맡기고 검찰에게는 기소권만 주자는 것이 타당합니다."

7) 효당 엄상섭 선생의 정치평론집인 『권력과 자유』는 동아대 허일태교수와 서울대 신동운교수에 의해 재구성되어 동아대학교 출판부에서 2003년 출판되었다. 이의 개정판은 2007년 2월 동아대학교 출판부에서 발행되었다.

여했던 효당 엄상섭 선생[8]의 의사와는 다르게, 현행 형사소송법은 이에 관하여 그 이후 아무런 변화 없이 거의 50여년의 나이를 먹었다.

현행법상의 수사체제가 바람직한 것인지에 대해 대립당사자인 검찰과 경찰은 가용능력을 총동원하여 자신들에게 유리한 방향으로 여론을 형성하여 검찰로부터 독립된 수사권을 취득하고자 하거나 혹은 현행체계를 완강히 사수하기 위해 상대방의 이론적 혹은 실무적 모순 내지 단점을 집요하게 드러내려고 노력하여 왔다. 그 결과 이제는 양쪽의 잘잘못을 대부분 파악될 수 있게 되었다.

따라서 이제는 검찰과 경찰 중에 누가 독점적으로 수사권을 가지느냐의 문제보다는 국가권력으로부터 시민을 보다 잘 보호하기 위해 형사절차상의 관점에서 볼 때, 어떠한 방식으로 수사권을 분배하고, 수사권의 내용을 어떻게 구성하는 것이 인권보호에 첩경이 되는지를 밝히는 것이 중요하다.[9]

바로 이러한 이유로 본 논문에서는 우리나라 수사체계의 원조격으로 알려진 대륙법계의 대표적 국가인 독일과 프랑스의 수사제도를 우리와의 비교를 통해서 어떠한 형식으로 수사권을 배분하고, 수사체계방식과 수사권의 내용이 우리 국민을 위한 인권보호의 첩경이 될 수 있는가를 밝혀보고자 한다.

8) 엄상섭 선생은 제정형법에 대한 기본사상의 정립에서부터 각 조문의 구성과 그 배열 및 심지어 조문의 자구수정의 세세한 부분에 이르기까지 관여하였고, 국회에서 형법전을 통과시키는 과정에서도 국회의원들에게 형법의 근본원칙과 기본적 내용을 설명하며, 총론과 각론의 체계적 연계 및 신생독립국가에서 있어야 할 각 조문과 함께 형법의 민주화를 위한 조문화의 실현 등 형법의 제정에 관해 주도적인 역할을 하였다. 이 뿐만 아니라 "권력과 자유"라는 단행본을 포함하여 "형법연구의 태도", "확신범에 대한 대책" 등 주옥같은 그의 논문은 우리의 제정형법이 취하고 있는 기본적 태도에 대한 설명과 함께 한국 형법학의 독자성을 확립할 수 있는 심도 있는 내용을 다루고 있어, 그가 우리 형법학계에도 큰 기여를 하였다. 그밖에도 그는 우리 형사소송법의 제정과 그 운용에도 결정적으로 관여했으며, 미군정시절 무너져 갔던 한국검찰의 위상을 바로 세웠던 일등 공신이었다.

9) 가장 최근의 논의는 한국형사정책학회(회장 허일태)가 2003년도 춘계학술대회에서 "수사지휘권과 인권보장"이라는 주제로 수사권의 분배문제에 관한 학술행사를 실시하였다. 이 자리에서 검찰 측 대표인 김윤상 검사는 "수사지휘권과 인권보장"(형사정책, 제15권 제1호, 7쪽 이하 참조)이라는 주제로 검찰 측의 입장을 대변하였고, 경찰대 표창원 교수는 "경찰수사권 독립이 인권보장의 첩경"(형사정책 제15권 제1호, 37쪽 이하 참조)이라는 논문에서 경찰 측의 입장을 보여주었다.

Ⅱ. 독일의 수사구조와 경찰의 지위

1. 수사체계상 경찰과 검찰의 관계

1) 독일의 경찰조직 개관

독일 기본법(제30조[10] 및 제70조 이하[11])에 따르면, 경찰의 시설 및 조직은 주(州)의 관할사항이다. 그러나 예외적으로 연방차원에서도 경찰의 임무를 가진 경찰관서가 존재하고 있다. 연방경찰관서에 속하는 것으로는 연방범죄수사청(Bundeskriminalamt)[12]과 연방헌법보호청(Bundesverfassungsschutz)[13] 및 연방국경수비대(Bundesgrenzschutz)[14]가 있다. 이들 연방경찰관서는 조직상으로 연방내무부에 소속되어 있다. 연방범죄수사청은 국제적으로 또는 주(Land)의 영역을 넘어서 활동하거나 활동할 것이 예상되는 경우 그 범죄의 진압을 담당한다. 연방범죄수사청의 주된 임무는 각종 범죄정보를 수집 · 평가 · 형사기술적 연구 및 형사소추기관의 요청에 의한 감정서 작성 등의 업무를 담당한다. 그러나 연방범죄수사청이 일반 경찰과 같이 직접 범죄의 수사업무를 수행하는 것은 국제테러와 같은 국제범죄나 헌법기관에 대한 공격 또는 외국공관원에 대한 공격 등과 같은 예외적인 범죄에 국한된다. 이에 해당하지 아니하는 사항에 대해서는 주경찰을 조정하는 역할에 국한된다. 이와 관련하여 각 주는 범죄진압과 관련하여 연방차원의 협력을 증진시키기 위하여 주범죄수사청(Landeskriminalamt)을 설치해 두고 있다. 연방헌법보호청은 헌법질서에 적대적인 활동을 취급한다. 그러나 연방헌법보호청

---

10) 기본법 제30조에 의하면, "국가의 권한행사와 국가의 과제달성은 이 기본법이 달리 규정하거나 하용하지 않는 한 주의 관할사항이다"라고 규정하고 있다.

11) 기본법 제70조 이하에서는 주와 연방 사이에 입법권의 관할을 규정하고 있다. 이에 의하면, 기본법이 입법권을 연방에 부여하지 않는 한, 각 주가 입법권을 가진다고 규정하고 있다(동법 제70조 제1항).

12) 연방범죄수사청의 설치와 업무영역에 관한 법률은 다음과 같다. Gesetz ueber das Bundeskriminalamt und die Zusammenarbeit des Bundes und der Laender in kriminalpolizeilichen Angelegenheiten (Artikel 1 des Gesetzes ueber das Bundeskriminalamt und die Zusammenarbeit des Bundes und der Laender in kriminalpolizeilichen Angelegenheiten), BGBl I 1997, 1650.

13) Gesetz ueber die Zusammenarbeit des Bundes und der Laender in Angelegenheiten des Verfassungsschutzes und ?ber das Bundesamt fuer Verfassungsschutz, BGBl I 1990, 2954, 2970.

14) Gesetz ueber den Bundesgrenzschutz, BGBl I 1994, 2978, 2979; 또한 연방국경수비대의 관할영역에 관한 시행령에 대해서는 Verordnung ueber die Zustaendigkeit der Bundesgrenzschutzbehoerden, BGBl I 1997, 3133.

에는 경찰의 개입권이 인정되지 않고 정보를 수집하고 평가할 임무만이 부여된다. 특정한 정보를 수집하고 평가한 결과, 형법상의 범죄라는 결과가 도출된 경우에는 연방범죄수사청이나 주범죄수사청에 그 정보를 전달할 의무만 있을 뿐이다. 마지막으로 연방국경수비대는 관세와 국경수비와 관련된 경찰임무를 수행한다.

州의 각 경찰관서는 직제상으로 각 주의 내무부에 소속되어 있으며, 내무부의 지휘감독에 복종한다. 독일의 각 주경찰의 구성형태는 각 주의 입법형식에 따라 다르지만, 기능적으로 구분해보면, 일반적으로 사법경찰(Kriminalpolizei), 보안경찰(Schutzpolizei)[15]로 분류될 수 있다. 경찰의 계급구분도 각 주마다 다르다. 예컨대 Baden-Würtemberg주의 경우, 보안경찰의 계급은 크게 하급직, 상급직, 고급직으로 구분된다. 여기서 하급직에는 3개의 계급, 상급직에는 4개의 계급, 고급직에는 6개의 계급이 포함되어 있다. 한편, 사법경찰에는 상급직과 고급직만 있는데, 상급직에는 4개의 계급, 고급직에는 5개의 계급이 있다. 각 주의 상황에 따라 경찰공무원의 인원도 달리 나타나지만, 예컨대 Baden-Würtemberg주(2002년 현재, 총인구 1,050만명)의 경우, 약 32,000명이 경찰관련 업무를 수행하고 있으며, 이 중에서 약25,000명이 경찰공무원이다.

하급직	상급직		고급직	
보안경찰	보안경찰	사법경찰	보안경찰	사법경찰
경사 Polizeihaupt-meister	총경 Erster Polizei-hauptkommissar.	수사총경 Erster Kriminal-hauptkommissar.	치안총감 Inspekteur in der Polizei.	수사치안총감 Landeskriminal-direktor
경장 Polizeiober-meister	경정 Polizeihaupt-kommissar	수사경정 Kriminalhaupt-kommissar	기동경찰총감 Direktor in der Bereitschaftpolizei	수사치안정감 Leitender Kriminaldirektor
순경 Polizei-meister	경감 Polizeiober-kommissar	수사경감 Kriminalober-kommissar	치안정감 Leitender Polizeidirektor	수사정감 Kriminaldirektor

15) 여기서 보안경찰은 일반교통경찰과 수상경찰로 세분된다. 한편, 긴급경찰(Bereitschaftpolizei)도 있지만, 예컨대 Baden-Würtemberg주에서는 이를 보안경찰에 포함시킨다.

	경위 Polizeikommissar	수사경위 Kriminalkommissar	치안감 Polizeidirektor	수사치안감 Kriminaloberrat
			치안경무감 Polizeioberrat	수사경무관 Kriminalrat
			경무관 Polizeirat	

2) 경찰과 검찰의 관계

(1) 수사지휘권자로서 검사

독일에서 범죄수사와 절차수행에 관한 법적 · 사실적 책임은 수사절차의 주재자로서 검사가 모두 부담한다.[16] 따라서 수사는 검사가 독자적으로 수행할 수도 있고 경찰관서나 경찰공무원을 지휘하여 수사할 수도 있다. 고소나 그 밖의 수단에 의하여 특정한 범죄행위의 혐의에 대하여 알게 되는 즉시 검사는 공소제기의 여부를 결정하기 위하여 사실관계를 조사하여야 한다(독일 형사소송법 제160조 제1항). 여기서 검사는 피의자의 책임을 가중시키는 사유뿐만 아니라 감경시키거나 면제하는 사정에 대해서도 수사하여야 하며, 멸실(滅失)의 우려가 있는 증거를 조사해야 한다(동조 제2항). 그러나 독일의 검사는 독자적인 수사조직을 갖추고 있지 않기 때문에[17], 범죄수사의 대부분은 경찰의 협력으로 이루어지게 된다.

그런데 독일 형사소송법 제163조에 따르면, 경찰에게도 모든 범행에 대해 진상을 파악하고 범행의 은폐를 막기 위해 지체 없이 모든 허용된 조치를 취할 수 있다고 명시하고 있다. 그러나 이 경우에도 수사를 어떻게 진행하고 처리할 것인가에 대해서는 기본적으로 검사의 권한이다. 따라서 독일 형사소송법 제163조에 의해 경찰이 이미 피의자에 대한 심문 등 형사소송법상 조치를 취했다 하더라도, 검사는 수사의 통일성과 분할불가능성 때문과 당사자의 이익을 고려하여 경찰이 수행했던 수사 자체를 검토해야 한다.

16) Fridrich-Christian Schroeder, Strafprozessrecht, 2. Aufl., 1997, Rn. 106.
17) 이 점에서 독일의 검사를 '손 없는 머리' (Kopf ohne H?nde)라고 표현하기도 한다. Claus Roxin, Strafverfahrensrecht, 25. Aufl., 1998, 10/14.

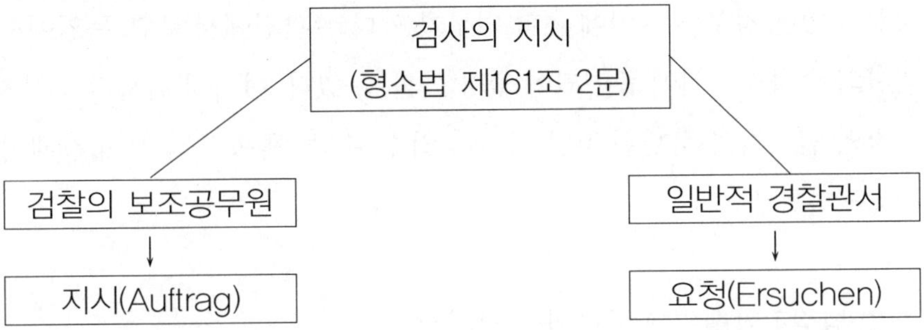

(2) 요청과 지시의 형식에 의한 수사지휘

독일 형사소송법 제161조는 검사와 경찰 사이의 관계를 규정해 두고 있다. 이에 의하면, "검사는 범죄수사와 공소제기의 임무를 수행하기 위하여 모든 공공기관에 대하여 정보를 요구할 수 있고, 모든 종류의 수사를 스스로 수행하거나 경찰관서와 경찰공무원이 이를 수행하도록 할 수 있다. 경찰관서와 경찰공무원은 검사의 요청(Ersuchen)이나 지시(Auftrag)에 따를 의무가 있다."고 규정하고 있다. 여기서 요청과 지시를 구분하여 규정한 점에 주의할 필요가 있다. 요청이란 일반경찰관서(allgemeine Polizeibehörde)에 대한 지시를 의미하며, 지시란 검찰의 보조공무원(Hilfsbeamte der Staatsanwaltschaft)에 대한 지시를 의미한다. 검찰의 보조공무원은 관할 검찰청과 상급직 공무원의 명령에 응해야 할 의무를 부담한다(법원조직법 제152조 제1항). 검찰의 보조공무원은 21세 이상의 공무원이어야 하며, 2년 이상 수사업무에 종사한 자이어야 한다. 주정부는 법규명령을 통하여 이 권한을 주 법무행정당국에 위임할 수 있다(동법 제152조 제2항). 일반적으로는 경찰의 중간직 계급[18]에 속한 공무원이나 직원들이 검찰의 보조공무원이 되며,[19] 이들은 연방수사청, 주 수사청 등 주로 수사 부서에 근무하는 수사경찰로서 일정한 범위의 수사권을 갖는다.

검찰의 보조공무원이든 일반 경찰관서든 특정한 혐의사건과 관련하여 검사

---

18) 이것은 예컨대 Baden-W?rtemberg주와 비교해보면, 상급직(Gehobene Dienste)에 해당한다.

19) Heiko Hartmut Lesch, Strafprosessrecht, 2. Aufl., 2001, 116쪽. 그러나 검찰의 보조공무원에는 연방과 주의 경찰들만 있는 것이 아니라 예컨대 세관 또는 산림행정, 수렵행정, 어로행정 및 광산행정의 종사자들도 포함된다.

의 지휘가 있는 경우에는 이에 응할 의무가 있다는 관점에서 보면, 독일에서 경찰은 검사의 수사지휘권에 종속되어 있다고 볼 수 있다. 여기서 검사의 수사지휘권은 경찰의 임의적 수사행위 뿐만 아니라 압수, 수색, 체포 등과 같이 강제적 수사행위에도 미친다.

(3) 범죄진압행위에 국한된 수사지휘

그러나 검사의 이러한 지휘권은 형사소추를 위한 진압활동(repressive Taetigkeit)에만 인정되며, 예방경찰적 처분(praeventive Massnahme)의 영역에서는 검사의 지시권이 인정되지 않는다.[20] 하나의 사안이 직접적으로 예방적 과제임과 동시에 진압적 과제로 나타날 경우에는 검사와 경찰에게 모두 관할권이 인정되며 여기서는 양 수사주체의 신뢰 있는 공동협력이 요청된다.[21] 사건의 상황이 예방적 임무와 진압적 임무를 동시에 충족시켜야 할 경우에는 형사소추와 직접적인 관련을 가지는 경우에만 검사의 지휘권이 인정된다.[22]

3) 우리나라 수사지휘권체계와의 차이점

일반적인 시각에서 보면, 독일 형사소송법상의 검찰과 경찰의 관계는 우리나라의 그것과 크게 차이가 나지 않는다고 볼 여지도 있다. 독일뿐만 아니라 우리나라에서도 검사는 수사의 주재자로서 수사지휘권을 보유하고 있으며, 여기서 경찰은 검사의 수사지휘에 따라야 할 의무가 있기 때문이다. 그럼에도 불구하고 독일과 한국의 검 · 경 관계로부터 몇 가지의 분명한 차이가 나타난다.

첫째, 독일의 경우 검사는 한국에서와 같이 수사권자임과 동시에 수사지휘권자이지만 독일의 검사조직은 한국과 같은 독자적인 수사조직을 갖추고 있지 않다는 점이다. 이에 반해서 한국에서는 검찰조직 내부에 독자적인 수사조직을 갖추고 있으며, 수사인력도 독자적으로 국가공무원시험을 통하여 선발하고 있다.

20) Kleinknecht/Meyer-Go ß ner, Strafproze ß ordnung, 44. Aufl., 1999, §161 Rdnr. 13.; Lesch, a.a.O., 116쪽.

21) Richtlinie f?r das Strafverfahren und das Bu ß geldverfahren(RiStBV), Anlage A III.

22) Werner Beulke, Strafproze ß recht, 6. Aufl., 2002, Rdnr. 103.

독자적인 수사조직을 갖추고 있으면서도 경찰력까지 지휘하는 경우에는 검찰권의 막대화가 우려될 수 있다.

둘째, 독일의 수사지시의 형식이 한국과 같이 '명령'과 '복종'의 체계가 아니라 '요청'과 '지시'의 형식이라는 점이다. 서로 다른 조직체계를 갖추고 있는 검찰과 경찰의 관계를 고려해 볼 때, 한국과 같이 검 · 경의 관계를 명령과 복종의 관계로 보는 것은 문제가 아닐 수 없다.[23)]

마지막으로, 검사의 수사상 지휘권이 진압적 활동(수사활동)에만 미치는 독일과는 달리 한국에서는 예방적 활동까지도 지휘권이 인정되고 있다. 예컨대 현행 사법경찰관리직무규칙 제11조 단서와 제12조에서는 범죄가 발생하지 아니한 단계에서도 일정한 사유가 있을 경우에 경찰은 지방검찰청장 또는 지청장에게 정보를 보고해야 한다고 규정하고 있다. 범죄예방작용이 검사의 지휘권에 포함됨으로써 검사의 지휘권남용이 우려될 소지를 품고 있다.

2. 독일 경찰의 수사활동

독일 경찰이 수사에 개입하는 유형은 크게 두 가지로 나뉘어지는데, 하나는 경찰이 범죄를 인지하여 초동단계에서 독자적으로 개입하는 이른바 초동수사(erster Zugriff)이며, 다른 하나는 검사의 지휘에 의하여 수사에 개입하는 경우이다. 그러나 검사의 지휘에 의한 경찰의 수사는 앞에서 검사와 경찰의 관계에서 논의되었기 때문에 여기서는 경찰이 독자적으로 초동수사를 행하는 과정에 관해서만 서술한다.

1) 초동수사권

(1) 독일 형사소송법 제163조와 수사현실

23) 이러한 의미에서 수사지휘론, 법무연수원, 2003, 208쪽에서도 경찰의 불필요한 반감을 억제하기 위하여 '명령' 대신 '지시'를 '복종' 대신 "따라야 한다" 혹은 '이행' 등의 보다 순화된 용어로 변경하는 것도 검토할 가치가 있다고 판단하고 있다.

독일 형사소송법 제163조는 "경찰관서와 경찰공무원은 범죄행위를 수사하고 사건의 인멸을 방지하기 위하여 지체할 수 없는 모든 조치를 하여야 한다." 고 규정하고 있다(동조 제1항 제1문). 이러한 초기단계에서의 경찰의 수사활동을 초동수사권(Recht des ersten Zugriff)이라고 한다. 그러나 경찰의 초동수사권은 권한만을 의미하는 것이 아니라 동시에 의무이기도 하기 때문에 결국 범죄의 혐의가 있다고 판단되는 사안에 대한 경찰의 개입은 재량의 여지가 없고, 오직 법정주의(Legalitaetsprinzip)가 지배하게 된다.[24]

범죄사건을 인지한 경우에 경찰관서와 경찰공무원은 초동수사권을 가지게 되지만, 동시에 그 수사활동을 초동수사의 범위에 국한해야 할 의무를 부담한다. 따라서 초동수사를 행한 경우에 경찰관서와 경찰공무원은 그 수사결과를 지체 없이 검찰에 송부하여야 한다(독일 형사소송법 제163조 제2항). 수사결과를 송부받은 검사는 초동수사 이후의 수사를 직접 할 수도 있고 검찰의 보조자인 경찰로 하여금 하게 할 수도 있다. 이와 같이 경찰에게 초동수사권을 인정하면서 수사결과를 지체 없이 검찰에게 송부하도록 하는 이유는 행정경찰의 위험예방활동과 범죄행위의 수사가 현장에서 같이 이루어져야 하는 경우가 많기 때문에 초동수사는 경찰이 할 수 있게 하되 초동수사 이후는 수사의 본래 담당자인 검찰이 수행해야 한다는 원리에 입각하고 있는 것이다.[25] 그리고 여기서 말하는 경찰은 원칙적으로 범죄수사를 전담하는 수사경찰을 의미한다.[26]

그러나 초동수사 후 지체 없이 수사결과를 검찰에 송부해야 한다는 독일 형사소송법 제163조 제2항의 규정과는 정반대로 수사의 현실에서는 경찰이 독자적으로 수사하여 공소를 제기할 수 있도록 충분하게 수사가 완료된 상태에서 수사결과를 검찰에 송부하는 사례가 매우 많다고 한다.[27] 나아가 많은 사건에서 검사

24) Heiko Hartmut Lesch, a.a.O., 117쪽; 독일 경찰과 검찰의 수사활동과 법정주의에 대한 상세한 내용은, 신동운, 독일의 수사구조 및 사법경찰제도, 치안연구소(편), 주요국가의 수사구조 및 사법경찰제도, 1996, 104-105쪽 참조.

25) 이완규, 독일 검찰제도의 역사와 전망, 해외파견검사논문집(II), 제17집, 법무연수원, 2001, 260쪽.

26) Karlsruher Kommentar, Strafprozessordnung, 4.Aufl., S. 933.

27) Werner Beulke, a.a.O., Rdnr. 106.

는 수사의 주재자로서 자신의 임무를 완수하기 위하여 경찰을 지휘하지도 않고 사건과 관련된 정보를 사용하지도 않는다고 한다.[28)]

독일 형사소송법상 특정한 사건에 대한 법원의 조사를 청구할 권한은 원칙적으로 검사에게만 있다. 그러나 상황에 따라서 경찰은 검찰에게가 아니라 법관에게 직접 수사결과를 송부하는 경우가 있다. 즉, 판사의 신속한 조사가 필요하다고 인정하는 경우에는 모든 수사자료를 직접 단독판사법원(Amtsgericht)에 송부하여야 한다(동법 제163조 제2항 2문). 이 경우에 단독판사법원은 자신이 독일 형사소송법 제165조에 근거하여 이른바 긴급검사(Notstaatsanwalt)로서 활동해야 하는 경우인가를 판단해야 한다. 여기서 긴급검사란 긴급을 요하는 사례에서 필요한 조사행위를 검사가 신청할 수 없는 경우에 검사를 대신하여 조사하는 판사를 말한다. 이 경우 긴급검사로서 판사는 잠정적으로 검사의 대리인으로서 업무를 수행한다(동법 제167조).

(2) 초동수사권의 범위와 한계

그러나 형사소송법 제163조 제1항 1문의 규정내용은 경찰의 초동수사의 과제만을 규정해두고 있을 뿐 구체적인 수사행위의 유형과 범위는 규정해두지 않았기 때문에 결국 독일의 입법자는 1999년의 개정형사소송법[29)]을 통하여 제163조 제1항에 2문을 신설하여 경찰수사의 일반조항(Generalklausel)을 규정해두었다. 이에 의하면, "초동수사의 목적을 달성하기 위하여 경찰관서와 경찰공무원은 모든 관청에 정보를 요청할 권한이 있고 긴급한 경우에는 정보를 요구할 수 있으며 다른 법률에 달리 규정함이 없는 한 모든 유형의 수사를 행할 권한이 있다."(동법 제163조 제1항 2문)고 규정하고 있다.

이와 같이 경찰의 초동수사의 단계에서 일반조항으로 수사활동의 범위를 규

28) 이에 관한 비판으로는 Werner Beulke, a.a.O., Rdnr. 106; Bernd Sch?nemann, Polizei und Staatsanwaltschaft, Kriminalistik, 1999, 74쪽, 146쪽 이하; Hans Lilie, Das Verh?ltnis von Polizei und Staatsanwaltschaft in Ermittlungsverfahren, ZStW 106(1994), 625쪽.

29) BT-Drs. 14/2595.

정해 둔 이유는 오늘날 다양하게 발생하는 범죄유형에 상응한 수사의 유형들과 범위를 열거적으로 규정하는 것이 기대하기 힘들었기 때문이다.[30] 따라서 독일 형사소송법 제163조 제1항 2문에 따를 때 경찰의 초동수사의 범위가 어디까지 미치는지 문제되지 않을 수 없다. 이와 관련하여 독일의 형사입법자와 통설에 따르면, 강제수사의 경우에는 언제나 성문법적 근거를 요하기 때문에 독일 형사소송법 제163조 제1항 2문에 의한 초동수사의 범위는 피의자에 대한 장기간의 감시, 압수, 수색 등의 수사행위보다 덜 기본권 침해적인 수사행위에만 가능하다고 한다.[31] 이에 해당하는 예로는 수사상 필요한 자를 탐문하는 행위, 단기간의 감시 또는 경찰끄나풀의 투입이라고 할 수 있다.

강제수사가 아닌 범위에서 경찰의 초동수사권에는 범행의 사실관계와 증거에 대해서 뿐만 아니라, 피의자나 증인에 대한 심문권(訊問權)도 포함된다. 즉 경찰은 이들을 소환하거나 방문하여 신문할 수 있다. 그러나 당사자가 소환에 불응하면, 경찰은 그를 강제소환할 수 있는 강제구인권과 같은 방법이 없다는 점에서 검찰의 피의자에 대한 소환권과는 차별성을 갖는다.

(3) 초동개입시 모든 경찰에게 인정되는 강제수사권

초동단계에서 경찰이 개입하여 강제수사권을 행사하기 위해서는 언제나 형사소송법의 수권규정이 있어야 한다. 이와 관련하여 독일 형사소송법은 모든 경찰공무원에 대하여 일시체포권, 방해자구금, 감식조치권, 신원확인권을 명문으로 인정하고 있다.

가. 일시체포권(독일 형사소송법 제127조 제2항)

현행범에 관여하거나 이로 인하여 추적되고 있는 자가 도주의 혐의가 있거나 그의 신원을 즉시 확증하지 못하는 경우에는 법관의 명령 없이도 누구나 그 자를

30) Werner Beulke, a.a.O., Rdnr. 104.

31) BT-Drucks. 14/1484. S. 20, 23; Heiko Hartmut Lesch, a.a.O., 117쪽; Hans Lilie, Verwicklungen im Ermittlungsverfahren, ZStW 111(1999), 807쪽.

체포할 수 있다(동조 제1항). 긴급을 요하는 경우에는 구속영장이나 시설수용영장의 요건이 존재하는 때에는 검사와 경찰공무원에게도 일시체포권이 있다(동조 제2항). 여기서 체포된 자가 석방되지 않는 이상, 지체 없이 늦어도 체포된 익일까지는 체포지의 단독판사법원(Amtsgericht)의 판사에게 그를 구인하여야 한다(동법 제128조 제1항).

나. 방해자구금(독일 형사소송법 제164조)

직무활동을 지휘하는 공무원은 현장에서 자신의 직무행위를 고의적으로 방해하거나 자신의 관할 내에서 발하여진 명령에 저항하는 자를 구금할 수 있고, 그 익일을 초과하지 않는 범위에서 자신의 공무집행 종료 시까지 구금할 수 있는 권한을 가진다.

다. 감식조치권(독일 형사소송법 제81b조)

형사절차를 수행할 목적 또는 감식목적으로 필요한 경우에 한하여 피의자의 사진이나 지문을 그 의사에 반하여 수집할 수 있으며 신체치수를 측정하거나 이와 유사한 처분을 하는 것이 허용된다.

라. 신원확인권(독일 형사소송법 제163b조 제1항)

범죄행위의 혐의를 받은 자에 대하여 경찰공무원은 그 신원을 확인하기 위한 조치를 취할 수 있다. 또한 혐의자의 신원을 확인할 수 없거나 이를 확인하는 일에 현저한 장애가 있는 경우 혐의자를 구금할 수 있다.

2) 검찰의 보조자에게만 인정되는 특별한 강제수사권

검찰의 보조자로서 경찰은 일반 경찰과는 달리 일정한 강제처분의 경우 검사와 동일한 권한을 가지고 있다. 즉 검찰의 보조자로서 경찰은 검찰의 보조자가 아닌 일반 경찰공무원이 갖고 있지 않은 특별한 권한까지 갖고 있다. 그러나 검찰의 보조자인 경찰공무원의 특별한 강제수사권은 대부분 긴급을 요하는 사례에서만 인정된다.

(1) 신체수색권(독일 형사소송법 제81a조 제2항)

절차상 중요한 사실을 확인하기 위하여 피의자의 신체검사를 명하는 것은 원칙적으로 수사판사의 관할에 속한다. 그러나 신체검사를 지체하는 경우 그 성과의 저해가 우려되는 때에는 검사와 그 보조자인 경찰이 신체검사를 명할 수 있다.

(2) 혈액채취권(독일 형사소송법 제81c조 제5항)

참고인에 대한 혈액채취가 지체되어 그 성과의 저해가 우려되는 때에는 예외적인 경우를 제외하고는 검사나 검찰의 보조자인 경찰이 혈액채취를 명할 수 있다. 혈액체취는 의사에 의해서만 가능하다.

(3) 압수(독일 형사소송법 제98조 제1항 제1문, 제111e조 제1항 제2문)

우리나라와 마찬가지로 독일 형사소송법에서도 압수는 증거물의 압수와 몰수물의 압수로 구분하고 있다. 증거물 압수의 경우에는 자발적으로 교부된 물건은 수사기관에 유치하거나 다른 방법으로 확보해 두어야 한다(동법 제94조 제1항). 그러나 개인의 점유 하에 있으면서 자발적으로 인도하지 않는 경우에는 판사가 압수를 명해야 하지만, 긴급을 요하는 경우에는 검사와 검찰의 보조자도 압수할 권한이 인정된다. 한편, 몰수물(沒收物)을 압수하는 경우에도 판사만이 압수를 명할 수 있지만, 긴급을 요하는 경우에는 검사도 압수를 명할 수 있으며, 특히 몰수물로서 동산을 압수하는 경우에 긴급을 요할 때에는 검찰의 보조자인 경찰공무원도 이를 명할 수 있다(동법 제111e조 제1항 제2문).

압수의 효력은 형사절차의 종료로써 해제된다. 형사절차가 종료된 후 압수물을 환부하는 권한은 검사에게 있다.[32] 또한 수사절차의 단계에서 특정한 압수물이 증거물로 사용될 수 없고 몰수할 필요도 없게 되어 압수를 해제하는 경우에는 검

32) Celle NJW 73, 863; Duesseldorf MDR 73, 499; Kleinknecht/Meyer-Goβner, a.a.O., §98 Rdnr. 29.

사가 관할권자로 된다. 검찰의 보조자로서 경찰공무원이 압수한 경우에도 압수의 해제권은 검사에게 있다. 그러나 검찰의 보조자가 스스로 압수를 명하였고 그 압수물이 아직 검사에게 제출되지 않은 경우에는 검찰의 보조자가 압수명령을 해제할 수 있다는 견해도 있다.[33] 이에 반하여 중간절차, 공판절차, 상소절차에서 공소제기 이후에는 법원이 압수명령의 해제권자이다.

(4) 수색(독일 형사소송법 제105조 제1항)

범죄의 정범 또는 공범이나 증거인멸, 범인은닉 또는 장물취득의 혐의를 받는 자에 대해서는 그 체포의 목적 또는 증거방법의 발견이 추정되는 경우 주거와 기타 공간 및 그 신체와 물건을 수색할 수 있다(동법 제102조). 이러한 수색은 원칙적으로 판사만이 명할 수 있지만, 긴급을 요하는 경우에는 검사 및 검찰의 보조자도 명할 수 있다.

(5) 기술적 수단의 투입권(독일 형사소송법 제100c조 제1항)

특정인이 독일 형사소송법 제100a조에 서술된 범죄를 행하였다는 의혹이 있고 그 사실관계의 조사 또는 행위자의 소재지 수사가 다른 방식으로는 성과를 기대할 수 없고 본질적으로 곤란한 경우에는 판사의 명령으로 기술적 수단에 의한 비공개발언의 청취와 기록이 가능하다. 그러나 긴급을 요하는 경우에는 검찰의 보조자로서 경찰공무원이 기술적 수단에 의한 비공개발언의 청취와 기록을 명할 수 있다.

(6) 검문소설치권(형사소송법 제111조 제2항)

독일형법 제129a조의 죄(테러단체의 조직)나 이 규정에 기술된 범죄중의 한 범죄 또는 독일형법 제250조 제1항 제1호의 죄(특수강도)를 범하였다는 의혹을 일

33) BGH 5, 156, 158; Meyer-Goßner, StPO, §98 Rdnr. 30.; 이에 반하여 경찰에게 압수명령의 해제권이 없다는 견해로는 AK-StPO-Amelung, §94 Rdnr. 31; LR-Schaefer, §98 Rdnr. 60.

정한 사실이 뒷받침하는 경우에 공용도로와 광장 기타 일반인에게 개방된 공공장소에 검문소를 설치할 수 있는데, 이러한 검문소설치는 원칙적으로 판사가 명하게 되지만, 긴급을 요하는 경우에는 검사나 검찰의 보조자로서 경찰공무원이 명할 수도 있다.

(7) 자료저장권(형사소송법 제163d조 제2항)

독일형법 제129a조의 죄(테러단체의 조직)나 이 규정에 기술된 범죄중의 한 범죄 또는 독일형법 제250조 제1항 제1호의 죄(특수강도) 또는 독일 형사소송법 제100a조 제1문 제1호와 제4호에 기술된 범죄행위를 범하였다는 의혹을 일정한 사실이 뒷받침하는 경우에 국경경찰의 검문시 또는 형사소송법 제111조에 의한 검문시 입수된 것으로서 그 범죄행위의 해결이나 범인을 체포하기 위하여 중요한 신원이나 상황에 관한 자료를 파일로 저장할 수 있다. 이것을 자료저장권이라 한다. 이러한 처분은 판사만이 명할 수 있지만, 긴급을 요하는 경우에는 검사와 검찰의 보조공무원도 명할 수 있다.

3) 법원이나 검사의 명령을 요하는 경찰의 수사처분

독일 형사소송법에는 특정한 강제처분의 영역에서 일반 경찰공무원과 검찰의 보조공무원을 처분권자로 규정하지 않고 법원이나 검사만의 명령을 요하는 강제처분을 규정하고 있다.

(1) 컴퓨터자료 비교 · 조사권(독일 형사소송법 제98a조, 제98b조)

특정한 범죄행위[34]의 영역에서 범죄행위자에 해당하는 일정한 조사특징을 충족시키는 자의 신상 관련 자료를 기계를 이용하여 다른 자료와 비교 · 조사할

34) 여기서 특정한 범죄행위란, 금지된 마약류거래, 무기거래, 통화 또는 유가증권위조의 영역의 범죄(독일 형사소송법 제98a조 제1항 1호), 법원조직법 제74a조 및 제120조의 국가보호의 영역의 범죄(제2호), 공공위험범죄(제3호), 생명 · 신체 · 성적 자기결정권 또는 개인적 자유에 관한 범죄(제4호), 업무상으로나 상습적으로 또는(제5호), 범죄단체 기타 조직을 결성하여 행하는 범죄 등 중에서 중대한 의미를 가지는 범죄를 의미한다.

수 있다(형사소송법 제98a조 제1항). 이 자료의 비교조사 및 송부는 판사만이 명할 수 있지만, 긴급을 요하는 경우에는 검사도 명할 수 있다(동법 제98b조 제1항). 검사의 요구가 있는 경우 자료를 저장 · 관리하는 기관은 데이터의 비교조사를 보조하여야 한다(동법 제98a조 제4항).

(2) 경찰감시를 위한 기록(독일 형사소송법 제163e조)

매우 중대한 범죄행위가 행하여졌다는 충분한 사실적 근거가 존재하는 경우 인적사항의 확인이 허용된 경찰의 검문시 감시를 위한 기록을 명할 수 있다(동조 제1항). 이 명령권은 판사에게 있지만, 긴급을 요하는 경우에는 검사도 가능하며 검사가 이를 명한 경우 지체 없이 그 명령에 대한 판사의 추인을 신청해야 한다(동조 제4항).

(3) 잠입수사관의 투입(독일 형사소송법 제110a조 내지 제110e조)

특정한 범죄[35]를 행하였다는 충분한 사실적 근거가 존재하는 경우에는 그 범죄의 진상을 규명하기 위하여 잠입수사관을 투입할 수 있다. 여기서 잠입수사관은 경찰직에 종사하는 공무원이 된다(독일 형사소송법 제110a조 제2항). 잠입수사관을 투입할 것인지의 여부는 경찰이 결정하지만, 이러한 결정은 검사의 허락을 받아야 한다(동법 제110b조 제1항). 잠입수사관 투입에 관하여 경찰의 신청이 있은 후 검사가 3일 이내에 동의하지 아니할 경우에는 그 투입은 종료된다. 나아가 특정한 피의자에게 향한 잠입수사관 투입이나 잠입수사관이 특정한 주거에 출입하는 경우에는 독일 형사소송법 제110b조 제2항에 따라서 법관의 동의를 받아야 한다.

3. 독일검찰의 수사권

35) 여기서 특정한 범죄란 앞의 각주에 기재된 범죄행위와 동일하다.

앞에서 언급된 독일 경찰과 검찰의 보조공무원에게 인정되는 강제수사권은 검사에게도 당연히 인정되는 것이다. 검사는 수사의 주재자이자 지휘권자이기 때문이다. 그러나 그 외에도 독일 형사소송법은 검사에게 몇몇의 고유한 강제처분권을 부여하고 있다.

1) 검사의 변사자검시권

독일 형사소송법에서는 특히 변사자와 관련하여 변사자 발견에서부터 사체의 해부에 이르기까지 매우 상세한 규정을 두고 있다.

(1) 변사자발견(독일 형사소송법 제159조)

특정한 자가 변사하였다고 할 만한 근거가 존재하거나 신원불명의 사체가 발견된 경우에는 경찰 또는 지방자체단체의 관청은 즉시 검찰 또는 단독판사법원에 이를 고지할 의무가 있다(동조 제1항). 특히 매장을 하기 위해서는 검찰의 서면승인을 필요로 한다(동조 제2항).

(2) 변사자검시권자(독일 형사소송법 제87조)

변사자의 검시는 검사가, 검사의 신청이 있는 경우에는 법관과 함께 의사를 개입시켜서 실시한다. 단, 사안의 규명을 위하여 필요하지 않은 경우에는 의사는 관여하지 않는다. 사체의 해부는 2인의 의사가 행하며 검사는 해부과정에 참여할 수 있고 검사의 신청이 있는 경우 판사도 사체해부에 입회한다. 이미 매장되어 있는 사체의 발굴 및 해부는 법관이 명하며, 그 지체로 인하여 조사의 성과를 기대할 수 없는 경우에는 검사도 사체의 발굴과 해부를 명할 수 있다.

(3) 사체의 확인 및 사체해부의 범위(독일 형사소송법 제88조 내지 제91조)

특별한 장애가 존재하지 않으면, 사자(死者)의 지인(知人)에 대한 질문을 통해 사자의 신원을 사체해부 이전에 확인해야 한다(동법 제88조). 사체의 해부범위는 사체의 상태가 허용하는 한 두부, 흉부 및 복부에 걸쳐서 이루어져야 한다(동법 제89조). 사체의 해부결과 독살의 의혹이 있는 경우에는 사체 기타 수상한 발견물에 대하여 전문기관이 조사하여야 한다(동법 제91조).

2) 검사에게만 인정되는 강제수사권

(1) 구속영장청구권(독일 형사소송법 제125조)

독일의 인신구속제도는 우리나라와는 달리 체포와 구속을 구분하지 않고 구속(Untersuchungshaft)으로 일원화하고 있다. 독일의 구속제도도 우리나라와 같은 영장주의원칙을 채택하고 있지만, 긴급한 경우에는 우리나라의 현행범체포나 긴급체포를 포괄하는 일시적 체포제도가 영장주의의 예외로 규정되어 있다.[36] 독일의 구속제도에서 구속영장청구권은 우리나라와 마찬가지로 검사에게 있다. 다만 긴급한 경우에는 수사판사가 직접 구속영장을 발부하는 예외가 있다(동법 제125조 제1항).

구속사유와 관련하여 독일 형사소송법은 우리나라와는 달리 도주하거나 도피한 사실이 인정되는 경우와 도주의 우려 및 증거인멸의 위험에 그치지 않고 나아가 중범죄에 대한 현저한 혐의[37]와 재범의 위험성을 독립된 구속사유로 규정하고 있다(동법 제112조 및 제112a조[38]). 여기서 도주라 함은 새로운 거주지를 정하지 않은 채 거주지를 버리고 가거나 외국에 체류하여 수사기관이나 법원의 관할 밖으로 간 경우, 외국에 체류하면서 귀국하지 않은 경우 등을 말한다. 그리고 도주의

36) 독일의 구속제도도 다른 입법례와 마찬가지로 사전구속영장에 의한 구속(Haftbefehl)과 체포(Festnahme)에 따르는 사후 구속영장에 의한 구속으로 구분된다. 사전구속영장에 의한 경우에 있어서 영장발부는 서면심리에 의하고, 구속영장에 의하여 체포되면 즉시 판사의 직접신문을 한 후 계속구금의 결정에 따라 구금된다. 이에 반해 체포에 따르는 사후구속영장은 체포 후 즉시 판사의 직접심문을 거친 후 발부되며, 체포는 영장 없는 체포만 있을 뿐 체포영장에 의한 체포제도는 없다. 구속된 피의자의 석방제도는 구속의 취소와 구속의 집행유예가 있으며, 이는 사전영장에 의한 심문 후나 구속 후 구속심사에 의하여 석방할 때 모두 취할 수 있다. 따라서 한국에서와 같은 보석청구와 구속적부심청구라는 제도가 병존하지 않는다.

37) 여기서 말하는 중범죄의 혐의는 폭력적 범죄단체구성죄(제129a조 제1항), 살인죄(제211조와 제212조), 특정집단에 의한 살인죄(제220a조), 상해치사(제226조), 중방화죄(제306b죄, 제306c조)를 범하여 타인의 생명, 신체에 위해를 초래한 상당한 범의가 인정되는 자가 해당되며, 미수, 교사, 종범에도 적용된다.

38) 재범의 우려에 관한 조항은 1964년 형사소송법개정으로 일정한 성범죄에서 재범의 우려가 구속사유로 도입된 후, 1972년의 형사소송법개정에서 다른 범죄에도 확대되었다.

우려에 대한 예를 들면 거주지를 자주 이동하거나 가명이나 허위신분증의 사용, 예전의 형사절차에서 도주한 경력, 폭력집단의 구성원인지의 여부, 도박성, 마약범죄 등과 같은 다면적 요소를 참작하여 종합적으로 판단하고 있음이 실무의 관행이다.

구속기간의 측면에서 보면, 독일 형사소송법상 피의자에 대한 수사기관의 구속기간 또는 피고인에 대한 법원의 구속기간을 제한하는 일반규정을 존재하지 않는다. 다만, 피의자나 피고인을 6개월 이상 구속할 필요가 있는 때에는 미리 주최고법원(Oberlandesgericht)의 허가를 받아야 하고(동법 제121조) 그 이후부터 매 3개월마다 주최고법원의 허가를 받아야 한다. 주최고법원의 허가 없이 구속기간이 6개월에 이른 경우에는 구속의 취소사유가 된다. 다만, 재범의 위험성을 이유로 구속된 피의자는 주최고법원의 허가여부를 불문하고 1년 이상 구속할 수 없다.

그런데 여기서 조심해야 할 부분은 독일에서 위와 같은 구속기간은 제1심 재판의 구속기간의 범위 내에서 허용되는 것이라는 점이다. 즉 독일에서 범죄혐의자에 대한 구속기간이 아주 넓게 허용되고 있지만, 피의자로서의 구속기간이 길면 길수록 피고인의 신분으로서의 구속기간은 그만큼 짧을 수밖에 없는 체제로 되어 있다.

이에 반해 우리나라 형사소송법은 피의자에 대한 수사기관의 구속기간을 경찰과 검찰에서 각각 10일간으로 제한하고 검찰에서는 1회에 한하여 10일간 구속기간이 연장될 수 있을 뿐이다. 우리나라도 피고인의 신분으로서 구속기간은 원칙적으로 6개월도 가능함은 물론이다.

(2) 피의자에 대한 강제처분권(독일 형사소송법 제163a조 제3항 제1문)

독일의 형사소송법상 피의자는 검사의 소환에 응하여 검사 앞에 출석할 의무가 있다(동법 제163a조 제3항 1문). 즉 소환을 받은 피의자는 경찰에 출석할 의무는 없으나 검찰에 출석할 의무를 부담한다.[39] 소환에 대하여 응하지 않을 경우, 검사는 피의자의 구인을 명할 수 있다. 그러나 검사가 피의자를 구인하기 위해서는

39) Kleinknecht/Meyer-Goßner, a.a.O., §163a Rdnr. 17.

소환시 소환불응에 대하여 구인을 할 수 있음을 미리 경고해야만 한다. 물론 피의자의 행위에 구속사유가 존재하는 경우에는 즉시 구인을 명할 수 있다. 구인된 피의자는 구인이 시작된 때로부터 24시간을 초과해서는 안 된다(동법 제135조). 검사의 구인명령에 대한 구제수단으로 피의자는 구인의 적법성에 대하여 판사에게 결정해 줄 것을 신청할 수 있다(동법 제163a조 제3항 제3문).

(3) 참고인에 대한 강제처분권(형사소송법 제161a조 제1항 및 제2항)

독일의 경우 수사과정에서 우리의 공판기일 전 증인신문청구와 유사한 수사판사에 의한 신문이 광범위하게 인정되고 있다. 그럼에도 불구하고 독일 형사소송법은 검사에게 참고인 또는 감정인에 대한 강제구인권을 인정하고 있다. 즉, 참고인 또는 감정인은 검사의 소환에 응하여 검사 앞에 출두하여 그 사건에 대해 진술하거나 감정을 행할 의무가 있다(동법 제161a조 제1항). 다만 선서를 전제로 한 신문은 판사에게 유보된다(동조 제1항 제3문). 참고인 또는 감정인이 정당한 사유 없이 불출석하거나 출석을 거부하는 경우에는 검사는 참고인 또는 감정인을 강제구인할 수 있다. 이 점에서 참고인에 대한 강제구인권도 검사의 전권에 속하는 사항이다. 다만 이를 지속하는 구금결정은 검사가 소재하는 지역의 단독판사법원의 판사에게 유보된다(동조 제2항). 검사의 강제구인에 대하여 참고인이나 감정인은 법원에 당부의 결정을 신청할 수 있다(동조 제3항).

3) 수사종결권

독일의 경우, 수사의 종결권은 검사에게 있다. 수사의 결과, 검사가 공소제기 여부를 결정하는 단계에서 수사의 종결을 문서로 기재한다(독일 형사소송법 제169a조). 수사결과 공소제기를 위한 충분한 근거가 밝혀진 경우에는 검사는 관할 법원에 공소장을 제출함으로써 공소를 제기한다(동법 제170조 제1항). 공소제기는 검사의 전권사항이며 법률에 다른 규정이 없는 때에는 검사는 충분한 사실적 근거가 존재하는 한 모든 소추 가능한 범죄행위에 대해 공소를 제기해야 한다(동법 제152조). 이러한 의미에서 독일의 소추형식은 엄격한 기소법정주의가 지배하고 있다.[40] 검사가 공소를 제기하지 않는 경우에는 수사절차를 중지하며, 피의자에 대해 신문의 통보나 구속영장이 발부된 경우에 검사는 그 피의자에게 절차의 중지를 고지해야 한다(동법 제170조 제2항).

4. 경찰작성 피의자신문조서의 증거능력

독일의 수사절차에서도 피의자신문이 행해지고 있으며, 이 신문을 기재한 조서가 존재한다. 수사기관은 늦어도 수사의 종결 이전까지 피의자를 신문해야 하며(독일 형사소송법 제163a조 제1항), 특히 경찰직 공무원이 피의자를 최초로 신문하는 경우에는 피의자의 책임을 묻는 행위가 무엇인지를 피의자에게 고지하여야 하며, 진술거부권과 변호인선임권을 고지하여야 한다(동법 제163a조 제4항, 제136조).

그러나 독일의 수사기관이 피의자를 상대로 신문한 결과를 기재한 조서는 우리나라와는 달리 증거법상 큰 의미가 없다. 독일 형사소송법상 증거법칙에는 법정에서 구두주의(Muendlichkeitsprinzip)와 직접주의(Unmittelbarkeitsprinzip)가 엄격하게 지배하고 있기 때문이다. 여기서 구두주의란 법원이 당사자의 구두에 의한 공격과 방어를 근거로 하여 심리 · 재판해야 한다는 요청을 의미한다. 또한 직접주의란 두 가지 의미로 이해되는데, 하나는 수소법원이 판결에 관련되는 증거를 스스로 감지해야 한다는 것을 의미하며(형식적 직접주의), 다른 하나는 법원이 범죄사실에 가장 근접한 직접증거에 의하여 사실을 인정해야 한다는 것을 의미한다(실질적 직접주의). 구두주의와 직접주의에 따를 때, 증인이나 피의자가 이전의 수사절차에서 진술한 내용을 작성한 조서를 공판정에서 낭독하거나 문서로 대체하는 것이 원칙적으로 금지된다(독일 형사소송법 제250조). 따라서 경찰이나 검찰작성의 피의자신문조서는 법정에서 증거로 채택될 수 없으며, 구두주의와 직

40) 그러나 독일 형사소송법에서는 제153조 이하에서 검사에게 광범위하게 기소유예의 권한을 인정하고 있다. 여기서 제153조는 무조건부 기소유예를 인정하고 있으며, 제153a조는 조건부 기소유예를 인정하고 있다. 그렇지만, 독일에서 검사가 기소를 유예하기 위해서는 피의자와 관할법원의 동의를 얻어야 한다는 점에서 우리나라와 같이 검사의 독자적인 결정에 의한 기소유예와 성격을 달리한다.

접주의에 구속되어 모든 증거를 법정에서 직접 다시 한 번 더 심사해야 한다.

그렇지만 독일의 형사실무에서도 피고인이 수사단계에서 행한 진술을 공판정에서 번복하는 경우가 많기 때문에 이전과 모순되는 피고인의 진술을 제거하기 위하여 검사가 피의자신문조서를 법정에 제출하는 실무가 정착되어 있다.[41] 물론 이 때 법원의 증거평가의 대상이 되는 것은 공판정에 제시된 피의자신문조서가 아니라 이전 진술의 번복에 대한 검사의 지적에 대응하여 나타나는 피고인의 태도표명 내지 진술이다. 그러나 이러한 피의자신문조서를 통한 검사의 탄핵이 보조수단에만 머무르는 것이 아니라 공판정에서 실체진실을 발견하려는 질문으로서의 성격을 가지게 되고, 이 한도에서 피의자신문조서에 대해서는 사실상의 증거능력을 부여하는 결과가 된다.[42]

이 점은 우리의 제도와 근본적으로 다르다고 할 것이다. 우리나라는 경찰작성 피의자신문조서는 독일의 경우와 본질적으로 유사하다고 할 수 있지만, 검찰작성 피의자신문조서의 경우에는 성립의 진정만 인정되면, 원칙적으로 법정에서 증거능력이 인정된다는 점에서 다르다고 할 것이다. 이로 인한 파생된 결과는 대체로 다음과 같다.

첫째로 검찰은 법정에서 효율적인 유죄인정을 꾀하기 위하여 수사를 직접적으로 챙기려는 유혹에 시달리게 된다. 둘째로 검찰은 피의자의 자백을 비롯하여 유죄를 입증할만한 자료를 피의자신문을 통해서 입수하게 되는 경향에 빠지게 되며, 그 결과 무리한 수사를 할 유혹에서 헤어나기 어렵게 된다. 셋째로 형사재판의 구두주의와 변론주의는 유명무실하게 되었음은 지금까지의 경험으로써도 충분히 입증된다 할 것이다.

41) 독일 형사소송법학과 실무에서는 이러한 제도를 'Vorhalt' 라고 부르고 있다. 이 단어에 상응하는 우리나라말을 찾기는 힘들지만, '비난' 내지 '탄핵' 이라고 해석할 수도 있을 것이다.

42) 이에 관한 상세한 것은, AK-StPO-Meier, §249 Rdnr. 36-39.

Ⅲ. 프랑스의 수사구조와 경찰의 지위

1. 수사체계상 경찰과 검찰 및 예심판사와의 관계

1) 프랑스의 경찰조직 개관

경찰은 내무부 장관의 휘하에 있으며, 경찰청장은 내무부 장관의 지시를 받는다. 국립경찰청장의 수하에 파리경찰청장과 그 조직을 별도로 두고 있으며, 국립경찰청은 전국적인 조직망을 가진 여러 부서를 두고 있다. 국립경찰의 인원은 125,000명이고, 파리경찰인력은 35,000명이다.

프랑스경찰은 시골경찰(군인경찰)[43], 도시경찰(국가경찰), 파리경찰로 구분되며, 도시경찰에는 자치경찰이 존재하고 있다. 도시의 국가경찰은 경찰청의 소속이며, 파리경찰청은 파리지역담당을 위한 자체 조직을 갖고 있다.[44]

국가경찰에는 중앙조직이 있으며, 국립경찰청장의 휘하에 각각의 고유한 업무수행을 위한 외부조직과 밀접한 관련을 가진 5개국을 관장한다. 여기에는 형사국(刑事局)이 있는데, 사회적으로 이목을 끄는 중요한 범죄의 발견과 위험한 범인 검거에 주력하며, 이를 위해 효과적인 지원을 하는 것을 주된 업무로 삼고 있다. 이 형사국에는 형사과, 경제금융과, 과학수사과, 특정범죄대책과 등이 있다. 여기서 말하는 특정범죄란 강도, 인신매매, 예술품절도, 무기밀매, 불법마약거래, 위폐 및 대형금융사건을 의미한다.

국가경찰의 외곽조직의 핵심에는 방범조직이 있는데, 프랑스 전국에 총 479개소의 지구가 있다. 이 지구대는 모두 도시화가 된 곳으로, 각 지구대의 장(長) 휘

43) 군인경찰의 기원은 중세에까지 거슬러 가지만, 국방부에 소속된 군인조직이라는 특색을 지닌다. 군인경찰은 1997년 현재 약 98,000명이며, 그중 약 84,000명이 현장 근무자다. 군인경찰의 권한에는 고유한 국방업무 이외에 주둔지역의 사법, 행정경찰업무를 수행한다. 군인경찰은 사법활동의 측면에서 범죄정보팀을 운영하며, 여기서는 범죄에 관한 연구자료의 취합, 활용임무를 담당한다. 또한 군인경찰에서는 과학수사업무를 담당하는 부서를 두고 있으며, 이 분야에서의 성과는 다대하다고 한다. 그러나 군인경찰은 시골에서 이런 활동을 할 수 있지만, 도시에서는 특별한 사유가 없는 한, 활동할 수 없다.

44) 파리경찰청은 파리시내와 그 외곽지역을 관할하고 있으며, 국립경찰의 직원이고, 국립경찰청장의 직접관리 하에 있다. 조직으로 5개의 국이 있으며, 형사국은 수사과, 강력과, 마약 및 매춘과를 운영하며, 54개의 구역 경찰서와 6개의 驛警察署 그리고 지방청소속 권역형사과(파리를 4개의 권역으로 구분하여 담당경찰서의 중요사건 수사)를 감독하고 있다. 현장조직으로는 경찰서와 각 경찰서에 배체된 순찰대가 있으며, 파리의 경우 각 區마다 1개의 순찰대가 있다.

하에 사복직원 경정과 경감, 경위가 있으며, 정복직원으로는 경감, 경위, 경사, 경장, 순경을 두고 있다. 그런데 수사조직은 도(道) 단위(單位)의 조직이 없고, 도보다 더 광범위한 지역으로 조직된 총 18개의 지역지구로 나뉘어져 있다. 이들 각 지역지구에서 수사조직의 장(長)은 총경이며, 그 아래 경정을 비롯하여 수사관, 조사관, 감식관을 두고 있다.

2) 사법경찰의 구성과 지위

사법경찰의 임무는 범죄인들이 사법기관에 의하여 기소되어 처벌될 수 있도록 범죄의 진상을 규명하고 범죄인들을 체포하는 데 있다. 사법경찰조직은 그 구성의 면에서 보면 매우 복잡하지만, 각 구성원에게 부여된 권한의 동일성과 그 권한에 대한 동일한 통제체제에서 통일성을 엿볼 수 있다.

사법경찰의 체제에 대한 구성의 다양성은 프랑스 형사소송법 제15조에 잘 나타나 있다. 즉 동법 제15조에 따르면, 사법경찰의 임무를 수행하는 자는 다음과 같다: "1. 사법경찰관, 2. 사법경찰리와 사법경찰보조리, 3. 법에 의하여 사법경찰의 권한을 행사하는 공무원"이라고 규정하고 있다. 여기서 사법경찰관과 사법경찰리를 구별하는 것은 매우 중요하다. 그 이유는 사법경찰리는 사법경찰관과 같은 권한을 갖지 못하기 때문이다.

(1) 사법경찰관

사법경찰관의 자격은 프랑스 형사소송법 제16조의 규정에 따라 다음에 해당되는 자만이 가능하다.

a) 시장과 시장 보좌관(동법 제16조 제1항 제1호): 이들은 경찰서나 군인경찰 순찰대가 존재하지 않는 곳에서만 사법경찰관 권한을 행사할 수 있다.

b) 군인경찰의 장교와 하사관(동법 제16조 제1항 제2호): 이들 계급 이외의 군경찰도 사법경찰관의 자격을 얻을 수 있다. 군경찰관이 되려면 군인경찰에서 3년의 경력과 국방부와 법무부의 직원으로 구성된 위원회의 동의를 받은 후, 법무부,

국방부 부처간 명령에 의해 지명된다. 군경찰기구는 소도시와 시골에서 검사의 중요한 보조자의 역할을 담당한다.

c) 치안감과 경무관 등 경정급 이상과 경감, 경위(동법 제16조 제1항 제3호)[45)]

d) 1998년 11월 18일 법률에 의해 경사급 중 3년 이상의 경력자에 대하여 내무부와 법무부의 직원으로 구성된 위원회의 동의를 받아, 관련 부서장의 명령에 의하여 지명된다.

(2) 사법경찰리

사법경찰은 사법경찰관 이외에 사법경찰리를 포함한다. 이들에 관해서는 프랑스 형사소송법 제20조, 제21조에서 규정하고 있다. 동법 제20조에 따르면 사법경찰리는 사법경찰관의 자격이 없는 군인경찰 사병, 사법경찰관의 자격을 갖지 못한 정식 경위 · 경감, 경위 실습생, 최소 2년 이상 근무한 경사, 경장, 순경 등이며, 사법경찰리는 사법경찰업무를 수행하는 직책에 부여되는 경우에만 그 자격을 갖는다.

(3) 사법경찰보조리

프랑스 형사소송법 제21조에 따르면, 사법경찰관과 사법경찰리를 제외한 자를 말한다. 즉 군인경찰 중, 의무복무자와 자치경찰관이 이에 해당된다. 프랑스는 최근 의무복무제도를 폐지하는 대신에 안전보조원을 신설하여 이들도 사법경찰보조리에 포함된다.

(4) 특별사법경찰관리

경찰조직에 속하지 않지만, 일정 행정분야에 관련된 범죄에 관하여 사실상 사법경찰권을 보유하며, 이에 따라 사법경찰조직의 구성원으로 볼 수 있는 자로,

---

45) 프랑스 형사소송법 제16조 제1항 제3호에 규정된 국립경찰의 사법경찰관은 사법경찰관의 권한을 행사할 직책에 배치받는 경우에만 사법경찰관 자격에 부여된 권한을 행사할 수 있다.

예컨대 산림공무원과 산림감시원, 세무공무원과 세관공무원 등은 법률이 정한 조건에서 일정범죄를 수사하고, 조서를 작성하는 권한을 행사할 수 있다.

(5) 사법경찰의 지위

사법경찰보조리는 상관의 지시에 따라 범죄의 진상을 파악하고 범인을 찾기 위하여 모든 정보를 수집하는 임무를 지고 있다(동법 제21조 제4항). 그러나 사법경찰보조리는 사법경찰관과 사법경찰리와는 달리 특별한 증명력을 갖는 조서를 작성할 권한을 가지고 있지 않다(동법 제19조). 그가 작성하는 신문조서는 상관에게 제출하기 위한 단순한 보고서에 불과하다(동법 제23조 제3항). 이에 반하여 사법경찰리는 범죄를 확인하고 조서를 작성하며, 조서작성에 의한 피의자의 진술을 확보하고, 이를 증거로서 제출할 수 있다(동법 제20조 제4항, 제5항).

사법경찰리와 사법경찰보조리는 사법경찰관과는 달리 예심판사의 위임수사나 또는 현행범에 대한 조사를 할 수 없다. 이들은 사법경찰관의 업무를 보조할 따름이다(동법 제20조 제3항 및 제21조 제2항). 즉 이들은 임시구금처분을 결정할 권한을 갖고 있지 않으며, 공권력을 직접 요청할 권리도 없다. 이러한 권한은 오직 사법경찰관만이 가지고 있다.[46)]

3) 검사의 지위

프랑스에서 검사는 정부의 형사정책을 대변하는 핵심축이다. 이를 위해서 사법경찰관은 검사에게 범죄자에 대한 기소여부를 결정하는 기초자료인 범죄정보를 제공할 의무를 지고 있기 때문에, 검사는 사법경찰관으로부터 취합한 범죄사건의 정보를 기초로 형사사건을 어떤 방향에서 어떻게 처리할 것인가를 결정할 수 있고, 각각의 수사단계에서 혐의자에 대한 처리가 적법하게 실현되고 있는지를 감시할 권한도 갖고 있다.

46) 백원기, "프랑스의 수사구조 및 사법경찰제도", 「주요국가의 수사구조 및 사법경찰제도」, 치안연구소 연구보고서 96~11, 225~226쪽 참조

그런데 프랑스의 수사절차에서 주의할 것은 어느 범죄사건에 대해 예심법원의 심리를 받아야 될 경우 검사의 본연의 기능은 범죄수사보다는 기소행위에 있으며, 이 때문에 범죄수사는 주로 예심판사에 의해 이루어지고 있다. 물론 검사의 기소제기는 범죄사건에 대한 충분한 혐의를 파악할 수 있을 정도가 되어야 하기 때문에, 이러한 범위에서 예심법원의 심리를 받게 되는 사건에 대해서도 검사는 수사권을 갖고 있다. 그렇다고 하더라도 프랑스에서는 예심법원의 절차가 요구되는 경우 기소는 검사가, 수사는 예심판사가, 재판은 재판판사가 담당하고 있는 것은 1808년 이래의 대원칙이다.

그러나 중죄 및 사건이 복잡한 일부 경죄의 경우에 한정해서 예심판사에 의한 조사활동이 이루어지고(프랑스 형사소송법 제79조), 그 밖의 경죄와 위경죄의 경우에는 검사가 사법경찰관을 지휘하여 수사활동을 한다. 또한 검사는 예심판사의 수사활동에 대하여 사안의 실체 등을 확인하기 위해 필요한 행위를 하도록 요청할 수 있다(프랑스 형사소송법 제82조).[47]

검사는 인적 · 물적인 보조 조직이 없기 때문에 경찰에서 송치한 사건은 증거가 충분한 경우에는 기소, 불충분한 경우에는 경찰에 보완수사를 요구하고 지시할 수 있을 뿐이다.

4) 예심판사

프랑스 형사소송법의 특징은 법원의 예심제도에 있다. 프랑스에서도 수사절차와 공판절차가 구분되어 있지만, 수사절차는 검사와 사법경찰관뿐만 아니라 예심법원의 수사도 포함되며, 따라서 예심법원의 예심판사도 수사권을 갖고 있고, 또한 구속의 선고와 집행권을 갖고 있다.

그런데 예심은 모든 수사절차에 존재하는 것이 아니라, 중죄에 대해서는 필수적이며, 경죄나 위경죄에 대해서는 사안이 복잡하여 특별한 조사가 요구되는

47) 검사는 사법경찰관과 마찬가지로 예심판사가 행사하는 수사권(instruction: 예비판사가 할 수 있는 강제수사)이 없으며, 기소를 위한 임의수사 위주의 예비조사권한이 인정된다. 이 단계에서 강제수사를 하려면, 검사는 기소를 통해 예심판사의 수사행위를 통해서 실현시킬 수 있을 뿐이다.

경우, 범죄구성이 까다로운 경우, 피의자에 대한 구속 및 사법통제가 필요한 경우에 국한된다. 이 경우에도 검사의 청구에 의하여 임의적으로 행해진다(프랑스 형사소송법 제79조).

예심은 검사가 예심개시요구서를 예심판사에게 제출함으로써 행해진다. 검사의 청구 없이 예심판사가 직권으로 예심을 개시할 수 없다(프랑스 형사소송법 제80조 제1항). 예심판사는 예심이 개시되는 해당 사건에 대하여 사안을 검토하고 예심판사 자신이 직접 예심행위를 할 수 있는 정보가 불충한 경우, 예심판사는 수사를 직접 실행할 수 있는 인적 · 물적 자원이 없기 때문에 홀로 수사를 지휘하고 감독하는 것으로 만족해야 한다. 그 결과 예심판사의 업무 대부분은 위임이나 촉탁형식으로 사법경찰에 의하여 행사되어진다. 즉 예심판사는 사법경찰로 하여금 예심판결을 위한 제반 행위를 촉탁할 수 있으며, 예심촉탁을 받는 사법경찰관은 그 촉탁의 범위 내에서 예심판사의 권한을 행사한다(프랑스 형사소송법 제152조). 그렇지만 예심판사는 수사의 종결, 범죄자의 구속, 사법경찰관의 수사행위에 대한 사법통제, 피의자 신문 등을 행할 수 있는 그 자신의 고유한 권한을 갖고 있으며, 행사할 수 있다.

예심에 의한 조사를 마친 경우, 예심판사는 사건기록을 검사에게 송부하며, 검사가 그 기록을 검토한 후에 예심종결청구서를 제출하면, 이 청구에 의해 예심판사는 예심종결을 할 수 있다(프랑스 형사소송법 제175조).

5) 범죄의 경중과 사법관(검사와 예심판사)과 사법경찰과의 관계

(1) 범죄의 경중(輕重)과 수사절차

프랑스 형사소송법(Code de precédure pénale; CPP)의 특징 중의 하나는 범죄의 경중에 따라 형사소송 절차가 근본적으로 상이하게 진행된다는 점이다. 즉 프랑스 형사법상으로 3가지 범죄가 구분되며, 중죄(重罪: Crime)는 살인죄 등 강력범죄나 중범죄(重犯罪)로 법정형이 10년 이상의 징역형의 범죄를 말한다. 경찰은 현행범의 경우 현행범체포, 비현행범(非現行犯)의 경우는 일반체포로서 24시간 동안

체포할 수 있으며, 신병을 확보한 경우 검사의 지휘를 받아 체포기간의 기일을 연장하거나 즉시 검찰에 송치하면, 검사의 판단에 따라 사안이 중죄에 해당되면 즉시 예심판사에게 기소한다. 이 경우 수사의 실질적 주체는 예심판사가 주도하게 된다.

경죄(輕罪: Délit)는 10년 미만의 징역이나 금고 또는 2만 프랑 초과된 벌금에 해당되는 범죄를 말한다. 경죄의 경우, 검사가 경찰의 사건 송치 후에 이를 예심법원에 기소하지 않고 곧바로 재판법원에 기소한다. 다만 경죄 중 사안이 복잡하거나 경제나 금융 사건의 경우에는 예심판사에게 수사를 의뢰하는 기소를 행한다. 이 경우 예심판사는 다시 경찰에 위임수사를 지휘하고 경찰로부터 송치를 받은 후 경죄법원으로 송치명령을 내린다.

위경죄(衛警罪: Contravention)는 2만 프랑의 이하의 벌금형의 범죄에 해당되는 경우로, 경범죄에 있어서도 1급에서 5급까지 구분된다. 5급은 2만 프랑 이하, 4급은 5천 프랑 이하, 3급은 3천 프랑, 2급은 1천 프랑, 1급은 250 이하의 프랑이다. 1급의 경우는 한국의 통고처분과 유사하며, 나머지는 경찰법원에서 재판이 진행되며, 일반적으로 2급에서 4급까지는 검사의 위임에 의해 경감 · 경정급(警監 · 警正級)이 기소를 담당하며, 5급은 검사가 담당한다.[48)]

(2) 검사와 예심판사 그리고 사법경찰과의 관계

프랑스는 종래의 규문주의적 소송관이 프랑스 대혁명을 거치면서 수사와 재판이 분리된 탄핵의적 소송관으로 전환되어, 국가를 대표하는 공익적 소추기관으로서 검사제도가 확립된 역사적 배경 아래 검사는 수사를 주재(主宰)하여 혐의자에 대한 충분한 혐의가 존재하면, 법원에 대해 기소를 할 수 있다. 다만, 사건이 중죄에 해당되거나 사안이 복잡한 경죄의 경우에 한해서 검사는 예심법원에 예심개시요구서를 통해 예심을 청구할 수 있고, 이러한 청구가 있어야만 예심판사

48) 이에 관한 자세한 문헌으로는 박창호, 프랑스 수사론, pp.17 :http://app.dreamwiz.com/ propol/cgi-bin/hbbs.cgi?b=etc&c=v&n=211...

는 당해 사건에 대해 조사를 할 수 있게 된다.

그런데 예심법원에 예심개시요구서를 제출하기 위해서는 당해 사건에 대해 충분한 정도의 범죄혐의사실이나 범죄정보를 인지하고 있어야 하므로, 이러한 범죄정보의 자료 확보를 위해서 검사는 사법경찰관을 통하여 범죄사건의 수사를 지휘할 수 있는 것이다. 더욱이 우리나라와 달리 프랑스는 검사가 자체적으로 수사할 수 있는 수사인력을 구비하고 있지 않고, 과학수사를 위한 물적 자원도 전무하다.

예심법원에 기소된 사건의 경우 예심판사가 수사의 본질적 주재자가 됨은 프랑스의 오래된 전통이나, 그는 범죄수사를 직접적으로 주재할 수 있는 인적 · 물적 자원을 갖고 있지 아니하다. 이 때문에 예심판사는 사법경찰관에게 수사를 위임하는 촉탁수사를 행한다. 따라서 예심판사와 사법경찰과의 관계는 촉탁수사를 통하여 이루어지며, 예심판사는 사법경찰관에게 위임수사에 관한 사항에 대해 지휘 · 감독할 수 있다. 그리고 사법경찰관은 이에 따를 복종의무가 있으며, 촉탁수사의 범위 내에서 사법경찰관은 해당 사건의 수사를 담당한다.

예심에 해당되지 않은 사건에 대해서는 검사가 사법경찰관을 지휘하여 수사를 주재한다. 그러나 이 경우에도 한정된 범위 내이긴 하지만 사법경찰 자신에 의한 직권수사도 프랑스 형사소송법에서 허용되어 있다.

예심판사와 검사와의 관계에 있어서는 상호견제와 균형관계에 있다고 할 수 있다. 즉 예심의 개시는 검사의 예심개시요구서의 제출 없이 불가능하며, 이 요구서에는 범죄의 사실, 범죄구성요건, 피의자 또는 피고인의 인적 사항 등을 기재하고 서명하여 지방법원 소속 예심판사에게 송부한다. 예심개시요구서를 접수받은 예시판사는 예심의 심리를 행하며(프랑스 형사소송법 제81조), 이를 위한 광범위한 수사권을 갖는다. 즉 피의자의 성향에 관계되는 자료수집(제92조), 증인신문(제101조), 수색 · 압수 · 감정 등을 할 수 있고, 이를 사법경찰관에게 촉탁할 수 있다.

프랑스에서는 중세기까지 규문주의 소송관(糾問主義 訴訟觀)이 지배하고 있어서 판사가 수사와 기소, 그리고 재판까지 하였다. 범죄혐의자에 대한 수사를 한 자가 기소와 재판까지 한다는 것은 수사에 착수한 자의 편견을 극복할 수 없는 사정에 빠지게 됨을 중세에 이미 뼈저리게 체험하였던 근대 프랑스는 이와 같은 형사절차상의 병폐를 시정하기 위해 수사, 기소 그리고 재판기능을 분리하여 이를 각기 다른 주체인 검사, 예심판사, 재판판사에게 고유한 기능과 역할을 맡겼다. 즉 검사는 기소를, 예심판사는 수사를, 재판판사는 유 · 무죄를 선고할 수 있도록 하여 오늘날에 이르고 있다.

이러한 배경에서 프랑스의 사법경찰은 검사와 예심판사의 지휘에 따라 임무를 수행한다. 즉 사법경찰은 원칙적으로 독자적인 수사권을 갖는 것은 아니며, 검사와 예심판사의 통제와 감독 하에 있으며, 이들의 지시를 따라야 된다. 따라서 검사는 사법경찰관에게 부여한 권한을 박탈하면서 임무를 소홀히 한 사법경찰관에 대해 감독권행사의 일환으로 징계할 수 있다.[49]

1975년 8월 6일 법률에 근거하여 징계 받은 사법경찰관은 이의를 제기할 수 있게 되었고, 더욱이 1978년 7월 28일 법률로 사법경찰리를 포함한 모든 사법경찰이 그들의 지위에 관련하여 예심판사와 검사의 감독대상이 된다. 또한 산림전문요원과 지구대장도 마찬가지다. 그러나 그밖에 사법경찰권한을 행사하는 공무원은 법원의 통제를 받지 않는다. 이들은 소속된 기관의 통제 하에 있을 뿐이다. 검사는 그 공무원의 상관에게 해당 공무원에 대한 근무평정을 통보할 수 있다.

6) 우리나라 수사지휘권체계와의 차이점

프랑스의 수사체계는 한국의 경우와 일부 유사한 부분도 많지만, 적지 않은 차이를 보여주고 있다. 프랑스의 경우 특히 예심의 대상이 되는 사건에 있어서는

49) 사법경찰관은 자신이 소속된 기관의 규율과 인사권에 복종하여야 한다. 그러나 사법경찰관의 지위에서 수행된 직무상 행위에 관하여 검사가 부여한 권한을 박탈당할 수도 있으며, 행정적인 책임을 진다. 항소법원은 그에 대해 사법경찰직무의 집행금지 또는 일시적 정지를 명할 수 있다. 이와 같은 집행금지 또는 일시적 정지는 항소법원의 관할구역이나 전국에 걸쳐 명해질 수 있다. 1978년 7월28일 법률 이후로 사법경찰리에 대하여도 동일한 통제절차가 적용되기에 이르렀다. 법원의 통제처분은 사법경찰관 또는 사법경찰리의 상관에 의한 명령체계상의 경징계와 관계없이 부과될 수 있다. 사법경찰에 대한 통제처분은 점진적으로 사법기관에 의하여 사법경찰을 종속시키는 방법으로 강화되고 있다. 이러한 맥락에서 프랑스 형사소송법 제228조는 "만약 항소부는 사법경찰관이 범죄를 저지른 사실을 인지한 때에는 항소부는 검사에게 서류제출을 명할 수 있다" 고 규정하고 있다. 또 사법경찰관은 직무수행과 관련하여 형사 · 민사 책임을 져야 한다. 이에 관해 자세한 것은 백원기, 위 논문, 255~256면 참조.

검사는 원칙적으로 임의수사를 할 수 있을 뿐이고, 예심판사가 실체적 진실의 발견을 위하여 모든 유용한 예심행위(Actes d' information)를 할 수 있으므로, 그는 이를 위해 광범위한 수사권을 가진다. 피의자의 품행에 대한 자료의 수집(제92조), 증인의 신문(제101조), 수색 · 압수 · 감정을 할 수 있다(제92조 이하).

물론 검사는 예심사건이 아닌 경우에는 검사가 수사를 주재하게 되며, 이러한 범위 내에서 한국과 큰 차이가 없다고 할 수 있다. 또한 검찰과 경찰과의 관계에 있어서 수직적이며, 권위적으로 규정되어 있다는 점도 유사하다고 할 것이다. 그러나 검사나 예심판사는 자체적인 수사인력이 없으며 수사를 직접 수행할 수 있는 물적 시설이나 자원을 독자적으로 갖고 있지 않고, 사법경찰을 지휘하거나 촉탁하여 수사권을 행사한다. 즉 검사와 예심판사는 막강한 정도의 수사권한을 갖고 있으나, 원칙적으로 직접 수사하지 않고, 사법경찰을 통해서 수사를 실행하며, 사법경찰을 지휘 · 감독하는 방식으로 수사를 하고 있다. 그 결과 피의자에 대한 경찰에서의 수사와 검찰에서의 수사를 받는 이중수사가 프랑스에서는 존재하기 어렵다.

또한 검찰이나 예심판사는 오직 사법경찰로 활동할 수 있는 자에 대해서만 지휘 · 감독을 할 수 있기 때문에 프랑스에서는 수사지휘권이 오직 진압적 수사활동에만 미친다. 이에 반해 한국에서는 검사가 경찰에 대해 범죄예방적 활동까지 수사지휘권이 인정되고 있다.

2. 프랑스 사법경찰의 수사활동

1) 프랑스 사법경찰의 수사권한과 한계에 대한 개요

프랑스에서 사법경찰 수사활동을 크게 보면 형사소송법 제14조에 의하여 두 가지 형식으로 진행되는데, 하나는 예심이 개시되는 경우와 다른 하나는 그렇지 아니한 경우이다. 전자의 경우 사법경찰관은 예심판사의 지휘에 의하여 수사를 진행해야 한다. 후자의 경우에는 예심판사의 개입 없이 범죄의 발견을 위한 권한과 책임을 진다.

예심판사의 지휘를 받는 경우 사법경찰관은 예심판사의 명의로 수사를 할 수 있으며, 따라서 사법경찰에 의하여 범죄에 대한 효과적인 대응을 함에도 불구하고, 사법경찰관은 원칙적으로 예심판사의 단순한 수사보조자에 불과하다. 사법경찰관은 피의자의 혐의여부에 대한 결정권이 없으며, 이에 대한 결정은 예심판사나 검사만이 가능하다.

게다가 사법경찰관의 권한행사는 관할구역에 따른 제약을 받는다. 프랑스 형사소송법 제18조 제2항에 따르면 현행범과 긴급한 경우 제1심 법원의 일부지역에서 업무를 수행하던 사법경찰관의 관할 구역을 제1심 법원 관할 전역으로 확대된다. 특히 현행법의 경우 제1심 법원 관내에서만 현장검증과 진술청취, 압수, 수색을 할 수 있을 뿐이다(동법 제18조 제3항).

프랑스 형사소송법은 범죄의 수사에 관해 사법경찰에게 독자적인 수사권을 진정하는 경우가 두 가지 있는데, 그 중의 하나는 '현행범에 대한 조사' 이고, 다른 하나는 '예비조사' 이다. 여기서 말하는 예비조사라 함은 1958년 프랑스 형사소송법에 근거한 "사법경찰관의 직권 또는 검사의 지휘에 의하여 예비조사에 착수할 수 있"는 것으로, 이는 프랑스의 사법경찰관이 일정한 경우에는 내사단계정도의 수사만이 아니라, 그것을 넘어 독일 경찰의 초동수사권과 유사한 수사권을 갖고 있음을 의미한다고 볼 수 있다. 즉 사법경찰의 예비조사에는 범죄혐의를 밝히기 위해 사법경찰은 범죄혐의자에 대해 임의수사뿐만 아니라, 수사상 필요한 경우에는 그에 대한 임시구금조치까지 취할 수 있다. 게다가 사법경찰은 현행범에 대한 조사를 할 수 있는 데, 이는 역사적으로 오래된 제도로서 이에 대한 경찰의 권한은 매우 강력함을 엿볼 수 있다. 또한 예심판사가 경찰에 대한 수사명령을 통하여 이루어진 수사와 신분확인 검문도 사법경찰의 본격적 수사로 인정될 수 있음은 물론이다.[50)]

---

50) 백원기, 앞의 논문, 232~234쪽 논문

2) 범죄의 발견

(1) 고소, 고발의 접수

프랑스 형사소송법 제17조에 따르면, 사법경찰관에게 고소와 고발을 접수할 권한을 부여하였다. 따라서 사법경찰은 고소와 고발을 접수하여야 한다. 넓은 의미의 고발은 어떠한 사람이든지 수사당국에 범죄의 발생을 신고하는 것을 의미하지만, 순수한 의미의 고발은 공무원에 의하여 행하여진다. 범죄사실을 지득(知得)한 공무원은 고발의무가 있다. 프랑스에서도 고발은 문서 또는 구두로 가능하며 익명으로 행해 질 수 있다. 범죄의 피해자에 의한 고소는 사법경찰관 또는 검사에 대하여 직접 행해 질 수 있다. 고소는 예심판사에게도 할 수 있다는 점이 한국과는 다르다고 할 것이다. 사법경찰관은 검사에게 접수된 모든 고소와 고발을 보고하여야 한다(프랑스 형사소송법 제19조). 고소와 고발에 의한 조사사항도 함께 보고하는 것이 권장된다.

고소장은 형식에 구애받지 않고 사법경찰관이나 검사에게(프랑스 형사소송법 제40조) 제출될 수 있으며, 고소장은 사소 당사자를 구성하면서 예심판사에게 제출될 수 있다. 예심판사에게 제출될 때 기소가 개시된다고 할 것이다. 고소는 예심판사에게도 할 수 있다는 점에서 한국과는 다르다고 할 것이다.

(2) 조서에 의한 진상규명

사법경찰은 범죄사실과 범죄의 정황을 밝혀야 한다(프랑스 형사소송법 제14조 참조). 사법경찰관은 순수한 의미의 사법경찰리, 산림기술요원, 전원감시원, 특별감시원, 사법경찰에 소속된 특정한 공무원과 더불어 조사를 통하여 범죄사실을 확인할 권한을 갖고 있다(프랑스 형사소송법 제19조, 제21조, 제23조, 제28조 이하 참조).

조서는 작성권한을 가진 사법경찰이 작성하는 조서로서 범죄사실의 증명을 위한 것이다. 단순한 사법경찰보조리는 법률의 규정에 의하여 상관의 명령에 따라 단지 적법하게 보고서를 작성함으로써 범죄의 사실을 규명할 수 있을 뿐이다.

이러한 조서에 증명력이 인정될 수 있는 것이 아니고, 조서작성 권한 있는 자의 범죄확인 서면보고에 지나지 아니한다.

개별범죄의 특수성에 따른 다양성에도 불구하고 조서는 법률에 의하여 특정한 형식을 구비하여야 한다. 조서는 일정한 기한 내에 작성되어야 하며 되도록 빠른 시일 내에 검사 또는 예심판사에게 제출되어야 한다(프랑스 형사소송법 제19조, 제21-2조). 법률에 의하여 요구된 형식에 따라 작성된 조서는 단순한 참고자료의 가치를 가질 뿐이지만, 법원이 반대의 심증을 가질 경우에는 이를 배척해야 한다. 그러나 조서가 특별한 증거가치를 가진 경우도 있다. 예를 들면 경범죄를 확인하는 조서에 관한 프랑스 형사소송법 제431조와 제537조, 도시계획법 제104조 등에서는 조서가 반대의 증거가 없는 한 증명력을 가진다고 명시하고 있다. 그리고 관세법 제336조와 불법낚시범죄 등의 경우에는 그 조서가 위조되지 않는 한 증명력을 갖는다고 명시하고 있다.

(3) 신원검사(불심검사)

프랑스 형사소송법 제61조 제2항에 따르면, "사법활동 진행 동안 신원확인이나 입증이 필요하다고 여겨지는 모든 사람은 사법경찰관이나 프랑스 형사소송법 제20조에 규정된 사법경찰리 중 1인의 요구에 의한 신원확인조치에 응하여야 한다."고 명시되어 있다.

가. 신원검사의 요건

신원검사를 할 수 있기 위해서는 다음과 같은 요건을 충족해야 한다. 첫째로 혐의자와 범죄사이의 관계를 추정할 수 있는 정황이 존재하여야 한다. 즉 혐의자가 범죄를 범하였거나 범하려고 하거나, 범행의 준비, 범죄조사에 정보를 제공할 것으로 보이는 정황이 있어야 한다. 둘째로 검사가 적시한 범죄의 확인과 추적을 위하여 그의 지휘서에 근거하여 사법경찰관은 검사가 규정한 기간과 장소 안에 있는 사람들에 국한되어야 한다(프랑스 형사소송법 제78-2조 제2항).

나. 신원의 입증

피검문자는 모든 방법을 동원하여 자기의 신원을 증명할 수 있다. 피검문자의 신원이 확인되지 않은 경우에 신원확인절차를 밟게 된다. 피검문자가 신원확인을 거부하는 경우에도 역시 동일한 절차를 밟는다.

다. 신원확인

신원입증을 거부하거나 또는 불가능한 경우, 피검문자는 즉시 강제유치되거나 경찰관서로 강제동행유치 될 수 있다. 이때 피검문자는 즉시 사법경찰관 면전에 출두되며 사법경찰관은 피검문자에게 신원확인을 위한 진술기회를 부여한다. 필요한 경우 신원확인에 필요한 조치를 취할 수 있으며, 강제유치는 4시간을 초과할 수 없다(프랑스 형사소송법 제78-3조 제3항).

3) 사법경찰에 의한 범죄수사의 독자적 수사권

탄핵주의 수사의 고전적 형식에 따른다면, 범죄혐의에 대한 모든 진상조사권은 예심판사에 속하였지만, 오늘날에 와서는 사법경찰관에게도 일정한 범위에서 수사권을 주고 있다. 즉 현행범에 대한 조사와 현행범이 아닌 경우의 예비조사가 그것이다.

(1) 현행범조사

가. 현행범의 의의

프랑스에서 현행범이란 현재 중죄 또는 경죄[51]를 범행 중이거나 범행 직후에 있는 자, 그리고 범행으로부터 극히 근접한 시간 내에 혐의자로 지목되어 추적되고 있거나 중죄나 경죄에 가담하였다고 믿을만한 물건의 소지자 또는 징표나 단서를 가지고 있는 자를 말한다(프랑스 형사소송법 제53조 제1항). 종래에는 주거

51) 여기서 말하는 경죄란 벌금형이 부과되는 등의 모든 경죄가 아니라, 징역형이 부과되는 경죄만을 의미한다.

내에서 발생한 범행을 사법경찰관에게 신고한 경우에도 현행범에 포함시켰으나, 1999년 6월 23일 법률에 의하여 폐지되었다.

프랑스 판례는 위와 같은 법률에 의한 현행범에 대한 사법경찰관의 조사에 있어서 다음과 같은 더욱 엄격한 제한을 두고 있다. 즉 "사법경찰관에 의해 외부적으로 확인가능하고 명백한 증거나 범행의 존재를 추정케 하는 증거에 의해 현행범의 존재가 밝혀지는 경우"에만 현행범은 인정된다. 그러므로 프랑스 대법원은 단순한 정보나 익명의 고발로는 현행범의 인정은 불충분하다고 보는 반면에, 사법경찰관면전에서 도주나 마약류단속관청에서 확인된 범행의 고발 등은 현행범으로 인정하고 있다.[52)]

나. 사법경찰관의 권한

위와 같은 의미의 현행범을 사법경찰관은 즉시 체포할 수 있다. 경찰이 범행을 확인하였거나 신고를 받는 경우(특히 중죄의 현행범의 경우) 사법경찰은 즉시 검사에게 보고하여야 하며, 신고를 받는 경우에는 지체 없이 현장에 출동하여 진상발견을 위한 제반 조치를 취할 수 있다(프랑스 형사소송법 제54조 제1항). 이를 위해 사법경찰은 증거인멸의 우려가 있거나 진상발견에 도움 될 수 있는 단서를 보전하여야 하며, 범행에 사용하였거나 사용하려고 하였던 무기 등을 압수해야 한다(프랑스 형사소송법 제54조 제2항). 만일 사법경찰관이 증거보전을 훼손하는 경우에는 경범죄를 구성한다(프랑스 형사소송법 제55조). 그리고 사법경찰관은 범행현장에 있는 모든 사람들에 대하여 사법경찰관의 활동이 종료될 때까지 범죄현장에서 이탈하지 못하도록 할 수 있고(프랑스 형사소송법 제61조), 이들에 대한 신원조사를 할 수 있다(프랑스 형사소송법 제78-2조).

체포된 현행범에 대한 사법경찰의 조사권은 특별한 예외적 사유가 없이 계속되는 한 8일 동안 가능하다(프랑스 형사소송법 제53조 제2항). 이것이 의미하는 바는 사법경찰관은 현행범에 대하여 최장 8일 동안 강제수사를 할 수 있으며, 8일이

52) 이에 관해서는 박창호, 앞의 논문, 29쪽 참조.

지나면 임의수사로 전환되거나 또는 사건을 검사에게 송치하여야 한다는 것이다.

즉 사법경찰관은 이 8일 동안 참고인을 강제로 출석케 할 수 있고, 강제적인 압수와 수색을 행하며, 감정인을 지명하고 피의자를 신문할 수 있다. 즉 예심판사의 권한인 영장발부를 제외하고는 현행범에 대해 예심판사의 거의 모든 권한을 행사할 수 있는 것이다.

다. 검사의 개입

현장에 출동한 사법경찰관은 현장에 검사가 없으면 즉시 검사에게 보고하여야 한다. 검사가 필요하다고 인정하면 직접 사건현장에 출동할 수 있으며, 사법경찰관에게 수사를 지휘할 수 있다. 즉 범죄현장에 검사가 출현하면, 수사권은 검사에게 넘어가고 사법경찰관의 조사권은 해제되며, 검사는 사법경찰관의 권한을 부여받는다.

라. 수사판사의 개입

수사판사는 현행범의 경우에 대해서는 직접 사건을 인지할 수 없음에도 불구하고 수사판사에게 공식적으로 검사의 기소가 되기 저에 사건현장에 출동할 수 있으며, 그 경우 검사나 사법경찰관의 사건에 대한 권한을 박탈시킨다(프랑스 형사소송법 제72조 제1항). 이 때 예심판사는 범죄확인, 입수, 수색, 진술청취와 같은 사법경찰관과 같은 권한을 갖는다.

(2) 예비조사

가. 예비조사의 의의와 필요성

프랑스에서 중죄나 복잡한 사건에 대한 수사권이 예심판사에 있으며, 예심판사에 대한 검사의 기소와 검사의 기소 전에 기소될만한 행위의 필요성을 판단하기 위해 정보가 요구된다. 이때 고소나 고발이 무의미하며, 검사의 기소가 부당함을 즉시 입증함으로써 불필요한 기소를 막을 수 있으며, 또한 범행의 진상을 파악함으로써 직접출두나 즉시소환 등 신속절차로 이행을 결정할 수 있도록 해준다. 이에 따라 검사가 사법경찰관에게 기소결정에 필요한 정보를 요구하는 것은 필연적이며, 그 결과 사법경찰도 기소결정에 요구되는 정보를 수집할 수밖에 없게 된다. 왜냐하면 프랑스에서 예심판사뿐만 아니라 검사도 그 자체 독립적인 수사인력을 갖고 있지 못하기 때문이다.

이러한 점에서 "사법경찰의 예비조사란 검사가 기소결정에 필요한 정보의 확보를 위해 사법경찰에게 부여된 범죄혐의의 진상을 파악케 하는 수사행위"라고 말할 수 있다.

나. 예비조사권

오늘날 예비조사권은 법률에 의해 사법경찰관과 사법경찰리에게 부여되었으며, 프랑스 형사소송법 제75조에 따르면, "사법경찰관리에게 직권이나 검사의 지휘로 예비조사를 할 수 있다"고 명시하고 있다. 다만 사법경찰보조리에게는 그러한 권리가 부여되지 않고 있다. 그리고 사법경찰리는 조서작성을 통하여 범죄사실을 확인하고, 진술을 청취할 수 있으나 통상체포권을 갖지 못한다. 사법경찰보조리는 예비조사를 행할 자격이 없고, 다만 상사의 직무수행을 보조하는 임무를 갖는다.

다. 예비조사내용

사법경찰관리의 예비조사권은 범행에 대한 정보를 수집하고, 이를 위해 다음과 같은 방법을 사용할 수 있다.

첫째로 관련정보를 제공할 자의 진술청취를 들 수 있다. 고소인뿐만 아니라 피고소인, 혐의자에 대해서도 역시 진술이 청취될 수 있다. 이해관계인이 누구냐에 관계없이 진술청취는 가능하며, 이 경우 선서는 하지 않기 때문에 허위증언도 위증이 되지 않아 진술자의 심리를 위협하지 않는다. 사법경찰관에게 진술요청을 받는 자는 진술을 거부할 권리가 있다. 예비조사단계에 있어서 혐의자에 대한 사법경찰관의 권한은 현행범과 동일한 정도의 권한을 부여받고 있지 못하다. 다만 사법경찰관에게 1958년 프랑스 형사소송법 제77조에 의해 예비조사가 필요하다고 인정되는 모든 자에 대한 24시간 통상체포를 부여하고 있다. 이런 이유로 참고인이나 피의자는 사법경찰관에게 수사협조의 거부권리를 현실적으로 부정하기 어렵게 되어 있다. 게다가 1993년 1월 4일 법률은 출석 요구된 자에게 출석의무를 부과하였고, 이를 거부할 경우 사법경찰관리는 검사에게 보고하여 검사는 강제로 그를 출석시킬 수 있게 되었다. 그가 피의자든 참고인이든 관계없이.[53)]

둘째로 사실관계의 확인할 수 있는 권리이다. 1958년 프랑스 형사소송법은 사법경찰의 예비조사를 상대방의 동의를 전제로 하였다. 그런데 실무에서 조사가 행해지는 주거수색의 경우에서는 주거자의 동의를 요하였으나, 술집이나 공공장소의 경우는 사법경찰은 언제나 출입할 수 있었다. 게다가 역이나 수하물(手荷物) 보관소 내에서 행해진 확인작업도 주거수색에 포함되지 않는다는 것이 프랑스 판례의 입장이다.[54)]

또한 경찰은 행정경찰활동 시에도 앞에서 설명한 것처럼 사람의 신원을 확인할 수 있고, 더욱이 사람에 대한 손으로 만지는 등의 신체검사도 가능하다고 보고 있다. 여기서 이해관계인의 현행범인성이 인정되면 곧바로 수색을 할 수 있는 것으로 하고 있다.

2) 프랑스의 인신구속

원칙적으로 범죄의 중요한 단서가 발견된 경우에 사법경찰관은 피의자를 검사에게 인도하여야 한다. 관할법원장이나 예심판사에 의하여 구속영장이 발부된다. 사법경찰관에 의한 구속은 현행범인 경우에 즉시 집행될 수 있음은 위에서 보았다. 이 경우 범인의 체포는 사법경찰관의 권리인 동시에 의무에 해당된다. 타인이 범인을 인도한 경우도 마찬가지이다. 프랑스 형사소송법 제73조는 중죄와 경

53) 박창호, 앞의 논문, 34쪽.
54) 박창호, 앞의 논문, 34쪽.

죄를 범한 현행범에 관하여 규정하고 있다. 사법경찰관의 현행범에 대한 조치는 가처분적 성격을 지니며, 나중에 예심판사가 쉽게 수사를 할 수 있도록 보조하는 데에 중점이 있다. 사법경찰관에게 보고를 받는 검사는 현장에 즉시 출동해야 하고, 이때부터 수사권은 검사에게 넘어가고 사법경찰관은 그 직무를 면하게 된다(프랑스 형사소송법 제68조 제1항). 물론 예심판사가 현장에 도착한 때에는 검사와 사법경찰관은 그 직무를 면하며(프랑스 형사소송법 제72조), 이후의 권한은 예심판사가 행한다. 예심판사와 검사가 동시에 현장에 출두한 때에는 검사는 필요한 경우에 출동한 예심판사에게 정식예심의 개시를 요구할 수 있다(프랑스 형사소송법 제72조 제5항).

프랑스 형사소송법에 의할 때, 체포는 원칙적으로 검사의 기소가 이루어진 상태에서 예심판사에 의한 체포영장에 의해서 가능하다. 따라서 이론적으로 사법경찰관은 피의자나 증인을 강제로 출석하게 할 수 없다. 그럼에도 불구하고 현실의 관행에서는 사법경찰관에 의한 체포는 경찰의 예비수사의 범위 내에서 허용되고 있다.[55]

3) 프랑스의 변사자 검시절차

프랑스 형사소송법 제74조에 따르면 사망의 원인이 불분명한 변사자가 발견된 경우에 이러한 사실을 알게 된 사법경찰관은 즉시 검사에게 이를 통보한 후 변사자를 발견한 장소에 입회하여 '변사자 검시절차' 를 개시하여야 한다.

이 사실을 통보받은 검사가 필요하다고 판단할 경우 사망의 원인을 규명할 수 있는 자와 동행하여 그 현장을 답사할 수 있다. 이 경우 검사는 자신의 역할은 대신 수행할 사법경찰관을 지명할 수도 있다. 아울러 검사는 사망의 원인을 규명하기 위한 증거조사를 명할 수 있다.[56]

55) 이재상, 각국의 구속제도, 146쪽 이하 참조.
56) Stefani, Levasseur et Bouloc, Proc?dure p?nale, Dalloz, Paris, 2000, p. 354.

4) 사법경찰관의 임시구금 절차의 적법성 확보

프랑스의 경우 사법경찰관은 수행하고 있는 '예비조사' 의 효율적 운용을 위하여 필요한 경우 피의자를 임시로 보호유치할 수 있다. 프랑스 형사소송법 제77조에 의하면 특별한 사유가 없더라도 피의자를 24시간 보호유치(임시구금)할 수 있다. 보호유치에 대한 결정은 사법경찰관만이 할 수 있다. 즉 사법경찰관은 일정한 범죄로 혐의를 받고 있거나 또는 범행의 증인으로서 고려되는 자를 예심판사의 관여 없이 24시간 이내에 보호 유치할 수 있다(프랑스 형사소송법 제63조 제1항). 이 보호유치조치는 수사상 필요한 경우 검사의 청구에 의하여 1회에 한하여 연장할 수 있다(프랑스 형사소송법 제63조 제1항).

이러한 권한은 치안을 담당하는 공무원에게 부여되지 않는다. 보호유치의 기간은 24시간에 한하며, 1회에 한하여 24시간 연장될 수 있는데 반드시 범죄를 입증할 수 있는 단서를 통하여 중대한 혐의가 있는 경우에 한한다. 보호유치기간의 연장은 검사가 허가한다. 이 경우 검사는 피의자를 반드시 소환할 필요가 없다. 그러나 마약범죄의 경우에는 1970년 12월 31일 법률에 의하여 보호유치기간은 24시간을 넘어서48시간까지 추가될 수 있다. 보호유치기간의 연장에 대한 허가는 남용되어서는 안 된다.

보호유치의 이유와 일시는 진술조서와 경찰관서의 접수대장에 구체적으로 명시되어야 한다. 또 피의자에 대한 조사시간과 휴식시간도 명확하게 기재되어야 한다. 모든 진술내용은 피의자에 의하여 서명되어야 하며 서명을 거부한 때에는 이 사실도 명시하여야 한다. 아울러 보호유치된 피의자가 요구하면 신체검사를 하여야 한다. 마약범죄에 관하여 보호유치된 경우에 검사는 임시구금한 때부터 매 24시간마다 검진할 의사를 지명하여야 한다.

여기서 사법경찰관에 의한 보호유치의 남용가능성에 대하여 다음과 같은 방지대책이 있다. 첫째로 예비조사의 단계에서 통상체포의 남용을 제한하기 위해 프랑스 형사소송법은 통상체포의 요건을 엄격히 규제하고 있으며, 검사의 통제에 두고 있다(프랑스 형사소송법 제41조 제3항). 둘째로 사법경찰관에 대한 징계

처분 이외에 직무수행상 중대한 과실의 입증이 있는 경우 민사소송의 방법이 가능하다고 본다.

3. 프랑스 검찰의 수사활동

1) 프랑스 검사의 특권

검사는 일반적으로 사법경찰관이 행사할 수 없는 중요한 권한을 가지고 있다.

첫째로 검사는 자신의 근무지와 인접한 법원의 관할지역 내에서 수사의 필요성이 제기된 때에는 조사절차를 집행할 수 있다. 다만 현행범의 경우에는 사법경찰관도 동일한 권한을 행사할 수 있다.

둘째로 중죄를 범한 범인이 잠적한 경우에는 검사는 체포를 위하여 구인영장을 발부할 수 있다. 범인을 체포한 때에는 즉시 신문조서를 작성하여야 한다. 피의자가 변호인과 함께 출두한 때에는 변호인의 입회가 인정된다.

셋째로 현행범에 대한 수사를 담당하는 사법경찰관의 출두명령을 거부한 피의자를 소환하기 위해서는 검사의 개입이 필요하다.

넷째로 금고형 이상으로 처벌되는 범죄의 현행범인 피의자에 대하여 검사는 '즉시출두절차' 를 취할 수 있다.57)

2) 프랑스 예심판사의 수사활동

수사업무는 전통적으로 예심판사의 권한에 속한다. 판사가 수사와 기소 그리고 재판까지 할 수 있는 규문주의가 더 이상 관철되지 않고 탄핵주의 소송구조가 확립된 오늘날에 와서는 예심판사는 모든 범죄수사에 대해 그 자신이 모두 전담할 수 없게 되었다. 더구나 현행범에 대해서는 검사와 사법경찰관도 수사권을 가지며, 사법경찰관도 넓은 의미에서 수사라고 볼 수 있는 예비조사를 할 수 있다.

---

57) 백원기, 앞의 논문, 242쪽 참조.

그러나 예심판사는 사법경찰관에게 촉탁수사를 통하여 수사를 지휘하며, 사법경찰관은 이에 대해 복종의무가 수반된다. 예심판사는 범죄현장에 입회하여 수사를 지휘할 수 있는 권한을 가지고 있으며, 사법경찰관과 검사에게 수사상 필요한 명령을 내릴 수 있다. 즉 그는 사법경찰관에게 자신의 명령에 따라 수사를 진행할 것을 명령할 수 있다. 또한 관련자를 소환하여 진술을 청취하는 것, 수색 등은 예심판사가 수행하여야 한다. 그는 검사와 마찬가지로 인접법원의 관할지역에서도 필요하다면 수사를 진행할 수 있다. 그밖에도 범죄혐의자에 대한 임시구금의 연장권한은 예심판사에 속한다.

3) 기소에 대한 결정

검사는 피의자의 신원을 확인하여 어떠한 범죄에 대한 혐의로 구속된 것인지 알려주고 피의자의 진술을 확보하여야 한다. 중요한 중죄사건이 발생한 경우, 검사는 예심판사에게 자신의 견해를 알려주어야 한다. 또 검사는 1983년 6월 10일 법률에 의하여 다음과 같은 조치를 강구할 수 있다.

(1) 사법적 약속

검사는 '사법적 약속' 의 조치를 취할 수 있다. 검사는 용의자를 피의자의 신분으로 지방법원에 10일에서 2월 이내에 출두할 것을 명령할 수 있다. 검사는 그에게 변호인의 조력권을 알려주며 심리의 일시를 지정해 주어야 한다. 이러한 사항은 신문조서에 기재되어야 하며, 그 사본은 피의자에게 교부되어야 한다. 이 사본은 소환장의 가치를 지닌다. 선임된 변호사에게도 관련서류를 미리 검토할 수 있도록 심리의 일시를 알려 주여야 한다.

(2) 즉시출두절차

검사는 피의자에 대하여 '즉시출두' 를 명할 수 있다. 이 조치는 2년 이상 5년 이하의 금고형에 해당하는 범죄에 대하여 가능한 조치이다. 이 절차는 과거의 현행범에 관한 소송절차와 유사하다. 피의자는 지정된 장소에 출두하여 변호인의 조력을 받을 권리를 고지받으며, 선임된 변호인은 피의자와 자유로운 의사소통이 가능하고 관련서류를 참고할 수 있다.

(3) 사법적 통제처분과 임시구금처분

검사는 제1심 법원의 심리가 조속히 열릴 수 없는 때에는 프랑스 형사소송법 제396조에 명시된 조치를 취할 수 있다. 이 경우 피의자는 즉시 법원장에게 인도된다. 법원장은 서기의 입회하에 사법적 통제처분이나 임시구금의 조치를 취할 수 있는지를 결정하게 된다. 이 때 피의자는 변호인의 조력을 받을 수 있으며, 변호인은 관계서류를 검토할 수 있다.

법원장은 피의자의 진술을 확보하고 프랑스 형사소송법 제41조에 의한 긴급 수사 조치를 취할 수 있다. 법원장의 결정에 대한 항고는 허용되지 않는다. 피의자가 임시 구금된 때에는 최대한 빠른 기일에 심리를 개정하여야 한다. 이를 위반한 때에는 피의자는 즉시 석방되어야 한다.

그러나 법원은 프랑스 형사소송법 제397-1조의 조건에 따라 임시구금을 계속 인정할 수 있다. 이 경우 사건은 5일에서 30일까지 연기될 수 있다. 이와 같이 임시 구금은 반드시 법원의 결정에 의하여 결정될 수 있다. 임시 구금된 피의자는 언제든지 자신의 석방을 법원에 요청할 수 있으며, 사법적 통제처분의 취소도 요청할 수 있다.[58]

(4) 피해자의 기소

프랑스 형사소송법상 고소인은 검사와 독립하여 예심법원이나 재판법원에 기소(여기서의 기소는 私訴임)를 제기할 수 있어, 검사의 공소권과 구별되는 사소권(私訴權)을 갖고 있다. 예심판사에 대한 소추는 중죄에 한하여, 재판법원에는

58) 백원기, 앞의 논문, 243~244쪽 참조.

경죄와 경범죄의 경우에 가능하며, 재판법원에 대한 소추를 한 경우의 사소권자(私訴權者)는 피고인을 법원에 출두시킬 수 있다.

4. 사법경찰작성 문서의 증거능력 (프랑스 사법경찰 수사권의 내용상 독립성)

프랑스에서 사법경찰관의 임무는 범죄인을 사법기관에 기소하여 처벌될 수 있도록 범죄의 진상을 규명하고 범죄인을 체포하는 데 있다. 이러한 시각에서 프랑스의 경우, 수사의 진정한 주체는 사법경찰관이라고 말할 수 있다. 즉 프랑스 형사소송법은 사법기관의 독립성을 보장하면서 예심판사와 치안판사를 검찰총장의 감독 하에 두고, 제1심 법원 재판부를 항소부의 통제 하에 두기 위하여 사법기관에 사법경찰관의 권한을 주면서도 이를 독자적으로 사법경찰에 부여하고 있는 것이다.[59)]

특히 중요한 점은 프랑스의 경우 검사의 공소제기 여부는 사법경찰관이 수집하고 작성한 수사자료에 의하여 결정된다는 사실이다. 물론 사법경찰은 검사의 통제와 지휘를 받아 임무를 수행하지만, 이를 제대로 받는 한 그 임무에 대하여 검사가 존중할 수밖에 없다는 점이 우리의 현실과는 다른 상황이라고 보인다.

결국 프랑스의 경우 사법경찰의 수사활동이 검사와 예심판사의 지휘를 받아 수행되고 있음에도 불구하고 수사권의 내용상 독립성이 최대한 보장되어 있는 것이 독특한 점이다. 즉 프랑스 사법경찰은 수사의 내용에 관하여 상당한 독립적 권한을 갖고 있다고 할 것이다.[60)]

그러므로 자유심증주의를 창안하여 최초로 규정하여 시행한 프랑스 형사소송법의 정신에 따르면 예심판사와 검사의 명령을 받아 실제 사법경찰관이 작성한 각종 조서 등은 증거조사절차의 완결에 따라 적법하게 법원에 제출되는 한 모든 증거와 차별 없는 증거능력을 인정받게 되는 것이다. 결국 이러한 증거들을 종합적으로 판단하여 법관은 판결을 내리게 되는 것이다.

---

59) 백원기, 앞의 논문, 225쪽 참조.
60) 백원기, 앞의 논문, 258쪽 참조.

Ⅳ. 결론: 한국에서 수사권의 합리적 배분과 수사권내용

1. 비교법적 관점에서의 요약

독일과 프랑스의 검찰과 경찰의 수사권체계를 형사소송법의 규정내용에 따라 개략적으로 살펴보았다. 독일과 프랑스 그리고 한국의 수사권체계를 전체적으로 조망하여 비교 · 검토해 보면, 독일과 한국의 검찰 · 경찰 관계는 기본적으로 검사를 수사주재자 내지 수사지휘권자로 인정하고 있다는 점에 대해서는 이의가 없다. 프랑스의 경우 중죄사건에 대해서는 예심판사가 수사권을 가지지만, 그럼에도 불구하고 중죄사건에 대한 기소권의 행사를 위해 범행혐의의 유무를 어느 정도 파악할 수 있는 수사권을 가진다. 그리고 중죄 이외의 범죄사건에 대해서는 검사가 원칙적으로 수사권을 가진다. 이 범위 내에서 프랑스의 검사는 수사의 주재자이며. 사법경찰에 대한 수사를 지휘 · 감독하고 있다. 그런데 프랑스에서 예심판사와 검사는 본래 같은 뿌리인 사법부에서 나온 것임을 인정한다면 독일과 프랑스 그리고 한국 등 대륙법계 국가에서는 경찰이 수사의 주재자가 아닌 것은 분명하다.

그러나 한국의 검사와 독일과 프랑스의 검사의 수사권은 실질적으로 많은 차이가 있다. 첫째로 독일과 프랑스 검사는 사법경찰의 수사에 대한 지휘 · 감독을 원칙으로 하기 때문에 그 자신 독자적인 수사인력을 갖추고 있지 않으면서 이른바 '손 없는 머리' 의 역할을 수행하는 반면, 한국의 검찰조직은 독자적인 수사인력을 갖추고 있으면서 수사를 직접 수행하기도 하고, 사법경찰을 지휘하고 있다.

둘째로 프랑스와 독일의 검사는 예방적 경찰활동에 개입하는 것을 삼가고 있지만, 한국에서는 예방적 경찰활동에까지 검찰권이 개입될 수 있도록 되어 있다.

셋째로 한국에서는 검찰(법무부)과 경찰(행정자치부)이 서로 상이한 조직체계를 갖추고 있음에도 수사지휘와 관련하여 명령 · 복종의 획일적 관계로 규정되어 있다. 이에 반해 독일과 프랑스에서는 지시와 감독관계이지, 명령과 복종관계가 아니다.

넷째로 한국에서는 검사의 자체수사가 가능하여 검찰은 피의자신문조서를 작성할 수 있고, 작성된 피의자신문조서에 대해서는 일정한 범위에서 증거능력이 인정되고 있다. 이에 반해 프랑스와 독일은 검사의 자체적인 피의자신문조서 작성이 존재할 수 없으므로 오직 사법경찰작성의 피의자신문조서만이 가능하며, 이에 대해서는 한국의 사법경찰작성 피의자신문조서처럼 증거능력을 부여하지 않고 있다.

그밖에도 한국의 사법경찰은 형사소송법상 초동수사권조차 없는데 반해, 독일에서는 초동수사권이 부여되며, 프랑스에서도 독일의 초동수사권과 유사한 예비조사권을 부여하고 있다. 이처럼 독일과 프랑의 검사와 경찰공무원의 개별적인 수사권도 한국의 그것과 다음과 같은 근본적 차이가 나고 있는데, 이에 관해 독일과 프랑스 경찰의 수사권과 우리의 것을 비교해 보면, 다음의 표와 같은 결론이 나온다.

국가	독일	프랑스	한국
기본적 지위	검사: 수사주재자 경찰: 수사보조자	○ 검사: 수사주재가능 ○예심판사: 범죄현장에서 수 사지휘가능 및 사법경찰관과 검사에게 수사상 필요한 명령 ○ 사법경찰: 수사보조자	검사: 수사주재자 경찰: 수사보조자
경찰의 수사개시권	초동수사의 권한과 의무	예비조사와 현행범에 대한 수사가능(필요에 따라 피의자 임시구금도 가능)	○ 규정: 검사의 지휘요구 ○ 현실: 경찰의 독자적 개시
검사의 자체 수사보조 인력유무	없음	없음	있음
경찰의 구속영장 청구권	○ 영장청구권 없음 ○ 영장청구권은 검사의 독자적 권한	○ 영장청구권이 없음 ○ 경찰은 피의자를 검사에게 인도하고, 검사가 예심판사 에게 영장청구	○ 영장청구권 없음 ○ 경찰은 검사에게 영장청구 신청가능

경찰의 체포기간	ㅇ 피체포자의 체포 후 늦어도 익일까지(약 24시간)	ㅇ 임시구금의 경우, 24시간 다만 1회에 한하여 24시간 연장가능 ㅇ 마약범죄의 경우, 48시간 추가연장 가능	ㅇ 긴급체포: 48시간 ㅇ 구속: 구속 후 10일간
변사자검시권	검사	검사	검사
경찰의 수사종결권	종결권 없음(검사의 종결권)	종결권 없음	ㅇ 일반사건: 검사의 종결권 ㅇ 즉심사건: 경찰의 종결권
소추권자	ㅇ 검사의 소추 ㅇ 단, 사인소추(독일 형사소송법 제374조 이하)의 경우, 사인(私人) ㅇ 다만 독일은 위경죄에 해 당되는 행위를 비범죄화했음	ㅇ 검사의 소추 ㅇ 사인소추가능 ㅇ경범죄의 4급까지는 검사의 위임에 의해 경감과 경정이 소추가능	ㅇ 일반사건: 검사의 소추 ㅇ 즉심사건: 경찰의 소추
검 · 경간의 관계	ㅇ 검사의 수사지휘 ㅇ 지시 · 감독관계	ㅇ 검사의 수사지휘 ㅇ 지시 · 감독관계 ㅇ 예심판사와 司警과는 명령 · 복종관계	ㅇ 검사의 수사지휘 ㅇ 명령 · 복종관계

2. 한국에서 수사권의 합리적 배분과 수사권내용

한국의 형사소송법에서는 검사가 수사권을 갖고 있을 뿐만 아니라, 경찰의 수사를 지휘감독하며, 게다가 수사요원을 자체적으로 갖고 있어, 경찰에서 이미 수사하였던 사안에 대해 이중으로 수사하고 있고, 또한 일부 혐의사안에 대해 경찰수사를 완전히 배제하고 검찰 자신의 독자적인 수사를 하고 있다. 그런데 그 이유를 우리나라의 검찰 자신은 다음과 같이 설명한다. "법률전문가인 검사는 경찰이 수사과정에서 적법한 절차를 준수하는지 여부를 감시하게 함으로써 국민의 인권을 보장하고, 법적 사고력을 갖추고 이후 법원을 상대로 피의자의 유죄를 입증하고 설득해야 할 검사가 경찰수사를 지휘하게 하여 실체적 진실을 발견하고 정확한 법적용을 담보하자는 것이다."

검찰의 이와 같은 견해는 검찰이 자체 수사인력과 장비를 갖고 있지 않고, 사법경찰의 수사에 대한 지휘 · 감독을 하는 경우에 한해서 맞는 말이다. 검찰이 직접적으로 수사에 참여하기보다는 경찰의 수사과정시 적법한 절차를 준수하는지 여부를 감시하고, 이러한 범위에서 경찰수사를 지휘하게 함으로써 경찰수사의 적법성을 담보할 수 있기 때문이다. 또한 그렇게 함으로써 검찰은 공익을 위한 주체로서 피의자나 피고인을 위해 객관의무를 충실히 실행할 수 있을 것이다.

그러나 그렇게 되기 위해서는 검사가 오늘날처럼 범죄혐의사실에 대해 직접적으로 수사하는 것을 그만두어야 한다. 만일 검찰이 직접 수사하게 되면 검사가 혐의사안에 대한 이해당사자가 되어 수사의 방향과 절차의 적법성을 객관적으로 판단하기보다는 혐의자가 범죄를 범했을 것이라는 편견에 젖어들게 된다. 이 때문에 검찰이 사법경찰에 대해 적법절차를 준수하고 있는 지와 실체적 진실파악을 합리적으로 하기 위해서는 다음과 같은 전제가 충족되어져야 할 것이다.

첫째로 검찰은 원칙적으로 경찰의 수사를 지휘하고 감독하는 데에 만족해야 한다. 왜냐하면 수사의 적정성지휘와 감시, 공소권의 신중한 행사와 공소유지에도 전력을 다할 수 있는 여력을 충분히 비축해야 하기 때문이다. 만일 검찰이 지금처럼 경찰이 이미 수사했던 사안에 대해 다시금 수사하는 방식이 계속되는 한, 이는 한편으로 이중수사가 됨으로써 피의자와 참고인의 이중조사와 인력의 이중낭비를 초래하며, 다른 한편으로 검찰 자신이 수사의 핵심적 주체가 되고, 피의자는 한낱 수사객체로 전락하게 되어, 사법경찰의 수사에 대한 검사의 적법성감시와 피의자의 이익을 위한 검사의 객관의무를 충실히 실행하기 어렵게 만들게 된다. 이와 같은 이중수사방식은 검찰인력과 힘을 소진하게 하기 때문에, 검사가 사법경찰수사의 적정성확보를 감시 · 감독과 공소권의 신중한 행사 그리고 공소유지의 전력에 장애사유가 된다.

둘째로 검사에 의한 수사는 실무에서 상당 대부분 검찰직원에 의한 수사를 의미하는데, 검찰직원은 결코 검사가 아니며, 사법경찰과 본질적으로 다른 자격을 구비한 것도 아니다. 그럼에도 불구하고 사법경찰의 수사 이외에 검찰의 수사라는 외형적 형식에 의해 피의자가 이중으로 수사를 받아야 하는 불편을 겪는 것은 부당하기 때문에, 검사가 직접 수사에 간여하게 하고 있는 수사방식은 원칙적으로 회피해야 한다.

셋째로 검사작성의 피의자심문조서의 증거능력은 경찰 작성의 피의자신문조서처럼 그에 대한 성립의 진정이 인정되더라도 내용을 부인하면 증거로서 가치를 인정해서는 아니 될 것이다. 만일 이것이 개선되지 않는다면, 검찰은 언제나 검사작성의 피의자심문조서에 대한 유혹을 뿌리치기 어려우며, 더구나 이 심문조서의 위력은 당사자주의를 원칙으로 하고 있는 우리의 현행 형사소송구조 아래서 법정에서의 구두변론주의를 공허하게 만든다. 바로 오늘날 법정에서 구두변론주의가 활성화되지 못한 결정적 이유가 바로 검사작성피의자심문조서에 증거능력을 인정하고 있다는 것도 크게 한몫하고 있다. 직권주의를 원칙으로 하는 독일에서조차도 피의자심문조서가 증거능력을 갖지 못하도록 한 것은 시사한 바가 적지 않다. 프랑스에서도 검사가 자체 수사인력을 갖고 있지 아니하기 때문에 검찰작성의 피의자신문조서가 존재하지 아니하며, 사법경찰작성 피의자신문조서는 그 자체 증거능력을 갖고 있지 아니하다.

넷째로 수사현실과 이에 관련된 형사소송법이 조화를 이루어야 되며, 이런 점에서 우리나라도 독일의 초동수사권 내지 프랑스의 예비조사권을 경찰에게도 인정함이 합당할 것이다. 그렇게 해야만 법과 현실의 괴리를 막고, 따라서 법률에 근거하지 않은 수사행위에 대해 철저한 감독기능을 강화하여 피의자의 인권을 충분히 보장할 수 있을 것이다. 더욱이 형사소송법에도 없는 일제시대부터 전수된 내사제도를 이용하여 사법경찰이 수사를 하고 있는 관행을 극복하기 위해서도 내사에 대한 형사법적 근거와 그 남용의 방지를 위한 조치를 취하여 사법경찰이 범죄사건의 초동수사에 어느 정도 수사권을 갖게 하는 것이 바람직하다고 생각된다.

그리고 바로 검사 주도(主導)의 수사체계의 원조격인 독일과 프랑스의 경우에도 사법경찰에게 초동수사 내지 예비수사권을 인정하고 있다는 것은 우리가 곱씹어 볼일이다. 수사가 가져오는 치명적인 인권손실에 대해 역사적으로 매우 민감한 이들 국가들이 왜 그와 같은 수사체계와 내용을 정비하여 운용하고 있는

지에 대해 우리 모두가 깊이 반성해야 할 것이다.

이런 점에서 적어도 초동수사에 대해 경찰에게 독자적인 수사권을 부여하고, 검사는 수사에 집중된 인력투입보다는 경찰수사의 적정을 감시하는 데에 주력할 수 있게 할 뿐만 아니라, 법원에서 재판에 충실하게 임할 수 있게 함으로써 오히려 국민의 인권보호에 첩경이 될 수 있을 것이다.

Die rationale Verteilung der Ermittlungsbefugnis und deren Inhalt unter besonderer Beruecksichtigung deutscher und franzoesischer Ermittlungsstruktur

Hoh, Il-Tae

Aus der rechtsvergleichenden Untersuchung zum kriminalpolizeilichen Ermittlungsbefugnissystem zwischen Korea, Deutschland und Frankreich ergibt sich, grob betrachtet, daß in Korea und Deutschland grundsaetzlich der Staatsanwalschaft die fuehrende Rolle im Ermittlungsverfahren zugewiesen ist. In Frankreich hat die Staatsanwaltschaft in der Regel nur die Befugnis der Anklageerhebung beim Untersuchungsrichter. Sie hat gleichwohl in kleinerem Umfang die Ermittlungsbefugnis, die Tatsachen und Beweismitteln zu erforschen, die bezueglich der Ausuebung der Anklageerhebung erforderlich ist. Insofern kann die franzoesische Staatsanwaltschaft sowohl als Leiter des Ermittlungsverfahrens als auch Kontrolltraeger gegenueber der Kriminalpolizei gekennzeichnet werden.

In materieller und inhaltlicher Sicht ist jedoch die Ermittlungsbefugnis zwischen Korea, Deutschland und Frankreich vielfach zu unterscheiden: erstens, waehrend der Staatsanwalt in Deutschland und Frankreich einen “Kopf ohne Haende” darstellt, der keine eigene Ermittlungkraeft verfuegt, hat die koreanische Staatsanwaltschaft nicht nur die eigenen Ermittlungskraefte, sondern auch leitet die Polizei im Stadium des Ermittlungsverfahrens.

Zweitens versteht man unter Verhaeltnis zwischen Staatsanwaltschaft und Polizei in Korea eine strikte Relation zwischen Befehl(Staatsanwalt) und Gehorsam(Polizei), obwohl die Beide organisatorisch zum ganz anderen Ministerium gehoeren. Schliesslich werden auch die einzelnen Formen der Ermittlungshandlung der Polizei zwischen Korea, Deutschland und Frankreich unterschieden.

Ueber den Grund, warum die koreanische Staatsanwaltschaft nicht nur im Ermittlungsverfahren die Polizei leitet, sondern auch ferner mit eigenen Kraefte die Ermittlung durchfuehrt, aeussert sie selbst dahin: "die Staatsanwaltschaft habe als eine Rechtsfachkundige die polizeiliche Ermittlungstaetigkeit zu ueberwachen und zu kontrollieren, um dadurch die Grund- und Menschenrechte der Buerger gewaehrzuleisten, und darueber hinaus sei foer die effektive Anklageerhabung die Leitung polizeilicher Ermittlung erforderlich". Eine solche Formulierung ist jedoch nur insofern zutreffend, als die Staatsanwaltschaft lediglich als Leitungstraeger gegenueber Polizei fungiert, ohne dass sie ihre eigenen Ermittlungskraefte verfuegt. Denn die Staatsanwaltschaft kann nur dann das Rechtsstaatsprinzip plaedieren und damit ihre Objektivitaetspflicht erfuellen, wenn sie ohne direkte Beteiligung an der Ermittlung lediglich die polizeiliche Ermittlungshandlung Ueberwacht, ob die Kriminalpolizei den Grund- und Menschenrecht der Buerger verletzt. Die eigene, direkte Ermittlungstaetigkeit durch die Staatsanwaltschaft, die in heutiger Ermittlungspraxis gelaeufig ist, sollte daher aufgegeben werden. Ansonsten wuerde die Staatsanwaltschaft nur zum Interessengegner gegen Beschuldigten werden und damit vermag nicht, die Ermittlung zu orientierung und Verhaeltnismaessigkeit aufrechtzuerhalten. In diesem Sinne ist das geltende Ermittlungsleitungssystem der Staatsanwaltschaft in folgender Weise zu reformieren.

1. Die Staatsanwaltschaft sollte nur damit begnuegen, dass sie grundsaetzlich die polizeiliche Ermittlung uberwaecht und darauf folgend kontrolliert. Sie kann damit auf die ueberwachung und Kontrolle gegenueber polizeilichen Ermittlung auf der einen Seite, eine

vorsichtige Ausuebung der Anklagebefugnis auf der anderen Seite fokussieren. Wenn die Staatsanwaltschaft, wie wir in unserer Praxis haeufig gesehen haben, eine nochmalige Ermittlung durchfuehrt, die schon durch die Polizei ihre Ergebinisse erlangt hat, fuehrt dann die doppelte Ermittlung zur ueberlastung des Verletzten und Zeugens einerseits, zur Schwaechung der Beschuldigtenstellung. Dies kann bei der Staatsanwaltschaft nicht hilfreich, daß sie als Traeger des Grundrechtsschutz durch Kontrolle gegenueber der Polizei funktionieren lassen.

2. Gegen die gegenwaertige Ermittlungstaetigkeit durch die Staatsanwaltschaft werden die erheblichen Einwaende erhoben. Die staatsanwaltschaftliche Ermittlungstaetigkeit uebernimmt nicht durch die Staatsanwaltschaft selbst sondern durch die Personen, die zur Staatsanwaltschaft gehoeren und damit als kein Staatanwalt qualifiziert. Wegen der beiden Ermittlungskraefte neben der Staatsanwaltschaft, also die Polizei und die der Staatsanwaltschaft zugehoerigen Ermittlungspersonen wird die doppelte Beschuldigtenbernehmung hervorgerufen, die seitens Beschuldigten sehr unfair erscheint. Die eigene, direkte Ermittlung durch die Staatsanwaltschaft selbst sollte somit grundsaetzlich vermieden werden.

3. Die §312 koreanischer Strafprozeßordnung, die als eine Ausnahmeregelung des Unmittelbarkeitsprinzips gilt, sieht so vor, daß dem staatsanwaltschaftlichen Vernehmungsprotokoll mehr Beweiswert verleiht als dem polizeilichen Vernehmungsprotokoll. Diese Vorschrift muß dahingehend reformiert werden, daß auch das durch den Staatsanwaltschaft erstellte Vernehmungsprotokoll dann Beweiswert verloren werden soll, wenn der Angeschuldigte im Hauptverhandlung mit dem Inhalt nicht zustimmt, den er schon im Gegenwart eines Staatsanwalts im Ermittlungsverfahren geaeußert hat. Ansonsten sollte der Muendlichkeitsprinzip, das als Leitprinzip der Hauptverhandlung im kontradiktorischen Parteiverfahren wie das koreanische Hauptverfahren anerkannt ist, seine Bedeutung verloren werden. Selbst bei der deutschen Strafprozeßordnung, die auf den

Ermittlungsgrundsatz basiert ist, hat der Beweiswert bezueglich des staatsanwaltschaftlichen Vernehmungsprotokolls in der Hauptverhandlung keine Bedeutung mehr. Ferner wird auch bei der franzoesischen Strafprozessordnung dem Vernehmungsprotokoll, gleichgueltig ob die Staatsanwaltschaft oder Polizei erstellt ist, kein Beweiswert verliehen.

4. Es muß eine Konkordanz zwischen der gegenwaertigen Ermittlungspraxis und der relevanten Ermittlungsnorm hergebracht werden. Daher soll der Polizei der erste Zugriffsrecht zugewiesen werden, dessen Vorbild in §163 deutscher Strafprozessordnung zu finden ist. Damit ermoeglicht die Einfuehrung des ersten Zugriffsrechts in die koreanischen Strafprozessordnung die ueberwindung der tiefen Kluft zwischen Ermittlungspraxis und -norm. Die ausdrueckliche Normsetzung des polizeilichen ersten Zugriffs traegt darueber hinaus zur ueberwachung und konsequenzen Kontrolle durch die Staatsanwaltschaft bei, die dann erforderlich ist, wenn die Polizei ohne gesetzlichen Grundlage ihre Ermittlung durchfuehrt.

Zusammenfassend betrachtet, soll fuer einen besseren Grundrechtsschutz der Buerger m.E. der erste Zugriff in die koreanischen Strafprozessordnung eingefuehrt werden. Es waere demgegenueber nicht angemessen, wenn die Staatsanwaltschaft mit eigenen Kraeften die Ermittlung durchfuehrt. Das koreanische Ermittlungsverfahren sollte so veraendert werden, daß die Staatsanwaltschaft ohne seine eigene Ermittlung lediglich die Rechtsmaessigkeit der polizeilichen Ermittlungstaetigkeit ueberwaecht und kontrolliert, und als Gegenpartei in der Hauptverhandlung seine eigene Aufgabe erfuellt, damit sie zum Grund- und Menschenrechtsschutz effektiv beitraegt.

제 17 장

형사소송법 2004년 개정안[1]에 대한 비판적 고찰

차 례

Ⅰ. 서론

형사소송법은 1954년 9월 23일 공포되고, 같은 해 10월 14일부터 시행되었다. 이 법은 수사절차에서 임의수사를 원칙으로 하고 강제수사는 예외적으로 인정하

1) 법무부가 2004년 8월 29일 발간한 형사소송법 개정안을 의미함.

였으며, 일제시대(日帝時代)의 악명 높았던 예심제도를 폐지하고, 공판중심주의의 재판을 할 수 있도록 함으로써, 일제시대의 형사소송법보다 근본적으로 국민의 인권을 보장하는 쪽으로 제정되었다. 그럼에도 불구하고 6 · 25 동란(1950-1953)이 진행 중에 마련된 제정안에 터 잡아 1954년 3월 15일 국회에서 통과된 제정형사소송법[2]은 당시의 시대적 사정(즉 물적 · 인적 요건의 태부족 등)으로 우리 헌법규정과 헌법정신을 철저하게 담지 못했다. 더구나 제정형사소송법이 시행되고 난 후의 형사사법절차의 운용도 일제시대의 수사방식과 재판방식에 물들었던 실무자들 때문에 제정형사소송법의 규정과 정신을 온전하게 실현하지도 못하였다.

그러한 사이 이제 50년의 세월이 흘렀고, 그사이 부분적이긴 하지만 형사소송법은 12번 개정되었다. 이런 개정들 중에는 시민의 권익을 위한 것도 있지만, 반면에 권위주의적 정권유지를 위하여 막강한 검찰권을 더욱 강화시킨 적도 적지 않았다.

이제서야 우리의 헌법규정[3]과 정신에 어울릴 수 있는 형사소송법개정안이 부분적으로 마련되어 2005년 새해 벽두에 국회의 통과를 앞두고 있다. 이러한 계기는 2002년 10월에 발생한 피의자에 대한 서울중앙지검의 고문치사사건으로 촉발된 들끓은 여론을 무마하고 차제에 인권존중에 부합하는 수사와 소송절차를 담보하자는 데에 있었다. 또한 21세기의 선진사법을 구현하기 위해 이미 1999년에 구성된 대통령 직속 사법개혁추진위원회가 확정한 사법제도 개혁안과 2003년 10월 대법원 산하에 구성되어 활동한 사법개혁추진위원회가 권고한 형사사법상의 몇 가지 제안 및 2001년 대법원이 제시한 개정 제안 그리고 특히 2003년 11월 11일자의 대법원판례[4]와 헌법재판소[5]의 결정사항을 수용할 필요성이 대두되었다.

---

2) 제정형사소송법의 성립경위에 관해 자세한 문헌으로는 신동운, "제정형사소송법의 성립경위", [형사법연구] 제22호, 159쪽 이하 참조.

3) 한국헌법 제12조에서 신체의 자유를 명시하여, 예컨대 "누구든지 법률에 의하지 아니하고는 치포 · 구속 · 압 수 · 수색 또는 심문을 받지 아니하며, 법률과 적법한 절차에 의하지 아니하고는 처벌?보안처분 또는 강제노역을 당하지 아니 한다"(제1항). "누구든지 체포 또는 구속을 당한 때에는 즉시 변호인의 조력을 받을 권리를 가진다."(제4항).

4) 한국 대법원은 형사소송법상 수사기관의 수사방법에 획기적 변화를 초래할 중요한 결정을 내린 바 있는데, 그 핵심은 다음과 같다: "신체구속을 당한 사람은 수사기관으로부터 피의자신문을 받는 중이라도 언제든지 변호인과 접견 교통하는 것이 보장되고 허용되어야 할 것이고, 따라서 구금된 피의자는 피의자

또한 UN 인권위원회 권고사항 및 실무상 제기된 제도 개선 사항의 반영은 이미 경제적으로 OECD에 가입한 국가이자, 자유민주주의를 최고의 가치로 삼는 한국에서 불가피한 선택이었다.

이를 위해서 한국의 법무부는 지난 2년 동안 수사절차와 공판절차에 있어서 국민의 인권보호를 최우선으로 하는 형사소송법의 개정작업을 추진하여 왔다. 이 작업에는 법원과 검찰, 변호사 그리고 본인을 포함한 형사법학자 등 10명의 위원으로 구성된 형사법개정특별자문위원회에서 시안이 만들어지고, 법무부가 이를 대부분 수용하는 형식을 취하였다. 이 과정을 통하여 피의자신문시에 변호인의 참여권보장, 모든 구속피의자나 구속피고인을 위해서 국선변호인의 전면확대, 재정신청제도의 확대, 필요적 보석의 예외사유의 제한 등 형사소송법 중에서 50여개의 법조문이 대폭 개정, 수정 또는 신설되어, 국민의 인권보장에 기여할 수 있도록 하였다.

이에 대해 시민단체와 일반시민은 적극 찬성하고 있는 반면, 일부 검찰과 경찰 쪽에서는 수사의 현실을 외면한 처사라는 주장[6]도 있는 것으로 보도되고 있다. 수사권을 갖는 쪽의 현실에서 보면 현행개정안이 종래의 형사소송법보다 근본적으로 피의자나 피고인의 인권을 강화함으로써 그렇지 아니하여도 수사의 어려움을 극복하기 힘든 요즘의 상황에서 앞으로 어떻게 수사를 할 것인가에 대해 고민하게 되었다.

그러나 생각을 조금만 바꾸어 보자. 범죄자에게는 형벌이 가해지는데, 형벌은 인간이 참기 힘든 고통을 속성으로 하며, 전과자로 낙인찍힌 수형자는 그의 인

신문을 받음에 있어 변호인의 참여를 요구할 수 있고 수사기관은 이를 거절할 수 없다고 해석하여야 한다"(대법원 2003.11.11. 2003모402판결).

5) 한국헌법재판소 2003년 12월 8일자의 결정에 따르면, "수사기관의 피의자에 대한 강제처분에 관한 법률을 제정함에 있어서 입법자는 헌법적 특별규정인 헌법 제12조 제3항을 준수하는 범위 내에서 우리 사회의 법현실, 수사관행, 수사기관과 국민의 법의식수준 등을 종합적으로 검토한 다음 구체적 사정에 따라서 다양한 선택을 할 수 있고, 다만 이러한 입법형성권을 남용하거나 그 범위를 현저하게 일탈하여 당사자들의 기본권을 침해하게 된 경우에는 관련 법률들이 恣意禁止原則에 위배되어 헌법에 위반된다고 보아야 한다"고 판시하였다(헌법재판소 2003.12.9. 2002헌마593).

6) 특히 조동석(경주지청장), 법률신문 2004년 9월 2일, 14쪽 참조. 그에 의하면, 이번 개정안은 피의자인권보장에 치중한 결과 실체적 진실발견 제도마련이 미뤄지고, 참고인의 진술확보와 진술의 진실성 담보를 할 수 있는 제도가 없다는 점을 아쉬워하고 있다.

간다운 삶이 초토화된다. 이 때문에 범죄자로 인정되려면 사회적으로 용납할 수 없는 정도의 범죄행위를 범해야 하며, 형벌을 수단으로 하는 형법이 개입될 수 있는 사회적 이탈행위에 대해서는 민법이나 행정법 등의 다른 모든 수단에 의해서도 불가능한 경우로 국한되어야 한다. 게다가 형벌을 받은 자는 그렇지 않은 자보다 재범을 할 확률이 근본적으로 높아진다. 이는 처벌만이 능사가 아니라는 것을 보여준다. 또한 모든 범죄가 다 잡히는 것이 아니라, 대부분의 사건은 발각되지 않으며 지극히 일부 사건만이 인지되어 수사절차와 재판절차가 진행된다. 따라서 발각된 사건만을 진상을 철저히 발견하여 엄하게 처벌해야 한다는 발상은 반드시 옳은 것만 아니다. 더구나 수사하는 쪽은 국가의 형벌권을 행사하는 기관이므로 국가는 완벽하여 잘못을 범하지 아니한다는 사고에 젖어있다. 이것도 대단히 잘못된 생각이다. 국가기관이라는 미명 하에 불완전한 인간인 개인이 모여 수사를 비롯한 사법절차를 진행하기 때문에 얼마든지 잘못을 범할 수 있다. 이런 잘못을 미연에 방지하고 사법의 투명성을 담보하기 위해, 수사기관도 이번에 제시된 형사소송법개정안을 긍정적으로 바라보아야 할 것이다.

Ⅱ. 법무부 개정안의 특징과 문제점

1. 개정안의 특징

이번 개정안의 특징을 들자면 다음과 같다. 첫째로 피의자와 피고인의 인권보장을 헌법정신에 충실하려는 방향으로 확대하였고, 둘째로 형사사법의 투명성과 공정성을 확보하고자 하였으며, 셋째로 형사절차의 신속성과 효율성을 제고하고자 하였다.

이의 3가지 기본원칙을 실현하기 위해 다음과 같은 핵심내용을 개정안에 담고자 하였다. 즉 인권보장의 차원에서는 변호인의 피의자신문참여를 전면 허용하고, 국선변호를 대폭 확대하였다. 또한 보증금 납입 없는 보석제도를 신설하고,

필요적 구속 前 피의자심문제도를 도입하고, 체포 · 구속적부심사제도를 실질화하고, 긴급체포에 대하여 지체 없이 영장청구를 하도록 하였다. 그리고 다양한 요건충족을 필요로 하는 석방제도를 통합 운영하여, 어느 하나의 석방제도를 이용하더라도 다른 조건의 석방요건을 충족하면, 석방될 수 있도록 조치하였다. 더 나아가 미결구금일수를 본형(本刑)에 산입(算入)할 수 있게 확대(擴大)하였으며, 형사소송을 통해서 무죄가 확정된 무죄사건의 소송비용(변호사비용포함)보상을 받을 수 있도록 함으로써 무고한 자에 대한 형사소송의 남용을 방지하고 또한 무고한 자의 경제적 손실을 다소나마 보상받을 수 있게 하였다.

형사사법의 투명성과 공정성의 확보방안으로서 재정신청 대상을 전보다 확대하였고, 영장에 대한 불복 인정 등 준항고(準抗告) 제도를 개선하였으며, 피의자에 대한 검사의 보관증거 등 기록물을 공판 전에 열람과 등사(謄寫)할 수 있도록 하였고, 수사편의에 치우쳤던 검사의 공판기일전(公判期日前) 증인신문청구제도를 폐지하였다.

형사절차의 신속과 효율성담보를 위한 조치로 불출석 재판의 확대, 약식명령제도의 개선, 서류 작성시 서명날인 원칙을 완화하였으며, 법원 구속기간을 현실화하고, 상소권회복 청구의 집행정지제도를 개선하였으며, 재산형 집행의 효율성(效率性)을 제고(提高)하였다.

2. 개정안의 문제점

형사소송법의 개정안은 인권보호차원에서 위와 같은 많은 개선을 담고 있음에도 불구하고 여전히 적지 않은 문제점을 노정하고 있다. 이를 입법 체계와 입법화 그리고 입법내용의 차원에서 검토하여 보면 다음과 같다.

1) 입법체계의 차원

1954년에 제정된 현행 형사소송법은 500여개의 조문과 부칙으로 구성되어 있다. 조문의 편별은 제1편에 총칙을 두고, 제2편에 제1심을, 제3편에서 상소를 그리고 제4편에서는 특별소송절차를 규정하는 식으로 짜여져 있다. 제1편의 총칙에는 법원의 관할, 법원직원의 제척 · 기피 · 회피, 소송행위의 대리, 변호, 재판 등 형사재판에 대해서만 규율하고 있고, 수사절차에 관해서는 아예 언급조차 없다. 형사소송이란 태생적으로 동적 발전관계에 따라 진행된 형사에 관한 절차를 말하는 것인데, 형사재판이 가능하기 위해서는 수사절차에 따라 범죄의 혐의를 밝혀내고 유죄의 확신과 처벌의 필요성이 불가피하면 공소를 제기하는 순서로 진행된다. 따라서 수사절차는 형사절차의 진행상 최우선적으로 명시해야 할 대상이어야 한다.

그럼에도 불구하고 현행 형사소송법은 수사절차를 사법절차의 앞머리에 두지 않고, 재판에 관한 일반적 규정을 명시한 후에서야 비로소 규율하고 있는 실정이다. 즉 수사절차는 형사소송법 제2편의 제1심 단계에서 다뤄지고 있고, 그 결과 수사절차에 관한 규정은 적지 않게 형사소송법 제1편에서 규율하고 있는 조문을 준용하고 있는 실정이다.

이러한 상황은 첫째로 국민 일반의 기본상식에 반하는 규율방식이다. 재판을 하기 위해서는 그 전제로 수사가 이루어져야 하기 때문에 수사절차가 형사소송법의 첫머리를 장식해야 하는 것이 상식이다. 그럼에도 불구하고 우리 형사소송법은 재판절차를 먼저 규율하고, 이 재판절차를 수사절차에서 준용하도록 함으로써 법률전문가가 아니면, 수사절차에 관한 이해를 매우 어렵게 하고 있다.

둘째로 제1심이라는 것은 일반적으로 재판절차의 제1심이라는 의미라는 점에서 수사절차가 포함될 수 없는 개념이다. 더구나 형사소송법 제2편이 제1심이라는 주제 하에 수사절차와 재판절차를 차례로 규율하고 있어, 외관상 보기에 이들 영역이 동일한 영역으로 이해하는 듯한 현행 형사소송법의 편별방식은 수사절차와 재판절차를 엄격히 구분하는 우리 형사소송법의 탄핵주의의 원칙에 반하는 모양새를 띠고 있다.

셋째로 그리고 무엇보다 현행 형사소송법의 편별방식은 일제의 식민지 시대에서 인권탄압과 착취의 효율성을 극대화한 구 일본형사소송법의 그것을 극복하지 못하고 오히려 모방하고 있는 체계방식이라는 점이다. 물론 제정형사소송법은 나름대로의 적법절차와 인권담보 및 절차의 공정성과 투명성 보장을 위해 노력한 흔적이 여러 곳에서 엿보인다. 그러나 갑작스런 조국의 해방과 함께 친일청산문제와 더불어 좌우익간의 지나친 갈등, 이것의 연장선에서 6 · 25 동란 등의 와중에 인적 · 물적 요소의 절대적 결핍상태에서 제정된 형사소송법은 그와 같은 체계적 편별의 문제뿐만 아니라 그밖에도 적지 않은 많은 문제점을 지닌 것이 사실이다.

이제 우리의 형사소송법에 의한 수사와 재판의 실무도 50년의 세월이 흐르면서, 우리 자신에게 무엇이 적합한 형사절차이며, 이 절차에 걸맞은 형사소송법의 체계가 무엇인가에 대해 나름대로의 해법을 알게 되었다. 또한 형사법학계도 일부이긴 하지만 이런 점에 대한 문제의식을 갖고 해결하려는 노력이 근자에 더욱 활발해 지고 있음은 반가운 일이다. 차제에 형사사법절차에 따라 새로운 체제와 편별에 따라 규율되는 형사소송법의 입법화가 속히 이루어져야 할 것이며, 부가하여 일반 상식인이라면 누구도 쉽게 이해할 수 있는 형사소송법의 내용을 이해할 수 있도록 명시된 문언을 평이하게 기술하도록 해야 할 것이다.

2) 형사소송법 내용의 차원

현재 정부안으로 입법예고된 형사소송법개정안의 핵심내용은 ① 변호인의 피의자신문 참여허용, ② 국선변호인의 대폭확대, ③ 필요적 보석의 확대, ④ 용이한 석방제도의 도입, ⑤ 제정신청의 확대, ⑥ 증거열람 및 등사권보장, ⑦ 불출석재판의 확대, ⑧ 약식재판의 개선, ⑨ 법원의 구속기간의 현실화 등이다. 그밖에도 50여 가지의 형사절차법에 대한 개선방안을 담고 있다.

그렇다면 이들 개선점 이외에 다른 문제점은 없는지와 또한 제시된 개선방안이 올바른 것인지에 대한 검토가 요구된다 할 것이다. 이에 관해서는 장을 바꾸어 비교적 자세하게 설명하고자 한다.

Ⅲ. 개정안에 대한 비판적 고찰과 개선방안

1. 구속기간의 연장

현행 형사소송법 제92조는 피고인에 대한 구속기간을 심급마다 2차 갱신할 수 있도록 하고 있으나, 이번 개정안에서는 항소심과 상고심에 대해서는 구속기간을 3차까지 갱신할 수 있도록 하였다. 또한 형사소송법은 수사기관의 피의자에 대한 구속기간을 제1심의 피고인에 대한 구속기간에 삽입시켰으나 개정안 제92조 제3항은 이 기간을 삽입하지 아니한다고 규정하고 있다. 이러한 개정배경은 상소법원의 심의기간을 고려한 것이나, 결과적으로 피고인에 대해 매우 불리하게 작용할 수 있다. 따라서 구속기간갱신을 각심급마다 2차에 한하고, 피고인이 요구한 경우에 국한하여 3차까지 갱신할 수 있도록 하는 것이 바람직하다고 사료된다.

2. 필요적 보석의 확대에 관한 개정법 제95조

넓은 제외 사유의 인정으로 필요적 보석의 원칙이 우리 법실무에서 오히려 예외처럼 운영되고 있는 현실을 개선할 필요가 있었다. 즉 이와 같은 현실을 시정하기 위하여, 필요적 보석의 제외사유를 축소하여 보석을 확대하고, '상습범' 을 제외사유에서 삭제하고자 하였으며, 법정형이 '장기 10년이 넘고 단기 1년 이상' 인 범죄를 제외사유로 인정하였다. 이에 대한 효과로 상습사기, 야간 또는 집단 상해 · 공갈, 약취 유인 등 일부 범죄가 새로이 필요적 보석의 대상이 되게 되었다.

그런데 형사소송법개정안의 필요적 보석의 확대는 지극히 제한된 범죄에서 의미를 가지며, 그 결과 법원은 보석을 피의자나 피고인에 대한 시혜라고 생각을 극복할 수 없게 만든다. 더구나 특별형법의 남용으로 단기 1년 이상의 범죄가 유달리 많은 개정안은 우리 실정상 필요적 보석의 범위를 너무 제한하게 된다.

이러한 점을 극복하기 위해 필요적 보석의 예외를 강력범죄에 해당하는 단기 3년 이상으로 제한하여 실질적으로 필요적 보석의 혜택을 넓혀야 할 것이다. 따라서 필요적 보석의 예외 사유를 규정하고 있는 제95조 제1호를 중범죄에 해당되는 3년 이상의 징역이나 금고에 처하는 범죄로 개정할 것이 요청된다 할 것이다. 그렇게 해야만 헌법과 형사소송법상 명시되어 있는 무죄추정의 원칙에 부합할 수 있기 때문이다.

3. 변호인의 피의자신문참여권을 보장한 개정법안 제243조의2

현행 형사소송법은 변호인의 신문참여권보장에 관해 아무런 규정이 없으나, 이번 형사소송법개정안 제243조의2(피의자신문과 변호인참여)는 다음과 같이 참여권을 보장하고 있다. 즉 "검사 또는 사법경찰관은 피의자나 변호인의 신청이 있는 경우 피의자의 신문에 변호인의 참여를 허용한다. 다만, 변호인의 참여로 인하여 다음 각호의 1에 해당하는 결과가 발생할 것이라고 믿을만한 상당한 이유가 있는 경우에는 그러하지 아니한다. 1. 죄증의 인멸, 은익, 조작 또는 조작된 증거의 사용. 2. 공범의 도주. 3. 피의자, 당해 사건의 수사 또는 재판에 필요한 사실을 알고 있다고 인정되는 자 또는 그 친족의 생명 · 신체나 재산에 대한 위해. 4.피의자에게 제33조 제1호 내지 제4호(즉 필요적 국선변호인이 요구되는 경우로 피의자가 형사미성년자, 70세 이상인자, 농아자(聾啞者)인 때, 심신미약인 때)에 해당하는 사유가 있는 경우에는 피의자의 법정대리인, 배우자, 직계친족, 형제자매는 독립하여 제1항의 신청을 할 수 있다."

이 규정의 신설배경은 2002년 서울 중앙지검에서 피의자심문시에 고문치사 사건이 발생되면서 불거진 수사기관의 수사방법에 대한 본질적 개선요구에 부응하기 위해서였다. 즉 신설규정을 통해서 피의자신문에 변호인의 참여를 전면 허용하고, 참여한 변호인은 신문 후 또는 신문 도중 의견을 진술할 수 있도록 하는 등 변호인의 활동을 어느 보장하고자 하였다. 그리고 여기의 참여권에 대해 피의자 뿐 아니라 변호인, 일정 범위의 친족 등도 참여 신청권자로 규정하였으며, 신문 전에 변호인의 참여권을 사전 고지하도록 하여 변호인의 신문 참여가 실질적으로 보장되게 하였다.

다만 증거인멸 · 공범도주, 피해자 위해(危害) 염려가 있거나, 신문 방해(신문 제지 · 중단, 특정 답변 · 진술 번복 유도 등) 발생시 참여 제한이 가능하게 하였으며, 이에 대하여 불복 방법을 따로 마련하였다. 즉 준항고제도를 두었다.

피의자에 대한 심문시 변호인참여제도는 지금까지 수사기관의 내부지침에 의해 호의적으로 인정해 주던 변호인의 신문 참여제도가 법에 명문화되어 피의자의 권리로 격상되었다는 점에 큰 의미가 있으며, 피의자신문 전에 참여권을 고지하지 않았거나, 부당하게 참여를 제한한 채 작성된 조서는 증거로 사용하기 어렵게 되었다. 게다가 '무리한 밀실수사'와 '고문수사' 등의 논쟁을 종식시키고, 수사과정의 객관화 · 투명화에 크게 기여할 것으로 기대된다.

그러나 피의자신문시 변호인의 참여권보장이 철저히 담보되기 위해서는 개정안의 변호인참여제한의 예외사유를 축소 제한할 필요가 있다.[7] 또한 피의자신문에의 변호인 참여에 대한 검사 · 사법경찰관의 불허 또는 퇴거 처분에 대해 변호인의 불복에 대한 법원의 결정이 내려질 때까지 피의자에 대한 신문을 중지하거나 또는 검사 · 사법경찰관의 불허 또는 퇴거 처분이 법원에 의해 취소되었을 경우 변호인 없이 이루어진 신문조서의 증거능력을 부인할 것인가에 대한 명시적 규정이 없다. 이왕 변호인의 참여권을 보장한다면, 변호인의 불복에 대한 법원의 결정이 내려질 때까지 피의자에 대한 신문이 중지되어야 하고, 변호인 없이 이루어진 작성된 신문조서에 대한 증거능력은 부인하는 규정의 도입이 요청된다 할 것이다.

7) 이에 관해서는 백형구, 형사소송법개정안에 대한 비판적 고찰, [검찰 동우], 제19호, 49쪽 이하 참조.

4. 긴급체포에 관한 개정법안 제200조의4

개정안은 긴급체포 후 '지체 없이' 영장(구속영장)을 청구토록 하면서 단서에는 체포한 때로부터 48시간 내에 구속영장을 청구하지 않으면 석방하도록 되어 있어, 수사기관이 체포 후 '지체 없이' 영장을 청구하지 않고 피의자를 48시간 구금하고 있거나 또는 체포 후 '지체 없이' 가 아니라 48시간 가까이 구금하고 있다가 영장을 청구하더라도 현실적으로 이를 제재할 수 있는 장치가 없어, 사실상 현재의 형사소송법 규정과 비교해 달라진 바가 전혀 없다고 평가할 수 있다.

따라서 긴급체포 후 즉시 체포영장(사후영장)을 청구토록 하는 것이 헌법상의 영장주의 원칙에 충실한 규정이 될 것이다. 검찰이 긴급체포한 경우에는 검사가 그리고 사법경찰관리가 긴급체포한 경우에는 경찰이 지체 없이 검사를 통해 법관에게 청구하도록 해야 할 것이다.

다만 체포영장을 청구하고 다시 48시간 후 구속영장을 청구하는 것은 실무상 번거롭고 부담을 줄 우려가 있기 때문에, 체포영장 청구의 경우에는 피체포자의 인치나 수사서류 등의 제출 없이 체포사유와 긴급성을 비교적 충실하게 소명하는 체포영장 청구서만을 작성하여 팩스 등으로 판사에게 신속하게 전달하고 판사는 이를 즉시 검토하여 체포의 허가여부를 결정하도록 한다면, 수사기관에 의한 체포를 법원이 통제하면서도 수사실무상의 부담을 크게 줄여줄 수 있을 것이다.

그러나 보다 현실적인 방안은 긴급체포를 긴급구속제도로 바꾸고, 긴급구속시 피체포인을 즉시 법관에게 인치하면서 구속영장을 청구토록 하는 것이 합헌적이고 합리적이라고 생각된다.

5. 긴급압수 규정인 현행 형사소송법 제217조에 대한 개정필요성

긴급체포의 경우 긴급체포한 자의 소유 · 소지 · 보관하는 물건에 대해서는 48시간 내에 영장 없이 마음대로 압수 · 수색할 수 있기 때문에, 체포현장을 벗어나 영장 없는 압수수색이 광범위하게 이루어지고 있는 실정이므로 문구에서 '소유 · 보관'을 빼고 '소지'만 남겨 긴급체포 현장에서의 영장 없는 긴급압수수색만이 가능하도록 해야 할 것이다.

또한 현행 규정은 긴급체포에 따른 긴급압수 후 구속영장이 발부되면 압수물에 대한 별도의 사후영장이 필요 없도록 하고 있으나, 이는 압수수색 영장의 독자성을 무시하는 것이므로 긴급압수 후에는 반드시 사후영장을 발부 받도록 개정할 것이 요청된다.

6. 재정신청 대상사건의 확대에 관한 개정법안 제260조

형사소송법개정안은 재정신청 대상사건을 종전에 형법 제123조 내지 제125조(공무원의 직권남용, 불법체포, 가혹행위 등)에서 일부 확대[8]하였으나 여전히 미흡하고 할 것이다. 재정신청 대상사건의 제한은 항고와 재항고의 남용사태뿐만 아니라 헌법재판소에 업무량의 지나친 부하(負荷)를 가져다준다는 점에서 부작용을 낳고 있다.

50년 전 제정형사소송법은 검찰의 기소독점과 기소편의주의에 대한 견제 장치로서 재정신청제도를 두었고, 1973년 유신헌법 하에서 형사소송법이 개정되기 이전에는 검찰기소권의 견제 필요성이라는 관점에서 모든 범죄에 대한 재정신청이 인정되고 있었으므로, 차제에 검찰의 공소제기권 남용을 견제하고 피해자 보호를 확대하기 위해서는 재정신청 대상을 전체 범죄로 확대하는 복원조치가 반드시 필요하다.

이와 아울러 고소나 고발사건에 대한 불기소처분에 대한 담보장치의 하나로 검찰내부에 의한 통제인 검찰항고와 재항고는 폐지하는 것이 마땅하지 않을까

8) 형사소송법개정안 제260조(재정신청): "① 형법 제122조 내지 제128조, 국가보안법 제11조, 제12조 제2항, 폭력행위등처벌에관한법률 제9조, 특정범죄가중처벌등에관한법률 제4조의2, 제15조, 경찰관집무집행법 제12조, 국가정보원법 제19조의 죄에 대하여 고소 또는 고발을 한 자는 검사로부터 공소를 제기하지 아니한다는 통지를 받는 때에는 그 검사소속의 고등검찰청에 대응하는 고등법원에 그 당부에 관한 재정을 신청할 수 있다. ② (현행과 같음).

사료된다. 그 이유는 첫째로 재정신청을 모든 범죄에 확대하게 되면 굳이 검찰항고와 재항고를 두어야 할 근본적 이유가 없어지며, 둘째로 재정신청을 처리하는 과정에서 검찰에 대한 항고나 재항고와 유사한 처리절차를 밟게 되므로 이중의 낭비를 없앨 수 있고, 셋째로 헌법소원의 상당수가 재정신청에 관한 것이 현실일 때, 재정신청의 전면 확대는 헌법재판소의 사건처리수의 축소를 가져와 헌법재판소의 본연의 업무에 충실하게 할 수 있는 장점을 가지게 되기 때문이다.

7. 수사서류 · 증거물에 대한 열람등사권의 확대를 규정한 개정법안 제274조의2

공소제기 후 증거제출 전 서류 · 증거물에 대한 피고인 · 변호인의 열람과 등사권을 인정한 규정을 신설한 것은 긍정적으로 평가할 수 있을 것이다. 그러나 형사피의사건에서 피의자의 변호를 맡은 변호인으로서는 구속된 피의자에 대한 경찰의 피의자신문조서를 열람하여 그 내용을 제대로 파악하지 못한다면 그가 무슨 혐의로 수사상 혐의를 받고 있는지, 이와 관련하여 피구속자가 수사기관에서 무엇이라고 진술하였는지 등을 정확하게 파악할 수 없게 되고 그 결과 피구속자를 제대로 조력할 수 없을 것이다. 이런 점에서 우리 헌법재판소도 구속적부심사건 피의자의 변호인에게 수사기록 중 고소장과 피의자신문조서의 내용을 알 권리 및 그 서류들을 열람 · 등사할 권리가 인정한 판결[9]을 내린 예가 있음을 고려할 때, 수사단계에서 수사서류를 열람 · 등사(적어도 열람만큼)하는 피의자 내지 변호인의 권리를 인정하는 법개정이 있어야 할 것이다.

9) 헌법재판소 2003.03.27 2000헌마474 전원재판부: "고소로 시작된 형사피의사건의 구속적부심절차에서 피구속자의 변호를 맡은 변호인으로서는 피구속자에 대한 고소장과 경찰의 피의자신문조서를 열람하여 그 내용을 제대로 파악하지 못한다면 피구속자가 무슨 혐의로 고소인의 공격을 받고 있는 것인지 그리고 이와 관련하여 피구속자가 수사기관에서 무엇이라고 진술하였는지 그리고 어느 점에서 수사기관 등이 구속사유가 있다고 보았는지 등을 제대로 파악할 수 없게 되고 그 결과 구속적부심절차에서 피구속자를 충분히 조력할 수 없음이 사리상 명백하므로 위 서류들의 열람은 피구속자를 충분히 조력하기 위하여 변호인에게 반드시 보장되지 않으면 안 되는 핵심적 권리이다."

8. 구속영장발부 · 기각에 대한 준항고를 허용하는 개정법안 제416조

피의자에게 영장발부에 대한 준항고를 허용하는 것은 바람직하다. 다만 법원의 구속영장발부에 대해 피의자가 준항고를 한 경우 법원의 결정에 필요한 시간을 구속기간에 산입하지 않는 것은(제419조 제2항, 제214조의2 제12항) 사실상 피의자의 준항고를 제한하는 조치로서 찬동할 수 없다.

반면 영장기각에 대한 검사의 준항고를 허용하는 것은 바람직하지 않다. 영장청구가 기각되었을 경우 검찰의 영장재청구가 가능함에도 불구하고 영장전담판사(수임법관)의 구속영장 기각에 대한 검찰의 준항고를 허용해 준항고 · 재항고로 이어질 경우 영장사건이 오히려 본안재판화 할 위험성이 있고, 준항고의 남발이 영장전담 판사에 대한 무언의 압력으로 작용할 가능성이 있기 때문이다.

Ⅳ. 그 밖의 형사소송법 전반에 대한 개선방안

1. 검찰과 경찰 사이의 수사권분배[10)]

한국의 수사기관에는 검사와 경찰이 있으며, 수사의 주재자(主宰者)는 검사이고, 검사와 사법경찰은 상명하복관계(上命下服關係)에 있다. 즉 경찰은 검사의 지휘를 받아 수사를 할 수 있다. 그러나 대부분의 초동수사의 경우, 경찰은 검사의 지휘를 받지 않고 경찰 자신의 독자적 판단에 따라 수사한다. 수사는 임의수사를 원칙(피의자신문, 참고인조사와 공무소조회 등)으로 한다. 강제수사를 규제하기 위해 강제수사법정주의와 영장주의가 적용된다. 경찰도 적법절차에 따라서 강제수사를 할 수 있지만, 영장청구권은 검찰에게만 있어서 경찰은 검찰에게 영장청구권을 신청할 수 있을 뿐이다.

한국에서 경찰이 실행한 수사에 대해 검사는 다시금 피의자를 소환하고 피의

10) 한국에서 수사권의 적정한 배분에 관해서는 허일태, 독일과 프랑스의 수사권 배분에 관한 비교법적 고찰, [비교형사법연구] 제6권 1호, 145쪽 이하.

자신문 등의 수사를 하게 된다. 이 때문에 피의자는 경찰과 검찰에게 각각 소환되어 반복 수사를 받게 된다. 이러한 이유는 경찰에게 수사종결권이 없다는 점과 경찰이 작성한 피의자신문조서의 증거능력이 피의자였던 피고인이 법정에서 그 조서의 내용의 진정성을 부인하면 증거능력이 없어지는 데 반해서, 검사가 작성한 경우는 피고인이 부인해도 증거능력이 인정될 수 있기 때문이다. 또한 바로 이런 점 때문에 법정에서의 재판은 형사소송법이 예정한 공판중심주의 내지 변론중심주의로 진행되는 것이 아니라, 그와는 전혀 반대되는 조서재판주의로 가는 결과를 초래하였다.

게다가 검사 스스로 피의자에 대한 수사를 하기 때문에, 경찰수사에 대한 감시기능 등이 약화되고 범죄혐의자에 대한 경찰수사를 보강하고자 하는 의욕으로 피의자에 대해 인권침해적 역기능을 자초하게 되었다(예컨대 서울지검의 살인혐의자에 대한 고문치사사건).

이런 점에서 수사권을 검사가 가질지라도, 검사는 단지 수사를 지휘하고 감시?감독하며 유죄의 신빙성이 충분하면 공소권을 행사하는 것으로 만족해야 하지, 그 이상으로 범죄혐의자에 대한 직접적 수사를 하는 것은 가능하면 회피하는 방식으로 개선되어야 할 것이다. 다만 조직범죄나 공무원의 뇌물범죄, 마약범죄 등은 검찰에 특수부기능을 그대로 유지하여 직접 수사하는 것을 허용해도 무방하다고 사료된다.

2. 수사시 비디오녹화 필요성

수사의 투명성과 절차의 적법성을 위할 뿐만 아니라 재판시(裁判時) 유무죄의 심증을 보다 확실하게 하기 위하여 피의자신문과 참고인진술 시에 비디오녹화와 녹음을 하는 것이 세계적인 추세이다. 이를 위해 추가되는 비용이 오늘날의 기술발전으로 그리 크지 않기 때문에 전국적인 차원에서 조만간 시행할 것으로 보인다. 이미 성폭력범에 국한해서는 실시하고 있다. 법무부에서도 가급적 빨리 이를 실시하려고 하나, 비디오녹화방식의 수사를 할 때에는 이에 대한 훈련과 함께 능력도 중요함은 이미 선진국의 시행에서 불거져 나온 문제이다.

3. 검찰 작성의 피의자신문조서에 대한 증거능력제한(형사소송법 제312조)

검사가 작성한 피의자신문조서는 법정에서 피고인이 그 조서상의 내용이 진실이 아니라고 외치더라도 그 작성된 조서가 '특신상태' 인가의 여부에 관계없이 증거능력을 인정받고 있는 것이 현행 형사소송법 운용의 현주소이다. 이는 결국 검찰의 가혹행위 등에 의해 허위진술을 한 경우라도 검사가 작성한 피의자신문조서가 자신의 진술에 의해 작성되었다는 형식적 진정만 성립되면, 그 작성시에 검찰의 가혹행위에 의해 영향을 받았다는 것이 밝혀지지 아니하면 범행을 뒤집어쓰는 부당한 결과를 초래하였다. 즉 최근까지 대법원 판례는 검사 작성 피의자신문조서에 대해 형식적 진정성립만으로 실질적 진정성립을 추정하여왔다. 그 결과 피의자였던 피고인이 법정에서 그 진술의 내용이 진실하지 않다고 항변하여도 유죄의 증거로서 즐겨 사용하여왔다. 이러한 결과는 형사재판이 조서재판주의의 경향으로 흐르게 하는 근봉원인을 제공하였고, 이 때문에 형사소송법상의 근본원칙인 공판중심주의 내지 변론중심주의의 재판이 한국의 형사재판에서 현실적 의미를 가지지 못하는 규정상의 원칙에 불과하게 되었다.

그런데 최근 대법원판례는 검사가 작성한 피의자신문조서에 대해 종래의 입장을 변경하고, 피의자였던 피고인이 검사작성의 피의자신문에 대해 비록 형식적 성립의 진정이 성립된다고 하더라도 그것이 곧바로 진실적 진정으로 추정되지 않음을 보여주었다. 즉 대법원은 검사가 작성한 피의자신문조서라도 피고인이 부인하면 증거로 할 수 없다는 견해를 2004년 12월 16일 판시한 바 있다.[11] 이러한 판례변경은 지금까지의 형사재판방식에 획기적인 변화를 가져올 '공판중심주의' 의 이념을 현실화할 수 있는 모범사례로 보인다. 반면에 검찰 측에서는 이런 판례변경으로 검사작성피의자신문조서의 증거능력을 인정받을 수 있도록 촉구하는 계기를 주었다.

11) 대법원 2004.12.16. 선고, 2002도537 전원합의체판결: "검사가 피의자나 피의자 아닌 자의 진술을 기재한 조서는 공판준비 또는 공판기일에서 원진술자의 진술에 의해 형식적 진정성립뿐만 아니라 실질적 진정성립까지 인정된 때에 한해 비로소 그 성립의 진정함이 인정되어 증거로 사용할 수 있다고 봐야 한다.

결과적으로 검사작성피의자신문조서가 증거능력을 인정받기 위해서는 종래 피의자가 자신이 진술한 검사작성의 신문조서에 서명·날인했다는 것을 인정하면 증거능력이 인정되었던 것을 이제는 이러한 서명날인의 인정뿐만 아니라 실질적 성립의 인정여부를 따지고, 이것이 미진할 경우 검찰이 피의자신술의 신빙성에 대해 특신상황을 입증해야 증거능력이 인정될 수 있도록 했다. 대법원의 이러한 해석은 바람직하다고 생각된다.[12)]

4. 이른바 '허위진술(虛僞陳述)에 대한 죄'의 신설과 '참고인 강제구인제도(參考人 强制拘引制度)'의 설치요구에 대하여

1) 참고인에 대한 허위진술죄의 신설문제

법무부는 현행 형사소송법의 문제점을 인식하고, 이를 개선하여 국민의 인권보장을 담보하는 차원에서 개정안을 2004년 8월 29일 발표하였다. 이 개정안이 발표되기 전까지 법무부는 국민의 인권보장차원의 개선안으로 야기될 수 있는 실효성 있는 수사의 공백을 메우기 위해 "참고인의 허위진술에 대한 처벌"과 "참고인에 대한 강제구인제도"를 신설하고자 하였다.

이처럼 허위진술죄를 두려는 것은 참고인의 진실된 진술을 확보함으로써 자백 위주의 수사관행을 탈피하고, 형사사법의 신뢰를 높이는데 요긴한 제도이자, 수사기관의 수사업무를 반감시켜줄 수 있기 때문이다.

법무부는 독일, 대만, 프랑스, 미국 등 외국의 여러 나라에서 허위진술죄를 두고 있음을 강조하고, 특히 우리나라에서는 허위진술과 위증의 남용으로 형사재판에서 실체적 진실을 발견하는 데에 최대의 걸림돌이 되고 있다는 이유에서 허위진술죄의 필요성을 절감하고 있다.

그러나 참고인의 허위진술을 처벌하려는 것은 일종의 불고지죄와 같이 국민

12) 같은 입장으로 정웅석, "피고인이 된 피의자신문조서의 증거능력"(대법원 2004.12.16. 선고, 2002도537 전원합의체판결), [법률신문] 2005년 1월 10일, 15쪽.

의 사법기관에 대한 충성의무를 강요하고, 이로 인해 개인 사이의 불신풍조와 반인륜적 행위를 요구하게 된다. 이는 결과적으로 국민의 국가에 대한 충성의무를 지나치게 확대하여 개인의 행복추구권을 본질적으로 침해할 우려가 높다. 게다가 허위진술죄를 두고 있는 대부분의 국가들은 수사기관이나 사법기관이 사실이나 법률을 왜곡하는 행위를 할 경우에 처벌하는 법왜곡죄를 두고 있다. 이것이 의미하는 바는 국가가 국민들에게 사법의 적극적 협조의무인 허위진술을 하지 말고 진실을 말해야 할 의무를 부담하는 것과 마찬가지로, 사법기관도 사법권의 권한을 행사할 때에 함께 부과된 적법한 사법실천의무를 저버리면 형사처벌될 수 있도록 함으로써 국민에게만 일방적으로 적법한 사법의무를 전가하지 않고 양자의 책임을 배분하고 있다. 이런 점에서 우리 법무부는 사법기관의 책무에 대한 위반에 법왜곡죄에 대해서는 눈을 감아버리고, 국민의 인권에 본질적 침해를 가할 수 있는 허위진술죄의 도입만을 강조하는 것은 올바른 태도가 아닌 것이다.

이와 같은 문제점과 함께 다수 국민의 정서가 허위진술죄의 도입을 선뜻 받아들이지 못하고 있는 점을 감안하여 법무부는 차후 형법 전반 개정 시에 허위진술죄의 도입을 신중하게 재검토하기로 하였다.

2) 참고인구인제도(參考人拘引制度)

참고인구인제도는 실체진실 발견을 위해 반드시 필요한 제도로서 다수의 선진 입법례도 이를 도입?운용하고 있다는 이유로 법무부는 이의 도입을 적극적으로 찬성하여 왔다. 특히 무죄입증을 위해서도 참고인의 강제구인이 필요하다는 것이다. 그러나 이 제도는 혐의입증이 어려운 피의자를 강제소환하는 데에 악용될 수 있을 뿐만 아니라, 우리의 세금으로 수사권을 위임받은 수사기관이 일반국민에게 수사협조의무를 적극적으로 강요한 것은 적지 않는 인권침해 우려를 가져온다. 만일 범죄의 수사에 없어서는 아니 될 사실을 안다고 인정되는 피의자 아닌 자에 대해서 신문하기 위해서라면, 형사소송법 제221조의2의 규정에 의한 “공판전 증인신문제도"를 활용할 수 있기 때문에 법무부의 주장은 정당성이 있는지 의문스럽다. 바로 이러한 이유 때문인지 2004년 8월 29일 형사소송법개정안에서는 참고인구인제도의 도입을 잠정 보류하기로 하였다.

사 항 색 인

(라)

(마)

(바)

(사)

(아)

(자)

(차)

(카)

(타)

(파)

(하)

저 자 약 력

허 일 태 (許一泰)

- 독일 Wurzburg대학교 법학박사(Dr. utr. jur)
- 한국형사법학회 회장 역임
- 한국형사정책학회 회장 역임
- 한국비교형사법학회 회장 역임
- 법무부 정책위원회 위원 역임
- 동아대학교 법과대학 학장 역임
- 동아대학교 경찰법무대학원 원장 역임
- 법무부 형사법개정 특별심의원회 위원
- 대검찰청 정책위원회위원
- 부산광역시 소청심사위원
- 부산 고등검찰청 항고심사 위원
- 동아대학교 법과대학 교수
- 중국 인민대학, 북경사범대학, 무한대학 객좌교수

저서 및 역서

- Die Verfolgung Unschuldiger
- 형법연구 I
- 형법연구 II
- 형벌과 인간의 존엄
- 법학의 이해
- 안락사 연구
- 인간적인 법을 찾아서
- 인간의 존엄과 권력
- 독일형법총론(1991년 역, 1998년 개정판)
- 형사정책(공역)
- 법학방법론입문(역)
- 법학방법론(역)
- 법철학입문(역)
- 법철학의 근본문제(역)
- 권력과 자유(2003년 공편, 2007년 개정판)
- 『효당 엄상섭 형법논집』(공편저)

刑法研究(Ⅲ)

저 자 **허 일 태**

발행인 **양 진 수**

발행처 **진 원 사**

서울시 노원구 공릉1동 593-1

전화 : 02)916-1850 팩스 : 02)916-3442

등록번호 제2005-6호

http://www.jinwonsa.co.kr

2007년 6월 25일 인쇄
2007년 7월 1일 발행

정가 33,000원

ISBN 978-89-90904-46-1 93360

재개발·재건축 사례집−2006.8(제2판)

−판례·질의회신·뉴타운−

송현진·장찬익 편저 고급양장 4×6배판 1000여면/정가 80,000원

ISBN 89−90904−32−3 93360

도시개발법 해설(뉴타운)−2006

송현진 저 고급양장 4×6배판 정가 80,000원

ISBN 89−90904−28−5 93360

(신정판) 행 정 법(상)−2007년 8월 출간

−이론·사례·판례−

조정환 저 고급양장 4×6배판 1500면 정가 42,000원

(신정판) 행 정 법(하)−2007년 8월 출간

−이론·사례·판례−

조정환 저 고급양장 4×6배판 1000면 정가 38,000원

(사례중심) 법의 이해−2006년

대구대학교 김헌무·김희수·사동천·윤재만·이재석·정극원 공저

ISBN 89-90904-33-1 93360 정가 25,000원

CEO-China EMBA 시리즈

Biz·實務

中國經濟通商法−2006년

法學博士 李揆哲 著 크라운판·양장본 정가 48,000원

ISBN 89−90904−34−X 93360

CEO-China EMBA 시리즈

Biz·法規

中國不動産去來法實務−2006년

法學博士 李揆哲 著 크라운판·양장본 정가 38,000원

ISBN 89−90904−35−8 93360